미각의 역사

미각의 역사

폴 프리드먼 엮음 | 주민아 옮김

21세기북스

KI신서 1807
미각의 역사

1판 1쇄 인쇄 2009년 10월 15일
1판 1쇄 발행 2009년 10월 25일

편집 폴 프리드먼 **옮긴이** 주민아 **펴낸이** 김영곤
펴낸곳 (주)북이십일 21세기북스
기획·편집 최인수 **디자인** 씨디자인 **마케팅** 최창규
영업 이경희 서재필 이종률
출판등록 2000년 5월 6일 제10-1965호
주소 (우413-756) 경기도 파주시 교하읍 문발리 파주출판문화정보산업단지 518-3
대표전화 031-955-2100 **팩스** 031-955-2151
이메일 book21@book21.co.kr
홈페이지 www.book21.com
커뮤니티 cafe.naver.com/21cbook

값 50,000원
ISBN 978-89-509-1866-8 03900

Printed in Singapore

차례

서문

요리의 신역사

폴 프리드먼

    미각적 취향. 이것은 단순히 소규모 귀족 계급, 유럽과 이슬람 압바스 왕조, 고대 중국의 궁정 문화, 혹은 잘 나가는 현대 '미식가'들만의 전유물이 아니다. 서민들의 사회사 속에서 칼로리의 섭취, 기아 상태의 위협, 도시로의 식량 공급과 같은 주제는 우리들에게 산업 사회 이전의 서민들의 고통을 알게 해 준다. 가장 기본적인 감각과 음식의 역사 간의 관련성은 굳이 따질 필요도 없다. 신대륙 발견으로 인한 상품 교역(가령, 19세기 아일랜드와 감자의 관계처럼), 절대적으로 중요한 식량 자원에 대한 인간 사회의 의존성, 또는 문명인의 식단에 끼친 현대 전쟁의 영향력은 확실히 중요한 주제들이다. 20세기 중반, 사회의 여러 조건들과 특히 서민의 역사에 대한 역사가들의 관심은 과거 농민 계급이나 노동자들이 살았던 방식에 관심을 가질 수밖에 없다. 예를 들면, 그들의 영양 상태는 어땠을까? 작물 수확이나 식량 공급, 그 가격을 예측할 수 없는 상황은 어떻게 해결했을까?

    이와 대조적으로 안정된 사회 계급의 미각에 대한 설명은 최근까지도 일종의 고고학적 연구에만 치중되어 있었다. 15세기 부르고뉴 궁정의 정교하면서도 무절제한 과잉 양상은 그 좋은 예이다. 그러나 실제로 한 사회의 정신이 요리를 통해 드러난다는 개념은 역사 초기부터 존재했다. 그리스 고전과 중국 전통에 따르면, 야만인들은 문명화된 요리 관습을 지키지 않은 채 날것을 먹거나 조잡하게 조리한 고기를 먹는다. 훈족, 그리고 800년 뒤의 몽골 족은 두툼한 고깃덩어리를 사람의 허벅지와 말 사이에 끼워놓는 방식으로 '요리'한다고들 했다. 이런 예와 다른 여러 경우에서 보다시피, 음식으로 특정 민족을 판단하는 일은 외부 관찰자의 선입견이 되기도 한다. 그와 같은 아전 인수식 경멸은 미각적 취향이 태부족하다고 여기는 방향(영국이나 미국 음식은 풍미가 빠진 몰개성의 음식이라는 일반적인 견해처럼)이나, 지나친 문명화 방향(영국 대중들이 18세기 초반에 선보인 '더러운 프랑스식 소스'에 대해 불신하는 경우)으로 흘러갈 수 있다.

    즉, 이런 태도는 자신의 기준에서 볼 때 익숙하지 않은 음식을 만들어 먹는 사람들을 혐오하는 경우(미국인들이 이민자들에게 품는 일반적인 불평)나 자신이 속한 사회보다 먹거리 범주가 더 넓은 사회에 속한 사람을 혐오하는 경우를 모두 포함한다. 음식 범위에 대한 견해 차이 때문에 때로는 드라마틱한 역사적 결과가 벌어지기도 했다. 블라디슬라프 주복Vladislav Zubok과 콘스탄틴 플레샤코프Costantine Pleshakov가 밝힌 전후 러시아 외교 정책에 대한 믿을 만한 이야기에 따르면, 흐루시초프가 1954년 중국을 방문했을 때, 중국에 대한 첫 번째 의심이 불거졌다고 한다. 이는 나중에 중소 관계가 악화되는 원인이 되었다. 1954년 중국 방문 당시 흐루시초프와 측근들은 뱀과 고양이를 주재료로 만든 유명한 광동 특선 요리 '용호투龍虎鬪' 접대를 받았는데, 이를 본 그는 경악했으며 측근들 중 두 명은 너무 놀라 눈물을 보일 정도였다고 한다.

가스트로노미gastronomy, 즉 미식법은 하나의 시각, 미학적 견해를 표출한다. 가령, 보르도와 라인 지역의 와인이 이미 중세 시대부터 고급으로 인정받은 것처럼 고상한 특질에 대한 어떤 인식들 중에는 수세기 동안 면면히 이어오는 것도 있다. 그 외의 개념들은 급격하게 바뀌기도 한다. 예를 들어, 고대 그리스와 중세 유럽에서는 설탕과 향료를 넣어 단맛을 배가한 와인이 인정받았으나, 오늘날에는 몇몇 경우를 제외하면 그런 달콤한 와인은 기껏해야 값싼 크리스마스용 선물로나 취급받는다. 피시 소스를 목숨처럼 여긴 로마 제국의 취향은 일반적으로는 낯설고 상상할 수 없는 것으로 간주되는데, 이는 확실히 근대 유럽인의 기호와는 큰 차이를 보인다. 앞으로 이 책을 통해 알게 되겠지만, 음식은 대다수의 사람들이 생각하는 것보다 더 빠르게 변한다. 중국처럼 이미 오래 전에 음식의 기본 원칙이 정교하게 정립되었을지라도 그 재료와 제조법, 유행은 급격하게 바뀐다. 선지자 무함마드가 가장 좋아했던 미트 스튜, 타리드tharīd는 지금도 베두 인족의 기본 음식이지만 이슬람 제국의 취향은 이제 많이 바뀌었다. 한때 토마토와 가지가 빠진 이탈리아 요리가 번성했던 시절이 있었는데, 당시의 파스타는 음식이라기보다 먹을 것을 담는 용기에 불과했다. 그렇지만 아무리 오랜 세월을 거쳐도 절대 변하지 않는 확실한 미학적 원칙은 있다. 첫째, 중국 요리에서 쌀(또는 밀가루)과 반찬의 관계, 둘째, 기독교도들이 사는 지중해 연안에서 와인의 중요성, 셋째, 인도에서는 수많은 향신료가 사용된다는 사실 등이다.

물론 음식이 한 사회의 환경을 반영하지만, 전적으로 사회에 의해 결정되는 것은 아니다. 해안가에 사는 사람들은 산악 지대 주민들보다 생선을 더 많이 먹겠지만, 시칠리아 섬에서는 해산물을 하찮게 여긴다. 때때로 엄청나게 많은 양의 생선을 소비했던 영국인들이 20세기에 들어와서는 겨우 몇 가지의 생선과 조리 방식을 고집하는 경향을 보였다. 이는 고원 지대인 스페인 마드리드 지역에서 오랫동안 해산물을 몹시 선호했던 상황과 대조적이다. 마드리드는 그들의 이해할 수 없는 해산물 취향을 충족시키기 위해서는 군사적 장애물까지 극복해야 할 정도로 해안 근접성이나 편의성이 전무한 지역이다. 때론 환경적 조건이 새로운 음식 발명으로 이어지는 하나의 도전이 된다. 가령, 중동 지역에서 먹는 셔벗과 아이스 크림 디저트가 그에 해당하는데, 이는 한 사회의 정교한 문명을 훼손할 수도 있는 그런 환경적 조건에서 탄생한 대안이다.

이 책은 세계 여러 곳과 광범위한 시대를 넘나들며 그 차이를 보여 주고 결론

베르히테스가덴(Berchtesgaden)에 있는 아델스하임 성의 향토 박물관(Heimatsmuseum at Schloss Adelsheim)에 전시된 16세기 부엌이다. 관광 가이드들은 이곳에서 과거와 현재의 조리 방식에 대해 노골적인 비교를 하곤 한다. 전통 방식은 훌륭한 결과를 만들어 내겠지만, 확실히 너무 많은 노력과 노동력이 필요하다. 유럽의 부엌 설계는 풍부한 연료 자원을 마음껏 이용할 수 있었는데 이는 점과 고기를 굽고 끓이는 귀족의 취향에 큰 영향을 받았다.

에 가서 세계인의 선택을 드러내는 현대의 현상, 레스토랑의 성공, 푸드 테크놀로지의 이중 효과에 대해 설명한다. 이 과정에서 불가피하게 인도, 멕시코, 일본 등 특정 문화의 음식이 다른 문화에 비해 주목을 더 많이 받는다. 이 책에 기술된 매우 다양한 요리 세상에 있어 한 가지 불변의 법칙이 있다면 그것은 바로 미각적 취향에 대한 선입견이다. 이때, 미각은 맛으로 이해되는 동시에 인상적이고도 예술적인 효과가 담긴 생산품이다. 우리는 이런 사실을 중세 유럽에서 색깔과 배열을 처리하는 모습을 기술한 5장에서, 18~19세기 프랑스 고전 요리를 탄생시킨 불굴의 노력을 담은 8장에서, 또는 유럽 전역에서 프랑스 요리를 모방한 요리에 대해 설명하는 6장에서 확인할 수 있다. 음식 제조는 금속이나 유리 세공과 달리 당연히 한순간에 하나를 완성하는, 다시 똑같이 만들기 어려운 기술이 필요하다. 또한, 최고로 인정받는 대가들뿐 아니라 서민들도 참여하는 일상의 생산품이다.

근대 이전의 역사 박물관에 가면 부엌을 구경하게 되는데, 여기서 관광 가이드들은 가끔 다음과 같은 질문을 던지며 현대에 사는 우리들의 관점으로 과거 조상들을 불쌍히 여기도록 몰고 간다. "편리한 현대 문물 없이 이런 도구들을 사용하면서 매끼 식사를 준비해야 한다면 여러분은 어떨까요?" 현대에 들어 편리함과 시간 절약이 중시되면서 고난, 기술과 경험, 계산과 순수한 노력으로 이뤄지던 많은 것들이 속도와 편리함을 갖춘 제품들로 대체되었다. 요리는 이제 하나의 숙련된 기술이라기보다 취미 정도로 여기는 것 같다. 우연의 일치인지 몰

베네딕토 수사들이 조용히 식사를 한다.
1505년에서 1508년까지 소도마(Sodoma)가 그린
이 프레스코 화가 묘사한 것을 보면, 그들의 신분을
짐작할 수 있다. 아마도 밥을 먹으면서 성서에 나온
교훈적인 예화나 성인의 생애나 세속 생활에 대한
이야기를 듣고 있는 것 같다.
치료 후 회복 중인 수사를 제외하곤 일반적으로
고기는 허용되지 않는다.
그러나 부르고뉴의 클뤼니처럼 큰 수도원에서는
생선 요리용으로 정교한 레시피를 만들었다.
여러 수도원과 수녀원에서 소위 연약(煉藥)이라고
알려진 강장제용 리큐어와 약제용 당분을
만들었는데, 이런 약용 조제법의 명성이 높았다.

라도, 음식에 대한 글과 요리책의 급격한 성장과는 반대로 실제 가정에서 요리
가 이뤄지는 비율은 하락했다. 가령, 10장 서두에 유럽 인들이 에티오피아 식당
으로 놀러가는 모습을 상상하는 부분이 나오는데, 이를 통해 풍족한 현대 소비
자들이 변화하는 요리에 대해 갖는 취향은, 자신의 입맛에 익숙한 요리에서는 완
벽을 추구하는 대신 새로운 감각을 느낄 수 있는 낯선 요리에 대한 열망을 드러
내는 일종의 자기 과시적 전략임을 눈치챌 수 있다. 가령, 전후 독일에서 나타난
통조림 파인애플과 치즈 크래커의 인기는 새로움이나 떼루아terroir(원산지)에 근
거한 요리 선택이 아니라, 중산층의 부와 좀더 세련된 글로벌 문명에 대한 간접
적 표현이었다.

그러나 오늘날에는 신제품을 향한 열광과 더불어 식품이 일으키는 자극에 대
한 엄청난 불안도 존재한다. 유전자 조작 식품과 인공 첨가물이 범람하고, 과거

풍요롭던 자연의 파괴로 인해 때늦은 불안이 엄습하면서, 끝도 없이 불안이 나타난다. 그 결과 오터런(멧새를 잡아 포식시킨 후 브랜디에 담근 뒤 오븐에 구워 통째로 먹는 프랑스 요리)부터 카스피 해 캐비아까지 전통적인 명품도 이제 못 먹거나 거의 못 먹을 지경에 이르렀다. 전 세계 어류가 그 바닥을 보이는 상황임에도 해산물의 인기는 식을 줄 몰라 야생 새우나 야생 연어는 희귀 명품이 되었다. 요리학적 관점에서 보면, 우리는 현재 최고와 최악의 시대를 동시에 살고 있는 것이다.

* * *

역사를 통틀어 볼 때, 인간이 음식에 대해 생각하는 방식, 일상 속에서 음식의 위치, 미각적 취향의 표현면에서 반복적 패턴이 나타난다. 시대와 대륙을 거쳐 곳곳의 유사성과 차이점에 관해서, 또한 각 문화가 외부 영향을 처리하는 방식에 대해서도 여러 가지 관점이 드러난다. 가령, 신대륙의 감자와 땅콩이 유럽과 중국에 소개되었을 때나 이슬람 요리가 중세 유럽에 모델 역할을 했다는 등 논란이 심한 문제 등을 들 수 있다. 앞으로 펼쳐질 요리 세상들은 그들만의 정체성이 있지만, 그렇다고 서로 완전히 고립된 것은 아니다. 따라서, 전체적으로 이 책의 논점을 알리는 몇 가지 패턴과 의문 사항들을 점검해 볼 필요가 있다.

첫 번째 사항은 음식과 건강이다. 우리는 정신적 건강을 포함시켜 폭넓게 건강을 정의할 수 있는데(물론 다양한 종교의 금지 사항까지 전부 고려한 것이다.), 여기서 논의되는 요리 중에서, 이슬람 음식은 먹지 말아야 할 것에 대한 원칙이 있다. 이 중에는 특히 돼지고기 금식처럼 오래도록 지켜 내려온 확고한 원칙들도 있다. 혹은 와인을 대하는 태도에서 보듯, 시대에 따라 보다 탄력적인 원칙들도 있다. 먹어야 할 것에 대한 유대 인의 금기는 전통적인 관점에서 볼 때, 이슬람보다 한층 더 제한적이다. 둘 중 어느 경우이든, 두말할 필요도 없이 이들 금기의 원칙들은 음식의 즐거움을 박탈한다.

기독교는 특정 음식 소비를 전적으로 금지한다기 보다 전례 시기(금육, 사순절 단식)에 근거하여, 또는 수도 생활의 정도(수도자 식단)에 따라 제약을 부과하는 경향을 보였다. 하지만, 탐식, 폭식에 대해서는 이슬람이나 유대교에 비해 더 심한 불안을 느꼈다. 모든 종교와 철학적 전통에서 습관성 과식을 음식 혐오증으로 간주하지만, 유독 기독교는 탐식을 아예 7대 죄악에 올려놓았으며 단순 폭식이 아닌 식도락까지도 그 안에 포함시킨다. 16세기, 교황 대그레고리오는 탐식의 유형을 너무 많이 먹는 것(니미스), 꼴사납게 열을 올리며 먹는 것(아르덴터), 식사 때까지 기다리지 못하는 것(프레프로페레) 등 몇 가지로 파악했다. 너무 비싼 음식(라우테)을 즐기거나 맛좋은 것만(스투디오제) 가려먹는 일도 죄악이었다. 지나치게 진미를 가려먹는 일은 첫째, 음식 제조와 관련해 까다롭게 준비하는 것, 둘째, 그것에 대해 의학적(심기증)으로 신경 쓰는 것까지를 말한다. 이로써 중세 기독교 전통은 중국과 이슬람 전통에서 사랑받았고, 현대 요리 작가들도 애호하는 음식에 대한 신중한 연구를 깡그리 무시하였다.

탐식이나 특정 음식에 대한 탐닉이 위험하다는 사실은 변치 않는 주제이지만, 구체적인 대상 면에서는 매번 변하는 것이기도 하다. 멜론과 기타 생과일, 혹은 칠성장어 등의 장어류는 맛있지만 바로 이 점 때문에 중세와 르네상스 시대에는 위험한 음식으로 간주했다. 체액을 차갑고, 습하고, 뜨겁고, 건조한 것으로 정의한 체액설에 따라 균형을 맞추려는 고민도 고대 유럽, 중세, 근대 초기 사상의 본질을 이루었으며, 균형과 예의를 중시하는 중국의 관념에까지 편입되어 오늘날까지 중국에 그 영향이 강하게 남아 있다. 먹을 수 있는 음식에 대해 비교적 관대하고 무작위적 기준을 지닌 중국이지만 몸과 마음에 적절한 음식은 무엇인가라는 문제 앞에서는 복잡하고, 세속적이면서 다소 의학적 개념이 깃든 고정 관념을 보인다. 서구의 체액설은 과학적 사고를 표출한 이론이지만, 종종 자연과 우주에 대한 종교적, 철학적 개념과 일치하는 면이 있다. 맛(신맛, 단맛, 쓴맛, 짠맛 등등)의 균형은 요리 원칙을 만들어 냈고 이는 건강에 대한 관념과 일치했다. 18세기까지 중국, 이슬람, 유럽에서 향신료의 사용은 특정 감각 기관에 맞춘 미각적 취향을 반영했고, 동시에 근본적으로 차갑고 습한 육류와 생선과 균형을 이루도록 체질적으로 뜨겁고 건조한 재료를 사용함으로써 체액 이론을 반영한 셈이었다.

채식주의와 그것의 간헐적인 인기는 음식, 종교, 건강 사이의 상호 관계에 필요한 일종의 연구 사례를 제공한다. 이슬람 세계에서 육류의 중요도는 명백하며, 그것은 이슬람 교의 탄생 시기부터 내려오는 여러 전통에서도 허용된다. 반면 서구 기독교에서 육류는 육욕을 일으키는 것으로 의심을 받아, 수도 규율에서는(보통 병약자들에게도) 금지하거나 엄격히 제한하였다. 그러나 이런 육류의 대응책으로서 채소류에 대한 상호 보완적 찬미도 거의 이루어지지 않았다. 왜냐하면, 채소류는 상류 계급보다 소작농 계층이 먹기에 적당한 것으로 생각했기 때문이다. 채식 식단은 일종의 고행이었다. 평신도들은 자발적인 채식주의 관습에 공식적으로 반대하기도 했다. 이유인즉, 그 관습이 마니교적 이단, 그리고 문제를 야기하는 악, 특히 몸에 관한 마니교의 교리와 똑같다고 생각했기 때문이다. 13세기 이단으로 지목받은 카타리파나 알비파 십자군은 이런 마니교적 이원론을 부활시켰다. 알비파 십자군 내부에서 일어난 폭력적인 억압과 그로 인한 사후 여파로 인해 그런 교리들은 악명을 떨치게 되었다. 인도와 중국의 불교와 기타 종교 전통에서도 그리스 철학파와 마찬가지로 채소류를 칭송했다. 하지만 이런 태도가 단순히 음식에 대한 금욕적 무관심을 설교한 것은 아니었으며, 그렇다고 적당히 요리라고 할 만한 것을 개발하도록 장려한 것도 아니었다.

현대에 와서 건강과 음식 간의 상호 관계에 대한 관심이 커지면서 이상한 조합을 많이 만들어 냈다. 비만의 증가로 음식에 대한 까다로운 태도도 수시로 바뀐다. 여러 가지 음식과 질병 사이의 연관성에 대한 두려움(달걀, 포화 지방, 트랜스 지방)이 커지자 오히려 인공 가공 재료의 소비가 늘었다. 어떤 때는 한두 가지 특정 종류의 음식(채식주의, 귀리겨, 고단백 요법)의 효능이 과장되기 시작했다. 가장 기본적인 통계 수치에 따르면, 선진국의 기대 수명은 최근 몇십 년 사이에 급격하게 늘어났으며, 심장 질환과 기타 식단 관련 질병으로 인한 사망률은 하락했다. 따라서, 그런 불안감은 사실 아무 근거 없다. 아마도 이런 불안감은 과거와 달리 본래 식품을 직접 볼 수도 없고 더구나 그날그날 직접 만들지도 않는 전도된 상황 때문에 나타나는 증상일지도 모른다. 알다시피 요즘에는 식품 업체가 생태계를 파괴하면서까지 대규모 농장, 양식장, 목장을 직접 운영하면서, 그럴듯은 하지만 그렇다고 식품의 안정성을 제대로 인정받지 못한 불안감을 조성했다. 직접 채소를 기르거나 음식을 만들기 꺼려하는 태도는 일종의 괴리감 때문일 것이다. 약 25년 전 미국에서 피에르 프레니Pierre Franey의『60분짜리 요리60-Minute Gourmet』와 그 속편이 나왔다. 한 시간 안에 만들 수 있는 (아류) 프랑스 요리법을 소개한 그 책을 보고 사람들은 너무나도 짧고 간단한 내용에 놀라움을 금치 못했다. 현재 미국 잡지『구어메이Gourmet』를 보면 10분 만에 만들 수 있는 레시피들이 그득하다.『구어메이』의 편집자이자, 요리법의 역사와 관련해 흥미롭고 중요한 저서를 발간하기도 했던 루스 레이츨Ruth Reichl은 현재 미국에는 농사짓는 사람들보다 감옥의 죄수들이 더 많은 실정이라고 지적했다. 따라서, 이런 상황을 거울삼아 우리 식탁의 음식이 어디서 시작되는지 알려 주면서 농업의 환경론적 맥락과 결과에 대한 인식을 높이고, 사람들이 각자 의도에 맞춰 주방을 사용하도록 권고하는 일이 자신의 임무가 되었다고 했다.

다행스럽게도 건강에 대한 염려 때문에 음식을 즐겁게 먹는 일이나 그것에 대해 생각하는 일이 좌절되진 않았다. 적어도 꽤 오랫동안 그래왔다. 일본 영화 「담뽀뽀」(1985), 멕시코 영화 「달콤쌉싸름한 초콜릿」(1992), 스페인 영화 「하몽 하몽」(1992)을 보면 그런 즐거움이 성적 쾌락과 긴밀하게 연관된다는 생각이 드러난다. 19세기 파리와 18세기 양저우에서 레스토랑은 밀회 장소였다. 기독교가 식도락에 의혹을 품은 데에는 식도락과 욕망의 유사성도 한몫했다. 즉, 일정

20세기 초반 멕시코를 배경으로 한 영화 「달콤쌉싸름한 초콜릿」(1992)의 한 장면이다. 영화는 항상 그런 것은 아니지만, 정성이 깃든 요리가 불공평, 이기심, 폭력, 잔인성을 물리치는 힘이 있음을 드러낸다. 그들의 요리(장미꽃잎 소스를 넣은 메추라기)와 만드는 방식(어쩔 수 없이 보내야 하는 연인의 눈물로 만드는 웨딩 케이크)이 모두 마법적인 효과를 발휘한다.

가톨릭의 7가지 대죄 중에 탐식과 탐욕은 서로를 보완하고 부추기는 관계라고 간주되었다. 이는 오만이나 시기라는 심리적 죄에 대응하는 전형적인 신체의 죄악이다. 공중 목욕탕이나 매음굴에서 이루어지는 식사는 중세의 일반적인 식습관을 정확히 묘사한 것이 아니라, 우화적으로 표현한 것이다. 이 그림은 1470년 무렵의 어느 독일어 원고에서 나왔다.

한 수준을 넘어 위험할 정도로 술을 가까이할수록, 성적 욕구와 유혹에 굴복하게 되는 것과 같은 이치이다.

사회마다, 또 역사적 시기에 따라 식탁의 즐거움에 대하여 지적, 철학적 가치가 있는 견해와 지침도 매우 달라진다. 놀랍게도 중국의 지식 계층과 엘리트 학자들에게 음식에 대한 예리한 지식은 필수 요건으로 시나 예술만큼이나 중요한 지식이었다. 따라서, 귀한 손님을 대접할 때 필요한 요리책과 음식 이야기가 등장했으며, 종종 엘리트들과 학자들이 직접 글을 쓰기도 했다. 바그다드 칼리프 왕국은 세 끼 식사를 찬양하는 시를 낭송했으며, 우마이야 왕조 시절 음악가 지르야브Ziryab는 직업을 바꿔 칼리프 압드 알 라흐만 2세의 푸드스타일리스트가 되어 훗날 오래도록 스페인 요리에 영향을 주었다. 이와 대조적으로 중세 서구 시대에는 백여 권의 요리책이 나왔지만, 그 중에 지식 계층들이 손님을 염두에 두고 음식에 대한 견해를 밝힌 내용은 거의 없다. 중세 말엽 유럽에서 연회와 음식에 대한 평가가 최고조에 이르렀지만, 귀족 엘리트 아마추어 미식 평론가의 이름은 남아 있지 않다. 이슬람 칼리프 이브라힘 알 마흐디의 이복 동생이 형의 이름을 붙인, 사우어 미트 스튜 이브라힘이야ibrahimīya를 개발했던 시절에 서구 기독교에서는 그에 필적할 만한 인물이 없었던 것이다.

르네상스 시대 플라티나Platina의 『올바른 쾌락과 건강에 관하여De honesta

voluptate et valetudine』는 요리에 대해 예리한 기준을 담고 있는데, 탐식, 겉치레를 삼가고 값비싼 재료에 너무 의존하지 말라고 충고한다. 이 책은 단순히 조리법을 모아 놓은 것이 아니고 보다 포괄적이고 서술적인 면이 많지만 사실 매우 미미한 수준으로, 이슬람이나 중국 작가들의 감각적인 스타일을 따라잡지 못한다. 플라티나는 절제와 검소한 태도를 찬미하며(적어도 그렇게 하라고 강권한다), 음식에 대한 찬미가 탐식과 탐욕을 부채질한다는 개념을 거부한다. 결과적으로 그의 저서는 본질적으로 음식에 관한 지속적인 고찰을 담은 책이라기보다 일종의 개론서이다.

식도락을 다룬 유럽의 전문 서적은 훨씬 나중에야 나오는데, 1825년 브리야사바랭Brillat-Savarin의『미각의 생리학La Physiologie goût』을 효시로 본다. 제목에서 알 수 있듯 과학적, 의학적 주장을 담은 책이지만 고압적인 권위와 혁신적인 스타일을 적절히 버무린 부제('초월적 요리학에 관한 고찰: 신학적, 역사적 작품 ……:')를 통해 더 깊은 목적을 드러낸다. 플라티나의 책에서 미각적 취향과 건강, 쾌락은 서로 모순 없이 양립 가능하다. 이는 서구 문화에서 항상 옹호하던 견해이다. 그러나 과거 어느 누구보다 사바랭은 음식에 대한 예리한 식견과 기준을 쾌락의 동반자, 아니 어떤 면에서 보면 쾌락의 구성 요소로 전환시켰다. 즉, 음식에 대해 아는 기쁨의 일부분은 바로 지식과 취향을 소유함으로써 이루어진다. 지식과 미각적 취향을 발휘하여 와인, 레스토랑 등의 등급을 매기고 우열 관계를 따질 수 있으며, 고로 지적 활동을 통해 자기 만족감과 사회적 명망을 얻을 수 있다.

사회적 지위와 음식 간의 연관성은 이 책에 수록된 에세이를 관통하는 주제이다. 1404년 피렌체의 공증인 라포 마제이는 프라토Prato의 유력한 상인이었던 프란치스코 데 마르코 다티니Francesco de Marco Datini에게 자고 선물에 감사하는 편지를 썼다. 그는 편지에서 자신에게 자고가 참으로 귀한 선물이라고 강조하는데, 이는 그저 입에 발린 아부성 감사 발언이 아니라 매우 신중하게 쓴 말이다. 라포는 과거 피렌체 정부에 몸담고 있을 시절에는 자고를 먹는 일이 특권이자 의무였지만, 평범한 신분으로 돌아온 후론 먹을 수 없었다고 설명하고 있다.

중세 유럽에서는 신분에 따라 먹는 음식에 대해서 세분화된 원칙이 있었다. 백밀가루 빵, 엽조獵鳥류, 희귀한 진미 조류, 큰 생선과 이국의 향신료는 상류 귀족층 요리였다. 추측컨대 소작농들은 그들이 기른 가축에서 얻은 유제품, 향미가 풍부한 뿌리 채소, 마늘, 죽이나 호밀빵만을 먹어야 했다. 요리에 관한 계층별 원칙 중 일부는 신흥 부유층의 등장과 그로 인한 사회적 경계의 침범에 대비한 기성 상류층의 불안을 감추기 위한 것이었다. 신분에 따라 의복의 유형을 규정한 일명 사치 금지령, 혹은 윤리 규제 법령도 실상 그런 불편한 심기를 반영한 것이었다. 그러나 계급이 식품 기호를 결정하는 시대적 의식은 일종의 의학적, 혹은 문화적 윤리벽을 품고 있다. 실상 소작농 계급이 부유 계층의 음식을 절실하게 원했다거나 맛있는 요리를 음미할 수 있었다는 것은 아니다. 그저 현대적 상상력을 발휘하여 캐비아나 이탈리아 송로버섯을 두고 가난한 자들의 박탈감을 머릿속으로 그려 보는 것이다. 실제로 음식에 대한 선택권은 상징적인 차원에서 계급과 사회적 지위에 대한 편의적인 예측을 심화시켰다. 중세의 수많은 소설들을 보면 사회적 수직 이동에 따른 예상치 못한 음식 관련 결과들이 자세히 나온다. 어느 부유한 소작농이 자기보다 높은 계급의 여자와 결혼한다. 여자는 남편을 위해 갖가지 우아한 최신 요리를 만들지만, 결국 남편은 심각한 소화 불량에 걸리고 만다. 그러자 평소에 그가 먹던 완두콩, 강낭콩, 젖은 빵을 내주자 비로소 남자는 흡족해한다. 르네상스 시대 어느 의학 보고서에 따르면, 자고 요리는 시골 농부에게는 맞지 않다고 말했으며, 이에 대응하여 어느 프랑스 사회학자는 상류층이 하층보다 더 예리한 지적 능력을 소유한 것도 그들이 쇠고기와 돼지고기가 아니라 자고처럼 귀한 진미를 먹기 때문이라고 했다.

더 이상 자고가 예전처럼 중요한 사회적 구별 수단이 아닌 지금도 이런 구분이 완전히 사라지진 않았다. 일례로 내장처럼 선호도가 낮은 음식이나 현대의 기술력으로 생산되는 통조림 채소나 스팸 등의 인공 편의 식품은 하위 계층의 음식이라는 고정 관념이 아직도 남아 있다. 그러나 서민들의 선택이나 그들이 인식한 선호 대상은 때때로 강력한 사회적, 정치적 의미를 함축한다. 1990년대 선거 방송에서 영국 노동당 정치가이자 당시 방송 보좌관이던 피터 만델슨Peter Mandelson이 북부 노동 계층이 가장 즐기는 완두콩 요리mushy pea를 과카몰리(아보카드를 넣은 멕시칸 요리—역주)로 착각했다고 소문이 났지만 사실이 아니다. 하지만 이것은 영국 신 노동당의 본질을 알려 주고 그들이 프롤레타리아 세계와 유리되었음을 전형적으로 보여 주는 상징적 이야기로서, 두고두고 회자된 에피소드이다. 한편, 1939년 6월 어느 피크닉 현장에서 당시 미국 대통령이 조지 6세와 엘리자베스 여왕에게 핫도그를 대접한 일이 있었다. 이는 루스벨트와 국왕 부부의 민주적 이미지를 선전했던 일종의 광고였다.

사회적 특권의 최고 수준을 상징하고 전달하는 식사의 경우 대개 제공되는 음식의 수량, 다양성, 희귀성의 측면에서도 특성이 드러난다. 중국 청나라 건륭 황제의 만한전석滿韓全席은 괴기할 정도로 엄청난 수의 다양한 음식이 나온다. 3장에 가면 그가 1779년 아침에 받은 메뉴를 볼 수가 있다. 그런데 중세 유럽과 이슬람 귀족들의 평소 식사도 그러했으며, 19세기 러시아와 영국 제국의 부르주아지들도 마찬가지였다. 이 사실은 각각 엘레나 몰록호비츠Elena Molokhovets와 이사벨라 비턴Isabela Beeton의 책에 나온 내용이다.

가정 관리에 관한 유명한 저서에서 비턴은 봄철에 손님 8명을 접대하는 단순한 파티를 제시하였다. 제1코스로 가짜 거북 수프, 메트르 도텔(원래 베르사유 궁정 식사를 관리하던 그랑 메트르 아래, 프르미에 메트르 도텔이 있었고, 그 아래 메트르 도텔이 있었다. 그는 왕의 냅킨을 금쟁반에 담아 건네는 고위직이었으며 대개 급사장을 말한다.—역주)의 가자미 새우 소스와 구운 고등어를, 앙트레로 랍스터 커틀릿과 파인즈 허브를 넣은 송아지 간 베이컨을 낸다. 제2코스는 송아지 등심 구이, 베사멜 소스를 넣은 두개의 닭고기, 시금치와 브로콜리를 곁들여 삶은 도가니를 낸다. 제3코스로 사과 커스터드를 넣은 야생 오리, 블랑망제, 레몬젤리, 잼 샌드위치, 메트르 도텔의 아이스 푸딩과 감자가 나온다. 드디어 이 복잡한 식사의 마지막은 디저트와 아이스 크림이 장식한다.

그 존재만으로도 사치스러움을 연상시키는 특정 음식들이 정교한 식사 한 끼에 거의 필수 요소처럼 등장하기도 한다. 가령, 랍스터, 캐비아, 송로버섯, 푸아그라는 19세기 말과 20세기 초에 식탁을 주름잡았다. 이런 것들도 변한다. 사실 19세기 이전에 랍스터와 캐비어는 요리 특권의 수직 체계에서 보다 낮은 자리에 있었으며 18세기에 들어서 로마 제국에서도 오랜 전통을 자랑하던 향신료의 사회적, 상징적 의미는 무너지고 말았다. 티모시 모튼Timothy Morton이 지적한 대로 "과거 연회 재료들은 오늘날 던킨 도넛의 애플 시나몬이 되어 버렸다." 그렇다면 최고의 지위에 오른 사람이 반드시 먹어야 할, 현대판 자고는 무엇일까? 이제 여러 나라에서 랍스터는 너무나 손쉽게 먹을 수 있지만, 아직도 송로버섯과 캐비아는 여전히 너무나도 비싸서 희한하고 별난 습성으로 간주될 정도다. 미식법의 유행 차원에서 볼 때, 실제로 특정 지역이나 일시적인 인기를 넘어서는 특별한 음식이란 없다. 이는 취사 선택의 결과이며, 동시에 새롭고 진기한 음식이 점점 줄어드는 것도 그 원인일 수 있다(이제 시즌만 되면 누구나 아스파라거스를 마음껏 먹을 수 있다). 뿐만 아니라, 우리 시대에 들어와 음식은 일부 하급 식품으로 간주되는 것을 제외하곤 엄격한 계급적 속성이 아니라 개인의 스타일로 정의되는 추세이기 때문이다. 그런데 여기에서도 전통 음식으로서, 표면적으론 진짜 하급 음식이지만 다소 반어적인 뉘앙스를 담고 추앙받는 것들이 있다. 이

재판을 거듭한 요리책의 주인공 저자 이사벨라 비턴은 최근에 와서야 유명세를 치렀는데 그 책은 빅토리아 시대 영국의 미각을 제대로 정의했다는 평가를 받고 있다. 이 그림은 1869년 비턴의 『가사 관리에 관한 책 Beeton's Book of Household Management』 2판에 나온 애피타이저와 과일 디저트이다. 그때나 지금이나 디저트를 연출하는 방식은 다소 경박한 듯 보인다. 애피타이저로는 지금은 잘 쓰지 않는 고기 부위와 과할 정도로 많은 재료들도 보인다. 송로버섯을 곁들인 족발이나 벨루테 소스를 기본으로 피낭시에르 소스와 버무려 만든 송아지 귀, 여기에 버섯. brains. 마데이라. 올리브. 때론 송로버섯도 들어간다.

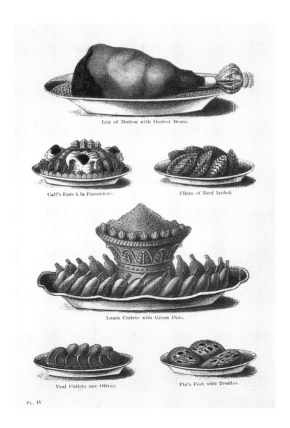

탈리아의 폴렌타, 스페인의 가스파초, 그 외에 소위 여러 나라의 '스트리트 푸드', 미식 햄버거 등등이 그 예이다. 우리 시대에는 농민 음식으로 간주되는 것에 대한 열망이 매우 높아졌는데, 이는 시골풍의 소박한 생활에 대한 열망이기도 하다. 이는 이제 유럽에서 거의 사라져가는 계급에 대한 미련이라기보다, 오히려 모든 음식의 떼루아가 공장으로 변해 버린 작금에 대한 반발이자, 오롯한 진정성이 담긴 전통의 맥을 잇고 싶은 열망이다.

미각적 취향이란 체계적으로 분류되는 게 아니라, 더욱 모험적 성격을 띠는 추세로 변해간다. 즉, 정해진 에티켓이 아니라 개별적 선택을 표출하는 것이다. 이 덕분에 음식은 더욱더 풍부해지고 예전에 비해 덜 진부한 선택이 이루어진다. 하지만 취사 선택이 주류가 되었을지라도, 음식과 사회적 지위 간의 관계를 전적으로 없애진 못한다. 현재 상류 계층은 과거 시절 그 계급이 평범한 수준(다양한 조류, 야생 해산물)으로 먹던 것을 일상적으로 즐기는 정도가 되었다.

사치 식품이 뭔지 정의를 내리고, 그것과 관련해 광범위한 담론을 진행했던 그 사회는 그대로인데, 이제 그들은 소박함과 순수를 되찾기 위해서 그간 지나치게 복잡하다고 인식됐던 사항들에 반기를 들었다. 앞에서 언급했듯이, 이러한 흐름 속에서 소위 농민의 음식, 서민의 음식이라는 것이 주목을 받게 되었다. 그런 음식들은 대체로 요리 시간이 매우 긴 편인데, 간단한 재료로 장인의 손길을 담아 맛을 뭉근히 살리기 위해서이다(슬로 푸드). 단순함이란, 역설적으로 들리겠지만 과잉에 담긴 여러 제약들, 무한한 선택 중에 깃든 편협함(강조하지만 이제 푸아그라는 그만!), 과도한 조작과 불필요한 조미調味로 기본 식품의 본질적 특성을 해치는 경향에 대한 반발이다. 어떤 경우에는 어쩌면 이것이 사치 명품에 대한 재정의가 될 수도 있다. 기원전 4세기, 그리스 시칠리아의 요리사였던 젤라의 알케스트라토스는 호사스런 삶을 찬미하는 시를 썼는데, 의외로 그의 교훈은 요리 제조에 있어 품질, 신선도, 우아한 단순함을 추구하라는 것이다. 17~18세기 프랑스 그랑 퀴진의 정립은 순수와 본질적 특성을 위하여 중세 음식이 남긴 왜곡과 겉치레를 거부한다는 뜻이었다. 과도한 향신료 사용, 유치한 기교, 기본 재료를 존중하지 않는 태도는 중세의 불쾌한 유산으로 간주되었고, 이에 비해 쾌락, 즐거움, 진정한 풍미는 격찬을 받았다. 하지만 단순함을 추구하는 이런 움직임도 그 자체로 복잡하고, 원칙에 얽매여 자칫 무거워질 수도 있다.

호화스러움과 단순함, 기교와 진정성 사이를 오가는 움직임은 최근 요리의 관점에서 특히 두드러진다. 요즘에는 2개의 모순적인 트렌드가 각각 연이어 나타나는 게 아니라 동시에 각광을 받는다. 유명한 요리사들이 일이 없는 날에는 가족들에게 간단한 음식을 해 준다는 기사를 많이 봤을 것이다. 이것은 치맛단 길이가 짧아졌다 길어졌다 하는 것처럼 스타일이나 유행의 문제가 아니다. 오히려 다양성과 실험성이 동시에 존재하는, 현대인의 상실 감각을 표출한 것이다.

여기서 논의된 음식들은 모두 전 세계적인 영향력을 지니고 있었다. 19~20세기 프랑스 요리는(페리고르의 송로버섯, 노르망디의 브랜드 칼바도스처럼) 특별한 장소와 상황에 맞춰 타의 추종을 불허하는 여러 가지 재료로써 특정 파워 집단의 부와 다양성을 표출했을지도 모른다. 하지만 그런 음식들도 성공적으로 수출·판매될 수 있었을 것이다. 『카라마조프의 형제들The Brothers Karamazov』에서 이반은 소작농 출신의 술친구들에게 주려고 앞뒤 생각 없이 코냑과 프렌치 파이 같은 비싼 식품을 사들인다. 이렇게 본다면 확실히 19세기 러시아 지방에서도 이런 것들을 쉽게 구할 수 있었다는 얘기다. 이는 러시아의 반대편, 골드러시로 들끓던 샌프란시스코에서의 '올드 푸들 도그Au Poulet d'Or'라는 이름의 비싼 프랑스 레스토랑의 탄생과 맥을 같이한다. 프랑스에 관한 상세한 지식을 내밀었을 때, 과연 이런 것들이 얼마나 프랑스적이었는지는 회의적이지만, 분명히 그 시절에 프랑스의 맛은 그저 전시용이 아니라 매우 다양하고도 큰 규모로 외국으로 수출되었던 것이다. 미국 황금 시대의 상징인 일명 철도왕 다이아몬드 짐 브래디(제임스 부캐넌 브래디는 1856~1917. 미국 1890년대 철도 판매왕으로 부를 축적하여 생전 2만여 개의 다이아몬드를 소장했던 전설의 부호―역주)는 파리에서 살짝 훔쳐왔던 마그리 소스Sauce Marguery를 너무나 좋아한 나머지 그것을 욕실 타월 위에 받쳐 가져와도 기꺼이 먹겠다고 주장할 정도였다.

근대 이전에도 일부 특정 형태의 유행은 전 세계를 돌고 돌았다. 1300년경 마르코 폴로의 기록에 따르면, 지금의 취안저우泉州였던 그 시절 자이토운Zaitoun 항구에서 수입되는 후추의 양이 유럽 시장을 겨냥해 이집트 알렉산드리아 항구에 들어오는 양의 100배라고 했다. 이 수치가 약간의 과장이라 할지라도, 인도에서 시작된 중세인들의 후추 사랑이 중국으로, 이슬람 세계로, 나아가 유럽의 극서 지역으로까지 확대되었던 것이다.

지난 몇 세기에 걸쳐 정립된 프랑스 요리는 사실 오롯이 프랑스적이라기보다는, 여러 지역의 음식들의 조합이라고 보는 게 맞다. 즉, 처음에는 세계의 요리로 프랑스 상류층 식탁에 있다가 수출용이 되면서부터는 간편한 형태로 바뀐 것이다. 이런 면에서 보면, 한 나라의 요리는 때때로 만들어진 것, 즉 여러 지역에 기초한 진정한 의미의 항구적인 요리 전통과 결합해 탄생한 현대의 편의적 산물로 간주되기도 한다. 사실 카술레cassoulet나 슈크루트choucroutte는 파리 레스토랑의 기본 요리가 되었지만, 아직도 그것은 본질적으로 랑그독과 알사스 지방과 동일시된다. 알사스 지방은 역사적으로 영구적인 프랑스 영토가 아니었으며 프랑스 어를 쓰는 지역도 아니다(독일과 국경에 접한 알자스는 프랑크푸르트 조약, 베르사유 조약 등으로 독일과 프랑스의 영유권이 교차된 지방이다.―역주). 이탈리아 요리도 한 국가의 실재성보다 수출용으로 포장된 형태에 더 가깝다. 이탈리아라는 통일 국가는 겨우 19세기 말에 형성되었으며, 시칠리아와 밀라노의 요리 스타일은 서로 다른 나라의 차이만큼이나 크다. 여러 지역의 대표 주자들을 포함해 광범위한 요리 세상을 훑어 보면서, 우리가 간과해서는 안될 점이 몇 가지 있다. 첫째, 지역 간의 차별적 특성, 둘째, 특정 요리가 그 재료 입수 가능성이나 미각적 취향 때문에 특정 지역으로 제한되는 과정(팡 토마케트paamb tomáquet, 갈릭 그릴드 브레드, 올리브 오일과 토마토 등은 카탈루냐와 아라공까지 갔으나 그 너머 다른 지역으로 확대되지는 못했다), 셋째, 한 나라의 요리가 전 세계 주요 도시 요리를 정의할 때 편입되는 양상(트립 아라모드 데캉), 순전히 새로 만들어 낸 요리(치킨 차우 메이), 원산지로 재수입된 경우(피자) 등을 놓쳐서는 안 된다.

***

아리스토텔레스는 『정치학Politics』(1권 7장)에서 요리를 가리켜 인간의 지식 중 '종속적인' 분야이고, 노예에게나 알맞은 기술이라고 했다. 이 말은 주인과 노예를 구분해 설명하는 맥락에서 나왔다. 주인과 노예를 구분하는 기준은 요리를 하는 방법을 알고 있는지의 여부가 아니라, 요리를 하는 행위에 대한 인식의 차이이다. 즉, 요리라는 것이 한 집안의 하인이 음식을 만드는 재주로는 적당하지만, 사냥과 전쟁에 관한 지식처럼 명예로운 기술은 아니라는 것이다. 따라서, 한 집안의 주인은 요리 같은 하급 기술을 습득하는 일에는 무관심하며 단지 그것을 활용할 뿐이다.

우리 시대에는 유명 셰프가 점차 특권을 늘려갈 정도로 과거에 비해 진보한 듯 보인다. 그러나 2장에서 논의되겠지만, 고대 국가가 전적으로 아리스토텔레스의 공식을 따른 것은 아니었으며 요리 관련 일에 지나친 관심을 쏟아 최고의 요리 기술자에게 명사의 지위를 주기도 했다. 3세기 초반의 잡다한 논문집으로 총15권으로 구성된 아테네우스의 『데이프노소피스타이deipnosophistae』는 현재 일부만 남았는데, 당시 열정적인 요리 문화, 정교한 축제 묘사, 요리 지식에 대한 차별적인 정보가 담겨 있다.

우리 시대도 이와 비슷하게 음식의 역사와 문화는 크게 주목받는 대상이 되었다. 지역 음식 레시피 수집, 어린 시절 음식에 대한 추억, 이미 사라진 에티켓의 부활 등 몇 가지 특정 주제는 특히 인기가 많다. 지역 요리학 분야에서는 한 가지 전통 음식을 파고든 시리즈가 있는데, 가령 앞에서 언급한 카탈루냐의 팡 토마케트를 들 수 있다. 이것은 구성 재료가 평범함에도 불구하고 다른 지역에서 재창조되지 않은 경우이다. 지방색이 강한 또 다른 예는 20세기 후반 미국의 유명 작가 유도라 웰티가 잭슨(미시시피) 심포니 리그(미시시피 심포니 오케스트라 후원 기금과 프로그램을 후원하는 자원 봉사 단체—역주) 여성 회원들이 모은 레시피를 소개하는 글에서 만날 수 있다. 그 지면을 빌려 웰티는 1900년을 지날 무렵 잭슨 지방으로 마요네즈가 처음 소개된 모습을 설명한다. 최근 남부의 레시피를 모은 책, 『죽음은 침묵 Being Dead is No Excuse』에서는 남부의 장례식 이후 제공되는 전통 음식과 요리법, 그것의 사회적 의미를 설명하고 있다.

프루스트는 어린 시절을 회상하면서 마들렌 과자보다 훨씬 더 복잡한 식사를 유쾌한 어조로 자세하게 떠올렸다. 패트리지아 첸Patrizia Chen은 『로즈마리와 신 오렌지: 토스카나 부엌에서 성장하다Rosemary and Bitter Oranges: Growing Up in a Tuscan Kitchen』에서 전후 토스카나의 리보르노에서 자랐던 기억을 떠올리며 당시 할머니, 할아버지에게 드렸던 담백한 탱발timbales, 수수한 파스타, 찐 생

보리스 쿠스토디예프(Boris Kustodiev)의 그림 「상인 아내의 티타임
The Merchant Wife's Tea」이다. 조용하면서도 풍성한 한때를 포착하여
일상의 기쁨을 표현했다. 제1차 세계 대전 시기이며 동시에 러시아 혁명
이전 사회가 들썩거리던 1915년에 그린 작품으로, 당시 화가는 마비성
결핵을 앓고 있었다. 그 와중에도 이 그림은 아스라한 기쁨과 빛나는
기억의 순간을 일깨워 준다.

선과 이 보다 훨씬 창의적이고 다양한 요리를 대조시킨다. 과거의 훌륭한 요리와 관련하여 문화적 상실이 담긴 코끝이 찡할 정도로 재미있는 일화는 19세기 러시아의 고전 요리책『젊은 주부에게 드리는 선물Podarok molodym khozyajkam』(엘레나 몰록하비츠 저)의 영역본에 대한 서평에도 등장한다. 그 서평에서 타티아나 톨스타야Tatyana Tolstaya는 잃어버린 러시아의 놀라운 식욕과 깜짝 놀랄 재료로서 그 식욕을 맞추는 방법들로 가득 찬 이 책을 보고 소비에트 러시아 인들이 얼마나 경탄했는지 이야기한다. 그 책의 제목을 보면 소박한 중산층 가정에게 절약과 지출 감소를 약속하지만, 톨스타야에 따르면 그 책은 엄청난 대식가들이 벌이는 경쟁을 묘사하는 것 같다고 한다.

새벽에 얼어나서 아침 식사 때에 맞춰 두 시간 반 동안 샤무아(알프스 산양)를 굽는 사람이 세상에 또 있으려나? 또 아침에 보드카 한 잔을 건배하고 사우어 크림을 넣은 비어 수프beer soup를 먹는 사람들(라인 포도주는 아침 식사 중에, 펀치는 끝날 무렵에 제공된다. 또는 그 반대로 진행되기도 한다), 회복할 시간도 갖지 않은 채, 한낮 정찬 시간에 보드카나 와인을 다시 마시고 샴페인을 넣은 수프와 세이보리 파이를 먹는 사람들. 거기다가 또 한 차례 배불리 고기 요리를 해치우고 당분과 지방으로 그득한 기름진 디저트를 먹는 사람들, 그 후에도 저녁 티타임에 다섯 가지 종류의 빵, 송아지 고기, 돼지고기 넓적다리, 쇠고기, 들꿩, 칠면조, 혀, 산토끼 요리와 네 가지 종류의 치즈를 먹는 사람들, 아마 이 세상 어디에도 없을 것이다.

3장에서 나오겠지만, 특히 중국도 과거 황금 시절의 음식을 회상하는 일에 탁월한 입장을 보이는 것 같다. 가령, 명나라 멸망 직전에 사람들이 즐기던 게와 대합조개들, 환락 잔치들에 대해 애정 어린 시선으로 상세하게 기억한 장대張岱 Zhang Dai의 책이나 13세기 초반 송나라의 생선 수프, 황궁 앞 모처에서 재로 익힌 돼지고기 등을 포함해 수도 개봉開封의 식당을 추억한 멍 리앙 루Meng Liang Lu의 책 등이 있다.

한편, 과거 요리가 그와 같은 강력한 추억을 불러일으킨다 해도, 최근에 와서야 학문적 연구를 통해 골동품 수집가들의 유별난 취미나 엘리트층의 번지르르한 장식품이 아닌, 보다 중요한 존재로서 가치를 입증받게 되었다. 워렌 벨라스코Warren Belassco는 편집 저서『푸드 네이션즈 Food Nations』에서 음식의 역사에 관한 저작물이 학계 역사가들로부터 경멸과 경탄을 동시에 받는 실정을 안타깝게 여긴다. 브루노 로리옥스Bruno Laurioux는 중세 시대 요리의 역사에 관한 연작 에세이를 소개하면서 서구가 과거 요리에 대해 최초로 관심을 둔 시점을 18세기 프랑스라고 규정한다. 당시 프랑스는 근대와 고대 음식에 관한 일련의 논쟁이 불거졌는데, 이후 음식의 역사는 '비상 배급과 식량'에 관한 양적인 연구를 의미했다. 이 흐름은 지난 몇십 년에 걸쳐 생존 이외의 다른 요인에 근거하여 식품의 소비와 제조에 대한 질적인 연구들이 학문적 가치를 인정받음으로써 비로소 바뀔 수 있었다.

이 책에서는 과거와 현재에 걸쳐 여러 문명들이 빚어 낸 요리의 성과물, 특히 그 요리들의 기본 원칙과 미학적 선택 취향을 밝힌다. 기본적으로 그런 선택이 가능했던 일부 운 좋은 집단이 누린 식사의 즐거움과도 관련이 되겠지만, 생존과 영양에 관한 기초적 질문들도 고려하고 있다. 선사 시대 인류에 대한 1장, 기술과 세계화의 영향에 대한 7장과 10장은 서민들과 적절한 먹을거리를 찾아 이루어진 그들의 힘든 투쟁에 초점을 맞춘다. 그러나 전반적으로 이 책의 관심은 미각적 취향의 역사, 즉 사람들이 음식—그 재료, 제조, 연출에 대해 어떻게 생각했느냐이다. 또한, 음식에 대한 선택적 취향과 요리 원칙이 사회마다 어떻게 다른지 점검하면서, 미각적 취향이란 특정 지역과 시대에 관해 중요한 사실을 드러낸다는 점을 알리고자 한다. 음식은 사회 역사의 유형으로 간주된다. 가령, 전후 호황기, 기술 혁명과 편리를 추구하는 욕망의 시대가 식탁에 미치는 영향을 드러내 주기 때문이다. 이런 객관적 사항 외에도 여러 저자들은 음식 만들기, 소비 경험과 그 만족, 음식과 식사와 레시피를 논하는 즐거움 등 음식의 주관성을 고찰한다.

1장은 고대 인류가 식량을 소비했던 여러 조건들을 탐구하기 위해 고고학적 증거를 활용한다. 농사를 짓고 가축을 기르기 이전에는 충분한 지방과 탄수화물을 얻기가 힘들었고, 그에 따라 미각도 결정되었다. 하지만 이렇게 음식물이 생물학적 명령에 의해 결정되었다할지라도, 가장 중요한 요소는 누가 뭐래도 인간의 미각이었다. 단맛을 내는 일부 제한된 식품(꿀)에 대한 선호, 서로 다른 형태의 동물성 지방(동물의 부위에 따른)을 분간하는 미각은 요리학적 환경의 제약 속에서도 취향에 따라 음식을 선택했음을 보여 주는 사항이다. 일단 목축업이 시작되자 곡물, 식품의 영양 성분, 유제품에 대한 다양한 태도에 따라 음식의 선호 방향이 뚜렷하게 드러났다.

2장 고대 사회에서의 미각은 호메로스 시대 의식용으로 쓰던 간단한 구이에서 그리스 시칠리아와 로마 제국의 복잡한 미학으로 변해 갔다. 특정 수요와 고대 그리스와 로마의 욕망으로 구체화되었던 여러 특성들은 그 이후 음식 문화에서 반복되곤 했다. 가령, 무역과 수입 사치품의 중요성, 단순함을 추구하는 전통과 혁신, 사이를 오가는 변동 등이 그것에 해당한다.

3장에서 논의되는 중국 요리의 원칙은 2,000여 년 전의 몇 가지 사례로 거슬러 올라가지만, 그들의 변화는 신흥 종교와 철학적 교리, 중화 제국의 확장과 결국에는 신대륙 상품의 활용을 통해 이루어졌다. 헤아릴 수 없이 식품의 범위가 다양했기 때문에 중국의 요리에는 항구적인 풍부함이 깃들었으며, 이는 정찬과 지역 특산품, 요리법과 맛의 권위자에 대해 대단히 많은 심미적 평가와 이해를 통해서도 장려되었다.

4장에서 소개할 중세 이슬람 요리는 아랍 사막의 전통 요소와 페르시아, 인도, 비잔틴 음식을 서로 결합하여 정교하고, 세밀하고 다양한 음식 관습을 만들어 냈다. 지중해를 거쳐 중앙 아시아, 인도 아대륙까지 아우르는 요리의 개념을 조합함으로써 이슬람은 상호 교역 지구를 창설하고 이슬람 교 문화권 국경을 넘

어 중국과 유럽까지 여러 지역에 영향을 끼쳤다.

5장에서 논의될 중세 기독교 유럽 사회는 선대 로마 제국이 남긴 웅장하고 매우 장식성이 강한 요리와 이슬람적인 요소를 스페인, 아프리카, 중동에서 원용한 것을 적절히 혼합하여, 여기에 그들만의 풍미와 종교적 의식, 연출의 미학을 불어 넣었다. 향신료를 놓고 벌인 중세의 그 유명한 광풍은 다른 여러 문화와 시대에도 존재하는 열광과 맥을 같이하며, 이는 예민하고 복잡하면서도 풍미를 즐기는 감각에 필요한, 일관되면서도 장기적으로 지속된 미각에 해당한다.

6장은 대략 1500년부터 1800년 사이, 유럽이 최초로 고대와 중세의 전통을 지속하면서도 결국에는 과거와 결별했던 시기를 고찰한다. 그들은 기본 재료를 더 강조하고 신대륙 자원 발굴로 생긴 몇 가지 제품을 원용하기 위해서 균형을 강조하는 체액설과 향신료가 강한 음식을 위주로 했던 과거 전통을 버렸다. 차, 커피, 옥수수, 토마토, 초콜릿이 새롭게 소개되고 설탕 소비가 크게 확대되자 식단과 미각적 선택에 일대 혁명이 일어났고, 이에 따라 전 세계적으로 사회적, 경제적 기관도 혁명적인 변화를 겪었다.

19세기 무렵 프랑스는 유럽과 미국 사회의 요리 스타일을 지배하게 되었다. 8장은 프랑스 요리의 원칙을 설명하고, 그것의 지역적·계급적 기원 간의 차이를 논의한다. 그리고 19세기 전 세계 트렌드로 등장한 그랑 퀴진grand cuisine을 살펴본다. 그러나 그랑 퀴진은 이미 1920년 무렵 변화와 축소의 과정을 거쳤다.

그 외 여러 장들에서는 현대 식탁의 속성, 식품이 공급되는 방식과 원산지 변화에 따른 결과, 그리고 식품 개발과 보존, 수출과 포장, 마케팅 기술의 현대화가 끼친 영향에 대해 기술한다. 고대 중국의 특색으로서 18세기 말 유럽에서만 발달했던 레스토랑이 이미 19세기 중국에서 태동한다. 9장에서는 레스토랑이 세상에 나온 여러 배경들을 알아보고 거기서 제공된 음식 유형과 우아함, 친근함, 편리 등의 서비스 형태의 변화, 또한 유럽과 미국 사회의 레스토랑 위치 등도 알아본다. 소비자 시대의 탄생을 다루는 7장은 19세기와 20세기 독일의 사례를 활용하여 새로운 교통과 식품 보존 방식으로 야기된 변화를 보여 주고, 풍족한 곡물 수확과 더불어 산업화와 점점 상승하는 생활 수준이 이룬 선택 사항들, 도시 팽창과 농촌 인구의 감소로 인해 생긴 격동의 현장을 기술한다. 마지막 10장에서는 당대의 상황, 그 선택에 따른 애매모호한 장점들을 논의한다. 제2차 세계대전 이전의 소비 패턴을 재구성하고 초월하는 제1단계를 지나면, 기본 원칙은 점점 없어지고 취사 선택과 세계화 지속이라는 변화가 혁신을 가속화시켰다.

어떤 면에서 모든 역사를 전통과 혁신 간의 교류라고 한다면, 오늘날 우리는 요리의 관점에서 두 가지 사이의 그 매력적인 긴장 관계를 어떻게 판단하고 있는가? 식사의 고차원적 목표가 무엇인지 잘 보여 준 예가 있지만, 이젠 그것도 미각의 추구 방향에 대한 이중적 또는 심지어 모순적인 견해일 뿐이다. 한편으로는 단순함을 추구하는 시대적 변화와 겹쳐 음식의 원산지를 둘러싼 불편한 심경은 진정성이 담긴 요리로 향하게 되었다. 진정성 속에서는 퀄리티, 자연성, 계절성, 지역적 재료가 가장 중요하며 이런 기본 재료가 각광받을 수 있도록 음식 제조 스타일을 설계한다. 이 과정은 어느 정도 자연의 섭리를 재창조하는 일에 해당한다. 한때 모든 닭은 방목되었다. 지금처럼 대량 생산을 하지 않았기 때문이다. 근래 양식업이 발달하기 이전에, 모든 연어는 야생 연어였다. 기술 진보, 동일성, 농업 시대와의 분리라는 맥락에서 볼 때 '당연히 상속되는' 자연의 산물이나 자연에서 자라는 고기를 보존하고 원용하는 기술에는 사치스럽고 허식적인 단순함이 분명 존재한다.

　이런 재발견 분야에서 가장 유명한 개척자 중에 앨리스 워터즈Alice Waters 레스토랑 셰 파니즈Chez Panisse가 있다. 버클리에 위치한 이 레스토랑은 인위성과 대량 생산이 극을 달리는 미국이라는 나라에서는 분명 역설적인 공간이다. 캘리포니아는 미국 농업의 중심이자, 몇 가지 바람직한 영양 식품이 자라는 지역이다. 셰 파니즈의 인기는 자연의 지속적 발전성, 소규모 생산, 재료의 본질적 특성에 근거해 요리를 준비하는 것에 대한 욕망을 드러낸다. 여기서 제공되는 메뉴를 살펴보면, 제공되는 요리의 상당수가 소규모의 특정 원산지를 밝힌다. 가령, 래핑 스탁 농장 돼지고기, 퀴노강 무지개 송어, 울프 농원 메추라기 등 이런 식으로 표시된다. 현재 미국과 영국에서 많이 따라하는 메뉴의 혁명이라고 볼 수 있다. 패트릭 쿠Patric Kuh의 지적대로, 지역 특색과 세부 조리 방식의 표기는 셰 파니즈 메뉴의 특성으로 1970년대 개업할 때부터 시작되었다. 일례로 '마늘, 파슬리, 버터를 곁들인 몬트레이 만 참새우'에서 보듯, 이는 이전 시대에 표준화된 프랑스 용어와 좋은 대조를 보인다. 사실 오리지널보다 가치가 떨어지는 모방 요리가 될 경우, 조리 과정 설명과 부티크 형태의 고급 농장 원산지를 밝히는 일은 다소 과장되거나 의례적으로 변할 것이며 우습기조차 할 것이다. 그처럼 정교하게 설명한 요리와 1960년대부터 시작된 '라 투르 다르장'의 간단한 메뉴 리스트를 비교해 보라. 가령, '라 투르 다르장'은 15가지나 되는 칸통(오리고기) 요리를 자랑했는데, 별로 설명도 없고(복숭아를 곁들인 오리고기, 체리를 곁들인 오리고기), 처음 본 사람에게는 대부분 알쏭달쏭한 이름일 뿐이다(칸통 라파엘 웨일, 포도를 넣은 오리고기). 물론 고전 요리에는 프랑스의 지리적 설명이 들어 있어 해독 가능한 어휘도 있다. 가령, 그로노빌 소스Grenoblaise는 버터와 케이퍼, 루앙 소스는 오리나 닭의 간, 크레시는 당근을 뜻하는 등 지역이나 마을, 그곳의 특색을 표시해 주기도 한다. 하지만, 식품 산업의 산업화 이전에 발전되었기 때문에 특정한 지역 원산지를 일종의 특권으로 만들어 버렸다. 그로노빌 케이퍼는 그 원산지에 대해 거의 일일이 지정하지 않는 편이며(가령, 튀니지 산이냐 이탈리아 산이냐), 어느 농장에서 재배했는지도 확실히 밝히지 않는다.

　이와 꼭 같지는 않지만 유사한 범주 내에서 '슬로 푸드 운동'은 현대화와 동일성에 반대하는 입장에 있다. 이는 패스트 푸드의 제국적 정복과 그 결과로 나타난 미각의 표준화와 퇴화에 대한 명백한 반발이다. 1986년 이탈리아에서 시작된 슬로 푸드 운동은 먹거리의 지역과 계절 개념, 전통을 되살리고 적어도 대량 생산이나 편의 위주의 조리 방식에서는 탈피하려는 시도이다. 첫째로, 그간 표준화된 생산과 포장에 불편하다고 내버렸던 여러 종과 다양한 유형들을 보존

하고 재도입하는 것, 한마디로 생물의 다양성을 특히 강조한다.

둘째, 지역과 계절성 재료들을 강조하고, 셋째, 기교와 혁신을 추구하는 경향도 두드러지게 나타난다. 유럽의 음식에 아시아나 아프리카의 양념과 향료를 첨가하여 만드는(바닐라를 첨가한 크림 소스, 레몬그라스 차, 해선海鮮 소스) 등 서로 다른 문화의 재료들을 조합시키는 다양한 퓨전 요리들을 그 예로 들 수 있다. 재료를 서로 충돌시키는 일, 평범함과 우아함을 혼합시키는 일, 연금술 수준으로 재료를 변화시키는 일 등 예상을 뒤엎는 기교도 이에 포함된다. 이 중에 일부는 역사적으로 1970년대 예상치 못한 요리(해산물을 넣은 메이플 시럽)를 좋아하는 성향으로 악명이 높아 종종 조롱받기도 했던 누벨 퀴진Nouvelle Cuisine으로 야기된 결과들이다. 그러나 8장에서 논의되겠지만, 사실상 누벨 퀴진도 재료 특색의 재발견으로 시작되었고 요란한 소스와 원칙에 사로잡힌 복잡한 전통주의에 신물이 난 나머지 그것에 반발하여, 단순함을 높이 평가했다. 그러나 사실 어떤 면에서 누벨 퀴진은 단순함과 기교라는 경계에 서서 어느 쪽으로든 그의 요리를 확장시킨다. 가령, 한편에서 그 지지자들이 신선함과 통일성을 칭송한다면 이는 곧 셰프의 상상력이 멀리 뻗어가길 바라는 입장으로, 그들은 "모든 것을 허용한다.", "금지시키는 일 자체가 금지돼야 한다."라는 1968년 프랑스의 슬로건을 기꺼이 수용했던 것이다. 또한, 그들은 지금 우리가 여기서 탐색 중인 미묘한 속성인 미각적 취향을 지지했던 집단으로서, 그것을 전통이 아닌 독창성originality으로 이해했다. 이렇게 새로운 요리들을 찬양함과 동시에 누벨 퀴진 운동은 카렘Marie Antoine Carême, 에스코피에Georges Auguste Escoffier, 포엥Fernand Point 등 프랑스 요리 유산의 수호자이자 대가로 추앙받는 셰프들과 더불어 새로운 감각의 발명가로 등장한 유명 셰프에 대한 컬트적 숭배를 시작한다.

당대 트렌드의 수도인 카탈루냐의 혁신적인 레스토랑들은 누벨 퀴진의 일부 선례들을 부활시켜 강렬한 향미와 낯선 조합을 장려하지만, 그 스타일은 과거에 비해 더 유쾌하며, 글로벌하며, 절충적인 성격을 띤다. 따라서, 바르셀로나의 레스토랑 코메루 24comerç 24는 앤초비로 맛을 낸 '코튼 캔디', 애피타이저에 바질과 토마토를 쓰고, 여기에 스페인 패스트 푸드인 기본 그릴 샌드위치를 최대한 정교하게 만든 '비키니bikini'를 선보이는데 여기에는 하부고 햄과 주키니가 들어간다. 말하자면 재료의 조합 기술이 재료의 본질적 특색보다 더 중요했던 것이다.

이 분야에서 유명한 레스토랑이 바로 코스타 브라바 해안에 위치한 셰프 페랑 아드리아Ferran Adrià의 엘 불리El Bulli이다. 여기서 통조림 굴과 같은 꽤 평범한 재료들은 일종의 연금술을 거쳐 거품, 파우더, 프로즌 아이스 크림 등으로 변한다. 소위 캘리포니아식 자연주의에 열광하기보다, 변형과 예상치 못한 배치에 초현실주의적 강조를 둔다. 아드리아는 본인이 만든 음식을 '창조적이면서', '전위적인 요리'이자 '개념 미술적'인 것이라고 설명한다. 엘 불리의 핵심이자 테루아는 바로 상상력이다. 이곳은 발상의 전환이 일어나는 특별한 공간이다. 몇 가지 예를 들어보자. '밀라노 리조또'는 적절한 형태, 맛, 질감이 있는데 쌀이 아니라 콩싹beansprouts으로 만든 것이다. 오리 푸아그라는 남미 곡물인 퀴노아와 비슷한 농도와 빛깔로 얼린 것으로, 콩소메와 함께 나오는데 퀴노아 가루와 번갈아가며 먹도록 권한다. 콜리플라워는 쿠스쿠스 맛이 나도록 잘게 부순다. 조리용 빵가루로 만든 수수한 농촌 음식은 인위적으로 만든 송로버섯으로 맛을 낸다. 이런 톡톡 튀는 창의성이 다른 요리사의 손에서 얼마만큼 효과적으로 모방될 수 있을지는 여전히 의문이다. 아드리아는 이런 불가사의한 변형 음식을 제공하는 레스토랑을 확산시키면서 이에 대한 답을 찾으려고 노력 중이다. 앤서니 보뎅Anthony Bourdain의 베스트셀러『키친 컨피덴셜 Kitchen Confidential』(2000)에서 엘 불리의 요리사는 간단히 '그 거품 내는 친구'로 격하되지만, 분명한 것은 그 책이 나온 이후 몇 년간 그 요리사의 영향력도 계속 커졌다.

진정성과 창의성의 동시다발적 성공은 전혀 새로운 현상이 아니다. 계절성 단순함과 바로크식 효과 간의 유사한 이끌림, 적어도 그 열망에 있어 서로 끌리는 현상은 1950년대와 1960년대에도 있었다. 이 사실은 한 기업이 뉴욕에서 동시에 함께 열었던 2개의 레스토랑에 선보인 메뉴를 보면 알 수 있다. 레스토랑 협회 창설자인 조지프 바움Joseph Baum은 지금도 뉴욕의 유명 레스토랑으로 손꼽히는 포 시즌즈Four Seasons를 포함해 여러 레스토랑을 운영했다. '포 시즌즈'라는 이름에서 알 수 있듯, 이곳은 계절성 재료를 중시했다. 그리고 오래 전에 없어진 포럼 오브 트웰브 시저즈Forum of Twelve Caesars는 과장된 메뉴로 유명했는데, 이국적이면서 격조 높은, 때로는 다소 웃기는 느낌이 드는 요리를 제공했다. 그런데 1950년대의 시각으로 보면, 포 시즌즈가 희한한 곳이었다. 가을에는 가을 요리에 알맞는 적절한 재료를, 봄에는 양고기 등 기본적인 요리의 적절성을 뛰어 넘어 계절성 재료에 유난스럽게 신경을 썼기 때문이다. 지금 보면 그 메뉴들은 신중하게 현실에 맞춰 적절한 계절성을 유지했던 셰 파니즈에 비해 다소 이국적이고 포괄적인 것 같다. 그리고 포 시즌즈는 재료의 원산지에 대해서는 거의 언급하지 않는다. 가령, 1959년 겨울 메뉴 '계절 특선'을 보면 야생 청둥오리, 끓인 사과를 곁들인 어린 돼지고기, 코냑으로 구운 도요새, '머스코바이트' 크림을 넣은 민물 철갑상어, 메릴랜드 민물 거북이가 나온다. 유일하게 원산지를 밝힌 메뉴는 페리고르 송로버섯(Perigord는 프랑스 남부 프로방스 지역—역주), 파슬리를 곁들인 프로슈토(Prosciutto는 이탈리아 중북부 토스카나와 에밀리아에서 나는 햄—역주)가 있다. 겨우 8달러 75센트에 우리가 잃어버렸던 그 아득한 요리 세상을 기억시켜 주는 음식이다. 애피타이저 메뉴 '투린 오브 재뉴어리 프룻Tureen of January Fruit'는 뭐가 뭔지 감이 잘 안 온다. 당시 봄에 어울리는 '다양한 계절 특선'으로 '투린 오브 마치 프룻'과 더불어 스위트 브레드, 파인 샴페인 부슈, 프리메르를 넣은 송아지 커틀릿, 레몬과 파마산 치즈 가루를 뿌린 새끼염소 고기가 포함되어 있다.

포럼 오브 트웰브 시저즈는 자연의 리듬을 따를 생각이 없었다. 1957년 메뉴를 보면 아치형의 무늬가 네 면을 둘러싸고 대문자로 '사냥으로 얻은 미식가의 전리품EPICUREAN TROPHIES OF THE HUNT'과 같이 일정한 카테고리를 나눈다.

금방 사라졌지만 매우 호사스런 뉴욕의 레스토랑인 포럼 오브 트웰브 시저즈에서 쓰던 메뉴의 첫 장이다. 전형적으로 엄청나게 많은 메뉴를 제공하며, 아치형의 기묘한 밑그림에 복잡하고 화려한 정보를 쏟아 넣었다. 재에 구운 송로버섯이 1957년 당시 돈으로 7달러 50센트였지만, 이 요리의 가치는 잃어버린 옛 세상을 환기시킨다는 점이다.

DINNER

CENABIS BENE . . . APUD ME—CATULLUS

'YOU WILL DINE WELL AT MY TABLE' — THUS MIGHT A CAESAR INVITE HIS GUESTS TO SHARE THE EPICUREAN TREASURES GATHERED FOR HIM FROM ALL THE ROMAN WORLD — TONIGHT WE INVITE YOU TO SUP WITH THE CAESARS: YOU WILL DINE WELL!

PROLOGUE

SHELL-BORNE OUT OF THE SEA

The Oysters of Hercules 1.65
'WHICH YOU WITH SWORD WILL CARVE'
Cherrystone Clams 1.10   Nearby Oysters 1.10
Alban Crabmeat set in Avocado Coronet 2.65
A Cocktail of Fresh Lobster 2.50

Oysters and Pink Caviar 2.25
A LUCULLAN FANTASY
Little Neck Clams .95
Shrimp from the Golden Gulf 1.75
A Salad of Bay Mussels and Roe 1.50

TRIBUTE TO TRITON—an Offering of Various Shellfish 2.85

GUSTATORIES—VARIED AND COLD

Artichoke with Strasbourg Livers 2.25
Adriatic Anchovies, Whole and Marinated 1.10
Lentils and Sausages, Sweet and Sour 1.35
Half Grapefruit with Avocado Slice, Honey Dressing .95
The Great Heather-Smoked Scotch Salmon 2.75

A Cocktail of Fresh Fruits .95
The Leeks of Rome, APICIAN STYLE .85
Smoked Game Fish, SAUCE VITELLIUS 1.65
Iced Seasonal Melon 1.25
Herring of the Far-Off North Sea 1.10

FROM THE HERDS OF EPICURUS—Various Hams Served with Delightful Fruits 2.45
Belgic Pate with Wild Boar, Sauce of Damascus Plums 3.00
CAVIAR IMPERATOR on an Ice Throne with Vodka and Other Accompaniments

MORE PROVOCATIVES—HOT

Snails on the Silver Gridiron 1.85
A Dish of Scallops with SAUCE VOLUPTAS 1.50
Leek Pie with Hot Sausages .95

Snails in Dumplings, Green Butter Sauce 1.75
Beef Marrow on Toast, A LUCULLUS ORIGINAL 1.45
The Golden Eggs of CRASSUS 1.10

THE GREAT FORUM ARTICHOKE, Filled with a Puree of Oysters 1.65
Grilled Fresh Sardines, IBERIAN MUSTARD SAUCE 1.35   Crayfish Filets in a Light Dill Sauce 1.65
Oysters in SENATE DRESS 1.65   Oysters ANOTHER WAY 1.75
Wild Boar Marinated and Served on the Flaming Short Sword 2.35

ROMAN RAMEKINS CALLED MINUTALS
FAVORITES OF THE AUGUSTAN COURT

LUCANIAN—Lamb, Sausage, Dill 1.10   SYLVAN—Venison, Red Wine, Chestnuts 1.10
APICIAN—Egg, Red Wine, Marrow and Leek 1.25   PISCATORIAN—Mousse of Pike, Lobster Sauce 1.10
TARENTINE—Chicken, Mushroom, Truffled Cream 1.25
LUCRINE—Oysters and Artichoke Hearts 1.35

MUSHROOM AND TRUFFLES
'THE RELISH OF THE GODS'

Great Mushrooms Stuffed with Snails, Gallic Cheese and Walnuts, Glazed 1.85
Wild Mushrooms Served Cold in a Marinade with Basil, Peppercorns and Anchovies 1.95
Black Truffles and Artichoke Bottoms Flamed in Mustard Cream 2.75
Fresh Truffles HERCULANEUM—Prepared 'Under the Ashes' 7.50
Mushrooms of the 'SINCERE' CLAUDIUS—An Emperor's Design 1.75
Egg Mushrooms with Roman Beans seasoned with Chervil and Shallots, SERVED COLD 1.50

이것은 '사슴고기 에피그램, 송로버섯 볶음, 생명 소스SAUCE VITAE'로 구성된다. 공지 사항에 보면 그 지역의 사치 규제법 때문에 핑크 플라밍고, 종달새, 개똥지빠귀를 구할 수 없어 애석하지만 대신 '귀한 공작새'를 제공한다고 밝힌다. '우리 레스토랑 아르미게리우스ARMIGERIUS와 주방 직원들이 그들의ARS 조리법ARS COQUINARIA 중에서 가장 매혹적인 레시피에 따라' 조리한 '귀한 공작새'라고 한다. '신대륙 채소와 곁들인 사모스SAMOS의 야생 닭(그 역사적 제스처를 감안한다면 매우 해괴한 방식으로 만든 요리이다)', 셰리 토마토와 옥수수가루도 보인다. 디저트로 '미친 네로의 크레페The Crepes of the Mad Nero'라는 플람베와 '프로즌 오믈렛 슐Frozen Omelette THULE'이 있다(Thule은 아이슬란드, 노르웨이 등 추운 지방을 가리키는 고대 이름이다—역주).

자연의 단순함(또는 자연의 허식)과 인위적 기교의 호사스런 효과(다소 천박한 경향을 수반한), 이 둘 사이의 절충된 흐름은 꾸준히 나타난다. 대놓고 '단순함'을 과시했던 누벨 퀴진의 인기는 오트 퀴진haute cuisine의 호사스런 전통이 최후로 발현되는 시점과 우연히 일치했다. 1975년 11월 뉴욕의 레스토랑 비평가 크레이그 클레이본Craig Claiborne이 파리의 셰 데니Chez Denis에 가서 보고 널리 알려진 식사 한 끼의 가격이 당시로서는 듣도 보도 못할 정도로 엄청났으니 2인분에 무려 4,000달러였는데, 총 31개 코스와 11개 와인으로 구성되었다.

정교한 독창성, 기묘한 기교, 자연의 지속가능성, 진정성은 어떤 면에서는 공통점이 드러난다. 현재 우리의 미식 시대는 어쩔 수 없이 특정 유형의 음식을 포기해야 하는 실정이다. 재료가 희귀해지면서 오리지널을 복제하려는 시도가 일정 수준 성공하면서 다양한 방식으로 전개되고 있긴 하다. 예를 들면 현재 여러 국가에서 카스피 해 캐비아의 포획이 불법으로 규정되면서, 원제품에 맞먹는 국내산 양식 철갑상어를 생산하려는 노력이 절실해진 것이다.

다행히 음식에 관한 이슈, 즉 어떻게 생산되어 소비되는가라는 문제를 바라보는 사람들의 인식이 점차 성숙해졌다. 순전히 문자적 의미로 볼 때, 미각적 취향은 현대성과 효율성을 거부해 왔다. 50년 전, 영양학자들과 식품학자들은 위생과 편리, 인공 향신료라는 불모지 점령의 꿈에 빠져 있었다. 그래서 실제 맛과 음식의 복합성에 대한 관심을 깡그리 없애버릴 만반의 준비를 한 듯 보였다. 그들이 바라본 미래는 자연의 법칙에서 자유로운 상태, 제대로 포장된 토실한 토마토였고, 시큼한 오렌지 주스나 마가린, 설탕 범벅의 시리얼이 아니라 톡 쏘는 짜릿한 풍미였다. 그러나 최소한 예상했던 정도까지라도 이런 일은 일어나지 않았으며, 1970년대에 들어와 희대의 발명품인 전자레인지조차 영양을 더 생각하는 요리 방식을 몰아내진 못했다. 1970년대 미국과 영국에서 판을 치던 무겁고, 가식적인 저질 '콘티넨털continental'의 음식—캘빈 트릴린Calvin Trillin은 이것을 라 메종 드 라 까사 하우스La Maison de la Casa House' sort of places(북미와 유럽 어디에서나 먹을 수 있는, 지역적 특색 없는 음식이라는 뜻—역주)라고 불렀다.—은 더 이상 설 곳이 없다. 그 시대 잘 나가던 치킨 키에브chicken Kiev는 이제 냉장고 뒤편으로 밀려났다. 미각적 취향은 기술의 영향과 포장, 생산 업체와 유통 업체의 편의성 전략을 잘 견뎌 내고 살아남았다.

10장에서 논의하겠지만, 지금 와서 보니 1970년대는 일종의 전환점이었다. 1977년, 존 헤세John Hesse는 냉혹한 레스토랑 비평으로 인해 『뉴욕 타임스 The New York Times』에서 해고되자, 아내 카렌Karen과 함께 미국식 기준에 대한 경고성 선언 『미국의 맛 The Taste of America』을 발표했다. 1979년 캘빈 트릴린은 이전보다 더 신랄한 유머와 풍자가 깃든 연작을 발표하는데, '북미 대륙식' 요리 체제가 불안한 자만심 때문에 쇠퇴하는 양상과 정반대로 미국식 토착 음식이 살아남아 전성기를 맞이한 이야기였다(그는 1970년대 내내 에세이를 계속 발표하였다). 이즈음 셰 파니즈가 문을 열었다. 유럽의 전후 복구 시대가 끝나면서, 제2차 세계 대전 이전의 요리 패턴을 재구성하거나 확장하는 트렌드가 이어졌다. 다양성, 글로벌 퀴진, 진정성, 떼루아, 실험성을 열망하는, 간혹 경쟁적인 욕망이 다 같이 솟아나기도 했다.

현재 어느 것 하나를 중심이라고 생각하는 경향이나 일련의 핵심 요리들이 점차 쇠퇴하는 중인데, 특히 프랑스 요리의 세계적인 지배력이 점점 줄어들고 있다. 수백 개가 넘는 나라와 지역을 대표하면서 갖가지 가격대를 갖춘 수천 개의 레스토랑이 존재하는 도시, 뉴욕. 이곳에서 가장 위험한 부류는 바로 몇 개 남지 않은 우아한 프랑스 레스토랑들이다. 이는 비싼 노동 집약적 요리를 생산하는 레스토랑을 소유할 때 상당한 경제력이 필요하다는 현실을 반영한 것이라기보다, 엄밀히 따지면 미각적 취향의 변화 때문이다. 현재 뉴욕에서 고급 레스토랑의 가격과 비용은 무제한이다(2006년 가장 비싼 레스토랑은 일식당이었다). 2003년 『뉴욕 타임스』는 카탈루냐와 바스크 지역의 '스페인' 요리가 지닌 창의성을 높이 평가하는 기사를 내보냈다. 이 기사를 통해 아서 루보우Arthur Lubow는 짐짓 안타까운 어조로 프랑스 요리의 실패가 계속될 거라고 말하면서, 이는 프랑스 요리가 그들의 진정한 미식 관습과 미학성이 담긴 기존의 기준을 엄격하게 유지함으로써 유행을 따르지 않았기 때문이라고 지적했다.

미래에 대한 낙관적 전망도 내놓는다. 진정성을 향한 움직임이 전 세계 주요 수도에 거주하는 부유한 아마추어 미식 전문가들뿐 아니라, 더 많은 사람들의 마음을 움직일 것이며, 동시에 풍부한 요리 전통이 있지만 세계 경제 구조에서 아직 특권을 받지 못한 많은 국가들에게도 영향을 미칠 것이다. 에티오피아의 그 식당이 진정성이 담긴 비약적 발전을 하여 여러 측면에서 에티오피아 국민들에게 유럽과 미국에서 대중들에게 제공하는 것, 그 이상의 혜택을 선사한다면 하나의 성과로 인정받을 것이다. 생태계 보호, 생물의 다양성과 더불어 아시아와 남미의 미식 전통과 관습이 부활하고 이런 요인들이 서로 결합함으로써 진정성을 향한 운동이 더욱 확산될 희망적인 조짐이 보인다. 먹을거리와 그 먹을거리의 미래는 미각적 취향의 사안이자 동시에 인류 자유의 문제이다. 우리가 식품을 모아서 처리하고 팔고 사고 음식을 만드는 방식은 필연적인 산업의 형태이자, 살아 있다는 게 무엇인지 표출하는 일상의 예술인 것이다.

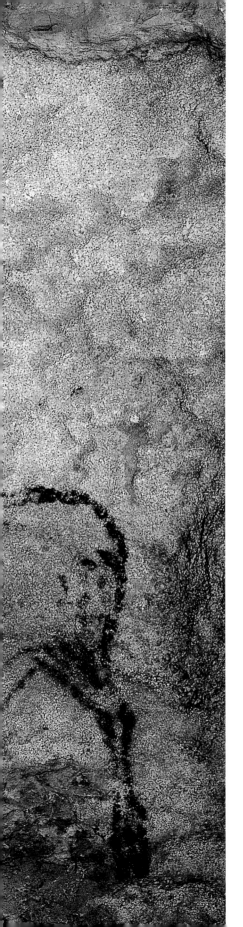

1 사냥-채집을 하던 선조들과 최초의 농부들

선사 시대 미각의 혁명

앨런 K. 아우트램

선사 시대 조상들은 그들의 미각적 취향에 대한 문서 기록을 남기지 않았기 때문에 그들의 입맛을 논하는 일은 일종의 도전이다. 따라서, 1차적인 증거로서 고고학적 기록을 활용해야 하며, 수천 년 전 인간이 남겨 놓은 유해를 감별해야 한다. 실제로 고고학자들은 고대인의 먹거리와 물질 문화가 담긴 유적이라는 고대의 쓰레기장을 뒤지면서 상당한 시간을 보낸다. 음식 관련 유물을 발견하면 그 당시 사람들이 무엇을 먹었는지 증명할 수 있고, 화로나 화덕, 솥, 사발 같은 유물을 발견하면 그들이 어떻게 음식을 조리하여 먹었는지도 알게 될 것이다. 그러나 고대인들이 왜 그것을 먹거리로 선택했으며, 어째서 즐겨 먹었는지 알아보는 작업은 결코 쉬운 일이 아니다. 때문에 고고학자들은 미각적 취향과 같은 복잡한 문제를 해결하기 위해서 다양한 종류의 증거를 활용해야만 한다. 즉, 물질 문화, 음식 잔재물, 구조적 증거, 환경적 맥락, 민족학적 유추, 예술, 의학 지식과 고대 유해에 대한 연구까지 모두 다 포함된다. 여기에 최근 발명된 여러 가지 새로운 분자 생물학 기술의 도움을 받아 과거 식단을 분석하기도 한다.

이번 장에서는 미각적 취향은 차치하고라도, 수백만 년 지속된 선사 시대 동안 전 세계의 수많은 문화권에 존재했던 과거 음식물에 대한 상세한 사항을 개략적으로 다 설명할 수 없을 것이다. 따라서, 1장에서는 광범위한 연대기 틀 안에서 고고학자들이 어떻게 미각 문제에 접근하는지, 또 어떤 식으로 음식과 미각적 취향과 관련된 중요하고도 흥미로운 수많은 문제를 제기하고 중요성을 강조하는지 보여 주고자 한다. 그러자면 우선 이 방면의 다양한 증거들을 조금 더 깊이 있게 논의할 필요가 있다.

고고학자들이 발견하는 음식물 유적의 형태는 대개 생물학적 부패를 겪을 수밖에 없다. 유기 물질로 이루어진 음식물 잔재는 너무 쉽게 썩어 버린다. 아마도 가장 오래 살아남는 확실한 유적은 동물의 뼈일 것이다. 뼈의 구성 성분은 주로 무기 물질이기 때문이다. 그래서 문제의 땅이 심한 산성 상태만 아니라면 수천 년 간 잔존할 가능성이 크다. 버려진 동물 뼈는 당시 사람들이 어떤 종류의 동물을 먹었는지에 대한 단순한 정보뿐 아니라, 아주 많은 사실을 말해 준다. 동물 고고학자들은 그

동물이 야생인지, 가축인지, 사냥했는지, 집에서 기른 것인지를 구분할 수 있다. 또, 동물의 나이와 성별을 구분하고 그 무리의 개체 수까지 재구성할 수 있다. 사냥한 동물인 경우, 사냥꾼의 선호도를 파악할 수도 있으며 야생 동물을 잘 다루는지의 여부, 사냥철, 구체적인 미각적 취향까지 설명해 준다. 가축의 체계는 이보다 더 중요한 정보를 던져 준다. 왜냐하면, 고대인들이 그 가축을 통해 일차적으로 얻으려는 목적에 따라 수컷과 암컷의 비율을 달리하고 노쇠한 가축을 추려 내기 때문이다. 가령, 낙농 가축은 육류 가축이나 섬유 가축과 판이하게 다르다. 농업에 따른 위와 같은 선택은 경제와 환경뿐 아니라, 미각적 취향과 문화적 선호도의 영향을 받게 된다. 동물의 뼈를 살펴보면 대개 도살의 흔적이 남아 있다. 자르고, 썰고, 벤 자국은 선명한 패턴을 이루는데 이것은 그 문화 속에서 고기를 나누어 먹기 위해 어떤 방식으로 죽은 동물을 해체했는지를 잘 보여 준다.

포유류, 양서류, 조류, 어류는 뼈의 흔적이 남아 훗날 인간이 발견할 수 있게 된다. 하지만 무척추 동물은 어떨까? 연체 동물과 일부 갑각류는 껍질을 남긴다. 껍질은 뼈만큼 다양한 정보를 제공하지는 못하지만 일부 나이테가 새겨진 연체 동물의 경우에는 그 시대와 채집 계절에 관한 정보를 알아 낼 수 있다. 곤충류는 무기질 외골격 없이 단백질로만 구성되어 있다. 키틴이라고 하는 이 단백질은 매우 단단해서 저온이나 산성, 산소 부족으로 박테리아 활동이 제한된 땅에서도 매우 잘 살아남는 편이다. 곤충 화석을 조심스럽게 복구하면 대개 종을 식별할 수 있을 정도가 된다. 이런 곤충류는 스스로 다른 동물에게 잡아먹힌 상태가 아니다. 그럼에도 어느 동물이 그것을 먹고 어떻게 그것을 저장했는지 간접적인 증거를 얻게 된다. 곤충류는 대개 그 활동과 먹이 면에서 매우 명확한 편이다. 즉, 특정 종이 특정 먹이나 동물의 존재, 저장 상태와 정확히 관련을 맺고 있어서 역으로 정확한 정보를 얻을 수 있는 것이다.

이 어류 화석은 매우 좋은 상태로 수백만 년을 내려왔다. 아주 최근의 고고학적 매장지는 그만큼 좋지 못하다. 그 매장지 내부의 생물학적, 화학적 활동 수준에 따라 보존 상태가 상당히 달라진다. 즉, 파괴적으로 음식을 만드는 활동을 해왔기 때문에 음식물 유적의 보존이 그만큼 어려운 것이다.

일반적으로 땅에 묻힌 상태라면, 식물 먹이는 잔존하지 못한다. 고고학자들이 찾은 최고의 식물 화석은 침수, 건조, 영구 동토와 같이 극단적인 조건 때문에 생물학적 부패가 일어나지 못했던 것이다. 그와 같은 고고학적 유적은 상대적으로 보기 드물다. 그러나 대다수의 고고학적 발굴을 통해 알지 못했던, 유기체 먹이의 유형에 대해 귀한 정보의 창을 열어 준다. 한편, 일반적인 땅 속에서도 식물 잔해는 여러 가지 형태로 분명히 존재한다. 요리 중 사고나 더 중대한 재난이 일어난 결과, 씨앗, 왕겨, 나무 열매, 열매 껍질 등의 식물 먹이나 그 잔재가 불에 타서 탄화된다. 탄화된 잔해는 형태를 그대로 보유하고 있어서 땅에서 뽑아내 연구할 수 있다. 씨앗과 나무 열매를 통해 어떤 음식을 먹었는지 알 수 있지만, 왕겨와 잡초 씨앗 같은 쓰레기가 오히려 식물 고고학자들에게 훨씬 더 많은 정보를 알려 준다. 그런 잔해들을 통해 그 식물이 어떻게 처리되고 저장되었는지 알 수 있으며, 다양한 잡초를 통해서는 경작과 수확 시기가 서로 달랐음을 짐작할 수 있다. 식물 먹이와 일반적 환경에 대한 증거는 잔존한 꽃가루를 통해서도 드러난다. 꽃가루는 산성과 혐기성 조건 하에서 가장 잘 보존되지만 그 꽃가루의 단백질성 껍질은 매우 딱딱해서 여러 고고학적 유적에서 어느 정도는 다 남아 있다. 그것을 통해 인간의 거주지 인근에서 어떤 식물이 자라고 있었는지 알 수 있다. 또한, 식물 먹이는 다른 사물에 자국을 남겨 일종의 증거가 되는데, 가령 토기에서 식물의 자국을 찾기란 어렵지 않다.

최근에 개발된 분자 생물 분석 기술도 인간의 음식을 탐색하는 데에 새로운 길을 터 주었다. 이 중 일부 기술은 음식을 먹는 방법과 관련해 문화적 뉘앙스가 강한 문제에도 적용 가능하다. 바꿔 말하면, 그것이 바로 미각적 취향과 맛에 대한 정보가 될 것이다. 여러 새로운 방식의 기본 원리는 안정 동위 원소를 좀더 확실히 파악하는 것이다. 원자핵 속에 든 양성자 개수는 그 원소가 무엇인지 결정하지만, 어떤 원자는 그 핵 속에 원자의 무게를 늘리는 추가 중성자가 있다. 가령, 탄소는 3개의

동위 원소로 이루어진다. Carbon-12는 양성자와 중성자 개수가 동일하며, Carbon-13은 중성자가 한 개 더 있으며 Carbon-14는 중성자가 2개 더 있는 상태이다. 따라서, Carbon-14는 불안정하며 일정한 비율로 방사성 붕괴한다. 이 사실은 1940년대 말부터 활용된 방사성 탄소 연대 측정법의 기초 원리였다. 여기에서 우리의 관심사는 바로 안정 동위 원소이다. 오랫동안 안정 동위 원소는 화학 반응과 똑같은 방식으로 작용한다고 생각했었다. 그러나 화학적 성질이 동일할지라도, 원자 질량이 관련되면 여러 가지 화학적 반응이 그것에 영향을 받는다는 새로운 사실이 드러났다. 생체 조직은 그것의 본래 구성 성분이라는 근원과 세월을 따라 거쳐 온 여러 과정의 결과로서 서로 다른 안정 동위 원소 비율을 갖게 된다.

이는 인간 유해 연구를 통해 인류의 음식물을 판별하는 작업을 수월하게 하는, 일종의 혁명이었다. 인간의 유골은 화학 분석을 하지 않아도 음식물에 관한 정보를 드러낼 수 있다. 즉, 서로 다른 배열을 보이는 치아 발생의 흔적과 특정 음식물과 연관된 부식의 증후를 감별할 수 있다. 가령, 구루병과 같은 일정한 상태를 통해 특정 음식물의 결핍을 드러내며, 흔히 특정 민족의 전반적인 건강과 신장은 음식물 공급의 질과 양에 따라 달라진다. 그러나 뼈 안의 안정 동위 원소 비율은 어떤 음식물을 먹었는지 더욱더 확실히 알려 주는 표지가 될 수 있다. 탄소와 질소 동위 원소 비율은 이런 면에서 특히 유용하다. 탄소 동위 원소 비율은 사람들이 어느 정도까지 해산물을 기본 음식물로 이용했는지까지 드러낸다. 왜냐하면, 바닷속의 탄소 순환과 육지의 탄소 순환이 매우 다르기 때문이다. 더 나아가, 이 방법을 통해 탄소를 서로 다르게 처리하는 두 가지 중요한 식물군 사이의 차이를 판별할 수 있다. 가령, 이 방법은 북미 지역 식량인 아메리카 옥수수maize의 진화 상태를 확인하는 데 유용하게 쓰였다. 질소는 다음과 같이 3단계로 구분되는 영양 단계trophic leve에 관한 정보를 드러낸다. 첫째, 독립 영양을 취하는 녹색 식물은 생산자로서 태양 에너지를 이용, 엽록체라는 무기물에서 유기물을 합성하여 생활한다. 둘째, 엽록소를 가지지 않는 식물과 모든 동물은 종속 영양을 취하는 소비자로서 직·간접적으로 녹색 식물을 취한다. 셋째, 미생물은 동식물의 시체나 배설물을 분해, 생산자에게 공급한다. 이는 한 개체의 먹이 사슬이 어느 선까지인지 알려 준다. 초식 동물과 채식주의자들은 맨 아래에, 그 다음에는 다양한 종류의 잡식 동물이, 맨 위에는 육식 동물이 있다. 만약 어느 육식 동물이 다른 육식동물을 먹는다면, 그것은 더 위로 올라간다. 이런 일은 어류에게서 아주 흔히 발생한다. 창꼬치Pike는 육식 어류이지만 인간은 그것을 일상적으로 잡아먹는다. 이로써 인간은 영양 단계에서 더 높은 위치로 올라가게 될 것이다.

진화 발달의 또 다른 주요 영역은 그릇, 특히 도자기에서 발견된 음식 잔여물 연구였다. 그릇에 담겼던 내용물에서 나온 지방과 밀랍 성분은 수천 년 동안 그대로 보존될 수 있는 도자기 조직에 스며들게 된다. 한동안 분석가들은 그릇 내용물 안에 특정 지방과 밀랍 성분이 존재한다는 사실을 모호하게 밝혀 낼 수 있을 뿐이었다. 가령, 그들은 배추과 식물 브라시카brassicas에서 특정 밀랍을 확인하거나 항아리 속에 동물성 지방이 들어 있었다고만 말할 수 있었다. 하지만 안정 동위 원소 비율은 그 기술을 상당히 진화시켜, 어느 경우에는 특정 동물의 종을 판별해 냈으며, 심지어는 그 지방 성분이 육류인지, 유제품인지도 밝힐 수 있게 되었다. 이와 더불어, 단백질 잔여물을 파악하는 작업에도 진전이 있었다. 나중에는 선사 시대 실례를 통해 성공이 입증되기도 했으나, 단백질 잔여물은 지방만큼 보존이 잘 되지 않는 편이다. 이런 잔여물 분석 방법은 뼈와 종자 연구로는 할 수 없는 방식으로, 물질 문화와 음식물의 소비 관계를 연관시키거나 일치시키기 때문에 아주 중요하다. 만약 인간의 음식물 소비 맥락을 증명할 수 있다면 저 멋지게 장식된 귀한 물건으로는 무엇을 먹었을까? 결이 거친 저 그릇에는 무엇을 담았을까? 다양한 그릇들, 가령, 저 암포라(그리스·로마 시대, 몸통이 불룩하고 양손잡이가 달린 긴 항아리—역주)에는 어떤 음식물을 담아 먼 곳까지 교역했을까? 아주 귀한 산물이었을까? 아니면 예식이나 장례식용 그릇과 관련된 특정 음식물이었을까? 등과 같이 문화, 스타일, 취향에 대해 훨씬 더 많은 것을 말할 수 있을 것이다.

취향과 필요성에 따라 어떤 음식물을 선택했는지를 어떻게 알 수 있을까? 두 가지 사실은 서로 긴밀히 관련될 수 있겠다. 오랜 시간 매우 자세하게 과거의 환경을 모형 설계하고 과거 인간 집단의 발열 조건을 논의해 온 고고학자들을 가리켜 흔히 "환경 결정론자"들이라고 부른다. 이는 고고학계에서는 매우 큰 모욕을 뜻한다. 왜냐하면, 그와 같은 접근 방식은 인간의 문화적 선택이라는 풍부한 조직을 부정하는 일로 보이기 때문이다. 그런 연구법은 단조롭게 보일런지 모르나 유용하기도 하다. 주어진 환경 속에서 무엇을 이용할 수 있었는지, 인간이 찾아 나서기에 가장 확실한 식량 자원은 무엇이었는지 속속들이 모두 알고 있어야만, 비로소 우리는 인간의 여러 가지 놀랄 만한 선택들을 파악할 수 있게 된다. 가령, 어느 섬 사회가 육지의 자원을 먹고 살려고 애를 썼다면 그들은 왜 섬의 풍부한 해양 자원을 본체만체했을까? 여러 가지 실질적인 이유가 있거나 문화적 금기 때문이거나, 또는 단순히 취향의 문제일 수 있다. 그와 같은 전체론적 접근을 통해 흥미로운 여러 의문을 파악할 수 있으며, 대개 그런 후에 그런 의문들을 보다 자세하게 조사할 수 있다.

고고학자들은 과거 사회가 행했을 것으로 짐작되는 방법에 대한 아이디어를 얻을 때에, 대체로 민족지학적 기록에 의존한다. 현대 서구 사회는 선사 시대에 존재했던 사회의 유형과는 상당히 다르다. 기술·사회·경제 집단 면에서 선사 시대 사회와 매우 닮은 최근의 현대 공동체를 연구함으로써, 그들은 즉물적 경험을 넘어서는 여러 가능성을 인식하길

아크로티리의 미노스 문명 도시의 어느 매장에서 발굴된 저장용 항아리, '피토이(pithoi)'로서 기원전 16세기의 것이다. 아크로티리는 테라의 산토리니 화산의 분출로 생긴 잣더미에 묻혀 있었기 때문에, 유적의 보전 상태가 매우 좋다. 이 항아리를 통해서 당시 거주자들이 어떻게 음식을 저장했는가에 대해서 확실한 통찰력을 얻을 수 있다.

바란다. 심지어 유추를 도출해 낼 수도 있다. 민족지학적 유추는 고고학계 내부에서는 이미 한물 가 버린 방법이다. 그럼에도 여전히 그것은 많은 고고학적 해석의 중요한 부분을 이루고 있으며, 서구 사회가 모르는 많은 것들에 대해 가능성 있는 설명을 던져 주는 귀한 방법이다. 하지만 민족지학적 유추는 건전한 경고문을 달고 등장한다. 최근의 현대 '원시' 민족들은 선사 시대 사람들이 아니며 아스픽asoic(육즙 젤리)에 그대로 보존된 자들도 아니다. 그들의 문화는 역동적이며 변화하는 주변의 환경에 영향을 받는다. 게다가 현존하는 '원시' 문화에서 살아가는 환경이 항상 과거를 비추는 좋은 유추가 될 수는 없다. 가령, 기록상의 온대 유럽과 똑같은 환경에서 살아가는 사냥−채집 집단은 오늘날 존재하지 않는다. 이렇듯 민족지학적 유추법이 유용하긴 하지만 신중한 접근이 반드시 필요하다.

인간의 태곳적 고대 조상들은 지금의 우리와 매우 다른 미각을 가졌을 것이다. 지금 우리가 필사적으로 죽지 않으려고 꼭 먹어야 하는 음식이 있다면, 인류 조상들에게 있어 그런 주식은 당연히 빵과 버터였을 것이다. 선사 시대 조상들의 음식물을 규정하는 일은 참으로 어려운 작업이다. 가장 오래된 원시 인류는 약 500만 년 전 중앙 동부 아프리카로 거슬러 올라가지만, 그들의 음식과 관련된 증거는 사실상 전무하다. 약 200만 년 전의 일이라면 유골 형태학과 치아 발생 흔적에 기초하여 조악한 추론을 할 수는 있다. 그 증거가 항상 일치하는 것은 아니지만, 초기 원시 인류는 영장류처럼 나무 타는 기술이 있었던 것으로 보이며, 치아 배열 연구를 통해 볼 때, 그때도 여전히 식물이 중요한 음식물이었음을 알 수 있다. 아마도 그들은 현대의 거대한 영장류와 매우 비슷한 것들을 먹었던 것 같다. 오스트랄로 피테쿠스 과(보이세이)의 한 지파는 내구성이 강한 식물을 처리하는 치아 배열 때문에 '호두 까는 인간nutcracker man'이라는 별명을 얻었다. 우리는 약 200만 년 전부터 그 이후의 인류들의 생활에 대해 알아볼 수 있는 좀더 제대로 구조화된 고고학적 유적을 보게 된다. 그곳에서 인류의 유적은 동물−뼈 폐기물과 석기 도구들과 관련을 맺는다. 호모 하빌리스Homo Habilis와 관련된 유명한 유적지는 탄자니아의 올두바이 협곡Olduvai Gorge과 케냐의 쿠비포라Koobi Fora이다. 처음에는 이들 원시 인류는 그저 사냥만 했을 거라고 가정했는데, 이 유적지에서 음식물과 도구의 잔해가 나온 후로 일부의 해석이 완전히 뒤집히기도 했다. 약 150만 년 전으로 거슬러 올라가는 남아프리카의 스와트크란 동굴Sawatkran에서 엄청난 수의 동물 뼈가 원시 인류 파란트로푸스 로부스투스Paranthropus robustus의 유해와 함께 발견되었다. 이 분야의 획기적인 저서『사냥꾼인가 사냥물인가 The Hunted or the Hunted』에서 브레인C.K. Brain은 본래 그 동굴은 당시에는 거주하기에 적합하지 않은 땅 속의 수갱竪坑이었을 거라는 매우 자세하고 설득력 있는 주장을 했다. 그 동굴 안에 원시 인류의 음식물은 없었지만, 표범을 비롯한 야생 동물의 먹이는 있었다. 실제로 브레인은 어느 원시인의 해골에서 표범의 이빨 자국을 찾아냈다. 이 유적에서 보면 원시 인류는 먹잇감이었다. 그러나 그 외에 많은 호모 하빌리스 유적과 기타 유적의 경우, 이 사실은 적용되지 않는다. 그럼에도 원시 인류가 사냥으로 식량을 얻었다는 사실은 아직도 확실하지는 않다.

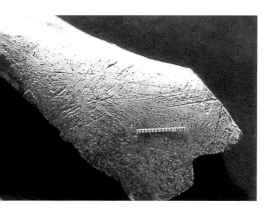

영국, 웨스트 서섹스의 복스그로브(Boxgrove)에서 발굴된 말뼈로서, 해부학적으로 현대 인간이 등장하기 전의 차원을 보여 준다. 이 뼈에는 당시 그 유적지의 거주자들이 말을 도살한 것으로 보이는 석기(石器)로 자른 자국이 남아 있다. 그런 자국은 현미경으로 잘 살펴 확인해야만 긁힌 자국인지 이빨 자국인지 혼동을 피할 수 있다.

민족지학적 연구는 고고학자들이 다양한
방식으로 사고할 수 있도록 해 준다. 그렇게 하지
않을 경우 많은 것들을 발견하지 못할 수도 있다.
중국 구이린(桂林)의 이 어부는 가마우지 낚시를
하고 있다. 가마우지는 물고기를 잡아도 목 주변의
고리 때문에 물고기를 심킬 수는 없다.

올두바이를 비롯해 여러 유적에서 나온 도살과 뼈에 박힌 육식 동물의 이빨 자국에 대한 상세한 연구는 매우 흥미로운 몇 가지 패턴을 보여 준다. 고고학자들은 석기 도구로 절단한 자국이 사냥한 동물에서 막 잘라 낸 몸통을 도살할 때에 예상되는 자국과 일치하지 않는다고 주장했다. 즉, 민족지학적, 실험적 연구를 통해 입증된 결과와 다르다는 말이다. 몇몇 경우, 도살은 살점의 경계 부분에 집중되어 있으며, 그 조직이 더 이상 신선하지 않음을 암시하는 방식으로 도살이 이루어졌다. 더 중요한 점은, 원시 인류의 절단 자국이 이빨 자국에 덧입혀 있는데 이는 육식 동물의 이빨 자국보다 나중에 형성되었다는 뜻이다. 이로써 이 시기의 원시 인류가 위대한 사냥꾼이 아니라, 사실상 청소 동물이었음을 암시한다. 아마도 원시 인류는 고위급의 청소 동물이었겠지만, 그럼에도 불구하고 주로 큰 고양잇과 짐승들이 게걸스레 먹고 남긴 신선하지 않은 동물의 사체를 주워 먹었을 것이다. 어느 원시 인류가 사냥을 했는지, 청소 동물로 살았는지 그 정도에 대한 논쟁은 최소한 15만 년 전에서 2만 8,000년 전의 네안데르탈 인까지 확장된다. 네안데르탈 인이 덩치가 큰 먹잇감을 사냥한 사실은 명백하지만, 일부에서는 그들도 역시 야생 짐승이 먹다가 남긴 먹이를 청소하는 집단이었을 거라고들 주장한다.

미각적 취향과의 관련성은 있는 그대로 매우 단순하다. 선사 시대의 인류는 오늘날 우리가 도저히 먹을 거라곤 꿈도 꾸지 못하는 것들을 먹었다. 아마도 우리가 생각할 때 완전히 부패한 것도 일상적으로 먹었을 것이다. 우리는 그들이 반쯤 썩

카자흐스탄의 한 여성이 암말의 젖을 짜고 있다. 그들은 이걸로 쿠미스(馬乳酒)라는 전통 음료를 만든다. 암말의 젖을 발효시켜 만들지만 훈연하기도 한다. 이것은 분명히 후천적으로 생긴 미각적 취향이다. 과거에는 우유를 신선하게 보관할 수 없었기 때문에 이런 취향을 발전시킨 것인지도 모른다.

은 먹잇감을 먹었다는 점을 증명할 수 있다. 여기서 과연 그들이 그런 걸 좋아했을까? 하는 의문이 드는데 그랬을 확률은 매우 높다. 카자흐스탄에서 말의 가축화에 대해 연구하던 중, 본 저자는 그 지역에서 말을 기르는 사람으로부터 쿠미스 koumiss, 馬乳酒 한 잔을 받아마셨다. 이는 발효시킨 암말의 젖으로 만든 술이다. 현대 서구인의 입맛에는 그것이 아주 혐오스럽다. 우리 몸이 썩은 음식을 먹을 때에 보이는 온갖 자연적인 반응을 일으킨다. 그런데 대부분의 카자흐스탄 인들은 썩은 듯한 냄새가 나는 그것을 매우 좋아한다. 말을 기르는 그 목자에게 젖을 왜 신선한 상태로 마시지 않느냐고 물어 보니 대답은 매우 간단했다. 냉장고가 없으니 젖을 신선한 상태로 보관할 수 없다는 것이다. 더욱이 그는 여태껏 신선한 젖을 먹어야겠다는 생각은 한 번도 해 본 적이 없었으며, 내 질문에 잠시 뜸을 들이더니 신선한 젖은 아무 맛이 없을 것 같다고 대답했다. 이 대화는 반쯤 부패한 동물의 사체를 찾아 헤매던 원시 인류에 대해 시사하는 바가 있다. 하지만 '상한off' 음식을 먹는 취향을 습득하는 일에 있어서 핵심은, 그것이 선사 시대 전체와 그 이후까지 관련된다는 사실이다. 일부 선사 시대 민족들이 분명히 매우 적은 양의 음식만을 저장했지만, 역으로 보면 이것은 훈연, 건조와 같은 다양한 저장 방법이 있었다는 증거이기도 하다. 또한, 그들은 지금 우리가 '상했다'고 정의하는 그런 음식을 그저 참고 먹었을 뿐이다. 일부 곤충학적 증거가 이 점을 증명할 수 있다. 따라서, 미각적 취향이란 사람이 어떤 것에 익숙해지느냐에 따라 달라지는 것임을 알 수 있다.

사냥을 했든, 죽은 고기를 찾아 다녔든, 도구를 사용한 호모 하빌리스 시대부터 음식물에서 차지하는 고기의 양이 상당히 증가했던 것 같다. 그리고 이때부터 바로 원시 인류의 뇌가 훨씬 더 커지기 시작한다. 소위 '비싼 조직' 가설'expensive tissue hypothesis'로 불리는 이론에 따르면, 원시 인류가 고기를 더 많이 먹음으로써 소화 기관이 더 적어지는 쪽으로 진화했다고 한다. 내장 기관은 엄청난 물질 대사 에너지를 소비한다. 그래서 이 이론에 따르면, 소화 기관에서 물질 대사 자원을 적게 소비함으로써 또 다른 형태의 비싼 조직, 즉 뇌의 발달을 가능케 했다는 것이다. 이 이론을 더 크게 확장할 수도 있는데, 추측컨대 인류가 맨 처음 사용한 조리법은 아마도 소화가 보다 쉬운 음식 만들기였을 것이다. 난방용, 조리용 불을 최초로 사용한 인종은 호모 에르가스터/호모 에렉투스Homo Ergaster /Erectus이다. 불을 사용한 증거가 나온 고대 유적지 중 가장 유명한 곳은 중국의 저우커우뎬周口店 동굴 유적으로 50만 년에서 24만 년 전으로 거슬러 올라간다. 진화 생물학은 차치하고라도, 음식 만들기의 등장은 확실히 새로운 차원에서 맛과 미각적 취향에 대한 논의를 끌어 낸다. 그 시대부터 인류는 무엇을 먹을지 단순히 선택하기보다, 어떻게 만들어 먹어야 맛있는지 그 방법을 찾았다. 호모 에렉투스 인종에게 있어서 어떻게 먹느냐에 대한 결정은 단순히 날것과 잘 익힌 것 중 무엇을 택하는 것이었을 것이다. 하지만 요리 기술과 다양한 요리 방식은 맛을 결정하는 데 재료 선택만큼이나 엄청난 영향을 끼쳤던 것 같다.

약 10만 년에서 1만 2,000년 전, 그 인종이 세계 어느 지역에 거주했는지에 따라 다소 차이는 있겠지만, 호모 사피엔스Homo Sapiens가 등장하면서 원시 인류가 죽은 고기를 찾으러 다녔다는 논쟁은 다소 사그라진다. 추측컨대, 현 인류의 조상인 호모 사피엔스는 때에 따라서는 죽은 고기를 찾아다녔을 것이다. 이 점을 결코 배제할 수는 없지만, 이때부터 인류가 매우 유능한 사냥꾼이자 채집꾼이 되었다는 점은 명백한 사실이다. 사냥-채집 인류의 음식은 특정 집단이 살아가는 환경에 따라 상당히 달라지지만, 일반적으로는 현재의 우리들보다는 훨씬 더 단백질이 풍부했던 경향을 보인다. 사냥은 주로 동물성 지방이 들어 있는 단백질을 공급한다. 견과류 등의 주요 식물 음식은 균형 잡힌 단백질, 지방, 탄수화물의 공급원이다. 물론 질 좋은 탄수화물 공급원은 한정적이었을 것이다. 야생 구근, 과일, 뿌리 식물, 덩이줄기 작물 등이 기본 공급원이었지만 이들 중 많은 것들이 계절에 따라 구할 수 있다. 물론 현대 서구 식단은 탄수화물 비중이 높은 재배 작물을 주재료로 한다. 탄수화물은 우리 몸의 가장 편리한 에너지원으로서, 당의 형태를 취하면 훨씬 더 쉽게 물질 대사로 변화된다. 현대 서구 사회는 (지나칠 정도로) 풍부한 정제 설탕을 섭취한다. 과거에 많은 사냥-채집 집단들이 특정 시대에 지방과 당분 공급원을 필요로 했으며, 또한 그런 것들을 몹시 얻고자 했다는 유력한 증거가 있다. 특정 음식에 대한 강력한 필요성은 미각을 움직이는 힘이었을 것이다.

오늘날 현대 서구 사회에서 지방은 식단의 악한으로 취급받는 듯하다. 지방은 우리 건강에 해롭고 아름다운 몸매에도 적이 될 뿐 아니라, 칼로리가 매우 높아서

스페인, 드 발 델 샤르코 드 아구아 아마르가(De Val del Charco de Agua Amarga) 동굴 벽화로서 기원전 약 8,000~6,000년 전 초기 완신세(完新世)까지 연대가 거슬러 올라간다. 이 그림은 멧돼지를 쫓아가는 사냥꾼의 모습을 묘사한다. 스페인 남동부 해안. 즉 스페니시 레반트(Spanish Levant) 지역에서 나온 이 시대의 또 다른 벽화에는 사람들이 떼를 지어 활과 화살을 이용해 사냥하는 모습이 담겨 있다.

동맥을 막아 버린다. 그러나 이 패러다임도 현재 바뀌고 있는 중이다. 『닥터 앳킨스의 새로운 식단 혁명 Dr. Atkins' New Diet Revolution』(1992) 이전에도 많은 책에서 탄수화물을 적게 섭취하면서 단백질과 지방을 많이 먹는 것이 건강한 습관이라고 했다. 그러나 이 책이 나오자마자, 앳킨스의 주장을 뒷받침하는 독립적이고 장기적인 연구들이 수없이 발간되었다. 앳킨스는 이에 전혀 놀라지 않았다. 장기지속성 longue durée에 비추어 볼 때, 그것은 파격적인 고지방 식품과 상당량의 정제된 탄수화물의 현대적 조합이지, 앳킨스가 주장한 바로 그 식단이라고는 할 수 없다.

사냥-채집 인류는 오늘날 우리만큼 쉽게 탄수화물을 얻을 수는 없었을 테지만, 일부 집단은 상대적으로 보다 품질 좋은 공급원을 얻었다. 기본적으로 사냥 동물로 먹고 사는 집단들, 특히 빙하 시대 사냥 인류 중 고지대에 살던 사람들은 사실상 탄수화물에 대해 매우 제한적으로만 접근할 수 있었을 것이다. 그나마 그 적은 양도 계절에 따라 견과류, 딸기류, 그 외 몇 가지 식물 자원을 통해서만 섭취가 가능했을 것이다. 게다가 더 결정적인 문제는 그들이 사냥했던 동물들이 연중 대부분 매우 야윈 상태였을 거라는 점이다. 영양분이 부실한 야윈 고기(단백질)를 먹는 것은 참으로 많은 문제가 있다. 에너지원으로 단백질 하나만을 소화시키는 일은 사실상 매우 비효율적이며, 이 상태가 지속되면 간과 콩팥에 손상을 일으켜 탈수, (굶주림은 아니라 해도) 식욕 부진, 자기 근육 소화까지 유발할 수 있다. 이 식단에 몇 가지 탄수

위 미국의 들소(요즘에는 흔히 버펄로라고 한다)들은 과거에 큰 무리를 지어 북미 대평원을 돌아다녔지만, 남획으로 생존의 위협을 받았다. 이 모습은 미국 사우스다코타의 커스터 주립 공원의 들소 떼로서 현재 이처럼 보호를 받고 있다. 들소는 상당한 양의 고기와 지방은 물론, 옷과 집을 짓는 데 쓰이는 질 좋은 가죽을 대량으로 제공한다.

왼편 서부 유럽 빙하 시대 예술가들이 가장 즐겨 사용한 주제는 바로 그들이 사냥했던 동물들이다. 이것은 프랑스 마들렌(Madeleine) 선사 시대 주거지 산바위(rockshelter)에서 나온 들소의 각화(刻畵)로서 대략 기원전 1만 5000년경으로 추정된다. 이 유적에서 가장 흔하게 잡힌 사냥 동물은 순록이었고 들소는 아주 귀한 사냥감이었을 것으로 짐작된다.

화물을 더해 주면 이런 문제를 방지할 수 있지만, 그것은 여러 사냥 공동체에게는 선택 사항이 되지 못했다. 그리고 지방은 '단백질 절약' 작용을 하기 때문에 일정량의 지방은 식단에 꼭 필요하다. 인간의 몸은 몇 가지 '필수' 지방산을 필요로 하며, 지방은 비타민 A, D, K, E의 주요 공급원이기 때문이다.

전 세계 사냥 원시 집단에 대한 민족지학적 설명에 따르면, 그들의 식단에 있어 가장 중요하게 생각한 것은 동물의 지방질이 얼마나 자신들에게 맞느냐는 것이지 얼마나 많은 고기를 먹을 수 있느냐의 문제가 아니었다. 사냥 인류들은 지방이 풍부하다고 생각하는 동물을 겨냥해서 잡았던 것 같다. 그래서 대개 피부 밑의 지방층을 잘라내 자신들의 생각이 맞는지 시험해 봤을 것이다. 잡은 동물이 영양분이 부실하다고 판명되면, 가차 없이 내다 버렸을 것이다. 민족지학적 유추법을 부적절하게 활용하는 것에 대해 경고를 받긴 했지만, 여기서 한 가지 유추를 해 봐도 좋을 것 같다. 왜냐하면, 이런 패턴이 전 세계적으로 퍼져 있을 정도로 보편적이고, 알래스카부터 아프리카와 시베리아, 호주에 이르기까지 매우 광범위하게 나타나기 때문이다. 1803년에서 1806년 사이에 그 유명한 루이스Meriwether Lewis와 클라크가 북미 해변을 따라 탐험하는 동안, 루이스는 1805년 4월 17일 일기에 이렇게 적었다. "우리가 버펄로 한 무리를 만났는데, 나는 그중에 가장 지방질이 풍부하다고 판단한 한 마리를 잡았다. 하지만 잡은 버펄로를 확인하는 순간, 너무 빈약하다는 것을 알았고 그래서 우리가 먹기에는 적절치 않다고 생각해서 혀만 가져갔다." 또한, 1805년 4월 25일자 일기에는 이렇게 적혀 있다. "큰 버펄로 두 무리를 만났는

기름을 얻기 위해 들소의 뼈를 정제하는 과정을 재구성한 모습인데, 여기서 물을 끓이기 위해 뜨거운 돌을 이용했다. 그런 다음에 그 돌 표면에 지방 덩어리를 올려놓았다. 이는 엄청난 노력과 연료가 드는, 힘든 노동의 과정이다. 하지만 이에 대한 고고학적 증거가 많은 것으로 봐서 선사 시대의 사냥 종족들이 지방의 가치를 높이 평가했다는 반증이다.

데, 그중에 암소 세 마리와 송아지 한 마리를 잡았다. 그러나 암소 중 두 마리는 너무 지방이 없어서 혀와 골수가 든 뼈만 가지고 갔다." 최상의 지방 공급원인 혀와 골수가 든 뼈만 가져가고 나머지는 그냥 내버렸다는 것이다. 캡틴 마시Randolph B. Marcy도 1859년 저서『대평원 여행자 The Prairie Traveler』에서 이 문제를 다룬다. "우리는 말, 망아지, 노새 고기를 먹어 보려 했으나 죄다 아사 상태여서 그리 부드럽지도 않고, 육즙도 없고 영양분도 없었다. 날마다 이런 고기를 1인당 5파운드에서 6파운드씩 엄청나게 먹어치웠으나 몸이 계속해서 점점 약해지고 말라갔다. 12일간을 그렇게 지내자 우리는 겨우겨우 일하는 정도로 힘이 없었고 지방질이 풍부한 고기를 간절히 원하고 있었다."에서 알 수 있듯이 그는 지방을 꼭 필요로 했을 뿐 아니라, 간절히 원했다. 민족지학적 기록에 따르면, 지방은 모든 사냥 – 채집 인류가 공통적으로 좋아했던 성분이다. 따라서, 지방 공급원은 대다수 선사 시대 집단의 미각적 취향에서 중요하고도 매우 큰 부분을 차지했다고 결론을 내려도 무방하다.

실제로 선사 시대 인류가 지방공급원을 찾아서 아주 멀리까지 나갔다는 증거가 수없이 많다. 동물 한 마리에서 가장 믿을 만한 지방 공급원은 해골이다. 장골長骨에는 골수강이 들어 있고 골수는 대부분 지방 덩어리이다. 장골의 끝 안쪽과 척추와 갈비 안에 주로 지방으로 가득 찬 해면골이 있다. 어떤 동물이 거의 굶은 상태라면, 뼛속의 지방을 이동시키기 전에 피하 지방과 근육을 둘러싼 지방을 맨 먼저 소진한다. 아사한 동물일지라도 여전히 뼈 지방의 상당량은 남아 있다. 이런 이유로 앞서 루이스와 대부분의 사냥 – 채집 원시 인류들이 동물의 골수뼈를 사냥 목표물로 삼았던 것이다. 골수를 얻는 일은 간단하다. 장골의 축을 부수고 지방질을 꺼내면 된다. 이렇게 하려면 뼈를 잘게 부수어야 하는데, 이것이 의외로 손이 많이 가는 일이다. 그런 다음 지방이 빠져나오도록 그 뼛조각들을 물에 끓인다. 그러면 그것이 표면에 둥둥 떠오르고 다시 식힌 후에 지방을 걷어내면 된다. 현대적 맥락에서 보면, 이 일이 별로 어렵지 않으나 큰 냄비가 없던 고대 선사 시대에는 구덩이를 파고, 물통이나 항아리를 준비해서 물이 끓을 때까지 계속 바위를 가열시켜야 하는 힘든 작업이었다. 상대적으로 적은 양의 지방을 얻으려고 엄청난 양의 노력과 연료를 써야 하는 것이다. 많은 민족지학적, 고고학적 실례를 통해 잘 알려진 대로, 이런 관습은 고고학적 기록에서도 매우 명백한 패턴을 남겼다. 불로 인해 갈라진 바위들이 엄청나게 많이 있는데, 이것들이 모두 매우 특별한 방법으로 잘게 부수어진 뼈들을 섞은 물을 끓이는 데 사용되었던 것이다.

선사 시대 사냥 – 채집 인류는 지방에 대한 특별한 미각을 소유했으며, 동시에 그들은 특정 지방 성분에 대한 선호도를 보였다. 이뉴잇 족과 그 외 북미 인디언 종족과 관련된 여러 가지 민족지학적 설명에 따르면, 그들은 척추와 갈비뼈보다 사지뼈에서 추출한 지방질을 더 선호했다는 사실이 분명히 드러난다. 그 품질은 그런 뼛속에서 발생하는 혈액 생성 정도와 골수 속에 들어 있는 지방의 실제 형태나 기름과 관련이 있다. 지방의 구성과 질감은 동물의 다리를 따라 내려가면서 바뀐다. 현대인들이 고기의 최고 부위를 얘기하듯이, 선사 시대 사람들도 최고의 골수와 지방질에 관심을 두었던 것 같다. 이런 선호도는 단순히 가설 수준이 아니라 때때로 고고학적 기록에서도 찾아볼 수 있다. 본 저자는 그린란드에서 뼈 유물군 한 곳을 연구했다. 거기서 기름 정제는 대규모로 발생했었다.

사냥-채집 인류들은 힘든 시기를 견딜 수 있도록 살을 찌워 에너지 완충제를 공급하고자 한다. 따라서, 자연 선택이라는 관점에서 원시 인류에게 단것에 대한 미각적 취향은 도움이 되었을 것으로 본다. 당분은 자연 그대로의 환경에서는 상대적으로 구하기가 힘들지만, 단것을 좋아하는 사람은 자연스럽게 당분을 섭취하기 마련이므로 그런 사람은 남들보다 유리한 입장에 있는 셈이다. 민족지학적 기록에 따르면, 아프리카의 산San족과 하드자Hadza족과 같은 사냥-채집 집단은 단 음식이 있으면 매우 열심히 찾아 먹고 그 결과 살이 쪘다.

선사 시대 당분의 공급원으로는 과일, 딸기류, 꿀, 단풍 당밀과 몇 가지 식물 추출물이 있었을 것이다. 딸기를 따는 일은 매우 쉬우며 그것을 건조시키면 저장도 가능하다. 딸기는 페미컨pemmican 안에 넣을 수도 있다. 페미컨은 가루처럼 말린 고기, 즉 정제된 지방과 딸기로 만드는 유명한 북미 대평원의 음식이다. 단풍 당밀도 일부 북미 인디언들이 첨가해 먹으면서 알려졌다. 페미컨은 고칼로리에 단백질, 지방, 탄수화물 영양분에 여러 가지 비타민도 들어 있으며 보관도 매우 용이하다. 따라서, 그것은 수천 년 동안 전해진 중요한 조리법이었을 것으로 추측하고 있다. 탄화된 종자와 과일 씨앗이 유적지에서 출토되는 것을 보면 조상들이 과일과 딸기를 사용했다는 증거이다.

꿀벌은 참으로 위험한 곤충이기 때문에 보호복이 없이 꿀을 모으는 것은 특히 위험한 작업이다. 동 아프리카의 하드자 족은 꿀을 얻는 방법을 찾아 내는 데 꽤 성공을 거두었다. 꿀을 따는 데 따르는 위험을 무릅쓴다는 것은 그만큼 꿀을 얻는 것이 매우 중요한 일이며, 당시 사람들이 꿀을 찾고자 하는 열망이 매우 컸다는 것을 반증하는 것이다. 우리는 원시 인류가 채밀했다는 고고학적 증거를 갖고 있다. 스페인의 쿠에바스 드 아라나Cuevas de Arana에는 약 7,000년 전의 것으로 추정되는 후기 사냥-채집 집단의 동굴 벽화가 있는데 주변에 벌이 윙윙거리는 가운데 한 사람이 나무에서 꿀을 모으는 모습이 그려져 있다. 그 벽화는 다소 틀에 박힌 듯하지만 묘사는 매우 선명하게 보인다. 선사 시대 후반기에 벌을 키웠다는 몇 가지 증거도 있다. 청동기 시대, 고리버들세공 벌통이 독일의 습지에서 복원되었다. 도자기 잔여물 분석을 하면 보다 많은 증거가 나올 것이다. 봉밀은 잘 썩지 않으며 화학적으로 인식이 가능하기 때문이다. 수많은 청동기 시대의 그릇이 스코틀랜드에서 복구되었는데, 그 안에 꿀과 관련 있는 꽃가루도 들어 있었다.

선사 시대 사람들은 땅에서만 영양 공급원을 찾은 것은 아니었다. 바다는 바다고래, 어류, 연체 동물, 갑각류, 해초를 얻을 수 있는 풍부한 영양 공급처이다. 특히, 바다고래와 어류는 충실한 지방질 때문에 육지에서 얻어지는 지방질에 비해 확실한 장점이 있다. 바다고래는 고래기름으로 뒤덮여 있으며 많은 어류들도 매우 기름지다. 선사 인류는 땅에서 잡은 야윈 고기 때문에 부실해진 지방을 보충할 생각으로 풍부한 지방 공급원을 찾으려고 노력했지만 어려움이 많았다. 하지만 바다에 오면 그런 어려움은 싹 없어진다. 대구과를 포함해 특정 어류는 공기 건조만

식량을 사냥하는 그림에 비해 식량을 수집하는 모습을 묘사하는 암각화는 매우 드물다. 스페니시 레반트 지역의 아라마 동굴(Cueva de la Arama)에 나오는 이미지는 연대상 중석기 시대에 속하며 꿀을 따는 모습을 묘사하고 있는데 다소 위험한 행동으로 보인다. 암각화의 주인공이 나무나 바위의 갈라진 틈에 있는 벌집에 접근하는 중이고, 그 주변에 성난 벌들이 윙윙대고 있다. 채집한 벌집을 넣어 갈 주머니도 보인다.

덴마크, 릴레 카납스트롭(Lille Knabstrup)의 에르트뵐레 문명 유적지에서 나온 어망 바구니로서, 대략 기원전 4500년의 것이다. 이를 통해 주변 국가들이 이미 농업을 시작한 이후 약 1,000년 동안에도 사냥–채집 집단은 농업을 거부했었음을 추측해 볼 수 있다.

시켜도 손쉽게 보관할 수 있었고, 적절한 기후가 되면 그 과정을 거쳐 소위 '스톡 피시'stock fish(소금을 치지 않고 햇빛과 바람에 말린 생선 특히 대구를 가리킨다.—역주)를 만들 수 있다. 고래기름과 어류는 기름으로 정제될 수 있으며 그 기름은 식품이나 연료로 저장 가능하다. 바다 먹거리를 얻으려면 바다로 나가서 배에서 작살이나 어망을 던져야 하지만, 어떤 것들은 해안에서 쉽게 얻을 수 있다. 바다표범은 산란기가 되면 해안가로 올라오니 그때 잡거나 아니면 해빙을 뚫고 잡으면 된다. 고래는 가끔 스스로 뭍에 올라온다. 어류는 낚싯바늘을 이용해 잡거나 강 하구에 어망을 놓아 한꺼번에 잡아 올리면 된다. 패류와 일부 갑각류는 썰물 때 쉽게 잡을 수 있다. 순전히 땅에서만 사는 많은 사냥–채집 집단은 충분한 식량을 구하기 위해 끊임없이 여기저기 이동해야 하지만 바닷가에 거주하는 사람들은 이런 바다 먹거리에 쉽게 접근할 수 있으며, 동시에 땅에서 나는 것들도 얻을 수 있다는 장점을 갖고 있다.

해안가 정착 유적은 많은 편이다. 바닷가에 정착해 살았던 사냥–채집 인류의 유적 중 가장 유명한 곳은 덴마크의 에르테뵐레 문명Ertebolle Culture이다. 에르테뵐레 인들은 중석기 시대(기원전 4500년경)의 가장 후기에 해당한다. 당시 신석기 시대 농민들은 이미 중앙 유럽 내륙 지역에서 남쪽으로 이동한 상태였다. 우리가 알기로는 에르테뵐레 인들은 잘 연마한 돌도끼 같은 도구를 갖고 그 농민들과 교역을 했다. 에르테뵐레 인들은 영구적인 기본 주거지가 있었는데, 일반적으로 바다와 육지 환경을 동시에 이용할 수 있는 지점에 전략적으로 자리 잡았다. 그리고 계절에 따라 나는 특정 산물을 얻기 위해 이보다 규모가 작은 임시 주거지를 활용했다. 침수로 인해서 일부 에르테뵐레 유적은 보존 상태가 매우 좋다. 그들이 물고기를 광주리에 한데 몰아넣는 데 필요한, 정교한 나무울타리 하구 어망을 이용했다는 사실도 알아 냈다. 이런 준비 도구들이 6,000년 동안 비교적 양호한 상태로 남아 있기 때문이다. 이러한 후기 중석기 해안 문명의 공통된 특성은 바로 패총貝塚이다. 그들은 엄청난 조개 쓰레기를 쌓아올렸을 정도로 패류를 많이 모았던 것이다.

몇몇 패총은 정말로 오래된 곳도 있다. 남아공에는 10만 년 전까지 거슬러 올라가는 패총이 있으며, 호주와 파푸아 뉴기니에는 대략 3만 5000년 전의 조개더미가 존재한다. 그러나 사냥–채집 인류들의 정착성 해안 거주지와 바다 자원의 대량 활용이라는 두 가지 사실은 일반적으로 후기 빙하 시대, 후기 중석기 시대의 현상으로 간주된다. 이유가 무엇일까? 그 전에는 사람들이 바다 산물에 대한 미각적 취향이 없었을까? 일부 고고학자들에 의하면, 빙하 시대 말엽 이후 인구가 증가함에 따라 사냥–채집 사회들이 점점 복잡해지고 계층화되었으며, 어느 한곳에 정착하는 방향으로 전개되었다. 이런 사회적 변화로 인해 정착 주거지가 생겨났으며, 그곳에 해안가 자원이 풍부했던 것이다. 많은 전문가들은 이 단계를 점진적 복잡성을 지닌 직선적 진보의 일부분이라고 본다. 이런 상황은 결국 농업을 채택하는 방향으로 이어진다. 이 사안의 진실 여부는 음식의 선호도나 사회 내부의 변화와는 무관한 것 같다.

빙하 시대 말엽, 빙하가 녹기 시작하자 해수면이 상당히 높아졌다. 지금도 해수면의 높이는 점점 올라가는 중이다. 이 사실로부터 유추할 수 있는 사실은 구석기 시대와 초기 중석기 시대의 해안선은 이제 물밑에 있다는 점이다. 따라서, 우리가 에르테뵐레와 그 이전 시대의 주변 유적지를 비교했을 때, 서로 다르게 보이는 것이 당연하다. 에르베뷀레 이전의 유적지는 바다에서 멀리 떨어져 있었다. 그보다 훨씬 더 오래된 고대의 바다 기반 유적지는 해저에 놓여 있을 확률이 크다. 그러면서 우리가 그 유적을 조사할 수 있는 기술을 개발하기를 기다리고 있는지도 모른다. 프랑스의 라스코와 스페인의 알타미라 같은 유명한 유적지에서 나온 후기 구석기 시대 동굴 그림은 들소, 말, 오로크스, 사슴 등의 동물을 그려 놓은 것으로 유명하다. 이들은 모두 육지의 동물로서 사람들이 사냥해서 잡아먹었던 종류들이다. 그러나 1991년 잠수부 앙리 코스께Henri Cosquer가 마르세유 근처 프랑스 해안에서 떨어진 수중 동굴을 발견했다. 현재 코스께 동굴로 알려진 이 동굴 속에는 바다표범, 물고기, 바다쇠오리, 해파리 등의 바다 생물이 그려진 거대한 구석기 그림이 있다. 최근 덴마크와 남부 스웨덴 해안에서 만조와 간조 사이에 나타나는 수중 발굴지들도 에르테뵐레 문명 이전에도 상당히 많은 해안 정착 문화가 존재했음을 증명한다.

북·남미에서도 현재 아메리카 대륙의 여러 종족들에 대한 대안적 가설이 나와 있다. 가설과 미약한 증거를 바탕으로 한 정설에 따르면, 육지에 기반을 둔 사냥 인류는 땅으로 연결된 아시아를 거쳐 아메리카에 도착했다. 확실히 북미 서부 해안을 따라 고대 해안 유적지가 많이 있는데, 이는 바다 산물을 개척하기 위한 대안적 루트를 제공하였다. 논란의 여지가 많긴 하지만 매우 그럴듯하게도 일단 그 증거와 민족지학적 유사점을 고려한다면, 유럽의 솔류트레(후기 구석기 시대 중엽

이 사진의 전경에 나온 조개 무덤은 호주 퀸즈랜드, 프레이저 섬의 호주 원주민 에보리진들의 것이다. 이런 패총은 농경지로 완전히 가려진 상태일지라도, 고고학자들은 아주 쉽게 찾아낸다. 조개껍질이 기본 토양을 형성한 결과, 이 지역에서 재배하는 작물의 종류도 많이 다르다.

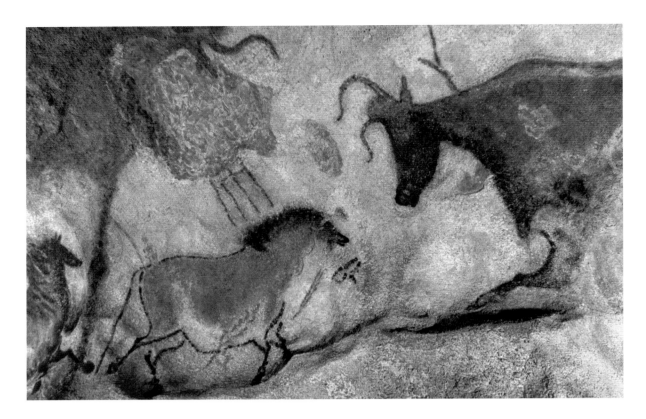

위 프랑스, 라스코 동굴에 있는 후기 구석기 시대 벽화는 말 두 마리와 오로크스를 묘사하고 있다.

오른편 위 스페인 알타미라 동굴에 그려진 들소이다. 흥미로운 점은, 당시 가장 많이 사냥했던 순록 그림은 흔하지 않다는 사실이다. 아마 순록은 너무 흔해서 예술가들의 관심을 끌지 못했던 것 같다.

― 역주)의 사냥 인류들은 대서양 빙하를 따라 북미로 왔을 것이다. 이는 현대 이뉴잇 족과 아주 흡사한 방식으로 바다 자원을 개척한 예이다. 특히, 바다 자원과 호주의 종족에 대해서는 할 이야기가 많을 것 같다. 확실한 점은 아주 오랫동안 사람들이 해산물을 즐기고 귀하게 생각해 왔다는 사실이다. 바다와 해안 자원 개척은 전 세계적으로 고대 인류 식민지화에 중요한 역할을 했던 것 같다.

사냥 – 채집 인류의 식단이 지금과는 상당히 다르다는 점을 강조해야 할 것 같지만, 우리는 지금까지 미각과 관련된 수없이 많은 다양한 테마를 확인하였다. 아마도 이 테마들은 전 세계 여러 지역의 다양한 과거 문명 전체에 적용될 수 있을 것이다. 앞에서 논의한 대로, 사냥 – 채집 인류는 특별히 지방과 탄수화물을 필요로 했으며, 모르긴 해도 일년 중 어느 특정 시기에는 특별히 더 그것을 원했던 것 같다. 하지만 농업이 도래하면서 갑자기 이 식단의 균형이 바뀌었다면, 어떤 일이 일어났을까? 농업이 확산됨에 따라 탄수화물의 대량 섭취가 가능해졌으며, 더구나 이 탄수화물은 1년 내내 저장할 수도 있었다.

전 세계 수많은 지역의 사람들은 식량을 구하기 위해 작물을 재배하는 방법을 스스로 터득했다. 근동Near East, 중미, 중국이 바로 그 3대 지역이다. 약 1만 년 전, 근동 지역에서 최초로 밀과 보리 같은 곡물을 재배했다. 대략 9000년에서 8000년 전에 중미에서는 옥수수와 콩 같은 주요 곡물을 최초로 재배했으며, 중국에서는 쌀을 맨 처음으로 경작했다. 한편, 그 외에 후발 작물 재배지로서 안데스 지역의 감자, 사하라 이남 아프리카의 수수가 있다. 농업 재배의 실질적인 중심지에서 천연

야생 곡물들은 농작을 시작하기 전부터 인류의 식단에서 중요한 역할을 했을 것이다. 그러나 농업이 처음 시작된 실질적인 농업 중심지에서조차 경작된 먹거리들은 처음에는 매우 낯설었을 것이다. 야생 곡물이 아닌 빵, 감자, 옥수수, 또는 쌀이 없던 생활을 하다가 갑자기 그런 산물들이 대량으로 도입되었다고 상상해 보라. 전 세계 여러 지역에서 농업으로 비롯된 이런 변화의 본질에 대해서 학계에서 엄청난 논쟁이 존재하는 것은 어쩌면 당연한 일이다. 변화의 속도는 어느 정도였으며, 애초에 경제적 전환의 완성도는 어느 정도였는지, 그리고 농사짓는 집단이 본래 사냥−채집 인류가 거주했던 땅으로 이주하여 식민지로 개척했는지의 여부에 대한 논쟁들이다. 그러나 분명한 사실은 일부 지역에서는 농사를 짓는 것이 빠르게 정착되었다는 것이다. 이를 테면 동남부, 중앙 유럽이 이 경우에 해당한다고 말할 수 있다. 반면에 당시 브리튼Britain은 상황이 복잡했고, 스칸디나비아 지역은 더욱 혼란스러웠다. 이러한 식단의 변화는 인간 유해의 안정 동위 원소 연구를 활용하여 조사할 수 있다. 해양 식단에서 육지 식단으로의 확실한 변화는 브리튼의 신석기 시대 초기(약 기원전 4000~2500년)에나 볼 수 있으며, 가령 옥수수의 출현도 아메리카 연구 중에서 탄소 동위 원소 비율을 통해 명백히 드러난다.

　미각의 관점에서 볼 때, 우리가 과연 농부들의 이동과 식민지 개척, 혹은 토착 인종이 새로운 종류의 음식과 맛을 채택하는 양상을 어느 선까지 다루게 될까를 알게 되면 참 흥미로워진다. 고고학적 기록에 의하면, 지역과 시대에 따라 다르겠지만 분명히 이 두 가지 양상은 동시에 발생한다. 분명한 사실은, 일부 집단들은 다른 많

위 이 사진 속의 옥수수와 콩은 토종 형태이지만,
고대 옥수수 자루는 이것보다 훨씬 더 작았다.
고고학자들은 건조된 상태나 불에 탄 상태로
보존된 옥수수의 깍쟁이(殼斗) 수를 세어 옥수수의
발달 상황을 추적했다. 아주 오래된 고대의 변종은
알아보기도 어려울 정도이다.

오른편 1902년 무렵에 찍힌 사진 속의
호피 족(애리조나 북부에 살던 푸에블로 족—역주)
여인이 가루를 내려고 옥수수를 갈고 있다. 납작한
맷돌은 메따떼(metate). 손에 들고 있는 돌은
'마노(mano)'라고 부른다. 이런 인공 유물들은 북미
고대 유적지에서 발견된 것들과 똑같다. 전 세계
고대 농부들도 이와 매우 유사한 도구를 사용했다.
영국 신석기 시대에 메따떼는 '안장 맷돌(saddle
quern)'이라고 불렸을 것이다.

은 잠재 자원들을 배제하면서까지 새로운 주요 산물들을 선택했다는 점이다. 유럽
과 근동의 초기 신석기 시대에는 새로운 식단 때문에 전반적으로 건강이 부실해
지는 결과를 보였다. 탄수화물이 풍부한 새로운 음식 때문에 충치가 많이 생겼으
며(중석기 시대에는 거의 없던 일이다), 기타 영양 결핍과 관련된 건강 문제들이 발
생했다. 미국 남서부 지역의 고대 농부들을 통해 이보다 더 극단적인 사례를 찾을
수 있다. 기원전 약 11세기경 '푸에블로 2기 Pueblo Ⅱ'에는 미국 남서부 지역의 옥
수수 경작 조건이 좋아서 그 지역 주민들은 옥수수 외에 다른 음식은 거의 먹지 않
았다. 콩을 먹긴 했으나 옥수수에 비할 바가 아니었다. 모든 증거에 의하면 그들은
절대적으로 옥수수 하나만을 먹었던 것으로 나온다. 또한, 고고학자들은 그들의
옥수수 요리법도 그리 다양하지 않았다고 지적했다. 빵을 만들어 먹었음을 알려
주는 구조물도 전혀 없다. 그들은 줄기차게 옥수수를 갈거나 끓여서만 먹었던 것
이다. 그 결과 건강에 미치는 영향은 당연히 해로웠다. 칼로리 섭취량은 많았으나
다른 여러 영양분이 결핍되어 치아 질병이 많았다. 가뭄을 겪고 잠시 그 지역을 떠
나 있다가 돌아온 '푸에블로 3기' 사람들은 이전보다는 다양한 음식을 먹었으며 확
실히 건강도 더 좋아졌다.

우리는 이 점에 대해서 수많은 문제를 제기할 수 있다. 미각의 관점에서는 세 가
지 가능성이 존재한다. 첫째, 그들은 탄수화물이 풍부한 음식을 정말로 좋아했으
며 비록 단조로운 식단이었지만 전적으로 만족했을 것이다. 둘째, 사실상 미각적
취향이라는 문제가 오늘날보다 그리 중요하지 않았을 것이다. 어쩌면 일부 과거
사람들은 맛이나 취향은 전혀 신경 쓰지 않았을지도 모른다. 셋째, 그들은 단조로
운 음식이 마냥 좋은 것은 아니었지만 경제적 상황 때문에 어쩔 수 없이 참아야만
했을 것이다. 푸에블로 2기 민족은 자원이 풍부했다. 이미 원시 인류가 탄수화물과
지방을 선호하는 쪽으로 진화했었음을 밝혔듯이 어쩌면 이런 풍부한 탄수화물 공
급원이 그들의 입맛을 만족시켰기 때문에 다른 영양분을 섭취할 수 있는 가능성은
배제되었을 수도 있다. 그러나 그렇게 한 가지 영양분의 섭취에만 치중하게 되면
당연히 건강에는 해롭다. 하지만 이들보다 더 나쁜 상황은 현대 서구 문화에서 발
생했다. 만약 우리가 이미 탄수화물을 좋아하도록 고착된 상태라면 (앞에서 논의
했듯이), 단것도 정말로 좋아하게 된다. 19세기 말부터 정제된 설탕은 어느 곳에서
든 대량으로 구할 수 있었다. 단맛에 대한 취향은 엄청난 양의 설탕 소비로 이어졌
고, 여기에 영양이 넘치는 음식도 곁들여졌다. 이 결과가 바로 비만과 당뇨이다. 탄
수화물이 풍부한 식단을 찾던 선사 시대의 취향이 과거 원시 인류에게 건강 질환을
유발했듯이, 오늘날의 우리도 비슷한 문제를 안고 있는 것이다.

인류의 작물 재배가 시작되고 얼마 되지 않아 가축업도 가능해졌다. 염소, 양,
소, 돼지 등이 8000~9000년 전에 근동에서 가축화되었으며 말, 박트리안 낙타는
6000~8000년 전에 중앙 아시아에서 가축으로 기르기 시작했다. 처음에는 말을
식용으로 길렀던 것 같다. 닭은 약 8,000년 전 동남 아시아에서 길렀던 것으로 보
이며, 오리는 그 후 3000년이 지나 가축으로 기르기 시작했다. 그 외에 주요 가축
으로 멕시코에서 칠면조, 안데스 지대에서 라마와 기니피그, 유럽에서 토끼, 스칸

요르단 예리코(Jericho)의 무덤에서 나온 나무 접시 조각 위에 놓인 동물 고기의 뼈 관절 유적이다. 이런 식으로 접시 위에 놓인 음식물 유적을 발굴하는 일은 드물다. 이 경우에는 그 무덤이 손상되지 않았기 때문에 그 내용물이 건조 상태로 잘 보존된 것이다.

디나비아와 러시아에서 순록을 키우기 시작했다. 다시 강조하건대, 가축의 확대에 대한 일반화 논리는 그리 쉬운 일이 아니다. 근동에서는 작물 농업만 했던 시기가 있었다. 하지만 농업이 유럽에 도달했을 즈음에는 복합 농경의 형태로 확산되기 시작했고, 작물과 가축 중에 어느 것을 더 중요시했느냐는 지역에 따라 그 차이가 천차만별이다. 한편, 북미에서는 가축을 키우지 않은 채 작물 농업만을 지속했다. 가령 기원후 1,000년 무렵, 평원 인디언Plains Indian 마을은 옥수수와 콩을 재배하는 대규모 정착 공동체였지만, 여전히 들소와 사슴을 사냥해서 동물성 식품을 충당했다. 이와 반대로 중앙 아시아 경제는 말, 소, 양, 염소 등 축산업에 기초를 두었던 탓에, 스텝 지역의 농업은 겨우 20세기 중반에 들어와서야, 그것도 스탈린 시대 때 강요에 못 이겨 어쩔 수 없이 도입되었을 정도이다.

근동과 남동 유럽의 신석기 시대 가축 구조의 모형에 근거하자면, 애초에는 고기를 먹기 위한 수단으로 가축을 키웠던 것으로 보인다. 말하자면 가축들은 '걸어 다니는 고기 저장소'였다. 가축들에게는 곡물 찌꺼기나 잉여분을 먹였고, 도살될 때까지 가축들은 고기 상태를 신선하게 유지했다. 일부 고고학자들은 이들 지역에 청동기 시대가 시작되면서 가축업에 일대 변화가 일어났다고 주장했다. 이는 흔히 '2차 상품 혁명secondary products revolution'이라고 알려져 있다. 여기에 해당하는 2차 상품은 바로 우유, 양모, 동물 노동력이지만 우리는 여기서 낙농업에 초점을 맞출 것이다. 기원전 3,300~1,000년경 남동 유럽의 청동기 시대에 가축 구조가 낙농업을 반영하는 쪽으로 바뀌었다. 대부분의 가축업이 고기와 우유를 반반 얻는 낙농업 모형과 거의 일치한다. 그러나 전면적 농업이 유럽의 타 지역에 도달할 무렵에는 이미 낙농업은 자리를 잡은 상태였다. 브리튼의 신석기 시대 유적에서 출토된 동물 뼈 분석에서는 낙농 가축이 있었을 거라는 가능성을 보여 주지만, 최근의 도자기 잔여물 분석 프로그램에 따르면 그 지역에서 낙농업은 신석기 시대가 시작되면서 곧바로 확산되었다.

낙농업을 채택한 것은 미각의 문제와 매우 깊은 관련이 있다. 오늘날 전 세계인들을 살펴보면, 많은 극동 아시아 인들과 아프리카 인들을 비롯해 우유를 매우 싫어하는 집단이 있음을 확인할 수 있다. 그들이 우유를 싫어하는 취향의 근저에는 소화 문제가 깔려 있다. 그들은 선천적으로 우유를 소화시키는 효소인 락타아제를 만드는 능력이 부족하기 때문에 유당乳糖 락토오스를 받아들이지 못하는 것이다. 한편, 북서유럽과 그 외에 여러 집단은 높은 수준의 락토오스 내성을 갖고 있다. 이는 확실히 지역별 진화론적 적응 양상이다. 흥미로운 점은 고대 조상들은 성인이 되었을 때, 락토오스에 내성이 없었다. 인간도 다른 여러 포유류와 마찬가지로 젖을 떼고 난 직후에는 젖을 소화하는 능력을 상실한다. 그런데 어떻게 여러 지역의 인류가 이 문제를 극복하고 낙농 경제에 의존하게 되었을까? 이것이 큰 의문이다. 전 인류가 천성적으로 우유를 싫어한다면 대체 맨 처음 누가, 무슨 이유로 우유에 손을 댔을까? 그런 집단은 어떻게 낙농 제품에 대한 미각을 발달시켰을까?

먼저, 락토오스 불내성과 우유 알레르기와는 다르다는 점을 강조하는 바이다. 우유에 알레르기 반응을 보이는 사람은 매우 심각한 반응으로 고생하지만, 락토오스 불내성은 단순히 속이 거북할 뿐이다. 실제로 락토오스 불내성일지라도 우유를 하나의 식품으로 소화시킬 수는 있다. 여러 연구에 따르면, 락토오스 불내성 사람들이 꾸준히 유제품을 섭취하면 실제로 내성이 증가한다는 것을 알 수 있다. 한 개인이 어느 정도까지는 우유 마시기에 적응을 할 수는 있다는 것이다. 장기적으로 볼 때, 유전적으로 락토오스 내성이 있는 사람들은 유목 사회 내부에서 진화적으로 보다 유리한 입장일 것이다. 따라서, 고대 집단은 우유 소비에 순응할 수 있었던 것으로 보인다. 그럼에도 이런 추측도 그들이 본래 없었던 유당 내성이나 우유에 대한 미각을 어떻게 극복했는가에 대한 정확한 답을 주지는 못한다. 물론 우유를 원 상태로 꼭 먹어야 할 필요는 없다. 실제로 요구르트, 버터 밀크, 사우어 크림, 케피어kefir, 앞에 나왔던 쿠미스를 비롯하여 배양된 발효 유제품은 먹기 전에 박테리아나 이스트로써 락토오스를 제거한다. 이로써 락토오스 불내성과 관련된 문제를 많이 줄여줄 것이다. 하지만 또 이런 의문이 떠오른다. 대체 누가 맨 처음 그런 발효 제품을 시도했을까? 이는 다시 한 번 우리 선사 시대 조상들이 '상한' 음식과 관련된 강한 미각에 대해 서로 다르게 인식했음을 암시한다. 전 세계 여러 사회의 낙농업과 그 역할에 대한 민족지학적 정보가 많지만, 정작 선사 시대의 치즈, 요구르트 등 발효 제품의 제조를 파악하기는 어렵다. 지방과 단백질 잔여물 분석을 통해서도 그릇 안에 유제품이 들어 있었는지 그 유무만 알 수 있지, 그 유형은 확인할 수 없다. 동물 고고학에서도 유제품에 대한 힌트만 줄 뿐이지 우유로 무엇을 만들었는지는 정확히 알 수 없다. 청동기 시대 유럽의 일부 도자기 중에 유제품 처리와 관련이 있을 법한 '스트레이너strainer'가 있지만, 이를 해석하는 입장은 매우 다양하다. 많은 것을 생각해 볼 수는 있겠으나, 확실한 사실은 일부 고대 농경 사회에서 이미 낙농업은 널리 퍼져 있었다는 점이다.

발효라는 관점으로 보면, 당분은 알코올로 전환될 수 있다. 선사 시대의 미각을 논할 때 양조釀造에 대한 논의를 빼면 이야기를 했다 할 수 없을 것이다. 구세계(아시아, 아프리카, 유럽—역주)에서 양조는 최초의 위대한 원시-역사 문명 시대와 잘 어울린다. 기원전 3,000년대, 수메르와 아카드Akkadia 문헌에서 수수로 만들었을 성 싶은 맥주에 대한 언급이 있다. 맥주를 마시는 빨대가 그려진 메소포타미아의 삽화도 있고, 양조용 통을 휘젓는 모습을 보여 주는 이집트 제1왕조 이전의 모형도 있다. 고전 시대에도 특별 제작한 암포라에 엄청난 양의 와인을 담아서 아주 먼 곳까지 가서 교역을 했다.

한편, 선사 시대의 증거는 확실하지 않다. 유럽에서 알코올 음료의 출현은 신석기 시대 말과 초기 청동기 시대(기원전 2,500~2,000년)에 특별한 형태의 도자기가 확산된 일과 관련이 깊다. 이 시대 중앙 유럽과 서유럽 전역에 '비커(굽 달린 큰 술잔—역주)'가 퍼져나갔으며, 그 형태 때문에 비커는 오랫동안 술잔으로 간주되었다. 장례와 주요 의식에서는 비커를 치운 것을 보면, 비커의 기능이 사회적으로 중요성을 띠었음을 알 수 있다. 손잡이가 있는 것, 없는 것을 다 포함해 도자기 비커뿐만 아니라, 이 시대에는 순금 비커도 많이 나왔다. 영국 유적에서 출토된 여러 개의 비커에서는 고농축된 미성숙 꽃가루를 함유한 잔여물이 나왔다. 이는 미드 mead(브리튼 섬 앵글로 색슨 족이 즐기던 오래된 발효 양조주로 꿀에 물을 섞어서 만든다.—역주)에 사용된다고 알려진 꿀과 메도우스위트meadowsweet가 들어 있었음을 암시하는 증거일 수도 있다. 이 증거는 비커가 고대 알코올 음료의 소비와 관련이 있다는 주장을 뒷받침해 주는 데 활용되었다. 덴마크의 아이트베드Egtved에서 보존 상태가 아주 좋은 청동기 시대 한 여자의 무덤이 발굴되었는데 여기서 크랜베리, 밀, 꿀 찌꺼기가 담겨 있던 나무껍질로 만든 물통도 복원되었다. 이 역시 양조 음료의 잔여물일 확률이 높다. 암말의 젖으로 만든 쿠미스, 낙타 젖으로 만든 슈바트shubat, 소젖으로 만든 케피르kefir와 같은 발효 유제품이 고대 때부터 전해 왔는지를 증명하기는 어렵다. 그러나 그런 음료가 낙농업의 기원 연대와 거의 일치한다고는 볼 수 있을 것 같다. 왜냐하면, 당시에는 사실상 우유가 발효되는 것을 막기가 힘들었을 것이기 때문이다. 고고학, 역사, 민족지학적 정보에 따르면, 알코올 음료는 사회적으로 커다란 의미가 있었다. 중독성 물질은 다른 식품과는 확연히 다르게 간주되었는데 '비커'와 알코올 음료의 관련성이 정확하다면, 술잔이 사회 지배층의 종교 의식 유적과 관련있다는 사실도 그리 놀랍지가 않다. 선사 시대 인류가 알코올 음료의 맛에 대해 어떻게 생각했는지는 알 길이 없다. 오늘날에 알코올 음료는 '후천적으로 습득된' 미각적 취향이라고 얘기한다. 즉, 현대인들은 사회적 명분 때문에 알코올의 맛을 알게 되는 경향을 보인다. 선사 시대에도 이와 같지 않았을까.

선사 시대 인류가 취했던 음식의 다양성과 그들이 좋아하고 싫어했던 음식에 대한 증거를 살펴보고 있는 중인데, 여기에 덧붙여 그들이 음식에 첨가했던 허브, 향신료, 조미료에 대한 증거를 조사해 보는 일도 가치가 있다. 가장 대표적인 조미료인 소금은 고고학적으로 연구하기가 매우 까다롭다. 너무 쉽게 녹는 성질 때문에 잔여물을 거의 남기지 않아서 인간 유골로는 그 소비 여부를 확인할 방법이 없다. 때문에 소금을 생산하던 유적을 확인하는 일에 의존을 하고 있다. 소금은 암염巖鹽처럼 채굴될 수도 있으나, 일반적으로는 천연 염전, 염호鹽湖나 소금물 온천에서 증발시켜 생산한다. 기후만 잘 맞으면 태양열 증발이 가능하다. 뉴 멕시코, 주니 Zuñi에 있는 염호는 태양열 증발로 소금을 생산하여 수천 년 동안 그 신성한 유적지에 살던 주니 족에게 제공되었을 것이다. 한편, 초기 국가 형성기Early formative의 기원전 2,450~2,325년. 이집트 5세기 왕조의 조각상으로, 술 빚는 과정의 한 부분인 보리를 반죽하는 모습을 묘사하고 있다.

멕시코, 베라크루즈의 스페인 이전 시대 때의 유적에서 태양열 증발 용도로 도자기 접시가 제작되었다. 선사 시대 유럽에서의 소금 생산은 신석기 시대까지 거슬러 올라간다는 증거가 있다. 청동기 시대부터 철기 시대에 걸쳐 '브리크타주brique-tage'라는 명백한 증거가 있는데, 이는 도가니, 접시, 기둥 모양을 한 조잡한 도자기이다. 브리크타주는 역사 시대에서도 등장한다. 기둥은 증발을 유도하기 위한 열 공급 장치 위에 그릇을 올려 놓고 지탱하는 역할을 한다. 유럽의 주요 소금 생산지는 대개 소금을 뜻하는 라틴 어 살sal이나 그리스 어 할hal이 들어 있는 걸로 판단할 수 있다. 오스트리아의 할슈타트Hallstatt는 청동기 시대 말기와 철기 시대 초기 전반에 그 지명이 등장한다. 그 염전과 주변 지역은 소금 생산과 깊은 관련이 있으며, 그 지역의 선사 시대 때 무덤에서 소금 생산과 관련된 엄청난 부의 정도를 짐작할 수 있다. 소금의 가치는 확실했지만 얼마만큼의 가치가 있었는지는 확실하지 않다. 소금은 조미료이자 보존제이기도 하다. 하지만 소금을 넣은 음식이 선사 시대 식단의 한 가지 특성이라는 점은 부인할 수 없다.

허브와 향신료 사용을 고고학적으로 평가하는 일은 소금의 경우보다 훨씬 더 어렵다. 향신료로 사용될 수 있는 식물은 워낙 많고 오늘날에도 여전히 많이 사용되고 있다. 꽃가루 분석을 해 보면 그와 같은 식물이 과거에도 쓰였음을 밝혀낼 수 있을 것이다. 그리고 그 종자가 살아남은 것을 감안한다면, 고고학적 유적지에서도 실제로 존재했다는 증거가 될 테지만 선사 시대에 요리하는 데 그런 것을 사용했었다는 직접적인 증거는 거의 없다. 미케네의 선형 문자BLinear B Tablet를 통해 향신료를 사용했다는 오래된 증거 몇 가지를 확보하게 되었는데 여기에서 고수, 커민, 회향, 깨, 셀러리 씨, 박하, 그 외 여러 가지 허브와 같은 향신료 사용을 언급하였다. 이 중에 일부를 요리할 때 사용한 것은 확실하지만, 그 기록에 따르면 향유를 만들 때에도 넣었다고 한다. 선사 시대에 아메리카 대륙에서 재배된 대표적인 향신 식물로 칠리페퍼를 들 수 있다. 그것은 중미에서 옥수수와 호박과 더불어 재배되었는데 흥미롭게도 그것은 스페인 침략 이후에야 북미 지역으로 퍼져 하나의 작물로 수용되었다. 선사 시대의 허브와 향신료는 의학용으로도 사용되었기 때문에 더욱 복잡한 양상을 띤다. 대부분의 경우, 문제의 식물이 향신료, 의학용, 보존제, 향수 그 어느 용도로 쓰였는지, 아니면 복합적으로 사용되었는지 지금의 우리가 명확한 답을 구할 수는 없다.

고고학자들이 마주친 문제는 바로, 우리가 선사 시대의 요리법에 대해 알고 있는 정보가 너무나 부족하다는 점이다. 비록 요리의 재료는 알고 있으나, 그 재료를 어떻게 조합하여 당시 사람들이 먹었던 실제 음식으로 만들었는지 그 방법을 알려 주는 증거는 거의 없다. 전체적으로 고고학자들은 충분히 가능성이 높은 요리법을 재구성할 때, 민족지학적 유추법에 의존한다. 앞에서 기술했다시피, 페미컨은 선사 시대 조상들이 활용했을 가능성이 가장 높은 조리법의 좋은 예에 해당한다. 하지만 그것도

왼편 음식 조리의 정확한 방식에 대한 고고학적 증거를 얻는 일은 어렵다. 그리스 청동기 시대 미케네에서 나온 이 테라코타 인물은 여성으로, 빵을 굽기 직전의 모습을 보여 준다. 화덕의 형태를 확실히 볼 수 있어서, 진짜 재료를 이용해서 이 방식을 한번 시도해 봐도 될 것 같다.

아래 기원전 약 2600년 우르(Ur, 오늘날 이라크)의 로열 세미트리(Royal Cemetery)에서 나온 장면으로, 동물과 다른 음식물을 연회장으로 싣고 가는 모습을 묘사한다. 연회 장면은 맨 윗줄에 나와 있다. 이 나무 곽은 '스탠더드 오브 우르(Standard of Ur)'로 불리며 뒷면에는 위대한 전쟁의 승리 장면을 묘사하고 있다. 바로 앞면에 나온 축하연을 열었던 이유로 짐작된다.

증명하기란 어렵다. 정말 아주 드물지만 불에 탄 빵처럼 재료가 아닌 완성된 음식이 타버린 채 남은 유적을 종종 발견하기도 한다. 그러나 요리 기구와 구조를 통해서 어느 정도 조리 방식을 판별하는 일은 가능하다. 조리용 단지는 끓이기 방법을 활용했음을 알 수 있으며, 그 단지 안의 화학 잔여물을 분석하면 무엇을 끓였는지도 알아낼 수는 있을 것이다. 매우 다양한 형태의 갖가지 화덕과 제빵 구조물은 이미 확인이 되었다. 그 구조물로는 뜨거운 바위로 가열시킨 간단한 형태의 구덩이부터 복잡한 진흙 화덕까지 아주 다양하다. 가령, 브리튼 섬의 신석기 시대 종교 유적인 윌트셔wiltshire의 더링턴 월즈Durrington Walls 주거지에 살았던 조상들은 구운 돼지고기를 무척 좋아했던 것으로 보인다. 돼지 뼈가 압도적으로 많이 나왔으며, 뼈 접합 부분을 부분별로 도살했던 흔적을 찾을 수 있다. 뼈 끝만 불에 타 있는 것으로 보아 뼈 접합 부분을 그대로 불 위에 올려놓았고, 구워진 고기에서 튀어나온 뼈 끝 부분이 열을 직접 받은 것 같다. 음식을 해 놓고 벌이는 잔치도 이 유적에서 행해진 종교 의식의 하나였던 것 같다.

잔치와 멋진 식사는 어느 사회에서나 매우 중요한 사회적 활동의 한 형태이다. 잔치를 하면 화려하게 먹고 마시면서 자신들의 부와 지위를 과시할 수 있다. 그렇게 자랑하려면 귀하고, 보기 드문, 비싼 음식을 먹는 일이 필요했을 것이다. 혹은, 아름다운 식기 장식품을 통해서 사회적 지위를 드러낼 수도 있었을 것이다. 이런 맥락에서 볼 때, 미각적 취향이란 단순히 어떤 게 사람의 입맛에 잘 맞는지의 문제가 아니라, 바로 트렌드의 문제인 것이다. 당시 유행하는 취향과 그것을 누릴 수 있는 부는 계급에 기초한 계층 사회에서 서로를 구별하는 표시가 된다. 사냥−채집 사회에서도 분명히 잔치는 있었다. 일례로, 미국 북서부 해안의 인디언 틀링깃 족이나 치누크 족은 '포틀래치potlatch'라는 이름으로 잔치를 즐겼다. 잔치에서는 물론 선물이 오고가고 음식도 풍부하게 내 놓고 먹었다. 이런 행사는 대개 사회적 지위를 재강화하기 위한 의도이지만, 동시에 과시적 소비 수준에 근거하여 힘 있는 권

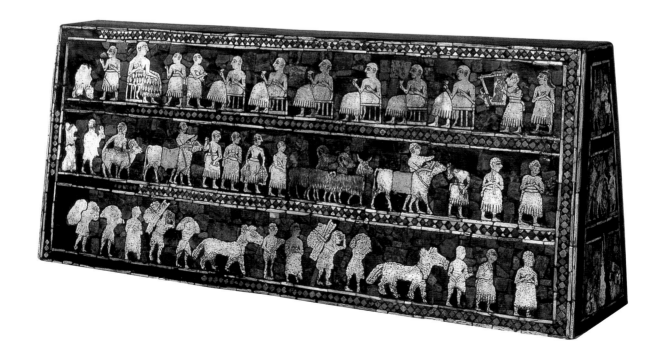

력자들이 보이지 않는 경쟁을 벌이는 장이기도 하다. 물론 우리는 그것을 증명할 수는 없지만 고고학적으로 대량 소비의 증거를 볼 때, 또 그런 일이 단일 사건으로 발생했다는 점으로 미루어 짐작하건대, 선사 시대에도 음식을 놓고서 그런 정치가 벌어지지 않았을까 추측해 볼 뿐이다.

연회를 통한 정치학과 고상한 취향은 분명 복잡한 사회의 형성 과정에서 일정한 역할을 했다. 가령, 그리스 청동기 시대에 가면 궁정의 유력자들을 중심으로 수직 계층 사회가 부상하여 이들이 거대한 미노아와 미케네 문명으로 확대되는 상을 확인할 수 있다. 저택과 유력자들이 등장하면서 마시고 먹는 물품에도 확실한 변화가 나타났다. 청동기 시대 초기의 도자기도 꽤 훌륭했고 잘 만들어졌으나 전부 비슷한 수준이었다. 그러나 궁정 유력자들이 등장하면서부터 식기류에도 확실한 계층이 생겼다. 특히, 그릇의 내벽이 매우 얇아진 고급스러운 극소수의 식기가 등장했으며, 그 외에 평범하지만 꽤 괜찮은 식기류들도 많이 나왔고, 조잡한 그릇 등도 나왔다. 이런 식기류들은 서로 한데 섞여서 출토되는 경향이 있는데, 아마 많은 집단이 한꺼번에 연회를 벌였을 가능성이 높다. 그렇다 해도 분명히 일부 상류층은 먹고 마시는 음식으로 자신들의 지위를 과시했을 것이다. 앞으로 잔여물 분석 작업을 하면, 그 집단이 서로 다른 걸 먹고 마셨는지의 여부가 드러날 것이다. 이런 면에서 동물 고고학자들이 몇 가지 증거를 제시해 주었다. 신석기 시대 그리스 인들은 주로 직접 키운 가축 고기만 찾았지만, 청동기 시대에 들어와 야생 동물 비율이 상당히 늘어났다. 이는 생태계적으로 불가피한 선택이었을 테지만, 이런 추세는 사냥이 엘리트 계층의 스포츠로 자리 잡았다는 사실로 해석된다. 이들 신흥 엘리트 계층은 남들과 다른 첨단 유행의 취향으로 그들의 지위를 주장했을 것이다.

그와 같은 행동 양식은 그리스 국경을 넘어서까지 커다란 영향을 주었다. 중앙 유럽 내 청동기 족장 사회에서 이와 유사한 취향을 수용했던 것으로 보인다. 엘리트 계층은 궁정 사회에서 남부까지 고급 식음료 그릇을 수입하기 시작했다. 이국적 특성 때문에 그런 수입품에는 특별한 가치를 부여했다. 이와 유사한 엘리트 계층의 취향은 로마 제국 바깥의 소위 '야만인' 세계에서도 명백히 나타난다. 가령, 철기 시대 말엽 로마 제국 침략 이전에 브리튼 섬에서 여러 족장들은 사모스 도자기와 암포레와 같은 고급 식기류를 수입했던 게 확실하다. 여기서 암포레는 그 안에 담을 알코올 음료 때문에 수입을 했던 것이니, 그렇다면 이 사실은 외래 음식과 와인에 대한 신흥 엘리트 계층의 단순한 식습관이 아닌, 미각적 취향을 말해 주는 것이다.

인류가 기록을 남기기 이전인 선사 시대를 놓고서 우리는 미각이라는 사안에 대해 겨우 이런저런 추측만 할 수 있을 것이다. 하지만, 고고학자들의 끈질긴 노력으로 고대 음식을 재구성할 수 있는 단계에까지 왔고, 앞으로는 분자 생물학 분석의 발전으로 더 많은 정보가 밝혀질 것이다. 분자 생물학 분석은 음식의 생산과 소비에 대해 한층 더 총체적인 견해를 보여 줄 것이다. 지금까지의 선사 시대 음식에 대한 대다수의 연구는 경제적 양상에 치중해서 사람들이 어떻게 생존했는가라는 문제만을 파고들었다. 물론 이런 양상도 매우 중요하지만, 생존이 삶의 전부를 대변하지는 못한다. 최근 고고학 연구의 추세는 집합적 '식품food'과 일상적 '음식diet' 사이의 중요한 차이점을 강조하면서 식품이 소비되는 사회적 맥락에 관심을 두고 있는 실정이다.

확실히 선사 시대 사회에 영향을 끼친 미각적 선택에는 매우 다양한 면이 존재한다. 그런 선택의 요인은 여러 가지 사회적 영향력이다. 잔치에 나온 식음료는 고급스런 품질, 이국적인 특성, 혹은 중독성 강한 특질 때문에 선별되었을 것이다. 식사에서의 특권이란, 음식이든 식기 주변 장식품이든 간에 그것의 품질, 희소성, 진기함, 유행을 통해 찾을 수 있었을 것이고 당연히 종교와 문화적 금기도 한몫했을 것이다. 어렵고 힘든 선사 시대에도 오늘날 우리와 똑같이 개개인들이 각각 좋아하고 싫어하는 것들이 분명 있었다는 점을 기억해야 할 것이다.

2 눈앞의 맛있는 것들

고대 그리스·로마의 맛

베로니카 그림

'더 진한 와인을 섞어라. 여기 손님들의 손에 한 잔씩,

이곳 내 지붕 아래에 온 그들은 내가 가장 사랑하는 사람들이니.'

그는 잠시 숨을 멈췄다. 파트로클로스는 위대한 친구의 명령에 따랐다.

그는 불 속에 무거운 도마를 내려놓고 그 위에 양고기 등심, 살찐 염소의 등심,

지방질 성분이 적절히 어우러진 큰 돼지의 기다란 등뼈를 올렸다.

위대한 아킬레우스는 아우토메돈이 들고 있는 고기를 네 등분으로 자르고,

또 조각조각 잘라서 쇠꼬챙이에 꿰었고

이에 불길을 일으키는 신과 같은 인간, 파트로클로스가 그것을 화로 위에 걸었다.

일단 고기가 다 구워지고 불길이 사그라지자 그는 숯을 이리저리 헤치더니

꼬챙이의 고기를 깜부기불로 싹 훑고는

받침대에 고기를 올려놓고 깨끗한 소금을 뿌렸다.

로스트가 완성되어 큰 접시에 쫙 펴놓자마자

파트로클로스가 넓은 버들가지 광주리에 담긴 빵을 가져와

식탁 위에 올렸다. 아킬레우스는 고기를 차려냈다.

그런 다음 고결한 손님 오디세우스와 얼굴을 마주보며

아킬레우스는 건너편 벽에 자리를 마련하여

그의 벗에게 신에게 제물을 바치라 명령했다.

그러자 파트로클로스는 불 속으로 맨 처음 자른 고기를 던졌다.

그들은 이제야 눈앞에 차려진 맛있는 것들에 손을 뻗었다.

『일리아스^{Ilias}』9장 244~265절

위의 글은 그리스 문명인들이 고대 영웅 사회에서 손님이나 친구, 나그네를 맞이하는 장면을 묘사한 부분으로 접대 방식이 위대한 시인의 손길을 거쳐 지금 눈앞에서 펼쳐지는 광경인듯 아주 생생하게 살아났다. 그 중 1부에 해당하는 『일리아스』는 길고 긴 트로이 전쟁을 치른 그리스 인들의 에피소드로서 그 속에는 끓어오르는 분노와 핏빛 폭력과 지독한 고통이 담겨 있다. 후일담 격인『오

디세이아 Odysseia』는 재능과 수완을 겸비한 영웅이 그 전쟁의 기억조차 가물가물해진 세상의 여러 곳을 10년 간 떠돌면서 위험천만한 모험을 겪고 귀향 하는 이야기를 들려 준다. 후대 그리스 인들은 이 대서사시를 통해 트로이 전쟁이 남긴 상처를 기억했다. 호메로스의 서사시는 그리스 인들이 공동으로 간직한 의식의 저변을 파고들었다. 따라서, 이제부터 하려는 음식과 맛에 대한 이야기뿐 아니라, 고대 그리스 인에 대해 논의하려면 응당 호메로스로부터 출발해야 한다.

물론 호메로스가 서사시에서 묘사하는 사건들은 어느 정도는 시적 상상력의 산물이다. 하지만 그는 당시의 여타 작가들과 마찬가지로 이야기를 생생하게 전달하기 위해서 당시 그리스의 일상적인 현실 생활을 있는그대로 묘사하려고 노력한 듯 보인다. 따라서, 그 속에 여러 생동감 넘치는 배경으로 등장하는 세계는 분명 호메로스가 살던 당대의 사회적 현실을 반영할 것이다. 그 중에는 보수적인 성질로 인해 쉽사리 변할 수 없는 현실 생활의 몇 가지 양상도 포함돼 있다. 사회 역사가의 시각으로 볼 때, 일상 생활 중에서 무엇보다도 중요한 것은 바로 음식과 식사이다. 호메로스는 실로 수많은 잔치를 서사시로 표현했으며, 여타 그리스 시인들과 비교해 보더라도 먹을 것과 마실 것을 대하는 태도가 매우 건전하며 단순했다. 음식을 묘사할 때에는 동물처럼 굶주린 배를 채운다는 식의 경멸하는 태도가 전혀 보이지 않는다. 실상 아무리 용감한 영웅이라 할지라도, 아무리 승리를 갈망하고 가차 없이 살육을 저지른다 할지라도, 배가 고프면 싸울 수가 없다. 음식과 와인은 병사들의 힘이요, 용기이다. 군대가 배를 든든하게 채워야 제대로 행군한다는 경구가 이 세상에 널리 알려지지도 않았던 그 시절에 일찌감치 현명한 오디세우스는 이 점을 놓치지 않았다. 목숨을 부지하기 위해 뱃속을 채워야 하는 사실 앞에서는 감당하기 힘든 슬픔도 애도도 잠시 멈추어야 한다. 그렇기에 프리아모스 왕이 혼미한 정신 상태로 아들의 시신을 돌려달라고 애원하러 왔을 때에도 아킬레스는 우선 먹을 것을 권한다. 아킬레스는 분노를 접은 채, 그가 죽인 적장 헥토르 왕자의 부친 프리아모스 왕을 위해 손수 잔치를 준비한다.

한편, 호메로스의 시에서 음식과 음료는 필수품이면서 동시에 생명과 담력을 유지시키는 양식이다. 또한, 기쁨과 쾌락의 원천이자 공동체 생활의 근간이 된다. 여러 건의 잔치를 묘사하는 장면에서는 유사성과 반복성이 나타나는데, 일부 학자들은 이런 구절을 바탕으로 공통점을 추론하기도 한다. 실제로 여러 잔치의 준비 사항을 보면, 각 행사의 성격을 구별할 수 있는 다양한 변형들이 많음에도 불구하고, 유사한 순서를 따르고 있다. 잔치 준비에서 반복되는 장면 속에는 그리스 인만의 고유한 관심사가 담겨 있다. 때문에 그와 같은 서사시의 구절은 호메로스가 살던 당대의 독자들에게는 매우 익숙했을 것이다. 그런 잔치에 등장하는 유명한 코스는 여러 방랑 시인들의 이야기에도 비슷하게 등장한 바 있다. 따라서, 이런 유사성은 서사시 내에 빠르게 변모하는 사건과 행사가 전개되는 가운데, 당대의 독자들에게 일종의 휴식을 주었을 것이다. 후세 고대 공

동체 사회에서 벌인 공동체 잔치와 마찬가지로 그리스 영웅들의 잔치들도 희생 제물, 즉 신들에게 제물을 바치면서 시작되는데 신들에게 바라는 정도에 따라 그 희생 제물의 크기도 달라진다. 신들도 인간이 좋아하는 음식, 가령 집에서 키운 소나 돼지 등 구운 고기를 주면 기뻐했다. 사냥을 해서 얻은 고기를 기쁘게 먹었던 인간들과 달리, 신들은 가축들만 희생물로 받았다. 호메로스가 말하듯, 신들의 음식이 인간의 것과 다르다는 사실에 비추어볼 때 이 점은 사뭇 호기심을 끈다. 신들은 꿀, 물, 과일, 치즈, 올리브로 만든 신묘한 음식(암브로시아와 넥타)을 먹고 살아간다. 그렇다면 어찌하여 인간은 신들에게 귀한 동물을 바쳐야 했던 걸까? 예부터 신들은 불에 탄 동물의 냄새를 즐겼다고 한다. 이 사실을 알게 되면, 희생 제의의 전 과정이 훨씬 경제적으로 변한다. 인간의 잔치에 쓰이는 그 동물은 간곡한 기원과 더불어 결국에는 숭고한 희생물로 도살되는 것이다. 둔부에서 긴 뼈를 잘라 내고 주변 지방층을 발라 내어 그것을 신들을 위해 태웠으며, 신들은 불에 구운 동물성 지방 냄새를 즐겼다.

> 그들은 재빨리 그 동물의 가죽을 벗기고 몸통을 내리친 후
> 능숙하게 고기를 부위별로 잘라 내어 쇠꼬챙이에 꽂아서
> 돌돌 돌리면서 불에 다 굽고 나면 불 속에서 고기를 꺼냈다.
> 그 일이 마무리되면 잔치가 시작되었고, 사람들은 배불리 먹었으며
> 함께 나누어 먹으니 배고픈 자가 없었다.
> ─『일리아스』7장 362~366

도살한 동물을 두고 신과 인간이 차지하는 부분은 확연히 달랐지만 호메로스의 영웅들은 언제나 신과 '평등한 잔치'를 즐겼다. 신과 인간의 그런 차이점은 후세 그리스 비극 작가들이 자주 비판의 대상으로 삼던 관습이었다. 소, 양, 염소, 돼지 등 희생물의 종류는 달랐지만 호메로스의 주인공들은 공평하게 나눠 먹는다. 간혹 무리 중에 뛰어난 용맹 전사나 극적인 전투의 주인공에게는 특별히 누구나 탐내는 고기 부위를 상으로 주기도 한다. 이 점은 후대 자손들에게 고대인들의 맛에 대한 취향을 알려 주는 힌트가 된다. 영웅들이 가축으로 키우는 대표적인 네 가지 동물 중에서 어느 한 가지라도 좋아해서 선택하는 경우는 나오지 않는다. 대신 그들은 지방에 대해서는 강한 선호도를 보이며, 마블링이 살아 있는 형태로 잘라 낸 고기, 즉 '뼈대를 따라 길게 층을 내서 크게 잘라 낸 살점'을 매우 좋아했다. 고기가 나오면 항상 빵도 버들가지로 만든 광주리에 담아서 한 가득 따라 나온다. 큰 잔에 담긴 혼합 술을 차려 낸 음식과 함께 마시지만, 항상 신에게 먼저 제주를 바친다.

후세에 들어와 그리스 인들은 술을 물로 희석시켰다. 호메로스는 영웅들이 무엇을 첨가했는지에 대해서는 언급하지 않으나, 대개 그 술을 꿀맛, 단맛이라고 기술한다.『일리아스』와『오디세이아』에서 각각 한 번씩 술을 혼합하는 상황이 정교하게 나온다. 그러나 혼합된 음료는 엄밀히 말해서 알코올 음료가 아니라 오히려 원기 회복용 죽이나 우유술posset과 비슷하다. 두 번 다 여성이 직접 만드는데, 이는 이례적인 경우이며 모든 연회를 남성들이 주도하는『일리아스』의 경우에서는 특히나 보기 드문 일이다. 이 혼합주에는 프람니아 술Pramnian wine과 진하고 까만 알코올성 음료가 들어가며, 여기에 수수가루와 꿀을 첨가하고 맨 위에 염소치즈를 잘게 잘라 올린다. 꿀이 녹아내리도록 가열을 했을 것 같지만,『일리아스』에서 명백하게 기술되어 있지는 않다. 그러나 확실한 것은 이 음료의 제조가 상당한 기술을 요한다는 사실이다.『일리아스』에서는 그 음료를 지친 부상병들에게 원기 회복용 강장제로 내 주었던 반면『오디세이아』에서는 마녀 키르케가 오디세우스의 병사들에게 주어 그들을 돼지로 둔갑시켰다고 나온다. 기록을 분석해 보면, 그것은 마법에 걸리는 음료는 아니었지만 유독 키르케의 마법에 사용된다. 그 음료의 효능이 원기 회복에 좋은 것이든 마법에 걸리게 하는 것이든, 이것은 컴포트 푸드의 오랜 가계도에서 볼 때, 일종의 레시피인 것으로 보인다. 곡물을 술, 우유, 또는 물에 타서 꿀이나 기타 달고 향이 나는 성분으로 맛을 내는데, 이는 고대 조상들의 수수죽부터 본 저자가 어린 시절 먹었던 헝가리식 쌀이나 세몰리나 푸딩에 이르기까지 원기 회복용 음식의 원조인 셈이다.

호메로스의 영웅들이 먹는 음식은 고대와 현대 학자들 모두의 호기심을 자극했다. 그런데 학자들은 하나의 문제에 봉착했다. 호메로스의 이야기에서 고대 식사에 대해서는 매우 자주, 장황하게 묘사가 되어 있

실레누스(술의 신 바커스/디오니소스의 양부−역주)의 얼굴로 장식된 와인 술병 오이노코에(oinochoe)로서, 기원전 4세기 필립 2세의 무덤에서 나왔다. 반신반인의 흉폭한이지만 현명한 실레누스는 사티로스, 님프, 메나드(디오니소스의 여사제들−역주)와 더불어 술의 신 디오니소스의 자유분방한 동료들이다.

기원전 4세기 필립왕 무덤에서 나온 금도금된 스트레이너와 은으로 된 와인 잔. 카일릭스(kylix)이다. 고대 와인은 주로 향긋한 꽃, 허브, 향신료로 맛을 냈다. 때때로 스트레이너에 그런 향신료를 먼저 넣어놓고 잔에 따라 마시기도 했으며, 아니면 처음부터 와인 속에 넣어 놓고 스트레이너로 걸러서 잔에 붓기도 했다.

지만, 재료와 조리 기술의 상당 부분과 후대 그리스 요리와의 유사성 등은 빠져 있다. 영웅들의 도마 위에는 후대 대식가들의 심금을 울리는 생선도, 토실토실한 닭고기도, 향신료도, 소스도, 심지어 간혹 양파를 제외하곤 채소도 안 보이며 꿀을 올린 케이크도 없다. 때문에 호메로스에게서 항상 윤리적 교훈을 찾고자 했던 고대 학자들은 다음과 같은 결론을 내리게 되었다. 젊은이들에게 중용의 미덕을 고취하고자 했던 호메로스가 영웅들의 생활 방식을 소박하면서도 풍요로운 모습으로 그렸다는 것이다. 한술 더 떠 그들은 호메로스가 최음과 사치를 유도하는 효과를 두려워하여 노골적으로 조리 기술을 제외시켰다고 주장했다.

고대 비평가들은 영웅들이 습관적으로 탐식하던 엄청난 양의 육류에 대해서는 전혀 놀라움을 표시하지 않았다. 그러나 일부 현대 학자들은 이에 대해 회의적인데, 고대 지중해 세계를 완전 채식주의 세계로 상상하고자 하는 학자들의 경우에는 특히 더 그러하다. 지중해 지역 사람들은 종교적인 이유로 동물을 희생시키는 특별한 경우에만 고기 맛을 보았다. 당시 그곳에서 소는 땅을 경작하는 데, 양은 양모 섬유를 얻는 데 쓰였으며 부유한 자들만이 고기나 생선을 맛볼 수 있었다. 따라서, 호메로스의 식단은 역사적 증거가 빈약한 상태에서 고대 지중해 세계와 당대 제3세계 국가를 비교하길 좋아하는 학자들이 볼 때에는 확실히 문제 삼을 만하다.

앞에서 보았다시피, 호메로스의 연회에 나온 주재료는 고기, 빵, 와인뿐이었다. 그러나 실제로 호메로스가 살던 당시 사회에도 온갖 종류의 다양한 진미들은 있었던 것 같다. 호메로스가 묘사한 언어와 은유와 직유를 보면, 그와 관객들이 살아가던 곳은 바로 지중해의 안정된 농업 중심지였다. 호메로스가 생각하는 문명 공동체는 바로 사람들이 빵을 만들기 위해 곡물을 생산하고, 술을

보이오티아의 타나그라 지방에서 출토된. 기원전 6세기 테라코타로서 긴 막자로 뒤섞고 있는 여자를 묘사한다. 우유를 휘젓고 있을까? 아니면 프람니아 술, 꿀, 수수, 치즈로 만들어 호메로스 영웅들의 원기를 되살려 주던 키케온(kykeon)을 혼합하고 있을까? 그도 아니라면, 혹시 이 여자가 그 오디세우스의 부하들을 돼지로 둔갑시킨 마법의 술을 섞고 있는 키르케일까?

만들기 위해 포도밭을 가꾸고, 사과, 배, 석류, 무화과, 올리브 나무를 재배하고, 연중 갖가지 종류의 푸른 채소를 공급하는 잘 관리된 정원이 있는 그런 곳이다. 이런 공동체 사회에는 사람들이 토론과 상담을 하러 모이는 회의장이 있다. 이것이 바로 그리스의 폴리스, 도시 국가의 모습이다. 이와 반대로, 호메로스는 양을 키우는 사람들을 식인 야만인으로 본다. 그들은 제대로 지어진 집이 아니라 동굴 속에서 홀로 살아가며, 땅을 경작하지 않고 동물의 젖으로 연명하며, 술 마시는 법도 모르는 사람들이다. 당연히 그들은 문명 생활의 가장 기본적인 법률인 손님 환대의 원칙도 알지 못한다.

그리스 인이 최고로 치던 손님 환대의 원칙을 당시 비슷한 음식을 먹었던 고대 지중해 연안 사람들은 다 같이 공유했다. 지중해 음식의 주재료는 호메로스의 서사시에서 확인이 가능하며 우리가 본 대로 곡물, 오일, 알코올성 음료, 과일이나 곡물의 발효 식품들이다. 주요 기본 산물에 맞춰 형성되고 그것을 더욱 풍부하게 만드는 요리의 전통과 관습cuisine은 다양성, 자연, 첨가 재료의 특성, 고기, 생선, 채소, 양념에 의해 좌우된다. 한편, 이런 재료는 땅의 성질, 기후, 경제, 사회적 관습, 그리고 당연히 요리사의 기술과 창의성에 따라 달라진다. 이런 모든 요인들이 요리 방식과 전통에 있어 지역적 변이를 일으킨다.

그리스 사회에서는 그들끼리도 요리법과 음식 선택에 있어 서로 달랐다. 고대 세계에서 그리스는 하나의 통일 국가를 이루지 못했다. 때문에 그리스 인이라 함은 그리스 어로 말하고, 몇 가지의 문화를 공유한다는 의미였다. 따라서, 그들은 이해할 수 없는 언어를 말하는 사람들을 외계인, 야만인으로 간주했다. 이주, 식민지 개척, 교역을 통해서 그리스 어를 구사하는 정착촌들이 소아시아

보이오티아에서 출토된 기원전 5세기 테라코타 입상에서 볼 수 있듯이 고대 음식은 나무나 숯으로 불을 피워 브라지에와 석쇠를 이용하여 만들었다. 좀더 부유한 가정에서는 질 점토나 벽돌 화덕을 이용해 조리했지만 이 중 그 어떤 기구도 불 위에서 요리사가 직접 손으로 만지거나 조절할 수는 없었다.

에서 프랑스, 남부 이탈리아, 시칠리아, 북아프리카에 이르는 지중해 연안으로 까지 점점 확산되었다. 그리스 인 들은 다른 그리스 인들에 비추어 스스로를 평가했고, 운동 경기를 포함한 거의 전 분야에서 서로 경쟁했다. 큰 전쟁으로부터 시작되었다고 전해지는, 그들의 역사는 실제로 끊이지 않는 전쟁으로 지속되었다. 다시 말해, 로마 제국이 그리스를 정복할 때까지 그리스는 도시 국가들의 전쟁으로 점철된 역사였다.

그리스 도시 국가들의 경쟁심은 서로의 요리 전통과 관습을 비방한 모습에서도 확인할 수 있다. 가령, 당시 인기가 많았던 코파이스Copais 호수의 고지방 장어로 유명한 보이오티아 인들은 족제비, 여우, 두더지, 기름진 거위뿐 아니라 큰 뱀장어 같이 아주 이상한 것을 게걸스레 먹는 비열한 폭식가로 불렸다. 이와 유사하게 밀, 소, 말이 풍부했던 테살리아 인들은 탐욕스럽게 먹는 자들, 쾌락적 음식을 찾는 자들, 쇠고기를 많이 먹는 자들, 여러 가지 맛있는 음식을 만들어내는 쓸모없는 자들이라고 비난받았다. 어느 그리스 인은 스파르타의 공동 식사 자리에 손님으로 간 적이 있었는데 거기서 그는 "이 세상에서 스파르타 인들이 가장 용감하다는 사실은 의심할 여지가 없다. 그러나 정신이 제대로 박힌 사람이라면 그처럼 형편없는 생활을 하느니 차라리 죽는 게 만 배는 더 낫다고 생각할 것이다."라며 스파르타 인들을 조롱하는 말을 했다. 한편, 이런 비방의 대부분을 지어내거나, 그게 아니라도 최소한 퍼뜨리고 다녔던 아테네 인들은 자신들의 모습을 '소박한 취향'을 지닌 검약하고, 정직하고, 윤리적인 사람들이라고 묘사했다. 그들은 풍요 속에서도 여전히 배고파하고 굶어 죽어가면서도 먹는 것을 그만두라는 철학자들의 가르침을 항상 따랐다.

고대 고전 세계의 식습관과 요리 전통에 대해 좀더 논의하기에 앞서, 먼저 그 정보를 밝혀 준 자료에 대해서 몇 마디 언급해야겠다. 호메로스의 연회에서 보았듯이 고전 시대의 주요 자료는 문학이다. 현존하는 고고학적 증거를 모으는 일도 그 문학 자료에 대한 유용한 대조 수단이 된다. 고대 부엌의 배치, 조리 도구를 알게 되면 그들이 사용했을 법한 요리 방법에 대해 어느 정도 간파할 수 있을 것이다. 고대 거주지 주변에서 발견되는 뼈와 기타 생물체의 유적을 분석하면 중요한 정보가 추가되지만, 이런 것들도 여전히 문학적 증거에 비추어 해석되어야만 한다. 물론 고전 시대에 있어서, 음식과 그 관습에 대해 논할 때에 문학적 증거가 호메로스의 서사시처럼 반드시 정확하거나 확실한 것은 아니다. 현존하는 문학 작품 속에서 음식에 대한 언급은 참으로 풍부하다. 다른 사람을 즐겁게 해 주거나 교화할 목적으로 쓰인 이런 문학 속에서 음식은 점차 사람의 윤리와 신체의 건강과 영양에 필요한 주요 관심사가 되었다. 작가들은 매우 다양한 목적을 위해 먹고 마시는 일을 활용했다. 하지만 유감스럽게도 요리법에 대한 정확한 묘사와 분석은 하질 않았다. 오히려 음식에 대한 논의가 철학자들의 윤리적 교리에 있어서 중요한 역할을 했다. 철학자들은 음식이란 그저 생명을 지탱해 주는 것이라고 생각하는 경향이 있었다. 따라서, 목숨을 부지하는 한도를 넘어서는 것은 뭐든지 사치였고, 사치는 욕망을 부채질하는 것이라 일단 한 번 기지개를 켜면 도덕적 타락으로 연결된다고들 생각했다.

많은 후세의 철학자들이 최고의 요리법으로 생각했던 것은 플라톤의『국가론 Politeia』에 잘 나타나 있다. 소크라테스가 공정한 사회의 성질을 논하면서, 청중들에게 그런 사회가 따라야 할 음식에 대해, "음식에 대해서라면 그들은 굽고 반죽할 통째 빻은 밀가루나 수수가루가 있을 것이다. 그들은 싱싱한 나뭇잎 위에 화려한 케이크와 빵 덩어리를 얹어 내 줄 것이다. …… 그들은 와인을 마시면서 머리에 화환을 두른 채 신들에게 기도할 것이다." 라고 하자, 청중 한 사람이 나서서 이건 연회를 하기에는 너무 평범한 음식이라고 반발했다. 이에, "소금, …… 그리고 올리브 오일과 치즈, 전원풍 음식을 만들기 위해서 갖가지 종류의 채소는 괜찮다." 라며 소크라테스는 사람들이 약간의 사치스런 음식은 사용해도 좋다는 데 합의한다. 그리고 디저트에 관해서는 "무화과와 완두콩, 강낭콩, 은매화와 도토리를 와인을 홀짝거리면서 불에 구워 먹으라고" 했다. 이것을 듣고 소크라테스의 동료가 "소크라테스, 자넨 정말 돼지 공화국을 위해서 요리를 준비하고 있는 것 같군!" 하면서 외친다. 그는 자기들이 실제로 먹는 것과 똑같은 유형의 정규 식사를 내 주어야 한다고 요구한다. 그러자 소크라테스는 당시 고기 위주의 식단을 비롯해 그들의 문명화된 사회가 어떤 식으로 점점 더 사치품, 즉 귀한 음식, 향수, 화장품, 정부情婦, …… 고급 예술 그림과 장식품 …… 금과 상아와 같은 수요를 유발할 것인가에 대해서 설명하기 시작했다. 그는 끝도 없는 사치품에 대한 탐욕으로 쓸데없는 직업들이 많이 생겨나면서 국가가 급속도로 확장되어 결국 불가피하게 전쟁과 부정한 사회가 될 게 뻔하다고 앞날을 예고한다.

소크라테스는 일어날 가능성이 높은 이런 사회적 결과 때문에 육식에 반대했던 것 같다. 사실 다양한 학파의 철학자들은 육식이 한 개인의 몸과 마음에 끼치는 좋지 않은 영향을 두려워해서 고기가 빠진 식단을 지지하는 경향을 보였다. 어떤 철학자들은 육류의 섭취가 정신을 혼탁하게 하고 생각을 나태하게 만든다고 주장했고 어떤 철학자들은 건강을, 신체를 구성하는 네 가지 체액과 그 성질 간의 균형으로 간주했던 당대의 의학적 개념의 영향을 받았다. 이 의학적 개념에 따르면, 네 가지 체액이란 혈액, 흑담즙, 황담즙, 점액이며 그 성질은 각각 뜨겁고, 차갑고, 건조하고, 습한 상태를 말한다. 대개 철학과 의학은 상호 영향을 주고받았고, 사회적 훈련이 어떤 식으로 기능하는가에 대해서 현실적인 이해가 없었음에도 불구하고 철학과 의학은 인간의 신체에 대한 견해를 공유했다. 이런 의학적 개념은 육류 위주의 식단은 인간의 신체를 과도하게 자극시켜, 결국 위험한 성적 욕구가 늘어나는 결과를 낳을 것이라는 철학적 불안감을 유발했다. 그들은 청중들에게 음식의 다양성은 인간 존재 자체에겐 부자연스러운 일이라고 확신시키려 노력했다. 즉, 그들의 주장에 의하면, 인간의 소화 체계는 다양한 음식을 처리하기에 부적합해 한 가지 재료로 만든 간단한 식단을 채택해야 한다는 것이다. 하지만 이를 그대로 따를 경우, 사람들은 심각한 영양 결핍 질환에 걸릴 가능성이 있다.

고대 도덕론자들은 음식과 성이 개인과 공동체의 생존에 있어 필수적인 요소라고는 생각했지만, 식욕이나 성욕 둘 다를 경계해야 할 대상으로 간주했다. 그들이 보기에 그런 욕구는 각자에게 정당하게 할당된 것 이상을 요구하는, 개인의 터무니없는 욕심이기 때문이다. 더구나 진하고 독한 음식이나 자극적인 음식은 성적 욕구를 자극하는 힘이 있다고 여겨, 그런 음식에 대한 열망은 두려움의 대상이었다.

이런 철학적, 의학적 개념에 영향을 받은 탓에 남들에게 스스로를 자기 조절을 잘 하는, 올바르고 진지한 사람으로 보이고 싶은 사람이라면 마음의 수양에 에너지를 쏟아야 하며, 몸과 관련된 일에는 건강을 유지하는 데 필요한 활동을 제외하곤 가능한 한 노력을 하지 않아야 한다고 생각했다. 그런데 고대 도덕론자들의 이런 태도는 희극 작가들과 풍자가들, 정치적 라이벌들에게는 그들을 대상으로 좀 불경스럽긴 해도 그들의 실상을 낱낱이 폭로하는 위트가 담긴 말들

'예의 범절과 교양을 갖춘 남자들이 심포지엄에 모이면, 플루트를 부는 여자나 춤추는 여자는 볼 수 없을 것이다. …… 그들은 그런 시시한 것들이 없이도 그들 스스로 즐길 수 있다. 그저 즐겁게 얘기하고 들어 주면서 플라톤의 가르침대로 스스로에게 너무나 엄격해서(프로타고라스 347), 와인을 너무 많이 마셔 취한 상태라도 항상 점잖게 행동했다. 기원전 480년경, 그리스 식민지였던 이탈리아 파에스툼의 어느 무덤에서 나온 벽화이다.

을 해낼 수 있게 해 주었다. 그 결과, 의학 이론과 철학적 비난을 담은 문헌뿐 아니라 음식에 대한 문헌들도 멋진 연회와 여기에 참석한 자들의 탐식과 호색에 대한 적나라한 잡담으로 채워졌다. 저명 인사들의 식습관과 성적 습관은 사실이든 지어낸 말이든 간에 그 사람의 성격을 기술하는 손쉽고 편리한 방법이 되었고, 진지한 역사가들조차 이런 방법으로 인물의 인품을 훼손하는 경우가 매우 흔했다.

신체의 욕구에 부응하는 요리는 인격을 지닌 인간의 위엄보다 미천하다는 점에 동의했던 철학가들의 엄격한 시선 때문에, 고대 작가들은 풍요로운 음식의 위험성, 무절제한 디너 파티의 부도덕성 등등에 대한 말을 지겹도록 반복했다. 때문에 일부 사람들이 좋아하거나 유용하다고 판단했던 문헌 자료만이 살아남아 후세에 전달되었다. 이들 후세 집단은 고대 조상들의 엄격하고 고답적인 태도가 매력적이라고 생각했으며, 그래서 연회를 벌이는 일보다 단식하는 일에 더 많은 관심을 보였다. 그 결과, 오늘날 우리에게는 고대 요리법의 풍미와 향에 대해서는 겨우 힌트를 얻을 수 있는 정도의 몇 가지 증거만이 남게 되었다.

그리스 요리 관습에 대한 가장 귀중한 증거 자료는 서기 2세기 이집트 변방

인간에게 곡물을 선사했던 데메테르 여신의 딸, 페르세포네는 지하 세계의 신 하데스에게 납치당해 그의 아내가 된다. 지하 세계에 있던 페르세포네와 데메테르가 함께 슬퍼하자 봄은 오지 않고 이에 곡물도 싹을 틔우지 못해 온 세상은 굶어 죽기에 이른다. 그러자 하데스는 페르세포네를 한 해의 절반 동안 어머니와 함께 살게 해 준다. 기원전 약 470년경의 테라코타 부조는 곡물 자루와 과일로 하데스와 페르세포네 부부의 속성을 보여 준다.

의 나우크라티스 출신인 그리스 작가, 아테네우스Athenaeus의 작품이다. 이 작가는 그리스 어 문헌으로 가득 찬 도서관에서 시간을 보내면서 수많은 식자들과 디너 파티에 손님으로 갔던 경험을 바탕으로 글을 남겼을 것이다. '철학자들의 향연'이라는 뜻의 이『데이프노소피스테 Deipnosophistae』는 플라톤을 흉내 낸 것인데 무엇보다 아테네우스의 작품이 눈길을 끈 것은 이 작품이 논의의 대상으로 선택한 주제에 있다. 플라톤의 대화가 주로 정의나 사랑의 본질과 같은 고상한 주제에 초점을 맞추었다면, 아테네우스의 관심은 디너 파티였다. 그의 저서는 현재까지 15권이 남아 있는데, 이 안에는 그가 아니었으면 완전히 소실되었을 방대한 범위의 그리스 문헌에서 따온 여러 가지 인용구들이 들어 있다. 디너 파티 참석자들은 토론 중에 먹는 것과 마실 것, 이에 관련된 여러 관습에 대해서 작가와 제목까지 언급하면서 소실된 희극, 역사서, 문학 비평, 의학서, 요리 서적, 농업 지침서 등등을 직접 인용한다.

아테네우스의 박학 다식한 교수들이 벌이는, 지루할 정도로 긴 연회를 읽다 보면 그리스 학계에서 음식과 음료를 다루었던 문헌이 매우 많았다는 사실에 놀랄 수밖에 없다. 비록 철학자들이 몸과 관련된 욕구를 멸시했음에도 불구하고, 그것에 대한 사회적 요구를 뿌리치지 못하고 이로 인해 온갖 종류의 그리스 문헌에는 정력적으로 자기의 주장을 역설했다. 거기서 보면 음식과 요리사들은 무대 위에 오르는 희극 작품에 대응할 만큼 연회의 중요한 참석자였던 것 같다. 그리스를 다스린 왕조는 대개 손님을 환대하는 원칙을 잘 지킴으로써 명성과 세력을 드높이곤 했다. 헬레네 역사가들은 왕조의 흥망 성쇠를 기록하면서 집권 계급의 연회와 술잔치, 성생활까지 온갖 상세한 사항에 주목했던 것으로 보인다. 아테네우스의 글을 정독하면, 고대에 요리와 관련된 책을 쓴 유명한 그리스 작가들이 이렇게 많았을까 하는 의심을 다소 불식시킬 수 있을 것이다. 이를테면 시칠리아 인 알케스트라토스Archestratus가 기원전 4세기에 6보격 서사시로 쓴 훌륭한 여행서겸 요리책 중에 무려 350행이라는 상당히 많은 부분을 아테네우스가 자신의 책에 직접 인용함으로써 후세에 전했으니 감사할 따름이다. 또한, 우리는 아테네우스를 통해서 연회에 참석했던 사람이 불참한 친구에게 연회의 상세한 모습을 편지 형식으로 써서 보내는 특정 문학 장르가 유행했음도 알게 되었다. 그 보고서를 받은 친구는, 또 다른 호사스런 연회를 묘사하는 편지로 답례하는 게 당시의 관습이었다. 실제로 이런 편지 모음집이 출간되어 많은 사람들이 즐겁게 읽었다 한다. 사실 아테네우스의 작품도 이와 유사한 틀로 씌어졌다. 연회에 참석하지 못했던 친구 티모크라테스에게 보고서 형식의 편지로 직접 쓴 내용이 바로『데이프노소피스테』의 근간이 된 것이다.

아테네우스의『데이프노소피스테』에 나오는 '철학자들'은 당시 시골 지역을 황폐화시켰던 흉년에 대한 걱정, 불모지로 변해가는 땅, 끊이지 않는 전쟁 따위에는 전혀 관심을 보이지 않는다. 그들의 관심은 오로지 근사한 생활과 그것의 구성 요소인 비싼 음식과 술, 여자, 화환, 향수, 파티 게임, 춤, 그리고 이것들과 관련된 개인 소지품에 집중될 뿐이었다. 아테네우스는 분명 요리 관습과 취향

와인은 디오니소스의 선물이다. 그리스 신들 중에 가장 다재다능하고 포착하기 힘든 신으로서 그에 관한 신화와 숭배 신앙은 종종 기존의 사회 규범과 부딪히는 경향이 있다. 그는 야생 동물의 옷을 걸치고 바다 멀리, 땅 멀리까지 이동했으며 날개를 달고 하늘로 날아다녔다. 기원전 약 540년 불치(Vulci 고대 에트루리아의 중심지―역주) 출신의 도공 엑세키아스(Exekias)가 만든 흑화방식(black-figure, 고대 그리스의 항아리 장식 수법―역주)의 이 와인 잔에서 디오니소스가 배를 타고 항해 중이다.

에 관한 문헌에 정통한 전문가이다. 아테네우스의 작품들은 분명 그리스의 요리 관습과 고전 시대와 헬레니즘 시대의 미각적 취향에 대해 관심을 가진 사람들에게는 황금의 보고이다.

그리스의 요리 관습은 문명인들의 필수 생활 조건이자 신의 세 가지 선물인 곡물, 와인, 오일에 기초했다. 곡물은 데메테르 여신, 와인은 디오니소스의 선물이며 사람들에게 올리브 문화를 알려준 이는 아테나 여신이라고들 했다. 그리스 본토의 대부분은 수수를 재배하기에 더 적절했는 데도 그리스 인들은 깍지가 없는 밀을 더 좋아했다. 깍지가 있는 밀과 수수는 빵가루를 만들려면 볶아서 껍질을 제거해야 했는데 볶으면 곡물 속에 든 글루텐이 파괴되므로 빵을 굽기에는 부적절한 상태가 된다. 때문에 수수와 깍지 있는 곡물은 여러 가지 액체에 푹 적신 다음에 수프나 죽을 만들거나 케이크용 반죽으로나 쓰였다. 죽과 수수 케이크는 그리스 요리 관습의 특색이 드러난다. 대다수의 그리스 인들은 고대부터 밀가루 빵을 더 좋아했다. 깍지 없는 밀로 만든 빵과 죽은 매끼 식사 때마다 기본으로 나왔으며, 올리브 오일을 잔뜩 뿌리고 고기와 채소를 요리하고 거기에 허브와 향신료, 또는 꿀로 맛을 냈다. 아테네의 빵은 그 뛰어난 품질로 유명해져서 아테네 인들이 매우 자랑스러워했다. 그런데 아티카의 땅은 밀 재배에 적합하지 않았기 때문에 그들은 밀을 전부 수입해 썼다. 기원전 5세기 아테네 사람 테아리온 Thearion은 빵을 굽는 화덕을 개발했으며, 아마도 상업용 빵집까지 세웠던 것으로 보인다. 플라톤은 '인간의 몸을 돌보는 데 최고'였던 세 사람 중 한 명으로 이 테아리온을 언급한다. 나머지 두 사람은 시칠리아의 요리책 저자 미타이코스 Mithaecus와 와인의 제조자이자 공급자였던 사람부스Sarambus였다.

테아리온 이후로 그리스 인들은 제빵에 있어 탁월한 창의성과 기술을 발휘했던 것 같다. 아테네우스는 제빵에 관한 철학자들의 수많은 논문을 언급하면서 70여 가지가 넘는 빵의 종류를 열거한다. 빵은 어떤 곡물을 쓰는가에 따라 구별될 수 있다. 밀, 호밀, 스펠트밀, 기장 중에서 밀을 제외한 나머지 세 가지는 부득이한 경우에만 쓰였는데, 앞에서 봤다시피 그들은 밀가루 빵을 가장 선호했기 때문이다. 체에 거른 고운 밀가루로 만든 하얀 빵, 체에 거르지 않은 밀가루로 만든 전곡 빵 등 서로 다른 품질의 밀가루로 만든 빵도 있었다. 전곡 빵은 흔히 '완화제緩和劑'로 간주되어 건강에 좋은 것으로 알려졌지만 그리스 인들은 하얀 빵을 최고의 고급스런 맛을 내는 것으로 여겨 선호했다. 빵은 효모를 넣어 발효시킨 것과 발효시키지 않은 것으로 나뉘며, 이는 다시 화덕에 구운 빵, 잿속에서 구운 빵, 팬 안에 브라지에brazier로 구운 빵 등 굽는 방식에 따라 달라진다. 브라지에로 구운 빵은 팬케이크와 비슷하며 와인에 적시거나 찍어 먹었고, 접어서 먹기도 했다. 이때 와인은 "브라지에 빵에 와인을 바르면 부드럽고 맛있는 혼합 요리가 된다."고 시인들의 칭송을 받는 그 달콤한 와인이다.

밀가루에 다양한 액체, 지방, 조미료를 첨가하면 빵의 점도와 향기가 달라질 수 있다. 와인, 밀크, 치즈, 꿀을 하나만 넣거나 몇 개씩 함께 넣었다고 하며, 액체 중에는 올리브 오일, 수이트suet (소나 양의 허리살 주변에 있는 지방질)나 돼지의 지방질인 라드를 넣었다고 했다. 양귀비, 참깨, 아마씨 등이 빵에 필요한 조미료로 가장 자주 언급된다. 마지막으로 빵은 여러 가지 농도를 지닌 치즈, 건포도나 기타 말린 과일이나 달고 향긋한 물질로 속을 채웠을 것이다. 일반적으로 빵은 육류나 생선을 차려 내는 식용 접시 기능을 했는데 페니키아, 리디아, 카파도키아 사람들이 만드는 빵이 가장 찬사를 많이 받았다.

전설에 따르면, 디오니소스 신이 동방에서 그리스로 올 때 가져온 것이 와인이었다. 사실 포도 재배법은 까마득한 역사 시대 이전에 소아시아의 아나톨리아에서 페니키아, 팔레스타인, 이집트를 거쳐 그리스에 왔다. 호메로스의 서사시가 나올 무렵에 그리스 인들은 포도 재배, 와인 제조, 와인 마시기의 달인이 되었다. 고전 시대 때의 유행은 상류층 남자들끼리 술을 마시는 파티, 심포지아 symposia 때문에 발전했다. 이런 술 마시기 파티는 디너의 연장으로 이루어지거나 디오니소스와 에로스 신을 기념할 목적으로 남자들이 모였을 때 개최되었을 것이다. 심포지엄이 어떤 식으로 조직되었든, 그것은 오직 남자들만의 일이었다. 문헌에 따르면, 부녀자들은 참석하지 않았다. 참석한 여자들은 악사, 흥을 돋

디너 파티를 위해 음식을 준비하는 하인들이다. 손님들은 손으로 음식을 먹기 때문에 내놓기 전에 하인들은 모든 음식을 먹기 좋은 한입 크기로 자른다. 기원전 6세기 코린토스의 흑화에서 중심 기둥이 달린 크라테르의 상세 부분으로 체르베테리 유적(Cerveteri)에서 출토된 것이다.

우는 자들, 고급 매춘부들이었다. 술맛을 돋우기 위해 가벼운 음식이 나왔다. 심 포지엄에서 디오니소스 신과 그의 힘을 찬양하곤 했으나, 그리스 인들은 모두 와인에 관련된 위험성을 잘 알고 있었다. 여러 시인들에 따르면, 디오니소스 신 스스로도 "첫 잔은 건강을 위해 싹 비우고, 두 번째 잔은 사랑과 쾌락을 위해, 세 번째 잔은 숙면을 위해서이다. 이렇게 마시고 나면 현명한 손님들은 집으로 간 다."고 하면서 그리스 인들에게 와인은 세 잔만 마시라고 권고했다고 한다. 그 리스 인들은 와인을 물과 섞어 마실 정도로 술을 조심했다. 와인과 물의 비율에 따라 다르겠지만 분명 알코올 함량이 낮아졌을 것이다. 추측하건대 그들이 마 셨던 와인의 알코올 도수는 3~7퍼센트로 오늘날의 맥주 정도의 수준이었을 것 이다.

와인은 모든 그리스 식단의 일부분이었다. 어쩌면 수돗물을 마시는 것보다 더 건강에 좋았을지도 모른다. 그리스 식민지는 지중해 연안 주변에 형성되었 기 때문에, 와인 애호와 와인 생산에 대한 전문 지식은 식민지인들에게도 전해 졌다. 마실리아(현재 마르세유) 출신의 서구 그리스 인들이 맥주를 마시던 갈리 아 종족에게 와인을 소개했다. 시칠리아의 그리스 거주자들은 그 섬을 외노토 리아Oenotria, 즉 와인의 땅으로 세상에 널리 알렸다. 그리스 와인은 어떠했을 까? 문헌 정보에 따르면, 화이트, 골드, 다크, 블랙 와인 등으로 색깔이 다양하 고, 또 향기롭다. 제비꽃, 장미, 히아신스 등 꽃향기가 난다는 표현으로 그 향기 에 찬사를 보낸다. 달콤함 와인은 그렇지 않겠지만, 혹시 자체 향기가 없는 와인은 향신료나 꽃 추출물 등 다양한 첨가제를 넣어 향을 발산하도록 만들 수 있었다. 당시에 꿀 같은 맛을 내는 달콤한 와인을 상당히 선호했던 것으로 보인다. 와인 제조에 쓰이는 첨가제로 꿀 하나만 쓰거나 꿀을 버무린 스펠트밀이 가장 자주 언급되며, 해수도 그 중의 하나였다. 꿀 등은 발효 효모에 더 많은 양분을 제공하는 격이니 알코올 함량을 다소 높여 주었을 것이며, 반면 해수는 와인의 단맛을 증진시켰다고 한다. 그러나 모든 와인이 달콤한 것은 아니었다. 호메로스 시대에 이미 유명했던 프람니안은 소박하고 진한 다크 와인이었고, 그래서 오래 보관할 수 있었다. 시인들은 '오래 묵은 와인'을 찬미한다. 그러나 대부분의 와인은 몇 년 이상 보관할 수 없었던 것 같다. 통기성이 좋은 커다란 질그릇 도자기인 암포레 안에 넣어 저장했기 때문에, 와인이 식초로 산화해 버리는 문제가 생기곤 했다. 하지만 당시에는 식초로 산화해 버린 와인 자체로도 하나의 음료이자 대중적인 식품 조미료로 활용되었다. 가장 칭송이 자자했던 와인은 동쪽 에게 해의 레스보스, 키오스, 코스 섬과 본토 북부의 트라키아에서 생산되는 것이었다.

그리스 인들에 따르면, 인류의 생명 유지에 기여한 세 번째 선물은 바로 아테나 여신이 주었다. 아테나는 아테네에 최초로 올리브 나무를 심어 사람들에게 재배하는 방법을 알려 주었다. 올리브 나무는 약 6,000년 전에 시리아와 오늘날 이스라엘 지역에서 재배되었으며 거기서부터 지중해 연안 서쪽으로 확산되었다. 나무에서 설익은 파란 올리브를 따서 씹어 본 사람들이라면 누구나 이렇게 이상한 맛이 나는 열매에 숨겨진 가치를 일깨우기 위해서는 신의 가르침이 반드시 필요했을 거라는 데 공감할 것이다. 올리브에는 글루코시드가 함유되어 있어 그냥 먹기에는 너무 쓰기 때문에 반드시 정교한 처리가 필요하다. 오일을 만들기 위해 올리브를 압착하면 그 찌꺼기에 글루코시드가 남아서 오일에는 쓴맛이 나지 않는다. 잘 정제된 올리브 열매와 오일은 고대 지중해 민족의 식단에서 매우 중요한 역할을 했다. 오일은 등불을 밝히는 연료로, 몸을 씻는 비누로, 향수와 의약품 조제의 주성분으로 사용되었다. 물론 올리브 열매의 품질, 추출과 저장 방식에 따라 오일의 품질과 맛, 가격도 천차만별이었다.

그리스 인의 요리 관습에는 여러 가지 다양한 재료들이 기본 주재료에 첨가되었다. 아테네우스 책에서 그가 인용한 문헌 속에 낱낱이 열거된 생선의 종류 수를 볼 때, 일부 현대 학자들은 그리스 인들이 가장 좋아했고, 최고로 쳤던 호사스런 음식이 바로 생선 요리라고 확신할 만하다. 확실히 생선은 그리스, 특히 해안 지역 사람들의 식단에 중요한 요소였음에 틀림없다. 그러나 만약 우리가 이런 문헌 자료를 객관적이며 정확한 증거로 삼아서 예술 장르의 내부적 요구와 역동적 기제를 무시한다면, 생선의 사회적 중요성은 과장되는 면이 있음을 알아야 한다. 즉, 바닷물고기와 다른 동식물에 대한 묘사는 두껍게 썬 쇠고기beef steak

나 돼지족발pig's trotters 그림보다 훨씬 더 예술적이고 장식적으로 보인다.

아테네우스가 자세히 설명했던 연회에서는 전형적으로 손님들에게 수많은 코스를 차려냈다. 이 중 첫 번째 코스는 가벼운 요리를 제공했는데, 성게살, 케이퍼를 첨가하여 훈연한 칼집 넣은 생선, 작은 고기 조각, 알뿌리 식물(히아신스, 아이리스, 아스포델 뿌리는 성적 대담성을 높이는 음식으로 간주되었다), 몇 가지 채소 샐러드 등이었다. 첫 번째 코스로 나오는 알뿌리 식물이나 샐러드에 넣은 '씹는 겨자씨'를 제대로 맛보려면 대개 신맛이 강한 드레싱을 추천했다. 왜냐하면, 그런 조미료가 다 늙은 사람들의 '감각 기관도 일깨워 준다'고 생각했기 때문이다. 첫 번째 코스 다음에 와인이 나온다. 이때, 와인을 많이 마시는 행동은 상스럽고 자기 파괴적인 것이라고 여겼다. 왜냐하면, 와인에 취하면 계속 나올 음식을 맛있게 먹을 수 없기 때문이다. 메인 코스는 와인, 올리브 오일, 여러 가지 조미료를 넣어 끓이거나 구운 생선이 더 나온다. 생선 외에도 육류도 등장했다. 대개 새끼 염소, 기름진 돼지, 양, 멧돼지, 거위, 오리, 자고나 닭 중에 하나였는데 모두 엄청난 양의 조미료를 넣어서 만들었다. 이는 감각을 자극하는 신맛을 좋아했다는 증거가 된다. 생선이나 고기에 따라 나오는 채소들은 완두 포리지, 렌즈콩, 아스파라거스, 화이트 비트, 양배추, 유럽산 순무 터닙turnip 등이 있었다. 가령, 터닙은 잘라서 물에 끓이거나 소금물에 적신 다음 건조시킨 후 포도액과 식초를 일대 일로 섞은 소스에 넣어서 내놓는다. 이 소스에는 막자사발에 겨자씨와 함께 넣어 간 건포도를 올렸다. 끝으로 세 번째 코스가 나왔을 것인데, 아마 달콤한 케이크, 견과류, 과일로 구성되었을 것이다. 그렇지 않으면 참석자들은 심포지엄을 시작할 준비를 했을 것이다. 그래서 단순히 먹는 것에서 술 마시는 일로 관심이 옮겨가게 된다.

그리스 요리 전통의 세련된 형태는 동방과 서구의 영향에 동시에 자극받은 결과인 것 같다. 고대 동방의 리디아와 페르시아 왕국은 그리스 인들에게는 대단한 부와 고상한 사치품을 상징했다. 물론 그리스 인들은 대개 그런 사치품을 나약하고 타락한 것으로 비난했지만 마음 속으로는 다들 부러워했다. 자국의 식민지를 통해 들어온 서구의 영향은 기원전 8~7세기 초에 비옥한 시칠리아와 남부 이탈리아에서 자리 잡기 시작했고, 이 지역은 얼마 안 가 부유해졌다. 동방은 일부 풍부하고 복잡한 요리, 향수, 최고의 제빵업자를 발전시키는 데 기여했다. 시칠리아는 매우 정교한 전문 요리사와 요리책 저자들로 그리스의 나머지 지역과 나중에는 로마 제국에까지 영향을 끼쳤다.

하나의 예술적 기술로서의 유럽 요리 관습은 이들 시칠리아 요리사들의 창의성과 더불어 탄생했다. 여러 가지 재료, 정교한 소스, 유혹적인 꿀-케이크로 대표되는 시칠리아의 풍부한 요리는 많은 사람들에게 사랑과 존경을 받았지만 독단적인 도덕 군자들로부터는 비난도 받았다. 그들은 수세기 동안 시칠리아의 요리를 온갖 타락과 방종의 발단이라고 비난했다. 기원전 4세기에 누벨 퀴진 후대 제자들의 선조로 인정받는 젤라의 알케스트라토스는 시칠리아 인으로서 동료 시칠리아 인들을 요리의 기준에서 비난했다. 그는 지중해 연안의 요리 여행기

인 서사시 『헤디파테이아 Hedypatheia』의 저자이기도 하다. 이 서사시의 목적은 독자들에게 어떤 음식을 어디서, 언제 사야 하는지 알려 주기 위함이다. 즉, 어느 지역에서 최고의 생선, 고기, 빵, 와인을 생산하는지에 관해서 말이다. 알케스트라토스가 알려 주는 그리스 요리 전통의 기본 원칙은 "최대한 신선하고 품질이 좋은 것, 제철에 나오는 것을 구해서 간단하게 조리하라."는 것이다. 예를 들어, 당시 사람들이 많이 찾던 숭어grey mullet 요리를 하려면 밀레토스Miletus에서 물이 제일 좋은 숭어를 산 다음에 무화과 잎에 싸서 타다 남은 잿불에 구워야 제 맛이다. 숭어는 살이 부드럽기 때문에 오래 구우면 안 되고, 마지막으로 소금만 살짝 뿌려서 차려낸다. "하지만 요리를 할 때, 시라쿠사 사람이나 이탈리안 그리스 인은 절대 가까이 두지 말라."고 그는 경고한다. 왜냐하면, 그들은 최고 품질의 생선을 요리하는 법을 몰라, 치즈니 식초니 실피움silphium 맛의 육수를 생선 위에다 끼얹어 요리를 완전히 망쳐 버리기 때문이다. 그의 조언에 따르면, 살이 단단한 생선은 치즈와 식초 소스를 넣어도 좋지만 살이 연한 종류는 소금과 오일이면 충분하고, 때에 따라 커민을 살짝 뿌려도 괜찮다. 고기 요리에도 단순함을 강조하는 그의 원칙은 변함이 없다. 가령, 산토끼 요리를 할 때 알고 있는 많은 방법 중에서 가장 단순한 방식을 선택한다. 쇠꼬챙이에 끼워 미디엄 레어 상태로 고기를 굽고 소금만 뿌린다. 과하게 치즈와 오일을 너무 많이 넣은 걸쭉한 소스는 필요가 없다.

단순하든 정교하든, 세련된 요리 관습에 대한 관심은 그리스뿐 아니라 이탈리아 반도를 거쳐 로마로까지 확산된 것으로 보인다. 기원전 3세기 말, 시인 퀸투스 엔니우스Quintus Ennius는 알케스트라토스의 미식법이 담긴 서사시를 라틴어 독자를 위해 번역했다. 그리고 이 무렵 전문 요리사와 제빵업자들이 로마로 몰려들기 시작했다. 로마 인들은 좋은 음식과 와인에 대한 열광적인 관심을 드러냈으며, 제국이 확대되면서 이런 것들을 생산하는 데 필요한 기술에 그들의 지식과 노력을 집중했다.

로마 인들은 성공적으로 대제국을 건설하고 수세기 동안 지켰다. 그들은 유용한 지식을 얻을 수 있다면 누구에게든 기꺼이 배우려 했던 실용적인 입장을 유지했기 때문이다. 먼저 에트루리아Etruscan나 그리스 주변 국가들을 통해 포도 재배와 와인 제조를 배웠을 것이다. 결과적으로 와인 문화를 발전시키고 확산시키는 데 공헌한 주인공은 바로 로마이다. 그들은 포도 재배를 학문으로 발전시켜 새로운 포도 품종을 여럿 개발했다. 그중의 몇 가지는 제국의 북부 지역, 심지어 멀리 브리튼 섬Britain까지 소개되기도 했다. 그리고 로마 인들은 포도나무와 다양한 토질을 서로 맞추어 가지를 치고 손질하면서 포도 압

폼페이의 빵집을 그린 프레스코화로 로마 시인 마르티알(Marcus Valerius Martialis(간단히 Martial로 알려진 로마 시인으로 『에피그램즈 Epigrams』 12권의 저자로 유명하다. 생몰 연대는 서기 38/41년~102-104년으로 추정된다. - 역주) 이 풍자시에서 그린 장면과 아주 유사한 장면을 묘사한 것 같다. "일어나라. 빵 굽는 남자는 벌써 소년들에게 아침 빵을 팔고 있고, 사방에서 볏을 든 새들이 새벽을 깨우며 지저귀고 있도다."(마르티알리스, 14장 223절)

착과 저장 방식을 계속 개선시켰다. 그 결과, 제국의 시민들은 매우 다양한 와인을 즐길 수 있었다. 오일 제조와 로마 요리 관습의 발전에 있어서도 이와 유사한 과정이 뒤따랐던 것으로 보인다.

로마 인들은 요리사도 제빵업자도 없던 '소박한 생활'을 그리워하면서 초기 역사를 되돌아보곤 했다. 그 시절에 로마의 여자들은 곡물을 갈아서 죽을 만들어 식구들에게 먹였다. 이런 이상적인 소박한 생활이 대체 언제 끝나버리고, 세련되고 복잡한 생활이 어떻게 로마에 들어온 것인지 확실히 아는 사람은 없었지만, 원인을 찾자면 다양했다. 그 중에 '사치스런' 외국인과의 접촉, 그리스 인과 다른 '외래인'들의 대규모 유입은 가장 많이 지목된 원인이었다. 그러나 로마의 역사가 기록되기 시작할 즈음, 분명 로마 인들은 이미 '소박한 생활'을 벗어나 거대 제국과 세계적 수준의 요리로 발전하는 중이었다. 이런 요리 관습은 제국의 시민들이 앞 다투어 선택했고, 지금도 여전히 지중해와 유럽 음식 문화의 기반이 되고 있다. 로마로 건너온 시칠리아 출신의 그리스 인 요리사들이 놀라울 정도로 큰 영향을 끼쳤으며, 동방과의 접촉도 그 만큼의 위력을 발휘했다. 그러나 또 한 번 강조하지만, 좋은 것을 배우고 그것을 성공할 수 있도록 개선시킨 것은 바로 로마 인의 결단이었다. 와인 제조에서 보여 줬던 로마 인의 근성은 농업과 식품 기술에서 나타나 그들은 실험을 반복하고 그 지식을 개선시키고 널리 확산시켰다. 로마의 농업 체계는 이랬다. 벽돌을 쌓은 듯한 형태의 경작지를 수로와 워터 펜스로 경계를 나누고, 과수원, 포도밭 용도로 울담을 쳤고, 숙채와 야채용으로 정원을 만들고, 이에 교통과 교역을 보증하는 광대한 도로망을 갖추었다. 지금도 과거 로마 제국의 일부였던 유럽의 여러 지역에서 이런 모습을 확인할 수 있다. 로마 인들은 여러 가지 식물 채소와 허브, 아몬드, 체리, 복숭아, 모과, 양모과 같은 과실수를 유럽의 북부로까지 소개한 주인공이기도 하다.

현존하는 로마의 농업, 원예, 축산에 관한 지침서들은 그들이 식품의 품질과 다양성에 쏟은 관심과 배려, 그리고 그것을 생산하기 위해 투자한 에너지를 보여 주는 증거이다. 음식에 대한 언급은 로마의 시인, 웅변가, 역사가, 전기 작가, 의학 작가들의 저서 등 어디에나 다 나온다. 그리스의 본을 받아, 음식과 식사 형태에 관한 의견은 다양한 철학파 교리에 있어 상당 부분을 차지한다. 이 문헌에 나타난 음식과 연회에 대한 엄청난 수의 인용과 주장에 대한 해석은 아직도 뜨겁게 논쟁 중이다. 왜냐하면, 그리스 문헌과 마찬가지로, 로마 저자들의 목적도 취향이나 요리 관습을 객관적으로 묘사하는 것이 아니었기 때문이다. 대부분의 작가들은 먹고 마시는 것을 사람의 태도를 드러내는 수단으로 활용하여, 강경하면서도 감정이 잔뜩 실린 견해를 고집했다. 시인들과 풍자 작가들은 가소로운 식습관을 묘사하는 것이 그들이 겨냥한 인물의 성격을 표현하는 데 유용한 수단임을 알아챘다. 도덕의 기반으로서 욕구의 절제와 욕구의 통제를 강조했던 철학적 배경에 근거하여, 선한 사람은 검소하게 먹는 자로 묘사되었지만 시인이 싫어하는 사람들은 무시무시하게 많은 양의 기이한 음식에 뒹굴며 빠져 있는 자로 조롱을 받곤 했다. 음식의 이미지가 유혹적이다, 역겹다 등의 감각적인 연상이 가능하다는 점을 인식한 후, 로마의 시인들은 현실이든 상상이든 로마 사회의 부절제와 폭식에 대한 생생한 메타포를 능수능란하게 구사하게 되었다.

키케로는, 로마 인은 개인적 사치는 증오했으나 공동의 풍요는 찬성했다고 했다. 문헌마다 허례 허식의 사치를 비난하는 소리가 난무했는데, 이런 것들은 시기심의 발동으로 심히 강조되었고 정적政敵을 비방할 필요가 있을 때에는, 그럴싸한 증거로 쓰였다. 이런 풍자 문학은 이교도 로마 제국의 죄를 묘사할 목적으로 글을 쓸 초기 기독교도 작가들에 의해서 정치적 선전으로 이용되었다. 그들은 단식과 금욕celibacy을 설교하면서 어리석은 탐식과 색욕을 지닌 이교도를 비난했고, 로마 풍자 문학을 증거로 활용했다. 이런 모습들은 할리우드 영화가 묘사하는 로마의 마구잡이식 주연酒宴을 떠올리기에 충분하다.

오늘날 일부 학자들이 잘못 쓰고 있는 것이지만, 로마 문학에서 나온 두 가지

위 우아한 폼페이 저택의 식당.
트리클리니움(triclinium)에 그려진 모자이크
바닥 장식이다. 이 기발한 모자이크 '카펫' 무늬는
손님들이 식사를 마치고 식당을 나간 뒤에 바닥이
어떤 모습으로 변해 있을지를 보여 준다.
새가슴의 창사골과 생선가시, 그 외에
못 먹는 것들이 식탁 밑에 다 떨어져 있다.

다음 면 1969년 이탈리아 영화 「사티리콘
Satyricon」을 통해 페데리코 펠리니 감독은
로마 인들의 2,000년 동안 축적된 경험과
그들이 전혀 모르는 새로운 수단을 이용, 로마
인들도 도저히 꿈꿀 수 없었던 광란의 부패와
타락이 만연한 장면을 연출함으로써
고대 페트로니우스를 완전히 능가했다.

실례를 여기서 반드시 언급해야 하겠다. 그것은 상류층이 어떻게 식사를 했는
지, 그에 따라 나머지 가난한 농민 집단의 운명은 어떠했는지에 관한 증거가 되
기 때문이다. 물론 사회학에서는 그 중 어떤 것도 실질적인 문서로 취급하지 않
는다. 그 중 첫째가 트리말키오Trimalchio의 정찬이다. 이것은 나폴리 만과 남부
이탈리아 주변의 하층 생활을 다룬 단편 피카레스크 소설, 『사티리콘 Satyricon』
의 에피소드로 현존하는 가장 오래된 이야기다. 이 에피소드는 서기 1세기에 살
았던 네로 황제의 신하이며 귀족 탐미주의자인 페트로니우스Petronius가 썼다고
알려져 있다. 이 페트로니우스는 네로 황제의 집정관으로서 방탕한 벗으로도
유명한데 당시 로마 제국을 풍자한 익살스러운 소설『사티리콘』의 저자로서 문
학적 가치를 인정받는다. 말년에 네로 암살 연루 혐의로 구속되기 전에 자살했
다. 자살 직전까지도 친구들을 모아놓고 잔치를 벌였다는 후문이 있을 정도로
타고난 쾌락주의자였다.

로마의 어느 무덤에 새겨진 부조로서 여러 가지 고깃덩어리와 내장이 고리에 걸려 있는 푸줏간의 모습과 푸줏간 주인이 돼지머리를 자르는 장면이다. 머리부터 족발까지 동물의 모든 부위를 식품으로 활용했다.

'트리말키오의 잔치'는 한때 노예였다가 엄청난 부를 축적하여, 어느새 주인보다 더 부유해져서 모든 사람들에게 자기의 부를 과시하고 싶어 안달이 난 어느 오만방자한 인간에게 가차 없이 풍자적인 공격을 가한다. 그는 과시하고 싶어 여기저기 돈을 뿌리고 다니면서, 친구들과 이방인들의 존경을 받기 위해 스스로 귀족적이면서도 세련되었다고 생각하는 매너를 갖춘다. 이는 곧 소매 상인, 장인, 상인, 노예 신분에서 해방된 많은 자유민들 중에서 부유한 계층이 점점 증가했다는 역사적 증거가 된다. 그들은 집을 장식하거나 생활의 다른 여러 부분에서도 귀족 계층을 흉내 내려고 했다. 작가는 트리말키오를 상스럽고 무지한, 신흥 부자로 묘사한다. 귀족을 닮아가려는 그의 갖가지 노력은 결국 역겨운 실패를 하고 만다. 이 에피소드의 중심이 되는 식사 장면은 애피타이저로 시작해 메인 코스를 거쳐 디저트로 끝난다는 점에서 미약하나마 로마 연회의 특성을 따르고 있다. 그러나 저택과 집안의 다른 부분이 그랬듯, 트리말키오의 연회는 엄청난 부로써 손님들을 깜짝 놀라게 해 주려는 의도가 있었기 때문에 모든 게 심히 과장되고 도가 지나치다. 그의 온갖 노력들은 결국 돈만큼이나 엄청난, 자신의 상스러운 본성을 드러내 줄 뿐이다.

트리말키오의 연회는 중산 계급에 대한 귀족 계급의 경멸을 드러내는 일종의 풍자이자, 오랜 역사를 자랑하는 지식인 계급의 문학적 기교로서 동시에 부르주아(중세 시대 성직자와 귀족 다음의 제3계급 시민—역주)를 '침묵시키려는 것'임이 뻔하다. 그러나 이 에피소드는 부유한 로마 엘리트층의 연회를 논할 때마다 좋은 예로 언급된다.

자주 인용되는 두 번째 문학적 증거로 이번에는 가난한 농민의 생활을 다루고 있다. 서기 1세기의 시로, 제목은 「모레툼 Moretum」이고 시인은 알려지지 않았다. 이 시는 영웅 서사시 운율로, 가난한 농민 시물루스가 하루 먹고 살려고 어떻게 빵을 굽고 허브와 마늘 치즈 양념을 쳐서 모레툼(이스트를 넣지 않고 납작하게 구워낸 빵—역주)을 만드는지 아주 상세하게 설명한다. 시를 통해 보면 이 고결한 영웅의 식품 저장고에는 고기가 없다. 오직 양념으로 양파와 물냉이를 곁들인 모레툼만으로 허기를 채운다. 과연 시물루스가 고기를 살 수 없을 정도로 그렇게 가난할까? 그에게는 소 두 마리로 경작하는 농장이 있고, 비옥한 채소 정원이 있어서 그곳에서 얻는 농작물을 시내 시장에 내다 팔아 적잖은 돈을 번다. 게다가 그리 매력적이진 않지만 화롯불을 돌보는 흑인 여자 노예도 있다.

당시 도시 부유층들 사이에 이런 시들이 인기가 있었기 때문에 이 시인도 로마 시골에 사는 농부의 삶을 있는 그대로 전달하기보다 소박한 시골 생활에 대한 향수를 가미한 목가풍의 전원시를 쓰기 위해 가난한 농부의 삶을 강조한 듯하다. 실제로는 매우 가난한 농부들도 많았겠지만, 로마 제국의 시민들이 거의 채식 위주의 식단을 먹고 살았으며, 일부 부유층만이 고기를 사먹을 수 있었다는 주장을 뒷받침하는 데 이 시를 이용해서는 안 된다.

유감스럽게도 로마 제국 내 식품 소비를 조사한 통람通覽은 전해오지 않았

식사 장면이 담긴 폼페이의 벽화이다. 로마 인들에게 디너는 하루 중 가장 중요한 식사였다. 그래서 디너는 일종의 콘비비움, 즉 음식과 와인과 더불어 친목을 도모하고 즐기는 공간이자 시간이었다. 고대 그리스의 관습과 정반대로 로마의 디너 파티에는 남편과 아내가 함께 참여했다.

다. 그러나 법적·역사적 증거에 따르면, 제국 행정부가 식품 시장을 감독하고 가격을 통제하는 등 충분한 식품을 공급하는 일을 중요시했음을 알 수 있다. 현재 이용할 수 있는 고고학적 증거도 극소수 특권층에만 한정되었을 것으로 보이는 그런 음식들이 실제로는 매우 보편적으로 쓰였음을 증명한다. 가령, 포유류 가축을 도살했던 뼈 유적에서 발굴한 증거에 따르면, 돼지, 양, 염소, 소들은 지역에 따라 선호하는 고기는 달랐으나 지중해 연안 전역에서 소비되었다. 로마 인들이 가장 좋아한 것은 돼지고기였다. 서기 1세기 대 플리니우스Pliny the Elder는 "사람 입에 돼지보다 더 다양한 맛을 전해 주는 동물은 없다. 다른 동물의 고기 맛은 단 하나뿐이지만 돼지고기는 50여 가지의 맛을 낸다."라고 말했다. 도시인들은 돼지고기 다음으로, 쇠고기와 양고기를 좋아했다. 발굴된 뼈 정보에서 나온 증거에 따르면, 흔히 경작이나 노동을 하다가 늙어서 퇴출된 동물이 아니라 처음부터 식용으로 도살된 가축은 실제로 3세 정도의 어린 새끼들이었고 이를 육류 시장에서 팔았다. 고기 품질이 아주 형편없어도 동물의 전 부위를 다 식품으로 활용했는데, 이는 고기가 대다수 사람들의 식단에 있어 중요한 구성 요소였음을 암시한다. 사치, 상류층의 부절제와 타락에 반대하여 강박적으로 반복되는 고대의 도덕적 비난을 과감히 던져 버리면, 문학적 증거를 통해 누구나 이와 똑같은 결론을 얻게 된다.

할리우드식 스펙터클 영화를 좋아하는 사람들은 다들 알고 있듯이, 연회는 로마 인의 삶에서 중요했다. 실제로 다른 지중해 민족들과 마찬가지로 로마 인

로마 제국에서 제빵업자들은 매우 다양한 빵을 만들었다. 사람들이 최고로 평가하고, 가장 좋아했던 것은 밀가루 빵이었다. 화이트브레드는 곱게 체에 거른 밀가루로 만든 빵으로 가장 인기가 많았다. 또한 빵틀 모양에 따라 돼지, 산토끼 등 다양한 형태로 만들었는데 폼페이에서 발견된 이렇게도 정교한 파이 모양의 빵도 있었다.

들도 공동체를 융합하는 과정에서 환대와 친교의 중요성을 잘 알고 있었다. 폼페이 사람들이 벽에 "나와 같이 식사하지 못하는 이가 있다면, 그자는 나한테 있어야만 야만인이다!" 라고 낙서한 것을 보면 잘 알수 있다. 함께 식사를 한다는 것은 우정, 인정, 유대감을 의미했다. 이런 이유로 디너 파티는 가족과 친구들 모임 뿐 아니라 사업과 정치적 관심을 넓히는 데도 유용했다. 찬찬히 잘 읽어보면, 고대 문학에서 친한 친구들을 초대한 디너 파티와 국가 행사나 중요한 인물이 그의 사회적 지위와 고객에 맞게 개최한 성대한 연회를 구분할 수 있다. 오늘날에도 공적인 연회의 성격을 띤 디너 파티와 친한 친구들의 회합임을 드러내는 디너 파티는 확실히 다르다. 로마 사회는 대개 이런 구분을 하지 않으며 다른 성격의 연회들이 서로 합쳐져 로마 인들의 사치스런 광경이 벌어진다. 그런데 이런 광경은 백악관에서 미국 대통령이 해외 사절단을 위해 개최하는 연회를 기초로 한, 전형적인 미국식 디너 파티와도 거의 똑같다.

로마 인들에게 있어 디너는 하루 식사 중에 가장 중요했다. 아침이나 점심은 그리 큰 의미가 없어서 가볍게 먹든 후다닥 빨리 해 먹든 대개 친구나 손님 없이 먹었다. 그러나 디너는 여유롭게 음식과 친교를 나누는 중요한 행사였다. 그래서 로마 인들은 디너를 콘비비움convivium이라 불렀다. 콘비비움은 '함께 살아가다'는 뜻이다. 이로써 로마 인들은 '같이 술을 마시다'는 뜻의 심포지엄으로 공동체의 즐거움을 만끽했던 그리스 인들과 자신들을 의식적으로 구별했다. 실제로 둘 사이에는 상당히 본질적인 차이가 있었다. 앞에서 보았듯, 그리스의 부녀자들은 남편들의 음주 파티에 가지 못했으나, 로마의 부녀자들은 남편과 함께 디너에 참석했다. 로마 인들도 그리스 인만큼 와인을 즐겼지만 음식을 함께 내놓고 마시지는 않았다. 그들은 음주 파티를 관장했던 디오니소스와 에로스 신을 숭배의 대상이자 위험한 힘으로 간주하면서 술에 취하는 일을 두고 종교적인 명분을 갖다 대는 그리스 인의 입장에 반대했다.

가족과 친구의 모임이든, 많은 손님들이 오는 규모가 큰 연회이든 간에 모든 참석자들은 목욕을 하고 행사의 성격에 맞는 옷을 차려 입고 디너 파티에 모였다. 그들은 아주 오래전에 에라투리아와 그리스 인들로부터 식사 테이블 주변에 배치해 놓은 긴 등받이 의자에 기대는 우아한 스타일을 배웠다. 이 관습은 왼쪽 팔로 의자에 온몸을 기댄 채 자유로운 오른손으로 음식과 와인을 드는 것이었다. 모든 음식은 먹기 좋은 크기로 잘라 나왔기 때문에 그들은 손으로 음식을 먹었다. 포크가 디너 테이블에 등장한 것은 그로부터 약 1,000년 후였다. 당시 사람들은 다양한 크기의 스푼만을 도구로 사용했다.

간단하든 복잡하든 모든 디너는 적어도 3개의 코스로 이루어졌다. 구스타티오/애피타이저, 프리메 멘세/메인 코스, 마

로마, 토르 마란시아(Tor Marancia)에 있는 어느 별장에서 발견된 서기
2세기의 모자이크이다. 물고기, 가금류, 채소 등 로마 부엌에서 흔히
쓰던 식품을 묘사했다. 과일, 채소, 달걀과 생선, 조류, 육류, 기타 흔히
먹던 식품은 집안의 벽화와 모자이크 소재로 인기가 많았다.

지막으로 세쿤데 멘세/디저트가 나왔다. 각 코스 내에서 다양한 요리가 몇 가지씩 나오면 손님들은 기호에 따라 먹고 싶은 것을 골라먹는 '뷔페 스타일'이었다. 빵은 구스타티오와 프리메 멘세에 계속 따라 나왔는데 어떨 때는 고기나 생선을 받치는 접시로 쓰거나 스푼 대신에 수프나 소스를 적시는 도구로 이용되었다.

구스타티오는 대개 달콤한 꿀을 넣은 와인, 물숨으로 시작했다. 고대 문헌에는 물숨을 제조하는 다양한 레시피가 나오는데, 각자 다르긴 하지만 공통적으로 상당량의 꿀을 와인에 타서 만든다. 후기 로마 농업 지침서인 『게오포니카 Geoponica』에 의거해 제조된 물숨은 꿀과 드라이한 화이트 와인을 1대 4로 첨가하는데 매우 기분 좋은 벌꿀술mead 맛을 낸다.

첫 번째 코스, 애피타이저로는 먹기 좋은 크기로 작게 자른 달걀, 달팽이, 굴, 절임 생선, 상추, 소시지 등등 여러 가지가 있었다. 메인 코스도 고기, 생선, 해산물, 죽, 콩, 채소 등 다양한 음식들로 구성되었다. 디저트 코스는 대개 간단하게 견과류, 사과, 배나 다른 종류의 과일이 나왔다. 좀더 복잡한 디너에는 꿀 케이크와 설탕절임 과자가 나오기도 했다.

로마 요리 관습, 맛과 향, 재료와 조리 방식을 이해하고 평가하려면, 우리는 당시 엘리트층이 쓴 시와 풍자시에 의존하지 말고 요리책을 봐야 한다. 왜냐하면, 그런 시는 다른 엘리트층의 괴상한 약점에 대한 혐오스런 감정을 표현할 목적으로 쓰였기 때문이다. 분명한 것은 온갖 종류의 로마 요리서가 있었을 터인데, 유감스럽게 후세까지 라틴 어 문헌을 물려준 자들은 요리서의 가치를 인정하지 않았고 때문에 판본을 모사하지도 않았다. 그러나 다행히도 단 하나 남은 게 있으니 아피치우스Apicius의 레시피 모음집 『데 레 코퀴나리아 De re Coquinaria』(요리에 관련된 모든 것들에 대해서)이다. 아피치우스는 티베리우스 황제 시절에 살았던 유명한 미식가로서 그에 관해서 많은 전설들이 남아 있다. 그가 썼다고 간주되는 이 요리서는 매우 다양한 자료를 근거로 해서 나온 400여 개의 레시피 모음집으로, 보통 서민 가정과 일부 호사스런 가정의 레시피를 한데 모은 것이다. 이 책은 4~5세기 후반의 서민 라틴 어로 쓰여 있으므로, 분명히 이 시기에 편집된 것 같다. 현재까지 두 권의 모사본이 전하는데, 둘 다 9세기의 것으로 추정된다.

이 요리서가 반영하는 로마 요리 관습에 대한 학자들의 의견은 매우 다양하다. 그것을 읽자마자, 일부 학자들은 현대 감각과 비교할 때, 로마의 요리 관습은 '파괴적이고 포악하고 사치스럽고 이질적'이라고 주장했다. 보다 관대한 학자들은 그 레시피에서 요구하는 여러 가지 비싼 재료는 대다수 평민들은 구할 수 없는 것이었기 때문에 그런 관습은 단지 귀족층의 사치를 반영한 것이라고 생각한다. 이 문제는 본 저자도 다시 다루게 될 것이다. 한편, 주방에서 요리를 만들어 본 경험이 있거나 고대 레시피를 다시 재현해 보려고 했던 사람들은 그 레시피를 '실용적이고, 괜찮으며, 심지어 매우 맛있는' 것이라고 판단했다. 이처럼 같은 요리서를 두고 서로 의견이 갈라지는 데에는 여러 가지 이유가 있다. 가장

키레네의 왕, 아르케실라스 2세(Aecesilas II)가 일꾼들이 실피움
부대의 무게를 재는 모습을 지켜보고 있다. 이것은 기원전 약 565년으로
추정되는 라코니아(Laconia, 스파르타를 수도로 했던 그리스 고대
국가–역주)의 잔에 묘사된 그림이다. 그리스와 로마의 요리 관습에서
가장 사랑받은 향신료, 야생 실피움은 지나친 수확으로 인해 서기 1세기
중반 무렵 멸종했다.

로마 부엌에서 사용한 요리 기구의 형태는 현대 주방에 놓인 것들과 매우 비슷하다. 다만 만드는 재료에 있어서 다를 뿐이다. 기원전 약 100~75년의 것으로 추정되는 이 요리 기구는 이탈리아 북부, 아르키사트(Arcisate)에서 나왔다.

까다로운 문제는 이 레시피를 쓴 아피치우스나 다른 모사 저자들이 재료의 적절한 양이나 재료의 조합 상태를 구체적으로 제시하지 않았다는 점이다. 요리 방식이나 시간에 대해서는 거의 설명이 없다. 이 중에 어느 것이라도 변형시킨다면 그 요리의 결과는 상당히 다를 것이다. 그 레시피들에 나온 많은 조미료들은 오늘날 우리에게도 친숙한 것들의 고대적 형태이긴 하지만, 그 중 몇 가지는 현대 요리 관습에서는 쓰지 않는 것들이라 또 하나의 문제로 등장한다.

로마 인이 가장 아끼던 두 가지 조미료인 실피움과 그 악명 높은 가룸garum은 바로 그리스 인들로부터 물려받은 것이다. 실피움은 북아프리카 지역에서 야생으로 자라던 식물로 회향과 비슷했다. 송진부터 줄기까지, 말려서 가루로 낸 뿌리부터 잎까지 실피움의 거의 모든 부분을 조미료로 이용했다. 그 맛과 상관없이, 실피움은 누구나 탐내는 상품이었다. 왜냐하면, 북아프리카의 그리스 도시였던 키레나이카Cyrenaica가 그것을 따서 교역한 이후로 부유해졌기 때문이다. 교역에 쓰던 키레나이카의 동전에는 실피움 그림이 찍혀 있었는데 그들은 그 사실을 자랑스러워했다고 한다. 북아프리카산 실피움의 수요는 대단했지만 사실상 민간 재배를 할 수 없었다. 누구나 탐내던 맛과 피임 기능이 있다는 소문 때문에 마구잡이로 채집되는 바람에 실피움은 서기 1세기 말에 멸종되고 말았다. 네로 황제가 최후의 키레나이카산 실피움 묘목을 받았던 것으로 전해진다. 그 후로 로마 요리사들은 실피움의 대용으로 다소 맛이 떨어지는 동방의 식물, 파르티아산 레이저Parthian laser에 만족해야 했다. 이는 회향과의 아시아계 변이에서 발생한 아세페티다로 오늘날 인도 요리에서 계속 쓰이고 있다. 추측

하건대, 아사페티다와 고대의 실피움은 적은 양을 쓰더라도 마늘 향과 비슷한 향미를 냈지만 먹고 나서 마늘처럼 냄새가 오래 남지는 않았을 것이다. 아피치우스의 레시피에 따르면 향미가 풍부한 여러 가지 음식에 실피움이나 레이저를 넣는다. 반면, 마늘은 딱 한 번 등장한다.

다음으로 로마 요리사들이 가장 흔하게 사용했던 향신료는 발효시킨 생선 소스인 가룸이나 리쿠아멘liquamen이었다. 로마 음식에 대해 한번이라도 들어 본 사람이라면 로마 인들이 썩은 생선 소스로 음식에 조미했다는 사실을 알고 그 역겨움에 몸서리를 쳤을 것이다. 소금에 절인 생선을 자연 상태에서 박테리아 작용으로 썩힌 게 아니라 효모 작용으로 발효시킨 소스가 가룸이다. 오랫동안 다들 들어서 아는 사실이고 더구나 오늘날 남아시아에서 쓰는 피시 소스가 이와 비슷한 것이라는 것도 잘 알지만, 이것만으로 로마 인들에게 썩은 음식을 좋아하는 취향이 있었다는 주장을 섣불리 해버리기란 거의 불가능하다.

가룸은 로마 제국 전역에 퍼져 있던 공장에서 생산되었다. 그 생산 방식은 농업 서적에 자세히 나와 있다. 남아시아 피시소스처럼, 가룸도 그 품질과 맛, 빛깔, 당연히 가격에 따라 천차만별이다. 고급 가룸은 오늘날 아시아의 늑맘Nuoc Mam과 비슷했다. 늑맘은 바다의 풍미가 느껴지는 짭짤하고, 나무열매 맛도 나는, 미묘한 향미가 풍부한 황금빛 반투명 액젓이다.

로마 요리사는 나무로 불을 때는 화로, 숯으로 가열하는 브라지에, 석쇠, 보통 열 조절이 별 필요 없는 점토나 벽돌 화덕을 이용했다. 휴대용으로 가장 간단한 화덕인 클리바노스Clibanos는 고고학 발굴 현장에서 나오는 편이다. 이것은 뒤집어 놓은 질그릇으로 그 아래쪽에 불을 갖다 둔다. 그 불 아래의 바닥과 질그릇 자체가 데워지면, 그릇을 들어 올리고 부지깽이로 불을 헤치고 나서 구울 음식을 제자리에 놓는다. 이제 뜨거운 질그릇을 음식 위에 다시 올려놓고 타다 남은 잿불을 주변에 긁어모은다.

고대 주방에서 발견된 조리 기구들은 오늘날 우리가 사용하는 기구들과 너무나도 비슷하다. 긴 손잡이가 달린 프라이팬, 소스 냄비, 냄비, 가마솥 등 대개 청동 기구와 점토로 구운 질그릇들이다. 고고학적 증거로서 주방 기구 수집물 중에는 청동 국자, 숟가락, 다양한 크기의 철제 칼, 치즈 강판, 스트레이너, 고대의 필수 만능 '음식처리기'인 막자 사발(모르타리움mortarium)이 있다. 실제로 아피치우스의 레시피는 막자 사발과 막자 없이는 절대 만들 수 없다. 고대 막자 사발은 무거운 그릇으로, 그 안에 재료를 넣어 나무 막자로 갈고 섞기 쉽도록 내부가 울퉁불퉁했고 막자의 끝에는 대개 철심이 박혀 있었다.

아피치우스의 이름을 딴 그 조리 기구 수집품을 통해서 볼 때, 그의 레시피가 여러 가지 재료가 들어가는 정교한 요리이지만 로마 제국의 평민들이 쓰던 조리 기구로도 충분히 만들 수 있는 것이었음을 알 수 있다. 그 레시피 중에는 비싸고 화려한 것도 있지만, 그 외 많은 것들은 간단한 재료들로도 만들 수가 있었다. 그렇다면 고대의 이 '지중해 식단'의 주재료는 무엇일까? 당시 로마 인들이 오늘날 지중해의 특성이라고 할 만한 모든 식품들을 이용할 수 없었다고 한

서기 160~170년 오스티아(Ostia)에서 가금류를
잔뜩 쌓아 놓고 장사 하던 가게를 묘사한
광고판이다. 이 가게는 카운터 아래에 새장이 있고,
그 위에 버들가지 광주리와 식품을 담은 바구니가
놓여 있어 식품이 풍부하게 보인다. 손님들은
음식을 만들려고 살아 있거나 도살한 가금류, 기타
작은 육류를 산다.

다면 일부 사람들은 적잖이 놀랄 것이다. 당시에는 토마토, 감자, 피망, 가지, 오
렌지도 없었고 너무나 놀랍게도 스파게티나 마카로니도 없었다.

오늘날 우리가 잘 아는 형태의 파스타는 훨씬 뒤에야 로마의 요리 관습에
진입했지만, 앞에서도 말했듯 로마 식단의 근본은 바로 곡물이다. 아피치우스
의 요리책에서는 로마 식단에서 고기와 생선이 중심적인 위치임을 확인시켜
준다. 소 등의 4대 가축 외에 사슴고기, 멧돼지, 산토끼, 도르마이스dormice (겨
울잠쥐)로 만드는 레시피도 있다. 다람쥐 과의 작은 동물인 도르마이스는 농장
가금류처럼 대규모로 농장에서 길렀다. 그 동물이 겨울잠을 자는 상태와 비슷
하게 만든 질그릇 안에다가 넣어서 식용으로 키웠던 것이다. 고깃살뿐만 아니
라 동물의 모든 부위, 즉 머리, 족발, 심장, 간, 고환, 젖통, 태내, 심지어 골수까
지 다 재료로 썼다. 고기에서 나온 지방질 피와 부스러기는 돼지 위와 창자 속
에 채워 소시지로 만들어 훈연시키거나 구워서 먹었다. 아무것도 버릴 게 없었
다. 로마 요리는 매우 다양한 조류를 사용했다. 보통 농장에서 키우는 가금류인
닭, 오리, 거위 외에도 자고새, 꿩, 산비둘기, 비둘기, 개똥지빠귀, 피그-페커fig-
pecker (꾀꼬리의 일종으로 beccaffico라고도 한다.—역주)를 애용했고 두루미, 타
조, 플라밍고 같은 일부 외래종도 사용했다. 수컷 공작새는 그 아름다움을 인정
받아 개인과 공공 정원을 꾸밀 때 최고로 쳤으며, 외모가 수컷보다 못한 암컷 공
작새는 사육되진 않았으나 식용으로 살을 찌워 부자들의 식탁에 올랐다. 생선은
누구나 탐내는 훌륭한 음식으로 고기보다 더 비쌌던 것 같다. 굴과 홍합은 양식
했고 대개 해안 지역 사람들은 성게, 문어, 오징어, 가재, 참새우를 흔하게 이용
했다. 달팽이도 양식했는데 식탁에 오르기 전에 우유와 빵조각을 먹여 키웠다.

고기와 해산물은 찌거나 화덕에 센 열로 굽거나, 튀기거나 약한 불로 구웠을
것이다. 매리네이드marinade와 조리용 매개체로 쓰이는 오일, 우유, 와인, 식초,
가룸 등 다양한 액체들도 있었고 이들을 서로 혼합해 쓰기도 했다. 사탕수수 설
탕은 로마 인들에게 보급되지 않았지만 꿀은 가장 중요한 감미료로서 와인, 포

도액, 여러 가지 과일즙을 끓여서 단 성분을 농축시킨 다양한 시럽과 함께 사용했다. 이렇게 달여서 만든 액체는 음식에 그저 단맛을 더해 복잡 미묘한 맛을 더해 주었다. 어떤 경우에는 위험한 독성분을 첨가하기도 했다. 전문가들의 조언에 따르면, 끓인 포도액을 제조하는 최고의 방법은 납으로 안을 채운 그릇에 넣고 달이는 것이다. 이렇게 하면 백설탕처럼 투명한 결정체가 되어 매우 달콤한 맛이 나지만 독성분이 있는 위험한 것임에는 틀림없다.

문헌에 나온 여러 가지 문구들을 통해 판단하건대, 로마 요리사들은 다양한 맛을 창조하기 위해서 음식에 향신료를 넣는 데 큰 노력을 기울인 것 같다. 구운 고기에 새로운 소스를 첨가하면 여러 가지 색다른 맛이 나왔을 것이다. 아피치우스의 요리책에서 수많은 소스를 열거하는데, 이런 소스들로 구성된 재료들은 향신료, 허브, 액화제, 증점제 등 대략 네 가지 종류로 나눌 수 있다. 향신료에는 후추, 커민, 아사포티다 뿌리, 셀러리씨, 회향, 딜dill, 로켓rocket (겨잣과 식물), 은매화와 월계수 말린 것 등이 있다. 생 허브나 건조 허브는 대부분 오늘날에도 일반적인 소스용으로 사용되는 양파, 샬롯, 파, 고수, 크레스cress, 마조람

정물화는 로마 제국 전역에서 집안 장식품으로 가장 높이 평가받았다. 이 폼페이 벽화는 개똥지빠귀, 달걀을 담은 그릇, 우아한 잔과 와인 주전자를 소재로 하여 좋은 것들이 가득한 기분 좋은 장면을 묘사한다.

폼페이의 수많은 술집에서 발견된 여러 벽화 중의 하나로서, 이미 로마 사회에 자리 잡은 평민들의 디너 파티. 비 아 드 메르쿠리오의 식당 카우포나(Caupona)에서의 콘비비움을 묘사하고 있다. 폼페이 거리는 먹고 마실 수 있는 공간을 많이 제공했는데, 폼페이 유적에서 발굴된 96개 중에서 60개의 거리가 술집과 선술집이 차지하고 있었던 것으로 보인다.

marjoram, 오레가노, 세이보리, 생강, 타임 등이 있다. 이 중에 몇 가지는 요리 유행에서 완전히 사라졌는데, 가령 미나리과의 러비지lovage는 비슷하지만 좀 더 순한 맛의 파슬리나 셀러리 잎으로 대체되었다. 쓴맛이 나는 귤과의 루타rue 와 박하과의 캐트닙catmint, 페니로열pennyroyal, 기타 박하과의 외래종들은 아 피치우스의 요리에서는 크게 평가받지만 현대인의 입맛을 사로잡지는 못할 것 같다.

소스에 쓰이는 액체로는 가룸, 오일, 식초나 와인, 꿀이나 끓여 달인 포도액 이나 과일즙, 겨자, 삶은 고깃국물stock, 우유나 물이 있다. 소스를 걸쭉하게 만 들기 위해 달걀흰자, 밀가루 녹말, 잣가루, 패스트리 반죽 가루 등 다양한 선택 을 하기도 했다. 아피치우스 요리책에 나온 대부분의 소스는 위에 설명한 네 가 지 유형을 적절히 섞거나 함께 넣은 재료로 만들어진다. 어떤 소스는 서너 가지

로마의 옛 항구인 오스티아에서 나온 것으로 채소류 식품을 파는 장사꾼을 묘사한 부조이다. 그는 양배추, 마늘, 케일, 파, 양파를 팔고 있는 것 같다. 버팀 탁자 밑에 버들가지 광주리에는 작은 조류와 닭, 토끼가 들어 있을 것이다.

재료를 섞기도 하고 또 어떤 것은 8가지, 12가지가 같이 들어간다. 그런데 각각의 재료를 어느 정도 써야 하는지는 나와 있지 않다. 후추 같은 양념은 당시 모두 수입산이라 비쌌을 테지만 조금만 써도 확실히 효과가 있었다. 기타 허브, 씨, 딸기류 등의 향신료는 풍부했고 그 중 대부분은 지중해 연안에서 야생으로 자랐다.

이런 소스들이 그렇게 색달랐을까? 전에 없던 그런 맛이 났을까? 전체적인 향을 첨가하고 싶을 때 가장 흔히 쓰이던 재료는 무엇이었을까? 로마 인들은 후추를 즐겨 사용했다. 거의 모든 소스에 후추가 들어갈 정도이다. 그 다음으로 피시 소스인데, 대체로 견과 맛이 우러나는 깊이 있는 짠맛을 선사했다. 아사포티다를 넣으면 순한 마늘 맛이 나고, 러비지를 넣으면 연하게 셀러리와 파슬리 맛이 난다. 소금, 후추, 마늘, 셀러리나 파슬리는 오늘날 우리들에게 전혀 낯선 조합이 아닐 뿐더러, 오히려 향미가 풍부한 여러 가지 요리의 변함없는 기본 재료이다. 로마 인들은 후추처럼 얼얼하게 맵고 톡 쏘는 맛, 달고 매운맛, 달고 신맛 등을 조합하는 등 여러 차원의 깊고, 복잡 미묘한 향미를 선호했던 것 같다.

로마 사회에는 전문 요리사와 주부들이 행하는 이렇게 다양하고 고급스런 요리 관습 외에도 술집, 거리에서 파는 식음료, 심지어 목욕탕 안과 주변에서 이용하는 다양한 요리 관습이 존재했다. 일부 상류층 작가들은 술집과 거리 음식을 즐기는 사람들을 경멸하기도 했지만 폼페이 발굴 유적지에서 발견된 술집과 거리 식당의 수를 감안하건대, 상류층의 경멸도 로마 시민들의 그런 관습을 막지는 못했음을 알 수 있다. 그들은 음식과 사람을 좋아했고, 말하자면 평민들만의 콘비비움을 즐겼다.

로마 인은 거대 제국을 건설하여 1,000여 년 동안 꿋꿋하게 내부와 외부의 위기에 성공적으로 맞섰다. 서기 5세기 점점 증가하는 외세의 압박 하에서 제국의 서부 지역이 멸망했고, 동로마 제국은 엄청난 변화를 거쳐 이후 수천 년을 이어 갔다. 로마 멸망은 인간 삶의 모든 방면에 급격한 변화를 일으켰다. 후기 로마 시대 초창기 몇 백 년 동안의 고고학적 기록들은 전반적인 피폐, 인구의 급격한 감소, 생산과 교역, 소통 방면의 심각한 붕괴가 일어났음을 입증해 준다. 이로써 일상적 음식 관습과 습관에도 상당한 변화가 일어났으며, 이 현상은 영혼과 사후를 중시하고 몸의 쾌락을 일체 비난하는 새로운 기독교적 이데올로기가 부상함으로써 가속화된다. 중세 교회가 맛있는 음식을 즐기는 것을 탐식의 죄와 결부시켰지만, 그렇다고 마음껏 차려 놓고 배불리 먹는 연회에 대한 열광적인 태도를 완전히 근절시키지는 못했다. 초기 기독교 시대에 단식일을 구제할 의도로 축제일을 점점 더 많이 도입했고, 대부분이 이교도 축제일 중에 꾸준히 대중들의 지지를 받는 날을 골라 제도화시킨 것이었다. 고대 로마 인들은 후대 자손들에게 문명 사회 생활의 기반으로서의 고급 요리 관습에 대한 심미적 원칙을 전달했다. 훌륭한 식사가 무엇으로 구성되어야 하는가, 이에 관한 전반적인 내용과 더불어 이 원칙은 제국의 붕괴에도 살아남아, 제국 이후에 자리 잡은 금욕적 단식 문화를 전복시키곤 했다.

3 완벽한 균형을 찾아서

중화 제국의 미각과 미식법

조애너 월리 코헨

　중국인들 사이에서는 "식사하셨어요?"가 가장 일상적인 인삿말이다. 이는 중국인들의 삶 속에서 먹는다는 것이 얼마나 중요한 위치를 차지하고 있는지를 단적으로 보여 주고 있다. 먹을 것을 구해서 음식을 준비하고 그것을 먹는 방식에도 세세한 요구 사항들이 뒤따랐다. 이처럼 중국이 예로부터 먹는다는 것 자체를 하나의 소중한 문화로 존중했다는 것은 이미 잘 알고 있는 사실이다. 최근에는 중국 내에서 기아 사태가 빈번히 일어나긴 하지만 전근대 시대의 중국인들이 대체로 잘 먹었으며, 서구나 기타 지역의 사람들에 비해 식량 사정이 훨씬 나았다는 점에는 누구나 동의한다. 13세기 베네치아 상인 마르코 폴로, 19세기 영국 식물학자 로버트 포춘이 남긴 기록을 보면, 외국인 관광객들의 눈에 비친 그저 평범한 중국인들의 식단조차도 매우 풍족하게 보였음을 알 수 있다. 따라서 굶주림이라는 단 하나의 원인으로 중국의 음식 문화를 설명할 수는 없다.

　고대부터 군주들에게 통치 방향을 알려 줬던 중국의 고대 경전들은 잘 먹고 잘 살기, 즉 백성의 안녕을 통치의 제일 목표로 여겼다. 이 단순한 기본 원칙을 충족시키지 못하면 정치가 불안해진다고 여겼다. 사회적 불안이란, 이론적으로는 하늘이 내린 통치 권한을 점차 잃게 되는 절박한 상황이며, 현실적으로는 기존 권력을 위협받는 상황임을 암시했다. 허기를 채우고 목숨을 연명하는 차원이 아니라 정치적으로 통치가 가능할지 아닐지를 판가름해 볼 수 있는 음식에 대한 이런 관심은 통치자뿐 아니라 심지어 일반 서민 생활에도 절대적인 영향을 미치는 것이었다. 간절한 어조로 일상 음식과 잔치 음식을 대조시키는 고대 민요를 통해서도 이런 사실은 드러나고 있는데, 세련되고 우아한 취미를 가진 사람들에게 있어 음식에 대한 관심과 지식은 이미 고대부터 교양 있는 생활을 할 수 있는 중요 덕목 중 하나였으니, 이는 곧 미각적 취향과 미학적 취향이 서로 결합된 것이었다. 따라서, 음식은 목숨을 부지하기 위한 급박한 실용적 목적을 넘어서서, 다양한 면에서 중국의 정치·사회·문화적 삶에서 지대한 역할을 해 왔다.

　또한, 음식은 상징적인 차원에서도 매우 중요하고 다양한 기능을 담당했다. 중국 사회가 정한 제사 의식을 관장하는 고대 경전은 음식의 선별과 준비, 식탁

앞면 그림과 시와 더불어, 미식법에 대한 관심과 지식은 교양 있는 사람으로 사는 생활의 주요 특성 중 하나였다. 저녁 식사와 연회는 사교 생활을 위한 일과였다. 유람, 음주 잔치와 시와 친교가 어우러지는 모임은 아름다운 풍광 속에서 즐기는 정교한 식사에서 그 절정을 이루곤 했다. 이 그림은 12세기 송나라 휘종(徽宗) 시대의 것으로 추정된다.

위 서기 907~1125년 무렵의 인물들로 하북(河北)성 장가구(張家口) 선화(宣化 Xuan hua)에 있는 어느 무덤의 그림이다. 이들은 사후 세상에서까지 무덤의 주인을 모시려고 따라 묻힌 수행원들로 보인다. 저승에 간 사람들도 이승의 사람들처럼 영양 공급이 필요하다고 믿었던 것이다. 이런 유형의 무덤 장식과 매장품은 일상 관습에 대한 중요한 정보를 제공한다.

예절 뿐 아니라 조상에게 바칠 제물을 준비할 때에는 제물로 준비된 음식들이 적절한 영양을 갖추었는지도 크게 신경을 썼다. 왜냐하면, 사후 세상도 산 자들의 세상만큼 음식물 섭취가 중요하다고 생각했기 때문이다. 이런 제사 원칙을 잘 따르는 사람들은 예의바른 양반이라고 대접했으며, 그렇지 못한 사람들은 배운 것 없는 미개인이나 야만인 취급을 받았다.

여기서 그치는게 아니라 고대 경전들은 제사 음식 만들기를 문명과도 관련시켜 요리용 냄비인 세 발 달린 쇠솥ding, 鼎을 사회적 신분의 상징으로 정했다. 따라서, 문명인들은 '요리를 하는 사람'으로, 비문명인은 '날로 먹는 자'들로 구분하였다. 쉽게 말해 곡물을 먹고, 불을 이용해서 음식을 조리해 먹을 줄 아는 사람이 문명인이라면, 반대로 곡물을 먹지 않고, 고기를 요리할 때 불을 이용하지 않는 자들을 비문명인이라고 보았던 것이다. 이와 같이 음식 습관과 정체성의 문제를 연결시킨, 문화와 자연 사이의 이런 구분은 '먹는 것이 그 사람을 말해준다'는 문화적 인식을 형성했고, 이런 인식의 영향력은 적어도 중화 제국 말기까지 계속되었다.

고대 중국인들의 이런 문화적 우월감은 무엇보다 주변 민족들과 비교했을 때, 상대적으로 치밀하고 교묘하게 연결된 정부의 통치 구조를 갖고 있었기에 가능했다. 요리는 사람들의 일상적인 활동으로 이해하기 쉬웠기 때문에 나라를 통치할 때 요리를 빗대어 표현하는 경우가 많았다. 기원전 4세기 노자의 저작으

술이나 음식을 담는 잔 한 별(네스팅 세트)이다. 자체 포장 용기가 있으며, 그 용도와 용량, 주인 이름을 알 수 있도록 글자가 새겨져 있다. 이는 부유한 사람들이 사후에 먹을 음식을 찾을 수 있도록 무덤에 같이 넣었던 것이다. 1972년 2,000년이나 된 무덤에서 이것을 발굴하면서 고고학자들은 생선, 꿩의 뼈, 밀 등의 음식 잔해도 함께 발견했다.

고대 제례 서적은 요리를 문명과 연관시켜, 요리 기구인 세 발 달린 솥(鼎)을 사회적 지위의 상징으로 정해 놓았다. 여러 문헌에서 나타나듯이 흔히 통치를 요리에 빗대어 비유적으로 표현했고, 따라서 요리 재능은 국정 관리직에 필요한 적합한 자격 요건으로 간주되었다. 이 솥은 기원전 3세기 또는 4세기 것으로 추정된다.

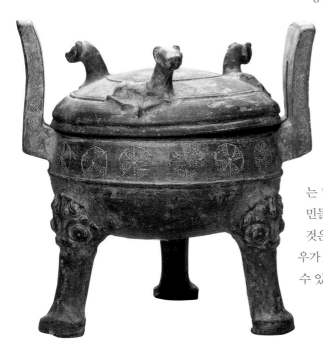

로 평가받는 고대 도가의 경전 『도덕경 Dao De Ting』에서는 "나라를 다스리는 일은 원칙적으로 작은 생선을 요리하는 것과 같다."고 주장했는데 여기서도 요리나, 통치가 둘 다 엄청난 주의와 집중력이 꼭 필요하다는 뜻을 이렇게 돌려 말한 것이다. 실제로 요리 기술은 관리를 임명할 때도 훌륭한 자격 요건으로 간주되었다. 이런 식으로 관직을 얻은 사람들 중에 가장 오래된 조상은 이인(Yi Yin, 伊尹) 상나라 보국 재상을 역임한 최고의 요리사로 요리의 성인이라고 불린다.―역주일 것이다. 그는 기원전 2000년 상나라(기원전 1600~1046까지 존재했던 중국 최고最古 왕조로서 마지막 수도 은허를 따서 은나라라고 불린다.―역주) 시조 탕 왕의 재상을 지냈다. 전설에 의하면, 이인은 그 부모가 주워다 키운 아이였는데, 이 때 부모가 그에게 요리를 가르쳤다고 한다. 훗날, 이인이 요리 기술로 왕의 관심을 받게 되자, 그는 관중들 앞에서 나라를 다스리는 데 필요한 철학적 문제를 누구나 알아들을 수 있도록 음식 차림표에 비유해서 말했다. 이인은 천하를 요리사가 음식을 만드는 부엌에 비유하면서, 훌륭한 통치가 곧 훌륭한 요리라고 했다. 요리를 할 때 필수적으로 여러 가지 향신료를 잘 혼합해야 하는 것처럼, 나라를 다스릴 때에도 백성의 요구를 충족시키려면 반드시 그들의 고통과 열망을 제대로 파악해야 한다는 뜻이었다.

또한, 이인은 후대에 큰 영향력을 발휘하는 고전 요리 이론을 수립했다. 일례로 그는 동물성 식품을 세 가지 범주로 분류했다. 관련 생물이 물에 사는지, 육식성인지 초식성인지에 따라 물고기류, 비린 육식류, 그리고 초식성 '양고기 아류' 이렇게 세 가지로 나눈 것이다. 그리고 이들이 먹기에 적절한 상태가 되려면 어느 범주에 속하는 생물이든 요리를 통해 변화시켜야 했다. 일단 정확한 분류를 통해 생물을 확인했다면, 요리사는 냄새를 없애고 맛있는 음식을 만들 수 있는 가장 적당한 요리 방식을 선택해야 한다. 그리고 양념을 첨가하여 균형 잡힌 맛을 창조하는데, 이때 균형 잡힌 맛이란, "지나치게 달거나 시지도 않으며, 맹맹한 맛이 아니라 가벼운 향미가 있으며, 입 안에 들어갔을 때 기름진 맛이 아닌 지방의 풍미가 드러나야 하는" 것이라고 했다.

일반적인 기준에서 볼 때, 중국 음식 문화의 주요 특징은 다음 세 가지로 정리해 볼 수 있다. 첫째, 중국의 요리 관습은 매우 다양하게 전개되었다. 서민들의 경우, 때마다 재료와 양념이 셀 수없이 바뀌고 그것을 다양하게 조합하는 일이 빈번했는데 사실 서민들은 가난하기 때문에 재료와 양념을 일정하게 정해 놓고 반드시 지켜 낼 수 없는 형편이라 어쩔 수 없었을 것이다. 게다가 대다수 중국의 서민들에게는 불교에서 정한 채식주의의 영향을 완전히 무시한 것은 아니지만 종교적 금기로 인해 요리 재료를 제한받는 경우가 거의 없다. 엘리트층은 서민들에 비해 필요한 재료를 구할 수 있는 여건이 좋고 자원도 풍부했기 때문에 요리 재료를 조합

요리사 또는 생선 장수로 보이는 이 테라코타 상은 기원전 3세기에서 서기 3세기까지 지속된 한나라의 유물이다. 바다 생물은 고대부터 중국 음식의 중요한 부분이었음을 우리는 중국의 고대 부엌을 묘사한 벽화와 곱게 저민 신선한 잉어, 민물 농어, 자라 국(turtle stew)에 이르기까지 여러 가지 음식이 나오는 연회 묘사에서 이미 알고 있다. 죽은 자들에게는 전유어(煎油魚)를 바쳤는데 이것은 잃어버린 영혼을 되돌려 받기 위해 뇌물로 바치는 음식들 중 하나이다.

할 수 있는 범위는 훨씬 더 컸다. 그리고 수세기 동안 중국인이 통치하는 영토가 점점 확장되었기 때문에, 날이 갈수록 더욱더 다양하고 풍요로운 식품이 유통되었다. 뿐만 아니라, 송나라(960~1279) 시대에 이르러 농업 생산량이 증가하면서부터는 식품 유통이 상업 거래와 결합하여 결과적으로 지역 내 교역이 크게 확대되었다. 이는 점차 곡물의 부패를 막는 효과적인 방법으로 자리 잡아 이후 엄청난 변화를 일으켰다. 이에 도시가 성장함으로써 농업 생산 증가와 도시 성장이라는 두 가지 요인 덕분에 식단이 바뀐 것은 물론, 거의 제철에 즉석에서 구해야만 했던 재료를 한데 모아 공급할 수 있게 되었으며, 사치 식품을 거래하는 시장이 발달하는 사회적 조건을 갖추게 되었다.

여기에 중국이 중앙 아시아나 동남 아시아와 왕래를 하면서 수입 식료품이 꾸준히 유입되었고, 이런 재료들은 얼마 안 가 중국인들이 흔히 사용할 수 있는 음식 재료가 되었다. 이 중에는 제비집, 해삼 등의 사치 식품과 땅콩과 고구마 등 신대륙에서 수입된 식품도 있었다. 고구마 외의 다른 구황 작물은 신대륙이 아니면 재배될 수 없는 것들이었는데, 그런 종류가 수입되면서 식량 공급도 덩달아 늘어났다. 바로 이즈음 중앙 아시아에서 즐겨 먹던 요구르트와 기타 유제품들도 들어왔다. 하지만 이런 류의 식품들이 좋은 호응을 얻지 못한 건, 중국인들이 유제품을 싫어했었기 때문이라기 보다는 몽골족과의 관계 등 정치적인 이유 때문이었다. 결론적으로, 중국 음식 문화의 두 번째 주요 특징은, 수입 식품들이 음식 관습에 큰 영향을 끼쳤다는 점이다.

중국 음식 문화의 마지막 특징으로, 앞의 두 가지 특징만큼이나 중요한 것은 바로 중국의 음식물은 건강과 밀접하게 관련되어 있다는 점이다. 이 말은 다시 말하면 제대로 먹는 것, 즉 올바른 재료를 선택하여 적절한 방식으로 재료를 조합하는 것이 건강을 지키고 장수로 가는 가장 믿을 만한 방법이라는 뜻이다. 이런 가치관 때문에 영양과 식이요법에 관한 방대한 문헌이 나왔는데 그 내용은 절약, 중용, 균형이라는 고전적 가치관과 밀접하게 연결되어 있다.

이러한 중국 음식 문화의 특징이 구체화되는 전후 관계를 이해하려면, 우선 인간 삶의 신체적, 정신적 도야를 논하는 중국 철학이라는 좀더 넓은 영역 안에서 미식법이 어떤 위치를 차지하고 있는지를 살펴봐야 한다. 앞으로 확인할 테지만, 이런 음식과 가치관은 식도락을 추구하는 현상으로 변한 현대의 시점에서도 중국 음식 문화에서 여전히 중요한 위치를 차지했다.

기원전 약 5~3세기 무렵 중국의 철학 사상에는 일대 혁명이 일어났다. 당시 사상가들은 인간 본성의 선악을 두고 어느 것이 옳은지에 대한 합의를 끌어내지는 못했으나, 인간이 스스로를 완벽하게 다스릴 수 있다는 점에는 모두 동의했다. 그리고 이때부터 자기 수양에 몰두하는 현상이 생겼다. 정확히 말해, 사상가들의 궁극적 목적은 이상적인 완성, 즉 지혜를 얻는 것이었다. 우주 속 모든 것들은 서로 긴밀히 연결되어 있다는 광범위한 우주 개념을 인간에 적용하면, 인간의 몸과 마음도 칼로 자르듯 분리될 수 없음을 알게 된 것이다. 따라서, 몸을 돌보고 발달시키는 일은 지적, 정신적 완성을 추구하는 것만큼이나 중요했

한나라 시대의 무덤 매장 부속품에는 이와 같은 작은 규모의 화덕 복제품이 나온다. 이런 종류의 화덕은 앞에 난 구멍을 통해 불을 지필 수 있다. 내부의 구멍은 연료를 태우는 약실로 단열이 잘 이루어졌다. 조리용 냄비는 맨 위 구멍 위에 놓곤 했다.

공자는 먹는 것의 목적은 미식적인 탐닉이라기보다 단지 허기를 채우기 위함이라고 확실히 밝혔다. 스스로도 가벼운 소식을 즐겼으며 곡물과 고기나 채소처럼 양념을 한 음식을 적절히 조절해 취했다. 또한, 먹는 음식의 신선도와 청결을 까다롭게 챙겨, 제자들에게 철저한 위생 관념이 담긴 기준을 정해 주었다.

다. 몸과 마음은 홀로 떨어져 있으면 적절한 기능을 할 수 없는, 유기적 통일체를 이루는 중요한 부분이라는 개념으로부터 물질과 도덕과의 상호 관련성을 설명하는, 보다 일반적인 가치관이 나왔듯이, 음식과 건강 간의 밀접한 관계도 도출되었다.

음식의 특성을 이해한 후에 이를 건강을 지킬 수 있다는 개념에서 볼 때, 어떻게 미식법이 자기 수양의 중요한 부분이 되었는지도 쉽게 이해할 수 있다. 다시 말해, 제대로 잘 먹는 일이 신체 건강을 위한 필수 요소로 간주되었으며, 이는 곧 윤리적 교양을 쌓는 방법이 되었다. 하나가 없으면 나머지 하나도 존재할 수 없다고 생각한 것이다. 따라서, 신체가 병드는 것을 방지하거나 이를 치료하기 위해 개인의 음식물 섭취를 규정하는 일은 단순히 먹는 즐거움을 위해서 행해진 것이라기보다 일종의 도덕적 의무였던 것이다. 물론 음식과 건강이 서로 연관되어 있다는 이런 가치관은 먹을 것이 넉넉지 않아 겨우 먹고 사는데 급급한 대다수의 서민들보다는 확실히 상류층의 사람들과 더욱 관련이 깊지만, 어느 정도는 대다수 중국인의 의식에 영향을 끼쳤던 것 같다.

이런 맥락에서 볼 때, 중국인들은 먹는 일에서 즐거움을 찾는 것을 결코 비난하지 않았다. 오히려 그들은 밥상에 놓인 음식이 생산되기까지 이루어진 노동의 가치를 인정해 주고 음식의 질을 음미하고 제대로 평가하는 것이었다. 한편, 폭식은 거센 비난을 받아야 했다. 중국인의 신앙에서는 기독교가 7대 죄악에 폭식을 포함한 것처럼 엄격하게 규율로 금지한 것은 아니지만 과하게 먹는 것은 절약과 검소, 검약儉約이라는 중국인의 이상적 가치에 위배되는 행위라고 보았다. 물론 검약은 가난과 궁핍 때문에 어쩌다보니 생겨난 미덕이지만, 매사에 균형을 선호하고 과도함을 배척하는 중용 사상은 중국 사상의 주요 부분을 구성했다. 공자와 그의 제자인 맹자를 포함해, 중국 내 수많은 독창적인 사상가들이 가르침과 실천에 있어 이런 원칙을 표명하면서, 음식은 배고플 때 먹어야 하고, 그런 다음에야 배부름의 욕구를 충족시킬 수 있다는 고대 현왕賢王들의 통치 원리를 강력하게 옹호했다. 가령, 공자는 그의 저서에서 먹는 즐거움에 대해 별다른 언급은 하지 않았고 다만 적절히 아껴 먹는 게 좋다고 했다. 맹자와 다른 철학자들도 저잣거리에서는 백성들이 굶어 죽어 가는데 궁궐 안에서 잔치를 벌이는 통치자라면 이는 옳은 군주가 아니라며 비난했다.

흔히 망해가는 사람은 폭식을 하는 성향이 나타나고, 사람들은 폭식 때문에 악한 자로 변해간다고들 했다. 옛 설화들에는 사치를 즐기는 왕과 신하들이 종종 등장하는데, 이들 대부분은 대개 전형적인 악한들로서 송나라 최후의 재상이 그랬던 것처럼 엄청난 양의 설탕과 후추를 창고에 쌓아놓고 살았다고 나온다. 그 중 왕 푸Wang Fu라는 자는 식품 저장고 세 곳에 꾀꼬리 절임을 꽉꽉 채운 죄로 비난을 받았다. 조왕신stove god(부엌신)을 둘러싸고 벌어지는 중국의 설화에서도 폭식을 다룬 이야기들이 흔히 등장한다. 조왕신은 한 집안의 상징적 존재로서, 실제로도 조왕신의 조각상을 부엌에 모셔 두는 게 중국인들의 일반적 관습이다. 폭식 때문에 나쁜 사람으로 변한 여자들의 이야기, 또는 못된 성격의 여자를 폭식하는 여자로 묘사하는 이야기가 나오지만, 대개 조왕신은 여성보다 남성의 모습으로 자주 등장했다.

조왕신에 대한 대부분의 이야기들은 그 형식은 조금씩 다르지만 전부 폭식과 관련이 있다. 대개 이야기의 결말은 이 나쁜 사람은, 먹고 싶어도 절대 손 댈 수 없는 음식을 남들이 맛있게 먹는 모습을 지켜봐야 하는 벌을 받는 내용으로 끝이 난다. 조왕신의 탄생에 대한 설화에 의하면, 화로의 신이 있었는데 자기가 다스리는 지역의 사람들로 하여금 자기 친척들이 먹고 즐길 수 있도록 잔치를 준비하라고 강요하던 관리로 나온다. 이 화로의 신이 더 이상 포동포동 살이 찌기 전에 어느 힘센 자가 반항하여 화덕 뒤의 벽에다 관리를 가둬 버렸다. 그런데도 황제는 친히 나서서 화덕의 신이 요리 재능은 뛰어나다고 인정하고, 도리어 백성들에게 그를 조왕신으로 섬기라고 선포했다는 것이다.

하지만 맛있는 음식을 비롯하여 좋은 것을 즐기려는 엘리트 계층이 생겨나면서 폭식에 대한 비판적인 시각도 많이 수그러들었다. 그들은 자신들의 사회적 지위가 높아지면 맛있는 음식을 마음껏 먹는 정도는 누릴 자격이 된다고 생각했다. 이런 태도는 관례적으로 심화된 사회 계층 간의 구분 때문에 발생했다. 이

조왕신의 기원에 대한 여러 이야기들에 따르면, 과거에 대식가였던 그는 이제 먹을 수도 없고, 그저 남들이 먹는 것을 영원히 지켜봐야만 하는 벌을 받았다. 조왕신 상은 실제로 부엌마다 장식되어 있기 때문에, 그가 그 집의 식구들에 대해서 옥황상제에게 좋지않은 말로 고할 수 있는 위험은 항상 도사리고 있었다.

로 인해 선비들의 교양 중에서 그림과 시에 대한 지식과 더불어, 미식법도 그것에 버금가는 지위를 얻었다. 이런 관점에서 보면, 식도락에 대한 시적 찬양과 좋아하는 음식에 대한 예술적인 표현이 미식가 학자들의 시나 그림과 유기적으로 일치하는 양상을 쉽게 파악할 수 있다. 이런 면에서 송나라의 시인이자 정치가로 유명한 소동파蘇東坡(이름 소식蘇軾, 1036~1101)도 그의 작품에서 음식을 즐기는 기쁨에 대해 표현하기도 했는데, 심지어 그의 이름을 딴 '동파육'이라는 요리가 나오기도 하였다. 다시 말해, 음식을 음미하고 평가하는 일은 단순한 탐욕과는 전혀 차원이 다른 것으로 간주되었다.

이런 시각은 적어도 중화 제국 말기까지 계속되었다. 그 당시에도 수많은 시인과 철학자들이 음식에 대한 열광적인 태도로 여러 작품을 남겼다. 가령, 17세기 초반의 작가 장대張岱(1597~1684, 명나라 만력제 시절 태어나 청나라 강희제 시절 사망했다. 도암몽기陶庵夢記, 서호몽집西湖夢集이 전한다.—역주)는 태평한 시절의 식도락을 그리워하는 시를 쓰면서 부친과 숙부가 집안 잔치에서 누가 음식을 더 많이 먹는지 겨루던 모습을 묘사했다. 또한, 후대의 작가도 대식가로 유명한 사람들의 이야기를 비망록에 남겼는데 한 가지만 예로 들어보면 19세기 초반 미식 전문가였던 량장주Liang Zhang Ju는 다음과 같이 기록했다.

청나라 건륭제 시절(1736~1799)에 최고의 대식가는 신장Xin jian 지역의 카오 웬거

Cao Wen'ge였다. 소문에 의하면 웬거의 뱃살은 축 늘어져 한두 번 접어야 할 정도였고, 그래서 배가 부르면 뱃살을 한 번 더 접어야 한다고들 했다. 황제는 공물로 고기가 들어오면 왕자들, 영주들, 고관 대작들을 시켜 양고기 다리 하나씩을 웬거에게 갖다 주도록 했다. 그러면 웬거는 그 자리에서 칼로 고기를 잘라서 먹었으며 얼마 지나지 않아 그 고기들을 모두 먹어 치우곤 했다.그래서 웬거의 가마는 항상 고기들로 꽉 차곤 했다.

카오 웬거가 고기를 폭식할 때 고기와 채소, 밥과 같은 기본 식품들과 적절히 균형을 맞춰 먹지 않은 것만 봐도 후대에 가서도 좋아하는 음식만을 골라 먹는 것에 대한 즐거움이 널리 유행했을 거라는 것을 쉽게 짐작할 수 있다.

* * *

중국 요리 관습의 기초가 되는 가장 근본적인 원리이자 가장 두드러진 특징은 바로 판–차이(반찬 飯饌, fan cai) 원칙으로 크게 두 가지 범주로 나뉜다. 먼저 판飯, fan은 밥을 뜻하는 것으로, 모든 곡물과 빵과 국수 같은 탄수화물 식품이 모두 포함되는데 밥의 제 일 목적은 먹는 사람의 배를 불리는 것이다. 다음으로 차이饌, cai는 판에 맛을 더해 주기 위해 만든 모든 음식을 뜻하고, 판 다음으로 중요하다. 모든 중국 식사는 판과 차이의 다양한 조합으로 이루어진다. 공자께서는 판과 차이의 조합에 대해 "고기가 아무리 많아도 곡물에 맞춰 정해진 양을 넘어서지 않아야 한다."고 말씀하셨다.

밭벼와 논벼, 찰기 있는 쌀과 찰기 없는 쌀 등 다양한 쌀은 고대부터 중국 음식의 중요한 일부였다. 11세기를 지나면서 운송망이 발달함에 따라 쌀은 북부 지방에서도 먹을 수 있게 되어 그곳에서 생산되던 밀이나 기장과 경쟁을 벌였다. 쌀이나 다른 곡물로 여러 가지 술도 만들었는데, 제조업자로부터 배운 포도주를 담그는 기술을 부분적으로 활용했다.

자르는 기술은 요리 과정에서 참으로 중요하다. 따라서 칼 솜씨는 상당한 평판을 얻곤 한다. 중국 요리 관습에서 음식을 자르는 기술은 백여 가지가 넘는다. 물론 하나의 음식에 들어가는 전 재료는 똑같은 방식으로 자른다. 조리가 이루어지는 부엌의 모습이 담긴 이 탁본을 뜬 도자기 무덤은 서기 25~220년의 것이다.

판이 빠진 채 과일이나 어포 등으로 차려진 간단한 상은 식사로 간주되지 않았다. 그리 놀라울 일도 아니지만, 대체로 가난한 사람들의 식사는 주로 밥이 많고 양념이나 최소한의 반찬이 나오는 형태였다. 반면, 경제적 수준이 조금씩 높아지면서 찬의 개수도 늘어나 부자들의 식사에는 다양한 채소와 육류 음식이 주를 이루었는데 이때 찬을 남기지 않고 다 먹어 치웠다. 그러고도 약간의 허전함이 있다면 이를 메우기 위해 마지막으로 밥 한 그릇을 더 먹는 순이었다. 그런데 여기서 마무리로 밥을 더 먹으면, 차려 낸 찬이 시원찮았다는 뜻으로 간주되어 음식을 대접한 분께 실례가 될 수 있었다. 이런 일반적 원칙은 지금까지도 유지되고 있다.

중국 음식 문화의 정수는 다양한 형태의 판과 차이를 창의적으로 조합하는 것이었다. 이는 중국인들이 흔히 하는 말 중, "먹는 것을 보면 그 사람을 알 수 있다."가 아니라 "음식을 준비하고 만들어 차려 내는 것을 보면 그 사람을 알 수 있다."는 경우에 해당했다. 중국 요리사들은 다양한 채소와 육류를 준비해서 여러 가지 방식으로 만든 차이들과 판을 조합하면, 거의 무한정으로 다양한 음식을 만들어 낼 수 있었다. 자르고, 저미고, 끓이고, 삶고, 데치고, 프라이팬을 흔들면서 볶아주고 등등, 거기다 간혹 하나의 음식에 한 가지 이상의 방식을 적용하기도 했다. 이런 면에서, 판-차이의 보편적인 원칙은 때와 장소에 따라 다른 미학적 접근 방식을 따랐다. 가령, 서안西安의 진시황릉秦始皇陵을 지키는 수많은 병마용兵馬俑 테라코타 상들이 아주 미미하지만 전부 다른 형태를 취한 것처럼 말이다. 이런 유사성이 바로 가스트로노미gastronomy, 즉 미식법을 순수 예술의 하나로 평가하는 기초가 된다.

다음으로 판-차이 원칙 외에 중국 요리 관습의 근저를 이루는 대부분의 사고는 의학 지식, 즉 건강과 인간의 몸에 대한 개념과 직접적인 관련이 있으며, 대개 이런 개념들은 전통적인 우주 관념에서 파생되었다. 천하 삼라만상은 모두 다른 만물들과 연결되어 있다는 동양 사상에서 중요한 점은, 인간의 몸 자체가 우주 속의 소우주라는 시각이다. 이때 둘은 에너지, 즉 기氣. qi로써 생명을 이어 간다. 인간의 몸을 예로 들자면, 여러 가지 형태로 나타나는 그 에너지는 음식 안에 다양한 분량으로 존재한다. 따라서, 먹는다는 것의 목적은 음식물을 강화하고 약화시키는 것 사이의 완벽한 평형 상태를 이루고 유지하는 것이다. 이는 체내 음양의 힘을 균형 있게 맞춰 줘야 가능하다. 여기서 음과 양은 우주를 구성하는 기본 요소이다. 좀더 의미를 확장하면, 음은 차갑고, 어둡고, 습한 것으로 대체로 여성적 특질과 관련이 있으며, 반면에 양은 뜨겁고, 밝고, 건조한 것으로 대체로 남성적 특질과 관련이 있다. 그런데 여기서 주목할 것은 이 음양은 서로 정반대의 요소가 아니라, 상호 보완적인 관계라는 것이다. 가령, 음식이든 다른 개체든 일방적으로 이것은 음의 성격이다, 양의 성격이다라고 구분하는 게 아니라, 음이 조금 더 많다, 양이 조금 더 많다는 식으로 말한다는 것이다. 음식은 몸에 미치는 영향에 따라, 우리의 몸을 차갑게 만드는 유형과 뜨겁게 만드는 유형으로 나뉜다. 이것은 차려낼 때의 음식의 온도와는 무관하다. 가령, 국이나

적절한 영양의 기본은 체내 에너지인 음과 양의 균형을 맞추는 것이다. 음과 양은 우주가 나누는 기본 요소이기도 하다. 이 대립 쌍을 통해 음식을 보다 차가운 것(음)과 보다 따뜻한 것(양)으로 나눈다. 이런 개념은 서구에서 유래된 이론과 유사한, 혹은 거기서 파생된 체액설을 상기시킨다. 청나라 시대 비단에 그려진 이 그림에서도 두 명의 현자가 태극 음양을 살펴보고 있다.

찌개로 만들면 각 음식의 속성은 모두 뜨겁게 변할 수 있겠지만, 녹색 채소와 게처럼 물에 사는 생물은 어떤 경우든 찬 음식으로 분류되며 지방질 음식, 매운 고추, 닭죽 같은 음식들은 더운 음식으로 분류된다.

찬 음식과 더운 음식에 대한 이런 고대의 개념들은 16세기 초반 체액설이 소개되면서 더욱더 강화되고 정교하게 발전했다. 체액설에 따르면, 인간의 몸은 열과 냉기에 의해 영향을 받으며, 이보다 정도는 약하지만, 습기와 건조함에도 영향을 받았다. 따라서, 이 둘 사이의 균형을 이루는 것이 건강에 있어 무엇보다 중요했다. 체액설은 불교가 확산되면서 서구에서 중국으로 소개되었다고도 하고, 또는 중국에서 자생적으로 발생했다는 설도 있다. 여하튼 체액설이 음양 개념에 영향을 줌으로써 중국 내에서 확고히 뿌리를 내리는 데 도움이 되었다. 체액설은 광범위하게 채택되어 음식과 영양에 대한 개념에 실로 엄청난 영향을 끼쳤다. 더구나 오늘날 음식물과 건강을 책임지는 사람들도 음양 이론 다음으로 중요한 중국의 분류 체계와 체액설을 결합시키는 방법을 모색한다. 하나의 특정 범주 속 사물의 세부 연결을 오자五者 집단 형태로 설명하는 것이다.

오자 집단 형태란 가장 먼저, 음양으로 발생한 우주를 목木, 화火, 토土, 금金, 수水 오행五行으로 나눈 것이다. 다섯 가지로 나뉘는 모든 사물 집단은 오행과의 포괄적인 소통 체계의 한 부분을 구성했다. 각 행은 다른 행과 상생이나 상극 관계를 이루었다. 여기서 음식과 가장 직접 관련되는 것은 오미五味였다. 식초에서 나는 신맛, 떫은 멜론이나 살구씨에서 나는 쓴맛, 고대의 꿀이나 현대의 설탕에서 나는 단맛, 생강과 마늘에서 나는 매운맛, 고대의 소금과 후대의 된장에서 나는 짠맛이다. 또, 이와 밀접한 관련이 있는 것은 오장五臟으로서, 비장, 폐, 심장, 간, 신장을 뜻했다. 오장의 건강은 적절한 영양에 의해 좌우된다. 결국 오미와 오장의 관계는 특정 의학의 속성을 이해하는 데 큰 영향을 주었다.

곡물은 쌀, 밀, 콩, 점성 기장, 비점성 기장의 오곡五穀으로 나누었다. 가축도 소, 양, 돼지, 닭, 개 오축五畜으로 구분했다. 이 외에도 계절, 기본 방향(중앙을 포함해서), 색깔, 사회적 관계 등도 예외 없이 다 오자 속성이었다. 이 모든 오자 집단과 그 속의 개별 요소들 간에 일반적으로 승인된 상호 관련성이 있다면, 하나의 오자 집단을 말하든, 그 속의 세부 요소를 말하든 그 자체로 더 큰 함축적 의미가 있다는 뜻이다. 다음 소동파의 문장을 보면 좀더 쉽게 이해가 될 것이다.

짠맛, 신맛은 둘 다 우리가 좋아하는 부분이다.
하지만 그 가운데 최고의 맛이 숨어 있으니,
그것은 절대 사라지지 않는 맛이로다.

마지막으로 건강과 위생 문제를 보자. 중국 요리 관습에서 신선도와 청결이 항상 중심적인 역할을 해 왔다는 것은 명백한 사실이다. 중국에서 공자는 독창적인 사상가보다는 기성 가치관의 전달자로 불리길 더 좋아했다. 그런 공자도

음식과 음식 문화는 송나라의 도시 생활을 규정하는 특성이 되었다. 이 두루마리 같은
예술 그림과 비망록들은 어쩌면 절반은 사실이고 절반은 상상으로 그려진 것이라고
추정된다. 이런 문화적 창작물은 여러 가지 유형의 서민 식당들이 담고 있는 즐거움에
중점을 두었다. 거리에서 한 가지 음식만을 파는 소박한 진열대에서부터 다양한
종류의 대규모 식당까지 그 범위도 다양했다.

무엇을 먹을 것인가, 먹지 말 것인가에 대해 까다롭기도 유명했다. 현대적 위생의 관점에서 볼 때 다음과 같은 그의 원칙은 참으로 분별 있어 보인다.

> 그는 열기나 습기로 손상되었거나 맛이 시어진 쌀은 먹지 않았다.
> 생선이나 고기도 상한 것은 먹지 않았다.
> 또한, 변색되었거나 나쁜 냄새가 나는 것은 먹지 않았으며
> 조리를 잘못 했거나 제 철이 아닌 것은 뭐든 먹지 않았다.

* * *

지금부터는 13세기부터 19세기까지의 중화 제국의 미식법과 미각적 취향에 초점을 맞추어 논의할 것이다. 물론 적용될 기준에 따라 다르겠지만, 대체로 이 기간은 중국이 제국 말기와 초기 현대 국가의 특성을 한데 보여 주는 시대에 해당한다. 학자에 따라서 중국의 현대 시대가 언제 시작되었는가, 하는 문제를 놓고 의견이 분분하다. 그러나 대부분의 역사가들은 중국이 이 시기에 세 번의 중요한 시기를 거쳤다는 사실에는 모두 동의하는 편이다. 그것은 먼저 남송 시대(1127~1279), 다음으로 명나라 말기(약 1550~1644), 마지막으로 만주족 청나라(1636~1912)의 운명적 전환점이었던 18세기 후반이다. 이때에는 각 시기마다 식품을 비롯해 광범위한 여러 상품과 제조품에 소비주의consumerism 현상이 발생했다.

1127년 북쪽 지역의 침입자들은 송나라 황제에게 수도를 하남성 개봉開封에서 양쯔강 이남 항저우 항으로 이동하라고 압력을 가했다. 이 송나라 시대에는 농업과 상업 양 측면에서 서로 관련 있는 변화가 일어났는데 경작 농민들은 점차 자급 자족의 규모를 넘어서는 발전을 이룩하여 곡물을 현금화했으며, 수공예품 생산과 섬유 직조로 상업적 다각화를 이뤄 냈다. 그들은 이 제품을 시장에 내다 팔고, 그 수익으로 식품을 구매했으며, 이때에는 대체로 물물 교환이 아닌 현금을 사용하였다. 그 결과, 특정 상품을 매매하는 시장이 국가적인 규모로 발전했다. 이런 변화의 결과들은 광범위하게 퍼져나갔는데 이 현상은 부분적으로 농업의 상업화로 나타났다. 그리고 또 다른 한편으론 이 무렵에 차와 설탕 같은 한정된 생산물이 보편적으로 사용되면서 예전에는 사치 물품이었던 이것들이 일상적인 제품으로 변해 버렸다. 과거 그 어느 때보다 더 많은 사람들이 식품 생산업에 종사하게 되면서, 신흥 상인 계층이 발생하였고 식품은 지역 간을 잇는 교역 루트를 통해 다른 제품들과 함께 운반되어 시내 중심지의 크고 작은 상설 시장에서 판매되었다.

이런 일련의 발달 과정으로 인해 대도시들이 성장하기 시작했고, 노동자와 장인匠人부터 상인과 학자, 관리에 이르기까지 대도시 거주자들은 시장의 상품 진열대, 찻집, 주류 판매점, 대규모 식당 등에서 식품을 샀다. 당시에는 한 번에 수백 명의 손님들을 받을 수 있을 만한 규모의 식당들도 있었다. 따라서, 서구

프랑스와 비교하더라도 상대적으로 프랑스보다 훨씬 이른 시기에 중국에서는 이미 대중들이 이용하는 식당이나 식품점 등이 생겨났으며, 이는 중국인의 외식 개념을 일반화하는 데 일조했다. 오늘날까지 남아 있는, 여러 가지 항저우의 생활을 담은 자료와 비망록 중에는 애석하게도 당시 유통되던 식품의 다양성과 맛에 대해 언급하거나 자세하게 설명해 놓은 것은 하나도 없다. 하지만 다행히도 그 시대에 나온 많은 시詩들은 이런 주제를 담아내면서, 음식과 음식 문화가 그 시대에 중추적인 역할을 했음을 확실히 밝히고 있다.

송나라 초기의 수도 개봉은 당대에 이미 남부 스타일의 식당으로 유명해서 미식가들을 불러 모았다. 민물 고기와 원시 상태의 바다에서 잡히는 해산물, 남부 지역에서 재배된 쌀, 여기에 육류와 가금류, 밀가루 국수 등의 평범한 북부 음식들이 개봉 식당을 주름잡았다. 그러다 수도를 남쪽 항저우로 옮기자 점점 식당들이 전문화되고 외국에서 진미를 수입하는 추세가 강화되었다. 이제 항저우는 정교한 입맛을 가진 중국인들과 잠시 체류하는 무역상들뿐 아니라 각지에서 건너와 이런 저런 이유로 고향으로 돌아갈 수 없는 많은 사람들이 머무는 도시로 변했기 때문이었다. 식당들은 점차 여러 지역의 입맛에 맞추면서 특화되었는데, 그중에는 무슬림들이 찾는 식당들도 생겼다. 이런 식당들이 한편으론 호사스러운 방향으로, 또 한편으론 대중적인 수준으로 동시에 확산되었다. 그러나 대부분의 식당들은 지역의 입맛이 아니라, 여전히 특정한 종류의 요리를 전문으로 했다. 아래 인용문은 몽골족 침입 직전 1275년에 쓰인 것으로, 13세기 초반을 회상할 수 있는 내용이다.

> 옛날에 가장 유명한 특선 요리는 만물 시장Mixed-Wares Market의 간장국, 만수동 정원 Longevity-and-Compassion Palace 앞에서 잿불로 요리한 돼지고기, 모송Mother Song의 생선 국과 양고기를 곁들인 밥이다. 후대에는 묘교Cat Bridge의 위나라 대검Wei-the-Knife에서 만든 삶은 돼지고기, 오간대Five-span Pavilion 앞의 주수오Zhou-Number Five에서 팔던 벌꿀 춘권honey fritter이 최고였다.

위 글의 저자는 '모송' 식당에 대해 말하면서, 자신이 한때 개봉의 부잣집에서 일하다가 다른 망명자들과 함께 남쪽으로 이주했다고 언급했다. 그녀는 고향 음식을 그리워하는 사람들을 만나자, 항저우에서 지역 특산물인 잉어를 이용해서 개봉의 명물인 생선국을 재현할 방법을 궁리했고 바로 그 음식을 시장 진열대에 내놓고 팔아 엄청난 성공을 거두었다. 이에 황제도 그 소문을 전해 듣고 단골 손님이 되었다고 했다. 당시는 요리사와 식당 주인의 대다수가 남자였던 시절이었다. 하지만 이 글을 쓴 그녀는 송나라 시대의 수많은 여자들 중에서 오늘날 우리에게 당대 음식의 전문 지식을 남긴 유일한 존재였다. 또 다른 저자는 상하이 지역과 항저우가 위치한 절강성의 요리법을 담은 책을 썼는데, 제목을『종쿠이 루 Zhongkui Lu』(고향 음식에 대한 기록)라 했다. 이것은 농업이나 식단 지침서와 별도로 간행된, 가장 오래된 요리법 전집 중의 하나이다. 새로운 인쇄 기

중국은 국가가 나서서 경잠도(耕蠶圖)와 같은 학술 서적을 짓고 보급하는 일에 앞장설 정도로 농업을 장려했다. 경잠도는 벼농사와 양잠업을 묘사한 20폭짜리 연속 그림으로 적절한 시도 함께 들어 있다. 건륭제를 비롯해 청나라 황제들은 손수 지은 시를 덧붙이면서 이 경잠도를 몇 번씩 재발간했다.

술 덕분에 한꺼번에 많은 책을 찍어 낼 수 있어서 적어도 이론상으론 누구나 이 책을 사서 읽을 수 있었다. 하지만 실제로 그 책이 당시에 어느 정도로 널리 보급되었는지 우리는 알지 못한다. 다만 후대의 수많은 전집들이 그 책이 아니었으면 사라지고 없었을 몇 가지 요리 방법을 그 책에 의존하여 되살린 것은 엄연한 사실이다.

13세기 말, 몽골족이 송나라를 멸망시킴으로써 중국은 극동 지역에 건설된 제국 원나라가 지배하게 되었고, 이때부터 여러 사상과 식품을 비롯한 상품들을 자유롭게 교역되었다. 원나라가 지배하면서, 중국 대륙의 북서부와 남서부의 음식 관습에는 큰 차이가 발생했다. 북서부는 무슬림 세력의 영향을 받는 중앙 아시아 음식 문화의 영향을 크게 받았으며, 반면 남부와 서부 지역은 상대적으로 이런 영향을 덜 받게 되었다.

이제 소비주의가 나타난 주요 시기 중에서, 16세기 말로 넘어가 보자. 1368년 몽골족 원나라가 멸망한 뒤 등장한 명나라는 16세기 말엽 이미 멸망의 길로 들어서고 있었다. 명나라 말기에 중국은 사상 유례없이 농업이 번성하고 지역과 전국의 시장이 번영함으로써, 양쯔강 이남 지역이 상업화와 도시화가 널리 확산된 남송 시대의 항저우와 거의 비슷한 모습으로 변했다. 그러나 명나라는 300년 전의 송나라처럼 우물 안 개구리가 아니었으며, 더구나 점점 발전해 가는 세계 경제와도 상당히 통합된 상태였다. 특히, 신대륙과 일본에서 들어오는 은이 당시에 손꼽히는 수입품이었기 때문에 중국 경제는 점차 은에 대한 의존도가 늘어났다. 또한, 이 무렵에 옥수수, 고구마, 감자, 칠리 고추, 토마토 등의 신대륙 수입품들도 중국으로 들어왔다.

뿐만 아니라 명나라 말기 중국은 물품을 소유하고 즐기는 것에 엄청난 특권을 부여하는 소비 문화가 싹트기 시작해서 사치품을 유통하는 새로운 시장이 출현할 토대를 이룩했다. 이런 쾌락주의적 분위기 속에서 사람들은 유행하는 물품을 모았으며, 그들이 모으는 물품의 범위도 점차 확대되었다. 그리하여 전문가의 지식과 미각적 취향 자체가 결국 상업적 상품으로 자리잡게 되었다. 이와 동시에 인쇄와 출판의 눈부신 발전으로 훨씬 더 많은 사람들에게 소비 물품과 유행에 대한 미적 가치관과 미래에 대한 정보를 알려 줄 수 있었기 때문에 소비문화의 성장에 더욱 박차를 가했다.

명나라 말기 맛의 상품화, 그리고 사치품을 유통시키는 상업화로 인해, 혀로 인식하는 미각과 미학적 취향이 결합하는 미식법에 대한 관심을 촉발시켰다. 이때의 관심은 주로 쾌락적인 면에 초점을 두었지만 도덕적으로도 수용 가능한 방식으로 나타났다. 당시에도 여전히 건강과 자기 수양이라는 두 가지 면이 강하게 연결되었기 때문이었다. 특히, 계급의 명성과 신분에 주로 의존했던 자기 수양과 미각적 취향이, 이젠 돈으로 그것을 살 수 있는 사람이라면 누구나 가질 수 있다는 점을 깨닫게 되면서 불안해하던 기성 엘리트 계급에게도 이런 추세는 하나의 호재였다. 그러나 대부분의 보통 사람들에게 있어 좋은 음식에 대한 관심

명나라 가정(嘉靖) 시대(1522~1566)의 술 단지이다. 포도주와 그것을 만드는 기술은 모두 수입된 것이었다. 한편, 중국 술은 기장과 쌀 등의 곡물로 주로 만들었다. 술 겨루기는 엘리트 계급 사이에서 유행하던 오락이었는데 내기에 진 사람은 그 잔을 다 비워야 했다.

중국 요리 관습에서 민물 고기의 맛과 그 쫄깃함은 바다 생선보다 월등히 뛰어나다고 한다. 전설에 따르면, 남방 순회를 하던 어느 날 강희제(1662~1722)가 소박한 객잔에서 저녁을 먹게 되었는데 마침 나온 생선 요리의 미묘한 맛에 감탄을 금치 못해 그 음식을 '궁문 향어(Palace Gate Fragrant Fish)'라고 이름을 붙였다고도 한다. 명나라 시대의 이 그릇은 약 1600년 무렵의 것이다.

은 그저 단순히 유행에 따른다는 만족을 얻는 것 외에 별다른 의미는 없었다.

명나라 말기 세 작가의 글을 통해 당시의 식도락 생활에 대해 엿볼 수 있는데 먼저, 사대부들이 음식 자체를 즐기던 모습, 그리고 그들이 글이나 그림으로 음식의 즐거움과 지식을 나누고 영구적인 기록을 남기던 방식을 살펴볼 수 있다. 모든 사교 모임에서 음식을 함께 나누는 일은 분명 하나의 관습이었고, 그런 몇몇 모임에서 미식법은 당연히 존재했다. 먼저 고렴高濂 Gao Lian은 우아한 생활의 원리를 썼는데, 그 안에 음식에 대한 장황한 논의를 담았다. 서위徐渭 Xu Wei 1521~1593)는 유명한 화가이자 시인으로 그의 작품에는 음식에 대한 내용이 가득하다. 한편 명–청 과도기에 살았던 장대는 명나라 시대의 즐거운 삶을 회상하는 내용으로 가득 찬 작품 속에서 미식의 기쁨을 묘사했다. 본 저자는 여러 명의 작가 중에서 당대의 미식 문화를 개괄할 수 있도록 이들 세 작가를 선정했다. 각 작품이 위에서 언급했던 주제들에 대해 다양한 모습을 재현하고 있기 때문이다.

세 작가 모두 번성했던 강남Jiangnan 지역의 양쯔강 이남과 그 주변에 살았다. 이곳에는 비옥한 농토와 당시 활발했던 섬유 산업의 중심지 난징, 쑤저우, 양저우, 항저우 등의 대도시가 있었다. 여러 면에서 이곳의 부와 권력은 정치 수도 베이징과 견줄 만 했으며, 물질적 풍요와 문화적 개화로 인해 엘리트 계층의 사회·문화적 생활의 중심지가 되었다. 강남을 중국 전체의 대표로 생각할 수는 없으나, 당대의 인식과 과거 상황에서 보건대 강남은 분명 중국 엘리트 문화의 핵심 보고였다. 미식법적 관점에서 볼 때 강남, 특히 해산물로 유명했던 쑤저우의 음식 관습은 내각대학사 장거정張居正 (1525~1582)이 그 음식에 찬사를 보낸 이후로 특히 유행해졌다. 수많은 당대의 문헌 증거를 통해 쑤저우의 요리사와 음식이 이때 그 지역과 베이징의 엘리트 계급 사이에서 굉장히 유행했음을 알 수 있다.

고렴은 생몰 연대가 정확하지 않지만, 여러 면에서 16세기에 중국 음식 문화에 가장 큰 영향을 끼쳤던 인물이었다. 그의 사회적 지위는 불분명하지만, 상당한 업적 덕분에 문화적 엘리트들과 성공한 상인들 모두에게 인정을 받았다. 상인 가문은 후원과 자선을 베풀어 유명해졌는데 그도 한 번 정도 황실 연회장에 초대를 받았던 것 같다. 지적·이데올로기적 세상에서 점차 절충주의가 늘어갈 무렵에 고렴은 항저우에 은거하며 건강과 수명 문제에 힘을 쏟던 일종의 도가道家 철학자였다. 훌륭한 취향의 기준을 명료하게 피력하는 당시의 일반적인 흐름에 순행하는 고렴의『준생팔전 遵生八牋』은 전문가의 작품으로서, 사람이 물질적인 환경과 철학적인 존재를 완벽하게 수양할 수 있는 방법을 제시했다. 총 8부로 나뉜 이 책에서 수명을 늘리고 질병을 막는 방법을 담은 부분, 의학을 다룬 부분, 음식에 대한 부분이 각각 따로 나온다. 음식에 대한 부분은 전체 19개 장에서 3개 장을 차지하는데, 당대의 요리 관련 책들과 더불어 앞에서 언급했던 송나라의『종쿠이 루』에 나온 요리법을 설명했다.『준생팔전』은 1591년 첫 발간 이후 30년간 일곱 번이나 재판을 찍었다. 이는 이 책의 정보가 상당히 수요가 많았다는 사실을 암시한다.

　무엇보다도 고렴은 차茶와 차를 만드는 최고의 용수湧水에 대해 설명했다. 그 외에 국과 육수, 곡물, 국수, 야생 채소와 기른 채소, 절인 고기, 단 음식, 과일, 양조주, 약용 비법, 음식과 정신적 문제와의 관계 등을 논했다. 그는 비싼 음식은 자기처럼 검약하고 조용한 생활을 추구하는 사람들에게는 부적절한 것이라 간주하여 논의에서 제외했다. 즉, 중용과 건강한 식생활을 위하여 다음과 같은 글로 적절한 식생활과 도덕적 건전성 사이의 관계를 확인시켜 주었다.

　　영양은 인간 생명을 보전하는 핵심 요소이다. 이는 한 사람 안에 음과 양이 활동하기 시작하고 오행이 적절한 순서로 따른다는 뜻이다. 모든 것이 영양에 달려 있으므로 일단 적절한 조합으로 영양을 받으면 뱃속의 활기가 차고, 다음으로 몸의 에너지가 충만해지고, 따라서 뼈와 근육이 강해진다.

　한편, 고렴은 일부 진미에 대해 군침이 돌 정도로 세세히 묘사함으로써, 그도 맛있는 음식도 좋아한다는 것을 보여 주었다. 따라서, 그는 어느 누구보다도 송나라의 대표적인 미식가이자 시인인 소동파의 다음과 같은 시「늙은 식도락가 Old Gourmet」에 영향을 준 사람이다.

　　…… 돼지 목살, (가을철) 서리 오기 직전의 게, 꿀로 뭉근히 끓인 버찌, 편도扁桃 우유로 끓인 양고기 맛이 최고다. 다음으로 포도주에 넣어 반쯤 익힌 대합조개, 포도주에 푹 적신 다음 설익힌 게가 맛있다.

　미각, 영양, 수명에 관한 이중적 관심으로 인해서 고렴의 저서는 주목을 받을 수밖에 없었다. 그러나 그 책의 진짜 매력은 더 깊은 차원에 있었다. 그는 훌륭한 감식안과 취향을 주로 논의하는 책 안에다 슬쩍 음식에 대한 담론을 끼워 넣음으로써, 또 하나의 미묘한 목적을 달성했는데 그것은 바로 세련된 교양을 추구하는 사람들에게 음식을 꼭 필요한 것이라고 인식시킨 것이다. 결국 소동파와 황정견黃庭堅(1045~1105)의 가치를 반영하는 동시에 자신의 견해를 강조했던 것이다. 황정견은 음식에 대한 짧은 작품을 남긴 미식가이며, 시인이자 유명한 서예가였다. 이리하여 고렴은 훌륭한 취향의 원칙을 세우고, 특히 미각과 미학적 취향을 과감하게 삭제함으로써 그의 책을 읽고 비법을 따라 할 사람들이 그가 책에서 전체적으로 주장했던 정교하고 세련된 문화적 교양을 얻을 수 있도록 방향을 제시했다. 그것은 독창적인 고급성을 드러내고 지적·예술적 지식의 상품화를 통해서 그 경계를 허무는 주장으로서, 배고픔을 채우는 단순한 차원의 식생활과는 거의 관련이 없었다.

　앞으로 나오겠지만, 고렴이 언급했던 진미 중에 가을 민물 게 등 최소한 몇 가지 음식은 후대의 요리책과 미식가 저서에서도 계속 등장한다. 이로써 그가 훌륭한 미적 취향에 대한 특정 기준을 제대로 세웠음을 알 수 있다. 물론 이 점은 그가 실제로 훌륭한 미적 취향을 갖고 있었으며, 그가 언급했듯 정말로 게가 맛있었다는 단순한 사실을 드러내 주기도 한다. 어쩌면 고렴도 다른 사람들의 비법을 따라 했을지도 모른다. 사실 진미 중에서 게에 관한 민간 지식을 편집하는 것은 아주 오래된 문학 장르였기 때문이다. 어쨌든 18세기 제국 연대기를 쓴 유명한 문인들이 주목했듯이, 고렴의 저서는 유한(有閑) 계급의 중국인들 사이에서 소위 미식법의 변화에 필요한 것을 세상에 맨 처음 내놓고 트렌드를 세웠다.

많은 이들에게 문제는 과연 훌륭한 취향의 극치를 나타내는 것은 무엇인가? 동시에 그들이 구할 수 있는 것은 무엇인가?였다. 아름다운 경치를 보러가는 산책, 음주 잔치, 시와 친목을 곁들인 모임은 사치스런 소풍으로 절정을 이루었으며, 때론 모임 주최자의 요리사가 직접 소풍 자리에 따라 나와 요리를 하기도 했다. 당대 사람들도 한가로운 여행, 풍성한 잔치, 비싼 식당과 값비싼 진미에 몰두하던 풍조가 명나라 말기 엘리트 계층의 생활에 있어 하나의 특징임을 알고 있었다. 그들만큼 부유하지는 못했지만 옳바른 삶을 지향하던 사람들은 이 딜레마 때문에 어려움을 겪었는데, 그중에는 유명한 화가이자 시인 서위도 있었다.

서위의 그림과 시는 음식에 대한 강렬한 관심을 드러내고 있다. 그는 자주 자신의 작품과 일반인들은 구경도 못 해 볼 정도로 귀하고 비싼 음식을 서로 교환했다. 물론 당시에는 물물 교환 체계가 일반적이긴 했으나, 서위 같은 경우는 좀 독특한 경우였던 것 같다. 가령, 북부 국경 지대의 무인 관료로부터 죽순 선물을 받았으면 그 보답으로 대나무 그림을 그려 주는 식이었다.

나는 잉어와 쌀로 한 끼 국을 끓였네.
답신을 하려고 내 머리를 골똘히 굴렸지만 너무 어려워
내가 할 수 있는 것이라곤 초대장을 찢어
(당신의) 봄날 음식에 어울리는 대나무를 그리는 것뿐이라네.

중국 문화에서 음식은 미식법, 그 이상을 의미한다. 건륭제 시대의 우아하고 정교한 자기(磁器) 접시는, 비슷한 소리 유희를 통해 성공한 자식들이 많아지기를 바라는 기원을 뜻하기도 했다. '종자(種子)'를 뜻하는 글자는 자손을 뜻하는 '종자'와 소리가 똑같았기 때문이다. 그리고 석류나무는 풍요를 뜻한다. 또한 게의 딱딱한 껍데기는 과거 시험의 최고 등급에 오른 것을 의미하며, 그 외에도 기타 등등 많다.

청나라 때 비단 벽걸이에 그려진
도리원도(桃李園圖 Evening in the Peach and
Plum Garden). 이런 모임 때에는 다소 정교한
다과가 나오곤 했는데, 대개 인근 식당이나 손님의
하인들이 차렸다. 그들은 회합 자리에서 주인에게
음식을 만들어 차려 내는 데 필요한 모든 물목을
챙겨야 했다.

나중에 그는 똑같은 사람에게 위와 비슷한 또 하나의 대나무 그림을 그려 주었는데, 그 그림이 이전의 선물을 떠올리는 계기가 되었으면 좋겠다고 '농담조'로 말했다. 아마도 더 많은 선물을 보내달라는 뜻이었을 게다. 이렇게 볼 때, 게, 생선, 포도, 배, 기타 과일 등이 그려진 서위의 음식 그림은 이미 받은 선물에 대한 보답이 아니라, 그림이라는 수단을 통해서 그런 선물을 보내 주기를 바라는 마음을 전하거나 단순히 제철 진미를 얻기 위한 방법으로 이루어 진 것 같다.

　　밤중에 나의 창가에서 손님들과 주인들이 이야기를 하네.
　　강가에 가을이 왔으니 게와 생선이 살이 올랐어.
　　나는 포도주를 넣어 요리할 게를 살 돈이 없으니
　　그것을 구할 그림이나 그려야겠네.

　　서위는 신대륙에서 갓 수입되어, 진귀한 것으로 여겨지던 식품을 비롯해 여러 가지 음식을 찬미하는 시도 많이 지었다.

　　17세기 초반 몇십 년 동안에 명나라의 번영을 이루던 겉 표면이 점점 얇아지기 시작했다. 명 왕조는 정치적으로 당파의 싸움이 한창 벌어졌고 일련의 자연 재해도 겹쳤다. 결국 1644년 농민 반란으로 명 왕조는 무너지고 수도 베이징도 그들의 손에 들어갔다. 그 직후, 북동쪽의 만주족 침략자들이 농민 반란군을 진압하고 이후 몇 년 간 중국의 나머지 지역까지 정복했다. 한때 제국의 학문, 문화, 경제의 중심지이자 미식의 심장부였던 강남 지역은 특히나 심한 타격을 입었다. 새 통치자였던 청나라는 중국 엘리트 계급의 반대를 묵살하려면 명나라의 중심지를 파괴해야 한다는 사실을 너무나 잘 알고 있었기 때문이다. 양저우에서 벌어진 열흘 간의 대살육은 왕조 교체기 전쟁 중에 일어나는 그런 사건들 중에서도 최악의 경우였으며, 그 와중에서 많은 사람들은 운좋게도 살아남았다 해도 그들의 사회·경제적 지위 전부를 잃고 말았다.

　　명나라 말기, 유명한 미식가로서 청나라 때까지 살았던 수필가 장대는 한때 사교 행사가 있는 곳이면 어디든 참석하는 화려한 인물이자 사치스런 생활 방식으로 이름을 날렸다. 그러나 명·청 과도기 이후 장대는 곤궁에 처하여 굶기를 밥 먹듯 했다. 그는 과거 자신의 영화로운 삶에 대해 신랄한 비판과 함께 자세하게 기록한 회고록을 남겼는데 일련의 비화와 삽화들로 구성된 그 책의 상당 부분을 "날마다 입 안과 뱃속의 쾌락을 찾아다녔던" 이라고 호시절에 대해 기술하고 있다.

　　그는 매년 가을철에만 잠깐 맛볼 수 있는 민물 게를 맛보려고 친구들과 함께 '민물 게 조합'을 만들고 이를 통해 먹는 것의 즐거움에 대해 느낀 점을 길고도 자세하게 기록했는데, 그가 작가적 상상력으로 민물 게 조합을 만들어 낸 것은 아닐 것이고, 그 만큼 당시에는 맛있는 것을 함께 찾아 먹는 그런 모임이 특별한 것이 아니었다고 생각해도 좋을 것 같다. 그 지역의 또 다른 진미 피조개와

더불어 민물 게는 양념을 하지 않아도 천연의 오미를 아울러 지닌 음식이라 주장하면서, 그는 아래와 같은 서술을 이어갔다.

그 껍데기는 식탁 접시만큼 크고 움푹한데 자줏빛 집게발은 주먹 크기만 하다.
그 작은 집게발에서 발라 낸 살은 마치 지렁이처럼 윤기가 흐른다.
껍데기를 벌리면 입에서 살살 녹는 '고깃살'이 가득 차 있고,
비취 반지를 낀 손으로 그걸 다 모으면 호박색 살점이 딱 한입쯤 된다.
그것은 달짝지근하고 융처럼 보드라운 음식으로, 팔대 진미를 갖다 놔도 그 맛과 비교할 바가 아니다. 시월이 다가올 즈음, 어느 오후 나는 민물 게 조합 친구들과 잽싸게 모여서 우리들만의 민물 게 요리를 한다.
우리는 각자 여섯 마리씩 먹을 계획을 짠다.
행여 게가 식으면 제 맛이 없어지므로, 가져오는 대로 바로 요리를 한다.
곁들일 음식으로는 소금을 쳐서 말린 오동통한 오리고기, 응유^{凝乳} 음식들^{junket}, 호박색 진주 같은 포도주에 담근 피조개, 비취판 같은 오리 육수로 조리한 양배추를 준비한다.
과일로는 밀감, 말린 밤, 냉이를 마련했다. 술은 유후빙yuhubing 포도주를, 채소로는 빙캉Bingkang 죽순을 준비했고, 밥은 여항餘杭산 햅쌀로 지었다. 마지막 가십용으로 향긋한 모리화차Snow-Orchid tea (재스민차)를 준비했다. 생각만 해도 정녕 우리가 천상의 부엌에서 갖고 온 신들의 공물을 맛본 듯, 배가 부르고 기분이 좋으니 흥의 극치에 이른 듯하다.

여기서 장대는 '모리화차' 얘기를 몇 번이나 반복하는데 그 차의 얼럴한 맛, 초록이 감도는 빛깔, 부드러운 향기를 찬미하는 뜻으로 스스로를 '모리화'라고 부를 정도였다. 또한, 최고의 모리화차를 마실 수 있다고 생각했던 고향 사오싱紹興의 어느 찻집도 회상했는데, 그는 그 찻집은 정해진 샘물에서 가져 온 물로

16세기 혹은 17세기의 비단 손 두루마리로 「한가하게 여름을 보내며」라는 제목이 붙은 장면을 묘사한다. 한가로운 유람은 청나라 말기에 유행이었고, 여자를 동반하는 게 관례였다. 여흥객으로 온 대부분의 여자들은 가무(歌舞)에 능했지만, 그 중에 요리 기술이 뛰어난 여자들도 있었다. 요리 기술도 고객들에게 제공하는 서비스 중의 하나였던 것이다.

만 차를 타며, 찻물이 막 끓기 시작할 때 붓고, 사용할 때 마다 매일 꼼꼼하게 씻은 차 주전자에만 담아서 내 온다는 엄격한 기준을 반드시 지켰기 때문에 그 찻집의 차를 최고라 여겼다. 차와 관련된 또 다른 삽화들은 미식의 대가들이 차의 종류를 알아맞히는 겨루기를 하거나 그 찻물이 어느 용수인지 파악하면서 미각이 얼마나 예민한지, 차에 대한 지식이 얼마나 정교한지를 과시하는 모습을 그렸다.

함께 곁들인 응유 음식에 대해 말할 때에는 우선 장대는 그것을 만드는 일반적인 방법이 사라져 버렸음을 탄식하고선 다른 구절에서 언젠가 자신이 그것을 만들어 보려고 어떤 식으로 상당한 시간과 노력을 기울였었는지에 대해 기술한다.

나는 직접 우유를 짜서 밤중에 큰 그릇에 담아 놓았다.
다음날 아침 응유층(우유꽃)이 생겼는데 대략 1자(1尺, 약30센티미터)쯤 되었다.
나는 그것을 구리 주전자에 넣어 한동안 끓였다. 그리고 눈 녹은 물에 난꽃을 넣었다. 이 물 넉 잔에다 우유 157돈(590그램)을 넣곤 이 액체가 수정처럼 변할 때까지 끓이고, 또 이렇게 굳어진 고체가 진주처럼 변할 때까지 끓였다. 눈처럼 살살 녹고, 흰서리처럼 매끄러운 이 음식은 난초를 능가하는 향기를 풍기며 위속으로 파고든다. 그건 마치 신이 주신 순정한 선물 같다.

장대의 서술에 의하면, 이렇게 만든 응유 음식은 그 자체로도 맛이 좋았을 뿐 아니라, 다용도로 쓰였다. 차게 내놓거나 따뜻하게 데워도 좋고, 포도주나 식초 안에 넣거나 설탕을 넣어 끓여도 좋았다. 우유를 재료로 만든 이 사치스런 음식에 대한 장대의 기술을 통해, 특별한 경우에만 맛볼 수 있었겠지만 유제품이 중국 식단에서도 지속적으로 존재했었음을 확인할 수 있다.

명·청 과도기의 혼란한 시절은 분명 미식법에 신경 쓸 만한 시기는 아니었지

한 벌에 12개의 그림으로 이루어진 그림 중에 하나로, 훗날 청조 5대 용정 황제를 위해 제작되었다. 수양과 업적을 암시하는 수많은 책자와 액자에 둘러싸인 아름다운 여인이 차를 음미하고 있다. 단편적이긴 하나, 여성은 보다 남성적인 만주족 통치자들과 대조적으로 한족 문화의 여성적인 면을 표현하기 위한 것이었다고 한다.

만 옛 시절의 추억이 될 만한 음식들은 예외였다. 많은 이들이 명나라 멸망의 원인을 찾던 중에, 쾌락에 너무 몰두한 것과 지식층이 개방에만 치중한 왕조를 훼손했을 것이라는 주장에는 반발했다. 어쨌든 사람들의 삶은 서서히 평소의 모습으로 되돌아갔다. 17세기 말, 강남은 점차 제국의 경제와 문화 중심지로서의 기능을 회복하면서 대도시들을 복구하기 시작했다. 왕조가 바뀐 초창기에 나타났던 명나라에 대한 충성심은 점차 후속 세대들로 인해 잠잠해졌고, 그에 따라 만주족이 자리를 잡아갔다. 강남의 정치적 충성도를 의심했던 만주족은 사치품을 놓고서 서로 황제의 환심을 사려고 경쟁을 벌였는데 그 품목은 대개 고급 섬유와 음식을 비롯해 거의 대부분의 것이 그 지역을 원산지로 하는 것들이었다.

대략 1680년대부터 1810년대까지 다소 긴 18세기동안, 무엇보다 상업화가 부활되었으며 안정과 번영이 이루어졌고 점차 소비주의도 부활했다. 이로 인해 강남은 그 어느 때보다 더 부유해졌고 그곳에 모여든 학자들과 상인들, 기타 주민들의 일상도 전보다 더 큰 생활의 즐거움을 얻었다.

청나라 통치자들은 강남의 학자와 지식 엘리트층을 불신했기 때문에, 그들을 제국의 손바닥 안에 들이기 위한 방법을 모색했다. 한 가지 가능한 수단은 바로 어느 곳에 있든 황제와 무관하게, 신하들이 휘두를 수 있는 재량을 극도로 제한시키는 것이었다. 그것은 바로 명나라를 망쳤던 파벌이나 당파가 생기지 않도록 싹을 잘라버릴 속셈이었다. 특히, 건륭제 시절(재위 1736~1795)에는 이런 목적 때문에 과거 상대적으로 자율적 존재를 누렸던 지적·문화적 흐름에까지 황제가 직접 관여했다. 지식과 문화까지 통제하는 등 엘리트 계급의 관습을 제국에 흡수시키려는 노력은 제사 의례 연구, 추상적 철학 개념보다는 실증에 기초한 연구를 선호하는 지적 움직임 등 수많은 영역에서 확실히 드러났다. 여하튼 제국의 식탁은 호사스러워졌고, 무절제해졌다. 황실 요리 관습은 경쟁적으로 서로를 모방하게 될 수밖에 없었다. 따라서, 18세기 후반 미각적 취향과 미식법을 설명하려면 당시의 황실과 강남의 엘리트 계급에게 어떤 일들이 벌어지고 있었는지를 함께 고려해야 한다. 당대 강남의 엘리트들은 '왕처럼 먹고 마셨다'고 했는데 여기서 분명 짚고 넘어갈 것이 하나 있다. 강남의 엘리트들은 황실 영역의 바깥에서는 '근사한 생활'을 했음이 드러나긴 하지만, 명나라 때와 마찬가지로 그들이 제국 전체를 대표하지는 않음을 반드시 명심해야 한다. 청나라가 두드러지게 다인종, 다문화적 성격을 지닌 제국이었다는 것을 감안하면 특히 더 유의해야 한다.

청 제국의 초창기 조리 관련 기록은 대부분 황실에서 음식과 영양을 담당하기 위해 고용된 엄청난 수의 사람들과 그들의 조직 편제에 대한 통계치 뿐이다. 그러나 청나라, 특히 건륭제 시절의 자세한 정보, 즉 일일 메뉴, 식기류, 특정 음식을 담당했던 요리사의 이름을 포함해 실제로 차려 냈던 음식에 대한 내용은 황실 문서에 보관 중이다. 예를 들어, 황실 문서에 따르면 건륭제가 가끔 관료들의 눈을 피해 훌륭한 쑤저우 요리사를 불러다 먹을 만큼 쑤저우의 요리를 무척 좋아했다는 사실과 달고 향긋한 속으로 꽉 채워 만든 '보보' 만두Bun 같은 만주족

건륭제 시절에 쓰던 휴대용 다기 상자이다.
건륭제의 황궁에는 식사를 하거나 차를 마시기
위해 따로 마련한 방이 없었다. 그 대신 적절한
때에 황제가 원하는 곳에 음식 상을 차렸다. 또한
그는 황궁을 떠나 자주 여행을 다녔는데 그럴 때면
간혹 아끼는 요리사를 대동하여 길에서도 자기가
선호하는 음식을 계속 먹을 수 있도록 했다.

간식도 좋아했다는 것을 알 수 있다. 보보는 장수나 복을 빌 때 만들어 먹었다고
했다. 오리고기도 좋아했고, 자주 차에 우유를 타서 마셨는데, 이는 만주족 관습
으로서 영국의 관습에서 영향을 받았을 거라고 추측할 뿐이다. 건륭제는 불교에
심취했으나 동물성 식품을 꺼리진 않았다. 그러나 종교적인 축일이나 특별 행사
에서는 채식 요리만 먹었다. 궁핍한 경제 사정과 이와 맞물린 불교의 영향으로
이 시기의 중국 요리 관습에는 채식의 전통이 강하게 나타났다. 제국의 전체 수
준에서 볼 때, 황제에게 차려 낸 음식은 대부분 육류였고 채소가 나와도 사실 채
소가 아니라 채식을 흉내 낸 것이었다. 가끔 신성한 분위기를 더하고자 절에서
건륭제를 위해 이런 식사를 준비하곤 했는데 그런 날이면 황실 전체가 이 같이
채소를 흉내 낸 채식 식단을 따라야 했다. 마지막으로, 황제도 사람인 탓에 인간
적인 면이 엿보이는 일도 있었는데 최소 한두 번 정도 건륭제가 그의 모후가 보
낸 음식을 마다하고 다른 것을 해달라고 요리사에게 부탁했다는 사실이다.

대체로 그는 하루에 두 번 식사했다. 나랏일을 처리하고 난 오전 6시 무렵과
정오와 오후 2시 사이에 식사가 이루어졌고, 저녁에는 가벼운 간식 정도로 먹었
다. 황실 내 관습대로, 그는 작은 식탁에서 늘 혼자 밥을 먹었다. 그리고 그가 원
하는 장소에 차려냈기 때문에, 식사를 목적으로 따로 방을 마련하지는 않았다.

황실 주방은 얼마든지 제국의 도처에 깔린 농장과 과수원에서 최고의 재료를
조달할 수 있었고, 고위 관료와 군주들이 바치는 공물들, 강남을 비롯해 제국 전
역에서 뭐든 구할 수 있었으며, 특정 요리에 특기가 있는 요리사를 데려 올 수
있었다. 특별히 지은 동굴 안에 저장된 얼음을 사용할 때는 신선도가 생명이었
다. 또한 그것은 여름철에 주변 온도를 낮추는 역할을 했으며 이는 황실에 국한
된 관습은 아니었다.

황실에 필요한 물품을 댈 때 요구되는 식품의 양은 어마어마했다. 수천 명의

사람들을 먹여야 했으며, 실제로 황제가 먹을 수 있는 양보다 훨씬 더 많은 음식을 차려 냈기 때문이었다. 아래 1779년 가을날 아침 식사 메뉴를 통해서 이 사실을 쉽게 확인할 수 있다.

제비집과 오리로 만든 훠궈火鍋, 순두부 닭볶음, 양고기, 오리고기 찜, 개고기와 돼지고기, 죽순······ 닭고기를 넣은 제비집, 얇게 썬 여러 가지 고기, 고기를 넣어 튀긴 오리, 살짝 구운 돼지고기, 살짝 볶은 달걀, 닭발 볶음, 말린 돼지고기, 도넛, 만두를 넣은 닭죽······ 찐 죽과 과일즙을 넣은 양고기(이 2개는 손도 안 댔다), 두 번째 식탁에는 팔보八寶 보보 만두, 녹황채 네 가지, 우유 세 가지 등 14개의 음식이 놓였다. 세 번째 식탁에는 몇 가지 구운 음식들, 네 번째 식탁에는 고기 요리 8개가 놓여 있다.

건륭제는 음식을 탐하지 않고 그저 가볍게 먹으면서, 몇 가지 맛만 보는 정도였다. 그가 남긴 음식은 정해진 순서대로 후궁들, 황실 식구들, 고위 관료들, 간혹 황제가 예우하는 외빈外賓들에게 나누어 주었다. 위에 적힌 식사 메뉴를 보면 영양 문제에 대해서는 별로 신경을 쓰지 않았음을 알 수 있다. 영양은 중요한 문제가 아니었다. 사실 황제에게 차려 낸 수많은 음식들은 백성들에게 황제가 얼마나 높은 지위에 있는지를 드러내는 방법 중의 하나였다. 현대적 용어로 말하자면 황실 대외 홍보의 일환이었다. 여하튼 건륭제는 88세까지 오래 살았다. 영국 대사, 조지 매카트니George Macartney에 의하면, 그는 죽기 몇 년 전에도 신체 건강하고 정신도 또렷했다고 했다.

황실 연회와 일상 식사에서 모두 한 개인에게 돌아가는 음식 배분은 엄격한 계급 체계에 따라 조심스럽게 이루어졌다. 특히, 연회에서는 보통 황제를 대표하는 만주족 요리와 한족 참석자들의 입맛에 익숙한 한족 요리를 함께 차려 냈다. 그럼에도 청나라 황제 요리 관습이 명성을 얻고 세력을 떨침으로써, 고기구이같이 만주족이 선호하는 수많은 요리들이 중국 한족 엘리트 계급의 부엌까지 파고들었다. 그리하여 만주족의 영향을 받은 베이징 요리가 강남에서 유행하게 되었으며, 이는 쑤저우와 양저우 요리가 베이징에서 얻는 인기와 맞먹는 수준이었다. 오래지 않아 베이징 요리는 사교계의 최신 유행이 되면서 만주족과 한족이 함께 식사를 할 때에 만주족 주최자는 한족 음식을 차려내고, 반대로 한족 주최자는 만주족 음식을 내는 일이 흔히 일어났다. 그러고 보면 엘리트 층의 사교 관계를 지배한 것은 민족적 차이가 아니라 사회 계층과 상호 이익 관계였음을 알 수 있다.

18세기 말, 양저우는 청나라 황실과 특별한 관계를 형성했는데, 그 이유는 두 가지로 말할 수 있다. 첫째, 양저우 사회는 청나라 황실의 소금 독점권으로 부를 축적한 소금 상인들이 지배했기 때문이며 둘째, 강남 지역과의 유대 관계를 강화할 목적으로 황실에서는 자주 남방 순회 여행을 했는데, 그때마다 양저우

건륭제는 차에 우유를 타서 마시는 것을 좋아했다. 이는 그의 혈통인 몽고 족, 티베트 인, 만주족 백성들에게 익숙한 관습이었다. 한족은 순수한 차를 더 선호했다. 건륭제의 황궁에는 이런 종류의 물주전자가 많이 있었는데, 이것은 티베트 불교 의식에서 버터를 바른 차를 마실 때 사용하던 기구를 본 딴 것 같다.

18세기 유럽에서는 중국식으로 장식하는 스타일, 즉 시누아즈리(chinoiserie, 18세기 프랑스 상류 사회에서 유행하던 중국풍 스타일-역주)가 최고로 유행했다. 이는 건륭제 황궁에서 유럽적인 물건을 선호했던 취향을 반영한 것이다. 이것을 보고 프랑스는 황제가 유럽 스타일로 궁정을 장식할 수 있는 태피스트리 한 벌을 선물했다. 프랑수아 부셰(Francois Boucher 1703~1770)는 태피스트리 풍자 그림을 연구했으며 1742년경 완성하여 『중국 황제의 연회 Feast of Chinese Emperor』라는 제목으로 출간했다.

에는 꼭 들렀기 때문이었다. 그리하여 양저우는 강남의 여러 도시 중에서도 문화와 미식의 중심지가 되었다. 무엇보다 엘리트 계층의 여가 활동은 주로 아름다운 명소를 보러가는 소풍이나 그 도시에서 자랑하는 식당을 찾아가는 것이었다. 물론 소풍을 나가면 서로 시를 짓고 읊거나, 정치적 견해를 나누곤 했다. 많은 사람들이 양저우의 이런 생활에 대해 자서전을 통해 남겼는데, 많은 주제들 가운데서 그 도시의 미식을 통해 느끼는 기쁨이 무척 크다는 내용의 이야기들이 특히 많은 것은 우리에게는 참으로 다행이다. 1795년 발간된 이두李斗의『양주화방록 揚州畵舫錄』은 미식 문화의 절정기에 달한 당시의 현장을 엿볼 수 있으며, 18세기 말 중국 한족 엘리트 계급의 남성들에게 허용되었던 쾌락주의적 가능성에 대해서도 알 수 있다.

이두는 양저우에서 가장 큰 수산 시장을 묘사했는데, 예를 들면 하루에 세 번 온갖 종류의 생선들이 최고의 신선도를 유지하기 위해 어선에서 곧장 식당으로 '마치 날개를 단 듯' 쏜살같이 들어가는 생생한 장면이 나온다. '화이난Huainan

의 수산 자원은 이 세상에서 최고'로 쳤는데 그 중에서도 잉어, 송어, 농어가 최고이며 전복도 뒤처지지 않는다. 근처 세 곳의 호수와 화이 강에서 나오는 게도 끝내준다. 화이 강 게는 크지만 전문가들은 강한 향미가 있는 호수 게를 더 높이 쳐 주었다. 시장 인근에 가면 말린 염장 식품을 파는 가게에서 나는 냄새를 맡을 수 있다. 지금도 그렇지만 양저우는 당시에도 생선과 조개, 오징어, 해파리로 유명했다. 양저우에는 갖가지 바다 생선 부스러기가 값비싼 사치품인 상어 지느러미와 여러 채소들과 한데 얽혀 있었다.

여러 찻집에서도 가벼운 식사나 간식을 팔았는데, 어떤 곳에서는 그들만의 특선 요리가 있었다. 그 중에 사탕절임이나 고기, 또는 신선한 채소나 말린 채소로 속을 채운 참깨 만두가 최고였고, 너무 맛이 좋아 인기 폭발이었다. 그 외에 다양한 종류의 찐빵과 만두도 사람들이 많이 찾는 메뉴였다. 샤오룽바오soup bun와 튀긴 빵fried bread도 꾸준히 찾는 음식이었다. 기타 인기 있는 음식으로 지역 특선 요리도 있었는데, 난징 요리인 소금에 절여 눌린 오리고기pressed salted duck, 강남 지역에서 멀리 떨어진 사천 지역 요리에 해당하는 오향 야생오리five-fragrance wild duck를 들 수 있다. 양저우 내에서는 오리를 재료로 하는 요리가 인기가 높았으므로, 청나라 전체의 입맛에도 일부 반영되었던 것 같다.

수로가 많던 양저우에서는 소풍을 나가면 항상 음악과 성적인 즐거움뿐 아니라, 먹고 마시는 일도 당연히 따랐다. 사실상 다양한 사회 계급에게 연회 서비스를 제공하던, 양저우의 유명한 유람선들은 종종 호위대가 따라 붙을 만큼 규모가 컸으나 배 안에 자체 부엌은 없었다. 그래서 조리 시설을 제공하는 유람선은 그 인기가 대단했다. 그래서 이렇게 쾌락을 즐기는 소풍 자리에 양반이 자기 요리사를 데리고 오는 일이 낯선 풍경은 아니었다. 그들은 연회에 필요한 모든 장비와 일손까지 다 데리고 왔다. 개인 요리사들 중에는 그들만의 특선 요리로 명성을 얻은 이들도 있었는데, 우 이샨의 두부 구이, 톈 얀먼의 오리 구이, 왕 인샨의 뼈 없는 생선, 완 웬미의 약과가 유명했다. 요리사가 없을 때에는 양저우에 많이 있는 연회용 식당 한 곳에서 유람선으로 음식을 배달시켰다. 술을 파는 장사치들은 배 근처에서 언제든 주문만 하면 공급할 준비를 갖추고 물 위에 떠 있었다.

18세기 말 음식 문화에 중요한 특징은 미식법에 중점을 둔 문학 장르가 점점 늘어갔다는 것이다. 이미 살펴보았다시피, 요리책이나 미식법에 대한 관심은 더 이상 새로울 건 없었고, 17세기부터 꾸준히 그 세력을 넓혀서 이때에 이르러서는 이름 있는 학자들 사이에서 이미 문화적 조류의 한 부분으로 자리 잡았다.

학자들은 각기 다른 명분으로 요리책을 썼다. 먼저 정치적으로 혼란한 시기에 요리책을 쓰는 일은 정치에 휩쓸리지 않는 안전한 은신처가 되었다. 물론 황실과 제국 전체의 요리에 대한 관심이 점점 높아지면서 이런 양상들도 점점 줄어들었다. 그 외에 원나라의 화가 예찬倪瓚, Ni Zan (1301~1374)의 요리책은 몽골 족 침략에도 불구하고 외부의 영향을 전혀 보이지 않는 여러 작품들 중에서 단연 뛰어났다. 아마도 간접적인 저항을 의식한 책이었던 것 같다. 일부 사람들은 건강과 영양이 특정 종류의 음식과 그것들의 조합에서 비롯된다고 여겼기 때문에 그것에 대한 지식을 전달하는 데 관심을 두었다. 하지만 무엇보다 대다수의 학자들은 명나라 말기 문인 진계유陳繼儒 Chen Jiru(1558~1639)가 요리책을 쓰면서 걸었던 명분을 따랐다. 그는 의도적으로 공직 생활에 등을 돌린 채 후학을 양성하고 글을 쓰는 일에 몰두했다. 그의 문장은 생활의 즐거움을 담은 대중적인 글이나, 비문처럼 보다 격식을 차린 찬미가 등등 다양했다. 진계유는 이렇듯 관습을 벗어나 자유로운 분야에서 탁월한 성공을 거두어서 출판업자들 사이에서는 그의 이름을 걸고 책을 내는 것이 일종의 마케팅 차원에서 이용될 정도였다. 진계유가 고렴의 『준생팔전』에 대해 잘 알고 있었는지는 확인할 수 없다. 그러나 분명한 것은 그가 고렴 같은 부류와 장대 같은 부류 사이를 잇는 연결 고리 역할을 했다는 것이다. 기록에 의하면, 장대는 어린 시절 할아버지와 함께 외출했을 때 유명한 노 문장가 진계유를 한 번 만났었다고 한다.

진계유를 따랐던 문장가 중에는 17세기 후반의 이어李漁 Li Yu(1611~1680)가 있다. 그의 『한정우기 閑情偶寄』는 여가, 여행, 여성, 음식, 위생, 희곡, 건축 등 여러 가지 주제를 담은 문집이다. 이 안에는 이보다 훨씬 더 많이 알려진 호색 소설, 대중 희곡 등의 작품과 유명한 『개자원화전 芥子園畵傳』도 일부 들어 있다. 18세기 초중반에 발간된 또 다른 요리책으로는 청나라 공식 역사가 주이준Zhu Yicun(1629~1709)이 쓴 것도 있다. 그의 저서는 건강과 음식뿐 아니라 곰발바닥과 사슴힘줄같이 희귀한 사치 음식, 정교한 고기 요리를 채식으로 모방한 음식 등에 초점을 맞추었다. 하지만 그 외에 많은 저서는 지역적 특색에 중점을 두었는데, 가령 『티아오 딩 피 Tiao Ding Fi』는 대부분 강남 지역의 요리법에 대한 방대한 개론서이다.

이 분야에서 가장 유명한 작품은 18세기 후반에 나왔다. 원매袁枚 Yuan Mei(1716~1798)는 전도 유망한 관리직을 포기하고 난징에서 문인으로 일생을 살았는데 그의 저서 『수원식단 隨園食單』은 한동안 원고 상태로 회람되던 중 1796년 발간, 이두의 『양주화방록』(1795)과 거의 동시에 세상에 나왔다. 원매 역시 난징에서 그리 멀지 않은 곳에 살았으므로, 분명히 이두가 『양주화방록』에서 기술한 사항을 잘 알고 있었을 것이다. 하지만 그의 주요 관심사는 이두와 많이 달랐다.

원매는 잠시 동안이었지만 매우 돈벌이가 쏠쏠했던 청조 관리로 있다가 은퇴했다. 그는 수십 년간 수집한 요리법을 모아 『수원식단』을 발간했다. 그 중에는 그가 즐기던 특정 요리에 대해 주변 요리사 친구들과 상담을 하면서 얻어낸 요리법도 있었다. 이는 당시 학자들의 요리 모음집에서는 낯설지 않은 관습이었다. 그들은 책의 서문에 그런 결과를 설명하는 비평을 싣곤 했다. 물론 원매는 전문가들에게 전적으로 의존하지 않아도 될 정도로 요리에 대한 해박한 지식을 갖고 있었다. 그는 이런 내용을 책에 넣기 전에 출판업자의 감시 하에 직접 요리법을 시험해 보았었다. 그는 특히 이어를 비판하는 등 선배들의 책을 대부분 마음에 들어 하지는 않았다. 하지만 그 중에서 부활시킬 가치가 있는 것도 있다

이 그림에 묘사된 것과 같은 축제는 축하를 위한 행사이면서 동시에 진수성찬이 나오는 거대한 연회이기도 했다. 장대는 1633년 항저우 근처에서 열렸던 그런 행사에 친구들과 참석했던 때를 "각자 술 한 부대, 곡물 다섯 바구니, 곡물 다섯 바구니, 10가지 채소와 과일, 그리고 앉아서 먹을 붉은 융단을 들고 갔다."고 회상했다.

다음 면 비옥한 땅, 호수와 강을 잇는 수로, 비교적 온화한 기후의 강남 지역은 채소와 민물 어류를 비롯해 다양한 지역 특산물로 유명했다. 신선한 식품과 건조 식품을 파는 크고 작은 시장을 도시 전역에서 흔히 볼 수 있었다. 오늘날에는 오염으로 인해 강남의 특징적인 요리가 계속 이어지기 어려운 지경에 이르렀다.

고 생각했는데 가령, 그만의 요리법을 기초로 해서 쓰고 선배 예찬의 호를 따 이름지은 '운림 취아雲林炊鵝 (운림 거위구이)'가 그 좋은 예이다.

18세기 후반의 미식 관련 저서와 명나라 말기의 저서는 서로 어떻게 달랐나? 각 집단의 저서는 그 시대 지식 계급의 관심을 반영했다. 사실 먼저 나온 저서들은 음식에 대한 미학적 기준을 정한, 미각적 취향 안내서로서 건강과 영양 문제를 설명했다. 원매를 비롯한 후기 저서들은 그런 목적을 공유하면서 거기에 한 가지 목적을 추가했다. 그것은 사실事實로부터 진리를 찾는 철학 방식, 즉 '실증주의'로 알려진 문화적 움직임에서 파생된 목적이었다. 원매와 그 외에 많은 문인들은 다른 책이나 요리사들로부터 직접 먹어 보았던 요리법을 수집한 다음, 직접 시험해 보았다. 경험주의적 관찰과 실용적인 실험주의는 이 모든 연구를 이끄는 추동력이었다. 이는 먹는 즐거움과 건강에 대한 관심, 미각적 취향의 기준을 강화하는 면에서 이뤄진 연구였다.

원매는 1825년 유명한 저서 『미각의 생리학』을 발표한 근대 프랑스 미식법의 권위자 브리야 사바랭과도 간혹 비교된다. 둘이 비교가 되는 것은 아마도 원매가 요리에 대해 나름대로 확고한 의견을 피력했고, 미식가들의 지식이 참으로 중요하다고 주장했기 때문일 것이다. 여러 가지 요리 비결 중에서도, 원매는 요리사가 항상 최고 품질의 재료를 써야 하며, 조금이라도 신선하지 않은 것은 거부해야 한다는 점을 단호히 주장했다. 양념을 할 때에는 균형을 유지하려고 애써야 하며, 재료의 본래 맛을 존중해야 한다고 했다. 또한, 위생 관념이 투철해야 하며, 다른 맛이 나는 재료는 각기 다른 냄비를 써야 하고, 찻물이 끓는점에 도달했을 때 비로소 찻잎에 부어야 한다는 점도 확고하게 내세웠다.

원매의 이같은 견해는 사회적 행동과 에티켓 원칙으로까지 확대되었다. 그는 간혹 이런 기준에서 일탈하는, 가령 질보다 양을 더 중시하는 사람들을 비판하곤 했다. 한번은 유명한 관리의 집에 초대받아 비싼 음식을 대접받았지만, *그가*

건륭제는 온 세상을 다스리는 권위를 시각적으로 표현하기 위해서 무사, 미식 전문가, 학자, 티베트 불교도 등등 여러 가지 옷차림을 하고서 초상화를 그렸다. 이 그림에서 그는 아름다운 정원에 앉아서 수집한 물건들을 감상하는 모습으로 나오는데, 이는 미학적 세상을 지배하는 자신의 세력을 어느 정도 과시하기 위한 것이었다.

보기에는 완전히 맛이 없는 음식이라 그 관리를 크게 비웃기도 했다. 그런데 그건 바로 당시의 황제였던 건륭제가 즐겨먹던 제비집이었다. 아마도 황제에게 바칠 때에는 좀더 입맛에 맞게 만들었을 것이지만 원매에게는 그러질 않았었나 보다. 또 한번은 어느 친구에게 교우 관계를 계속 유지하고 싶다면 다시는 식사 초대를 하지 말아달라고 부탁한 적도 있다. 이런 일련의 일화들만 봐도 그의 저서가 단순히 요리법을 모은 책이 아님을 알 수 있다. 하지만 그 모든 내용은 실제 관습에 기초한 조리법을 연구하고 기록하는 지식인의 관심사를 나타내고 있다.

결론적으로, 중화 제국의 미식법은 두 가지 주요 분야로 구성되었다. 먼저 최고의 음식, 가장 귀한 음식을 조달하여 맛을 보는 일이며, 그 다음 바로 그것에 대해 글을 쓰는 일이다. 전자는 시간이 좀 들긴 하지만 일시적인 일이며, 후자는 보다 영구적인 일이었다. 그러나 양쪽 모두에는 건강과 영양에 대한 관심이 속속들이 배어 있다. 그리고 둘 다 지식인의 일상적인 활동이었다. 즉, 대부분의 음식 관련 저자들은 미식가들이었으며, 많은 미식가들이 음식에 대한 글을 썼다. 중국 미식법의 현존하는 전집들은 모두 신기하게도 중국의 미식법 자체가 규정한 판─차이 원칙과 유사성을 보였다. 그런 저서들은 실증주의 철학 등을 따라 다소의 변화를 보였지만 맛과 건강, 훌륭한 취향이라는 동일한 핵심 관심사를 담고 있었다. 중국의 미식법은 하나의 단일한 형태 안에서 무한한 변형을 이루며 지금까지 이어 내려오고 있다.

4 음식의 쾌락

중세 이슬람 요리 관습의 탄생

H. D. 밀러

이슬람 경전 쿠란에는 알라신이 무슬림들에게 "우리가 너희들에게 내 주는 좋은 것을 먹어라."라고 명령하는 장면이 여러 번 등장한다. 맨 처음은 2장Surah 172절, 173절이다. 그리고 특히 썩은 고기, 피, 돼지고기, 불법으로 도살된 동물, 중독성이 있는 음료, 알라가 아닌 다른 신에게 봉헌한 음식을 먹는 것은 금지된다. 따라서, 애초부터 무슬림들에게 식품이란 허용된 식품인 할랄halal과 금지 식품인 하람haram 두 가지 범주로 나뉜다.

시대를 거치면서 이슬람 율법이 보다 정교해지고, 아랍 인이 새로운 음식 문화를 지닌 나라들을 정복함에 따라, 이슬람 율법의 특정 교파들은 무슬림들에게 더 많은 식품을 금지시키곤 했는데, 특히 육식 동물, 맹금류, 일부 조개류, 대부분의 곤충류와 파충류, 그리고 '송곳니를 가진 동물들'이 금지 식품 목록에 들어갔다. 하지만 중세 초기 무슬림 요리사들은 이런 금지 식품을 쓰지 않더라도 이슬람 고유의 요리 관습을 따라할 수 있는 재료들은 풍부했다. 곡물, 우유, 꿀, 채소, 과일, 견과, 합법적으로 도살된 사지 동물, 생선, 가금류, 사냥으로 갓 잡은 조류 등이 모두 무슬림 식탁에 오를 수 있는 할랄로서, 무슬림 요리사들은 이 모든 재료를 광범위하게 사용했다.

그러나 메카와 메디나와 같은 사막 도시에 살았던 고대 무슬림의 식습관은 분명 보잘것 없었다. 한편, 『하디스Hadith』(선지자 무함마드와 초기 추종자들의 격언과 전통을 모은 이슬람의 성전—역주)를 읽어 보면 무함마드는 순수한 본토 요리라고 여겨지는 맛있는 음식이나, 아라비아 사막 스타일의 음식을 즐겨 먹던 사람이라는 생각이 든다. 그 책에 언급된 여러 식품들 중에서 특히 곡물, 육류, 우유, 대추 야자, 기타 사막에서 나는 과일 등으로 소박하게 준비한 음식들은 무함마드의 식습관과 일치한다. 이런 소박한 식습관은 후에 독실한 무슬림들이 본받으려고 애를 쓴 습관일 것이다.

무함마드가 먹은 것 중에서 고기는 "이 세상과 천국의 사람들이 먹는 가장 위엄 있는 음식"이라고 말했던 것처럼 최고로 찬사를 받았다고 전해진다. 실제로 고기를 먹는 것은 무슬림들에게는 거의 종교적인 의무가 되었다. 왜냐하면,

연회 준비는 꽤 정교하게 이루어졌던 것 같다. 여기 15세기 무슬림 무굴 제국의 원고에서 발췌한 장면이 그 사실을 증명한다. 이 그림에서 도살업자가 염소를 잡는 동안 요리사들은 음식을 잘라 냄비에 넣는다. 도살업자의 조수는 죽은 짐승의 피를 받기 위해 그릇을 들고 있다.

그들은 알라로부터 메카 순례가 끝났음을 축하하는 아이드 알 아드하Eid al-Adha 축제 기간 동안 양을 제물로 바치고, 희생 제물 고기를 가난한 자들에게 나눠 주라는 명령을 받았기 때문이다. 무함마드는 사용이 까다로운 음식을 나이프로 음식을 먹는 것은 외국의 허세라고 생각하여, 구운 고기를 직접 들고 이로 물어뜯어 뼈에서 발라내 먹기를 더 선호했다. 하지만 그 또한, 어떤 고기 요리도 타리드tharīd에 비길 바가 아니었다. 타리드는 빵부스러기를 넣어 걸쭉하게 만든 소박한 고기 스튜이다. 후대에 무슬림 요리사들은 이 타리드를 수십 가지로 변형시켜 만들곤 했다. 그러나 그 많은 변형 음식 중에서 『하디스』에 언급된 유일한 변형 요리는 말린 고기와 조롱박을 넣어 만든 타리드이다. 조롱박은 선지자 무함마드가 매우 즐겨 먹던 채소라고 알려졌기에 다른 신도들도 덩달아 그 타리드를 무척 좋아한다고 말하면서 자긍심을 느끼곤 했던 것이다.

그리고 선지자 무함마드의 가죽 식탁보(무함마드는 금은 접시를 사용하지 않았으며, 식탁에 앉지도 않았으며, 신선하고 무른 빵은 아예 입에 대지 않았기 때문에 음식을 먹을 때 가죽을 이용했다.)에서 발견된 음식은 밀기울로 쑨 묽은 수프 하지라Khazira, 대추 야자, 응유, 버터 기름을 섞은 하이스hais, 밀이나 보리로 쑨 걸쭉한 죽 사위크sawiq, 곡물에 사막 산토끼 다리와 허리살을 뭉근하게 끓이거나 가끔은 구운 것을 섞은 실크silq였다. 그리고 신선한 오이, 멜론, 생대추 야자와 말린 대추야자, 야자 고갱이도 있었다. "타리드가 다른 어떤 음식과도 비교할 수 없듯, 그가 총애하는 부인 아이샤Aisha도 모든 여자들 중에 최고였다."는 말도 나온다. 그가 꿀과 대추 야자를 즐겼다는 점에서, 그는 단것을 좋아했다는 사실을 알 수 있다. 이 모든 것은 먹을 것이 궁핍한 생활을 해야 했던 사막인들이 주변에서 쉽게 찾을 수 있는 재료로 만들었던, 보통의 음식들이었다. 오늘날에도 아라비아 사막의 베두 인들이 대부분의 이런 음식을 일상 음식으로 먹고 있다.

『하디스』에는 반복적으로 선지자 무함마드가 아주 보잘것 없는 음식을 정성스레 먹는 모습이 나온다. 그때는 음식도 귀했고, 선지자와 초기 추종자들이 메카에서 피난을 가야 하는 처지였기 때문에 그는 쓰디쓴 잎사귀 한 움큼, 가장 품질이 낮은 말린 대추 야자, 물에 보리 몇 알 섞은 것을 먹고도 절대 불평하지 않았고, 도리어 그것을 내려 주신 알라신에게 감사드리는 것을 잊지 않았다. "네 앞에 있는 것을 먹어라."가 그의 좌우명이었다. 그걸 보고 다른 이들은 "선지자께서는 절대로 음식을 탓하지 않으셨다. 그가 좋아하는 것이면 드셨고, 싫어하는 것이면 남기셨다."고 언급했다. 그러나 웬만해선 음식을 남기지 않는 무함마드가 유일하게 싫어하는 단 하나의 음식이 있었는데 그건 바로 도마뱀이었다. 여러 전설에 의하면, 어느 날 무함마드 앞에 도마뱀 구이를 갖다 놓았는데 손도 대지 않았다고 한다. 그 즉시 제자 한 사람이 그것이 하람이냐고 묻자 무함마드는 "아니다. 그저 내가 좋아하지 않을 뿐"이라고 대답했다. 하지만 이 일이 있은 후로 후대 무슬림 율법 학

덫을 놓아 잡는 사막 토끼, 매나 개는 고대 무슬림이 가장 좋아했던 식품으로서 그들이 사막 생활을 청산한 후인 도시의 정교한 접시를 장식하는 데에도 계속해서 등장한다. 세 마리의 사막 토끼 그림을 주 소재로 삼아 접시를 장식한, 이집트나 시리아의 이런 접시는 중세 이슬람권 상류 중산층 가정에서 흔히 볼 수 있었을 것이다.

대략 12세기, 카이로의 목욕탕 벽에 그려진 그림으로 젊은 남자가 유리잔을 들고 있다. 무슬림들에게 술은 금지 식품이었지만, 고전 시대에는 상하 계층 관계없이 술을 찬미하는 시를 짓던 강한 전통이 존재했다. 독실한 상류층 가정에서도 과일즙과 설탕으로 샤르바트(sharbat)라는 비알코올성 음료를 만들어 마시곤 했다.

자들은 신도들이 도마뱀을 먹는 것은 옳은 행위가 아니라고 여길 정도였다.

무함마드는 식사를 할 때에 적절한 에티켓을 지키고, 대접할 만한 음식이 별로 없을지라도 손님 환대는 많이 해야 한다고 주장했다. 그가 말한, "두 명이 먹을 수 있는 음식은 네 명이 먹기에도 거뜬하며, 네 명이 먹을 수 있는 음식은 여덟 명이 먹기에도 거뜬하다." 라는 말은 베두 인족의 전설적인 손님 환대 문화를 그대로 드러내 주는 명령이다.

초기 무슬림 식단의 이와 같은 엄격함에도 불구하고, 혹은 어쩌면 그런 이유 때문인지 몰라도 『쿠란』과 『하디스』에는 천국에서 신도들을 기다리고 있는 음식에 대한 언급으로 가득하다. 천국에는 여러 강이 있는데 절대로 취하지 않는 술이 흐르는 강, 절대로 상하지 않는 우유가 흐르는 강, 진짜 꿀이 흐르는 강이 온갖 종류의 과일 나무로 가득 한 정원으로 흘러든다. 그곳 황금 옥좌에 앉으면, 갈색 눈의 풍만한 천국 미녀들이 '가금류의 살'을 떼어 입에 넣어 주고 날씬한 청춘 남녀들은 황금과 크리스털 술잔에 영원히 마르지 않을 술을 채운다. 분명 이런 내용들은 현실에서는 비록 최악의 식사를 할지라도 항상 신께 감사하던 사람들에

فصادف من ولبابسنجار أن أوهم بها الحد النجار فدعا
إلى مأدبة الجفلا من أهل الحضارة والفلاح بسر
دعوته إلى القافلة وجمع فيها بين الفريضة والنا فلة
فلما اجبنا منادية ومثلنا نا دية أحضر من لطعمه البلد
والبك من ما حلا بالفم وجلى بالعين صورة السماط

게는 현재의 삶을 견디게 해 주는 절대적인 자극이자 삶에 대한 보상이었다.

632년 무함마드 사후 맨 먼저 이른바 '정통 칼리프'라고 불리는 직속 승계자들이 통치하였고, 그런 다음 후임자 우마이야 왕조가 들어섰다. 바로 이 시기에 이슬람이 확장되면서 이슬람교 신도들의 인구 통계도 변했다. 메카와 메디나 주변의 아라비아 사막에서 벗어나 영토가 확장되면서 초기 무슬림들은 그리스, 이집트, 페르시아 인과 직접 접촉했다. 그리고 마침내 무슬림 역사 1세기만에 북아프리카의 베르베르 족, 프랑크 족, 인도인, 그 외에 새 종교로 쉽게 개종한 많은 민족들과도 교류하게 되었다. 쿠란에 적힌대로 금기된 음식을 철저히 지키며 발전해 왔던 이슬람에 교류가 빈번한 여러 민족, 여러 종류의 종교에서 그들의 독특한 맛과 음식이 전해졌다. 무함마드가 좋아했던 빵을 넣은 고기 스튜, 타리드는 곧 계피, 생강 같은 향신료와 카르둔cardoon, 당근 같은 낯선 채소들을 넣은 형태로 변했다.

7세기 중반 우마이야 왕조의 칼리프, 무아위아는 수도를 사막 도시에서 새로 정복한 다마스쿠스로 옮겼다. 비잔틴 제국의 수도 다마스쿠스는 사막 유목민 무슬림 정복자들이 한 번도 본 적 없는 국제적인 도시였다. 떠돌이 유목민의 고향 히자즈Hijaz(메카와 메디나 주변 지역―역주)와 달리, 7세기 후반 시리아는 농사를 짓고 나름의 음식 문화가 있는 일종의 에덴 동산이었다. 히자즈 시절, 대부분의 초기 무슬림들은 가죽 식탁보 위에 날것 그대로 구운 도마뱀 하나를 얹어 놓고 먹으면서도 즐거워했다. 그러나 이제 메소포타미아, 레바논 산맥, 지중해로 생활 무대가 바뀌게 되고 더구나 바라다Barada 강이 물을 대는 잘 정비된 오아시스 체제, 구타 Ghuta라 불리던 다마스쿠스 주변까지 접근하게 됨으로써 그 도시에서 만나는 다양한 음식들은 곡물, 대추 야자, 고기로만 이루어진 간단한 사막의 주식主食과는 비교 자체가 불가능했다. 메카는 예멘에서 시리아 주변의

왼편 다 같이 모여 닭고기 구이를 먹는 이 그림에서 사람들은 오른손 집게손가락으로 음식을 먹고 있다. 이는 선지가 무함마드가 음식을 먹는 방법을 따라한 하나의 관습이었다.

오른편 중세 무슬림 연회에는 반드시 고기가 있어야 했다. 선지자 무함마드도 고기를 가리켜 "이 세상과 천국의 사람들이 먹는 가장 위엄 있는 음식"이라고 불렀다. 이 그림은 동물의 도살부터 요리와 차려내는 것까지의 전 과정을 보여 준다.

"그대들 쪽으로 야자수 줄기를 흔들어라. 그러면 신선하고 잘 익은 대추 야자가 그대들 앞으로 떨어질 것이니. 그리고 먹고 마셔라. 그러면 그대들의 눈은 기쁨에 넘칠 것이니."(쿠란 19L25-26) 쿠란에서 가장 자주 언급되는 대추 야자는 알라신의 특별한 선물의 하나로 인식되었다. 이러니 대추 야자가 다마스쿠스의 우마이야 대사원(Ummayyad Mosque)의 보고(寶庫)에 그려진 모자이크의 주제가 될 만한 가치가 충분히 있었다.

지중해 연안에 이르는 무역로의 주요 거점이었을 것이나, 그때나 지금이나 농사 자원이 거의 없는 사막 도시일 뿐이었다.

메카에서 다마스쿠스로 천도함으로써 초기 무슬림들은 비잔틴과 페르시아 요리 관습, 또한 그리스 로마 식민지 왕실의 화려한 관습과도 직접 접촉하게 되었다. 3대 칼리프 우트만의 강력한 후계자인 우마이야 왕조와 그의 조카인 5대 칼리프 무아위야는 한 치의 주저도 없이 텅텅 비어버린 비잔틴 제국의 궁정으로 들어가 비잔틴 궁정의 제왕 스타일을 그대로 받아들였다. 그들은 짤막한 명령 하나로 비잔틴과 페르시아 요소를 합하여 그랜드 모스크Grand Mosque 같은 신규 대중 건물들을 무슬림 기운이 물씬 풍기는 스타일로 세우기 시작했다. 한편, 이와 유사한 경향이 이슬람의 부엌에서도 일어나고 있었다. 비잔틴, 페르시아, 그 외 제국 전역의 여러 문화가 무슬림만의 식품, 기술, 향신료에 들어와 섞였다. 그 결과, 독특한 무슬림 상류 계층의 식사 스타일이 탄생하였다. 가난한 이들은 아직도 선지자 무함마드가 먹었던 음식을 주로 먹고 살았지만 왕실 사람들과 왕실을 따르는 사람들은 비싼 향신료, 이국적인 재료, 정교한 제조 기술을 바탕으로 만든 훨씬 으리으리한 음식을 이제는 초라한 가죽이 아닌, 금과 은으로 만든 접시에 담아서 먹었다.

750년, 무함마드 친족의 후손인 이븐 압바스는 우마미야 왕조의 오만하고 불경스런 통치에 불만을 품고 복종을 하지 않던 시아파와 이라크와 호라산Khurasan의 비아랍계 무슬림들인 여러 분파들을 모아서 혁명을 주도하여, 우마이야 왕조를 무너뜨렸다. 우마이야 왕조의 남은 사람들은 저녁 식사 자리에서 최후의 몰락을 맞이했다. 같은 해 새로 왕좌에 오른 압바스 왕조의 칼리프, 아부 알 압바스는 화해의 연회 자리라고 공표했던 저녁 식사 자리에서 마지막 코스가 나올 때에 맞춰 우마이야 왕조의 남은 사람들을 모두 학살하고 말았다. 이때 유일하게 살아남은 압드 알 라흐만은 북아프리카를 거쳐 새로 정복한 이베리아 반도로 피신하여 그곳에서 자기가 통치자라 자처했던 것 같다.

페르시아와 이라크 인에게 빚을 지게 된 압바스 왕조는 즉시 무슬림 수도를 동쪽으로 옮겼다. 맨 처음 쿠파Kufa로 갔으나 최종적으로 762년 티그리스 강 연안의 계획 도시 바그다드로 천도했다. 세 민족을 잇는 요충지 안에, 중앙에 칼리프 왕궁과 대 사원을 갖추고, 고대 바빌로니아와 사산 왕조의 유서 깊은 도시의 잔해 위에 건설된 바그다드는 순식간에 무슬림 세계의 중심지가 되었다. 그리고 무슬림 요리 관습이 호사스러움과 정교함의 극치에 이른 것도 바로 이곳 바그다드에서였다.

9세기 초반, 전설의 칼리프 하로운 알 라시드Haroun al-Rashid 통치 기간에 바그다드의 상류층은 이미 다양한 음식 세계에 완전히 사로잡혔다. 단지 비싼 음식을 먹는 일이 아니라, 요리 기술에 관한 책을 읽고 쓰는 일, 심지어 요리 그 자체에 매료된 것이다. 그와 같은 쾌락주의 분위기 속에서, 좋은 요리는 컴컴한 부엌에서 노예 하인들에 의해 행해지는 일이 아니라, 심지어 칼리프에게도 합당한 고급스런 활동으로 발전했다. 사실 『아라비안나이트The Arabian Nights'

저녁을 치우고 나면 음료가 나오는데 이때부터 저녁의 여흥이 시작되었다. 여기 16세기 세밀화(miniature)는 페르시아의 시인 니자미(Nizami)가 악사들을 거느린 채 그의 시 '비밀의 보물 Treasury of Secrets'를 읽는 모습을 묘사하고 있다.

Entertainment』에서 세헤라자드가 들려 주는 가장 매혹적인 이야기의 주인공이 바로 하로운 알 라시드이며, 그 내용 역시 그가 요리사로 변장하여 연인들을 위해 티그리스 강에서 손수 갓 잡아 올린 생선으로 식사를 만들어 주는 이야기였다.

생선을 요리하는 일이 더이상 압바스 왕조 칼리프의 위엄을 떨어뜨리는 활동이 아니었다면, 요리에 관한 글을 쓰는 일도 분명히 그에 버금가는 가치가 있었을 것이다. 압바스 왕조는 바그다드 천도 직후에 그들과 동떨어진 페르시아 왕들의 반-신성半神聖한 스타일을 채택했다. 여기에는 그들의 호사스러운 식습관도 포함되었다. 중세 이슬람의 문학 작품 중에 없어서는 안 될 책이 바로『피흐리스트Fihrist』이다. 이것은 10세기 말에 나온, 주석이 달린 참고 문헌 색인으로서 바그다드 서적상 이븐 알 나딤Ibn al-Nadim이 수집한 것이다.『피흐리스트』에는 수십 권의 요리책과 요리 전문 학술서 목록이 들어 있는데, 가장 오래된 것은 8세기 후반의 책도 있었다. 그러나 유감스럽게도 그 중에 남아 있는 책은 하나도 없다.

9세기와 10세기가 지나면서 요리책과 식사 에티켓에 대한 책의 인기가 높아졌다. 바그다드 내 미식 전문가들의 기준이 너무 높아져서 좋은 가문에서 교육을 잘 받은 신사라면 식사와 관련된 다양한 원칙들을 다 알고 있어야 할 정도였다. 음식과 포도주의 궁합, 보기 좋게 디저트를 담는 방법, 최근 향신료 분야에서 일어난 요리의 혁신 내용, 저녁 식사 중에 암송하기에 적당한 유명한 시 등등 그 주제도 어지러울 만큼 많았다. 심지어 그런 책을 쓴 개개인의 면면도 매우 인상적이었다. 요리 관련 소책자의 저자로,『피흐리스트』에 올라 있는 사람들 중에는 왕실의 고위 인사, 고급 관료, 시인, 그 외에 유명한 역사가이자 지리학자인 알 마수디al-Masudi, 하로운 알 라시드의 이복 형제인 이브라힘 알 마흐디Ibrahim al-Mahdi 왕자도 있었다.

이브라힘 알 마흐디 왕자는 바로 베르 주스verjuice나 식초로 만드는 신맛의 미트 스튜, 이브라힘이야ibrahimīya를 발명한 주인공이었다.

그러나 중세 무슬림들에게 있어 아랍 요리 문학 중 가장 중요한 장르는 '식탁에 대한 시'였을 것이다. 바로 디너 파티에서 읊을 수 있는, 음식과 식사에 관한 정교한 찬미가들이다. 이 장르 가운데 위대한 작품 몇몇은 역사가 알 마수디의 『황금 초원Meadows of Gold』 속에 길게 인용되어 있다. 이 책은 칼리프 알 무스타크피al-Mustakfi(재위 944~966)가 열었던 특별한 문학 연회에 대해 기술한다. 알 무스타크피의 연회 자리에서 손님들은 특정 음식을 찬미하는 유명한 시를 암송할 준비를 해야 했다. 그런 다음에 시에서 묘사한 대로 음식을 즉시 요리하여 차려 놓곤 했다. 그날 참석자들은 믿을 수 없을 만큼 다양한 음식을 먹었다. 전채 요리에서 닭요리, 새끼 염소 구이, 생선을 거쳐 수많은 디저트로 마무리했는데, 그건 모두 손님들의 문학적 노력과 음식 재료 공급을 제대로 받은 궁정 부엌이 이룬 결과였다. 당시 제철이 아닌 탓에 신선한 아스파라거스 공급에 차질이 생길 뻔했지만, 궁정에서는 다마스쿠스로 사람을 보내 신선한 아스파라거스를 구할 정도로 애를 썼다.

메뉴가 정해지는 방식이 좀 특이하지만, 위와 같은 정교한 연회는 칼리프들의 식사 상황을 고려한다면 지극히 정상적이었다. 무함마드가 선호했던 소박한 디저트 대접은 수세기가 흐른 뒤에는, 로마 멸망 이후 뚝 끊겼던 무절제한 호사스러움으로 다시 변하고 말았다. 명절과 특별한 행사 때마다 칼리프의 돈으로 수천 명의 사람들이 여러 코스의 저녁 식사를 대접받곤 했다. 그리고 칼리프가 집에서 친구들과 식사를 할 때면 한 번에 300개쯤 되는 요리가 나왔다는 사실을 자랑하곤 했다. 칼리프의 하렘에는 수많은 여성들이 있었기 때문에, 디너 파티에서는 수많은 음식을 먹는 기쁨 외에 다른 기쁨도 제공했는데 이 또한 칼리프가 자신의 부와 권력을 표현하는 하나의 방법이었다. 이에 바그다드의 시민들은 칼리프의 업적을 통해 장엄한 통치권에 대한 자긍심과 대리 만족을 동시에 느끼며 살았다.

물론 압바스 왕조 초기 많은 의사들은 뱃속을 채우며 즐기는 이런 연회에 대해 건강 문제를 제기하며 반대했다. 고대 그리스 의학 이론에 기초해서 작성한 의사들의 음식 관련 논문이 넘쳐났다. 이 중에 10세기 카이로의 의사 알 이스라일리Ishaq b. Sulayman al-Isra'ili의『키탑 알 아그디야Kit-bāal-aghdīya 음식에 관한 책』등 몇 권은 라틴 어로 번역되기도 했는데 유럽 의사들이 그것을 참고할 가치가 있는 책으로 판단함으로써 당시 라틴 어권에서는 꽤 오랫동안 영향을 끼쳤다. 바그다드로 눈을 돌리면 당시 아랍의 음식 관련 논문을 썼던 유대인, 무슬림, 기독교계 의사들은 대개 칼리프의 궁정에 있던 저명한 사람들이었다. 그들은 음식을 만들고 먹는 일에 대해 자주 상담했으며, 건강에 해롭다고 판단된 음식은 칼리프에게 금지시키는 등의 권위를 부여받기도 했다.

그러나 몇몇 사람들은 건강상의 기준이 아니라 도덕적 기준에 근거하여 상류층의 화려한 소비 행태에 반대하기도 했다. 뱃속을 불리는 것에 지나치게 집착하면 참된 교화를 할 수 없다는 논리였다. 압드 알 쿠두스Salih b. 'Abd al-Quddūs는 18세기 말, '우리는 항상 새로운 초원을 찾기만 할 뿐 깨달음을 추구하지 않는 짐승들 사이에서 살아간다. 만일 당신이 생선과 채소에 대한 글을 쓴다면 그런 짐승 같은 자들은 당신이 자기들에게 유익한 가치 있는 것을 모아 설명을 했다고 생각할 테지만, 만약 당신이 과학적으로 생선과 채소를 분석해서 말한다면 그들은 곧 지루해하고 싫증낼 것이다.'라고 일갈했다. 실제로도 칼리프 알 마흐디는 압드 알 쿠두스의 책이 너무 지루하고 따분하며 이단적이라고 생각하여 793년에 그를 처형시켰다.

중세 바그다드는 약동하는 이슬람 세계의 번화한 중심지에 자리 잡고 있었다. 당시 이슬람은 인더스 강부터 대서양까지 세력을 뻗쳤다. 이국적인 식품과 요리 전통이 그 중심지에 쏟아지면서 먹는 음식과 먹는 방식에도 영향을 끼쳤다. 그러나 이에 못지않게 바그다드 상류 미식가들도 광대한 이슬람 세상에 큰 영향력을 행사했다. 바그다드의 요리 문화가 어떤 식으로 전체 이슬람권에 영향을 끼쳤는지를 보여 주는 한 가지 유명한 예를 지르얍Ziryab 이야기에서 찾을 수 있다. 그는 바그다드 출신의 노예이자 음악가로서 고故 우마이야의 증손자, 압

드 알 라흐만 2세의 악사로 뽑혀 안달루시아 궁정 내 코르도바Córdoba에 머물
렀다. 때문에 그는 이슬람 세계에서 가장 위대한 권력자 중 한 사람이 되었다.

9세기 초의 코르도바는 바그다드와 달랐다. 이슬람 세계의 서쪽 끝에 위치하
여, 그 무렵 반 야만인인 서고트 족에게서 겨우 해방된 상태였으므로, 한마디로
상류 계급들이 천하고 탐욕스런 행태로 부를 과시할 수 있는 도시였다. 참으로
다양한 식품이 넘쳐나서 쉽게 상상도 못할 이상한 방법으로 요리하여 음식을
산더미처럼 차려냈기 때문에 손님들은 나이프와 이빨, 나무 숟가락으로 무장한
채 음식을 즐기는게 아니라 미친듯이 먹어치웠다. 822년 무렵, 지르얍이 코르
도바에 등장하면서 이런 행태들은 끝장을 보게 되었다. 음악 천재였던 그는 궁
정 악사 신분으로 고용되었지만, 곧바로 에티켓, 옷차림, 식사 면에서 안달루시
아 신사 숙녀들이 지켜야 할 우아한 행동 기준을 정립했다. 그 지역의 헤어 스타
일, 드레스 모양, 몸을 치장하는 관습과 음악적 취향까지 싹 바꾸었으며, 이런 기
준은 오늘날까지 이어오는 스페인과 유럽의 식사 관습에도 영향을 주었다. 부엌
에 가선 요리사들에게 동방의 새로운 음식을 가르쳤고, 궁정 손님들에게는 다
마스쿠스의 오랜 진미인 아스파라거스가 먹어볼 만한 것이라고 설득했다. 당시
그가 소개했던 음식 중에 지금도 스페인에 남아 있는 것이 몇몇 있다. 그 중 그
의 이름이 담긴 지리아비ziriabī는 코르도바 산 자두를 소금에 구워 소금에 절인
음식이다. 그가 이룬 업적 중 가장 유명한 것은 바로 안달루시아 궁정에 코스로
진행되는 식사 관행을 도입한 것이다. 물론 이미 바그다드에서는 그런 관습이

없었던 것은 아니지만 흔한 일은 아니었다. 하지만 이때부터 코스 요리는 이슬람 세계의 서쪽 지역에서는 고상한 품위를 나타내는 일반적인 관행이 되었다. 지르얍의 지휘 하에 식사는 맨 먼저 수프, 다음 생선, 그 다음 가금류나 고기, 마지막으로 디저트로 작은 그릇에 피스타치오나 아몬드를 내면서 마무리되었다. 즉, 수프에서 시작해 견과류로 끝나는 것으로 이는 그 후로 지금껏 계속된 식사 스타일이 되었다.

지르얍은 바그다드의 식습관과 음식을 외부, 즉 이슬람의 다른 세상으로 더 나아가 유럽으로까지 확대시킨 사례이다. 유럽에 이르러 그 지역에 맞게 변형이 되긴 했지만 오늘날에도 당시와 똑같은 음식이 살아 있다. 그러나 굴곡의 역사에서 수세기가 흐르면서 많은 음식들은 사라졌거나 완전히 변해 버리는 바람에 이제 그 이름조차 남아 있지 않은 것도 많다. 이슬람 음식사를 연구하는 대부분의 학자들에 따르면, 현재 무슬림 퀴진으로 알고 있는 것은 엄밀히 말하면 과거 칼리프 시대 바그다드에 비해 상당히 간소화되고 변화된 형태이다. 그렇다면 중세 이슬람의 상류층 요리 관습의 특징적인 맛은 무엇이었을까? 다행스럽게도 현존하는 몇 안 되는 요리책을 통해 그 사실을 알 수 있다. 그 중 가장 중요한 문헌은 『키탑 알 타비크Kitāb al-tabīkh 요리에 관한 책』이라고 같은 제목을 단 두 권의 책이다. 두 권 중에 더 오래된 책은 10세기에 알 와라크Sayyar al-Warraq가 쓴 바그다드 요리책이다. 이는 세계에서 중세 시대의 것 중, 현존하는 가장 오래된 요리책일 가능성이 높다. 이 책이 아니었다면 알 와라크는 거의 역사에서 묻힐 뻔했다. 그러나 이것은 실용적인 요리서가 아니라 백과 사전식으로 수백 개의 식품, 음식, 음료, 조리 기구, 재료와 조리법을 열거한 책으로 중세 이후 요리사들을 만족시킬 만큼 구체적이고 자세하게 설명된 것은 아니었다. 한편, 두 번째 책은 1226년 알 바그다디Muhammad al-Khatib al-Baghdadi가 쓴 것으로 알 와라크의 책보다 분량은 훨씬 적지만 재료와 구체적인 요리 설명에 대해서는 훨씬 더 명확하게 나와 있다. 때문에 꼼꼼한 현대 요리사라면 중세 바그다드의 맛을 재현하기 위해서는 충분히 따라해 볼 수 있을 정도이다.

알 바그다디의 『키탑 알 타비크』는 매우 개인적인 책이기도 하다. 그는 책 안에 자기가 좋아하는 164가지 요리법은 상세하게 기술한 대신에 '누구나 잘 알고서 자주 활용하는' 보다 현실적이고 일반적인 조리법은 깡그리 생략했다. 따라서, 오크라okra와 콩처럼 중세 이라크 식탁에 수시로 올라왔던 필수 소찬素饌 몇 가지가 이 책에서는 빠져 있다. 하지만 알 바그다디 식의 상세한 조리법을 책 안에 포함시켰기 때문에 오늘날 우리가 칼리프의 도시, 바그다드의 고급 요리 관습에 대해 보다 훌륭한 정보를 얻게 된 셈이다. 게다가 『키탑 알 타비크』는 원판으로, 수정판 『키탑 와스프 알 아티마 알 무타다 Kitāb wasf al-at'ima al-mu'tāda 친숙한 음식에 대한 기술』의 중요한 근거로서 오랫동안 그 영향력을 과시했다. 수정판은 알 바그다디의 원본에 수십 개의 조리법을 추가했다. 수정판은 대략 18세기의 것으로 그 사본은 이스탄불 톱카피 궁전Topkafi Palace의 오스만 도서관에서도 볼 수 있다.

또 한 권의 13세기의 아랍 요리책이 지금까지 살아남아 당시 서쪽 이슬람권의 요리 관습에 대한 정보를 준다. 아랍 연구자 암브로시아 미란다Ambrosia Huici Miranda가 스페인 어로 번역한 그 책은『익명의 원고에 나타난 알 무하드 시대의 스페인─아라비아 요리La cocina hispano-magrebi en laépoca almohade según un manuscrito anonimo』라는 제목으로 출간되었다. 보통『익명의 원고 manuscrito anonimo』라고 불리는데, 그 안에 음료, 일상적인 무슬림 음식이 그 지역에서 변형된 형태, 쿠스쿠스, 특히 이베리아 반도와 카이로 사람들이 생선을 잘 먹는 특성까지 귀한 정보들이 가득 들어 있다.

13세기 알 바그다디의 원본은 짤막한 서문으로 시작한다. 그는 서문에서 맛있는 음식을 먹을 때 느끼는 쾌락과 전문 요리사의 책임에 대해 논한다. 이후 '사우어 디시 sour dish'란 제목이 붙은 1장으로 이어지면서 시크바즈siqbāj라는 유명한 음식의 조리법부터 나온다. 시크바즈는 고수, 샤프란으로 향을 내고 식초로 신맛을 더하고 대추 야자 즙이나 꿀로 단맛을 가미한 고기와 채소 스튜이다. 당시에는 아몬드, 건포도, 무화과로 장식하고 장미수를 뿌린 뒤에 식탁으로 내갔다.

알 바그다디의『키탑 알 타비크』의 1장에 나온 첫 번째 음식의 조리법을 통해서 우리는 13세기 초반 이슬람 요리 관습의 양상에 대해서도 많이 알 수 있다. 예컨대, 먼저 시크바즈라는 이름만 봐도 그렇다. 아즈-āj라는 낯선 어미는 중세 페르시아 어 어미 아크-ak가 아랍 어로 음역된 형태로서, 이것만으로도 이 음식이 동방, 그러니까 이란에서 유래됐음이 드러난다. 실제로 중세 아랍의 요리 관련 문헌은 페르시아 어 차용어로 꽉 차 있다. 페르시아의 궁정 요리 관습을 새롭게 들어선 칼리프 제국의 궁정에 맞도록 채택하면서 차용한 어휘들이었다. 이는 당시에 오랜 세대를 거쳐 전해 왔고, 후대 무슬림 요리사들에게까지 계승된 요리 관습이었다. 따라서, 바그다드를 건설한지 거의 500년이 지날 무렵에 쓰인『키탑 알 타비크』1장에서 저자는 여전히 지르바즈zirbāj, 니르바즈nirbāj 같은 페르시아 음식 요리법을 기술하고 있는 것이다. 지르바즈는 고수, 후추, 유향수mastic로 향을 내고, 식초로 신맛을 내고, 설탕을 가미한 고기 채소 요리이다. 니르바즈는 고수, 후추, 계피, 유향수, 생강, 박하로 향을 내고 석류씨, 흑포도씨, 곱게 빻은 호두가루로 얹어 낸 고기 요리이다.

『키탑 알 타비크』1장에는 페르시아 이름의 요리가 7가지 이상 나오고, 이브라힘 알 마흐디의 그 유명한 이브라힘이야 같은 호사스런 음식 조리법 15가지도 따로 나온다. 그 외에 숨마키야summākiya 같은 낯선 재료로 만든 요리도 나온다. 이것은 고기와 뿌리 채소를 조합한 음식으로, 쓴 옻나무 열매즙을 넣은 요리이다. 덜 익은 포도즙을 넣어 신맛을 낸 고기와 가지 요리는 히스리미야his-rimīya라고 한다.

신맛 외에 이 음식들이 갖는 공통점은 그 음식의 준비와 제조 과정이 매우 복잡하다는 것이다. 대부분의 요리가 여러 복잡한 단계를 거쳐야 한다. 다양한 재료를 여러 단계로 곱게 가는 작업, 액체 성분 재료를 거르는 작업, 다양한 향신료를 꼼꼼히 섞는 작업, 그 과정에서 정해진 때에 특별한 재료를 추가하는 작업 등등 일이 많았다. 고기는 항상 선지자 무함마드가 말했듯이, 오른손 집게손가락으로 집어서 입으로 가져가기에 딱 적당한 크기인 중간 크기로 잘랐으며 육수에 넣고 끓이기 전에 기름을 둘러 노릇하게 구워 냈다. 간혹 향신료를 무명천 주머니에 넣어 끓이기도 했으며, 냄비는 먼저 한번 끓인 후에 찌꺼기를 걷어 냈다. 신맛을 내는 데 여러 가지 액체 성분 재료를 사용했듯이, 음식을 걸쭉하게 만들 때에도 곱게 간 호두가루나 이집트 콩처럼 다양한 재료를 쓰곤 했다. 만약 이걸로도 부족하다 싶으면, 알 바그다디는 특별히 쿠밥kubab을 즐겨 썼다. 쿠밥은 돌 막자 사발에 넣어서 간 향신료와 고기로 만든 작은 미트볼인데 튀기거나, 끓고 있는 혼합 음식에 정해진 때에 떨어뜨리곤 했다.

마지막으로 각 조리법의 끝에는 음식을 식탁에 차려 낼 때 향과 시각적 효과에 신경 쓰라는 특별한 지시가 딸려 있다.

요리 냄새를 북돋우기 위해서는 마지막에 장미수를 뿌려야 한다. 그리고 완성된 요리 맨 위에는 작은 과일 조각이나 견과류 가루, 또는 수란水卵을 올리거나 때론 샤프란으로 빛깔을 맞춰 주었다. 오늘날과 마찬가지로 알 바그다디의 중세 무슬림 요리사들도 조리가 끝나면 '깨끗한 수건으로 요리 접시를 잘 닦아야' 했다. 이는 보기 좋게 연출하려는 의도 외에 특별히 다른 이유는 없었다.

알 바그다디가 기술한 정교하고 호사스런 사우어 디시에만 초점을 맞추다 보면 그 책의 나머지 9할, 확대 해석하면 중세 무슬림 퀴진의 9할을 무시하게 되는 것이다. 『키탑 알 타비크』에서 1장이 끝나면 곧바로 소위 '우유' 요리, 즉 '페르시아 우유'로 끓인 고기와 채소 스튜를 만드는 6가지 레시피가 나온다. 페르시아 우유란 신맛 나는 요구르트였을 거라고 짐작된다. 이 중에서 가장 중요한 것은 마디라madīra인데 고기, 양파, 파, 여러 가지 향신료를 넣어 국물이 다 졸 때까지 냄비에서 푹 끓이다가 신 요구르트, 박하, 레몬즙을 섞어서 걸쭉해질 때까지 다시 끓이는 요리였다. 마디라는 치유 효과로 이름난 요리로서 중세 무슬림의 치킨 수프와 같았다.

우유 요리가 끝나면 고기와 채소 또는 향신료로 양념을 많이 한 콩으로 만든 간단한 스튜, '플레인 디시plain dish'가 나온다. 이는 식초 소스를 기본 양념으로 했던 사우어 디시와 대조적이다. 바로 이 장에서 페르시아의 최대 주식인 쌀이 비로소 알 바그다디의 식탁에 등장한다. 노릇하게 구운 고기, 가루를 낸 시금치에 양념으로 커민, 말린 고수, 고운 후추, 유향수, 계피 조각, 찧은 마늘이 들어가는 요리인 이스파나히야sfanakhīya를 만들 때, 맨 마지막에 쌀을 첨가한다. 쌀을 넣고 나서 이것을 국자로 떠서 튀긴 고기 쿠밥 위에 끼얹고 곱게 간 계피를 살살 뿌려 준다. 이것이 바로 알 바그다디가 '플레인 디시'라고 생각한 요리이다. 아마도 조리 과정이 쉽거나 향신료가 빠져서가 아니라, 그저 단맛과 신맛이 나는 복잡한 소스가 들어가지 않아서 그렇게 불렸던 것 같다.

알 바그다디의 책에 나온 많은 요리들은 페르시아에서 유래되었음에도 불구

하고, 후대 페르시아의 요리책에서처럼 쌀에 대해 그다지 중요하게 생각하지 않는다는 점이 흥미롭다. 사실 중세 말기와 근대 초기 페르시아 인들에게 쌀은 최대 식품으로 그들은 아주 신경을 써서 전통적인 방식으로 조리를 했으며, 고기 요리를 할 때보다 더 조심해서 만들던 음식이다. 무엇보다 쌀은 부드러워 자칫하면 요리를 망칠 수 있기 때문에 세심한 신경을 썼던 것이다. 하지만 13세기 이라크, 적어도 알 바그다디의 부엌에서 쌀은 편하게 씻어서 아무 신경 쓰지 않고 냄비 속에 던져 넣는 재료였고, 단지 너무 '단단해질까' 봐 어느 정도만 조심했을 뿐이다. 따라서, 쌀이 중세 무슬림의 식단에서 일상 음식이었고, 인도에서 스페인까지 당시 이슬람권 전역에서 재배되긴 했으나, 후대 페르시아 사파비 왕조에서처럼 숭상의 대상은 아니었다. 다시 말해 쌀은 식사 때 샤프란으로 장식해서 식탁의 중앙에 하나만 차려 낼 수 있는 주 요리가 아니라, 오히려 시금치와 고기 요리에 섞어 쓸 수 있는 일종의 보조 재료라고 여겼던 것이다.

한편, 대다수 중세 무슬림의 식단에서 쌀보다 훨씬 더 중요한 것은 빵이었을 것이다. 알 바드다디가 기술한 모든 요리들, 심지어 쌀이 들어가는 요리에서도 몇 가지 빵은 줄곧 빠지지 않았다. 실제로 주인이 탁자 위에 다양한 종류의 빵을 더 많이 내놓을수록, 손님들은 그 주인을 더욱 호의적으로 여기곤 했다. 당연한 말이지만, 바그다드의 칼리프들은 디너 시간에 온갖 종류의 다양한 빵을 내놓는 데는 타의 추종을 불허했다. 누룩을 넣지 않은, 종이처럼 얇은 빵부터 시작해서 바삭한 크래커와 베개만한 크기의 둥그런 하얀 빵 덩어리 등 수십 가지 종류의 빵이 나오곤 했다. 당시는 평범한 무슬림 시민들이 구워 먹을 수 있는 여러 가지 빵의 천지였다. 밀가루와 물로 반죽해 그리들griddle에 구운 간단한 빵부터 프랑크 족과 아르메니아 인들에게서 차용한 복잡한 레시피로 만든 빵까지 종류도 다양했다. 빵은 버터를 바른 누룩 반죽을 만들어 거기에 소

금, 다량의 후추, 생강, 껍질 붙은 참깨씨, 대마씨hampseed, 아니스 열매aniseed, 소량의 커민을 넣어 구운 캐러웨이caraway, 양귀비씨, 치즈 가루, 루타rhu 생잎, 샤프란, 피스타치오, 아트라프 아트 팁aträf at-tib을 넣어 만들었다. 아트라프 아트 팁은 월계수 잎 간 것, 라벤더, 정향, 로즈버드를 포함해 적어도 12가지의 다른 재료를 섞어 만든 혼합 향신료로서 아주 비싸고 향미가 좋기로 유명했다.

알 바그다디는 플레인 디시에 이어 프라이드 디시fried dish와 드라이 디시dry dish의 조리법을 설명했다. 드라이 디시란, 조리에 쓰이는 모든 액체류가 증발이 되는 음식을 말한다. 이 중에서는 아마도 나란지야naranjïya가 가장 기발한 요리일 것 같다. 후추, 유향수, 계피, 생강, 당근, 양파로 향을 낸 육수에 둥근 쿠밥을 많이 넣고선 국물을 계속 버리면서 계란 노른자와 샤프란으로 물기를 만들고 마지막으로 쓴 오렌지와 레몬즙, 스위트 아몬드 저민 것, 소량의 박하로 마무리했다. 이렇게 하면 오렌지 맛이 날 것 같지만 오히려 튀긴 양념 고기 맛이 났다.

프라이드 디시를 설명하면서 유지油脂와 요리용 기름 이야기가 나오는데, 이는 자연스레 현대 중동과 중세 무슬림 퀴진 사이의 가장 큰 차이점을 드러낸다. 현대 지중해와 중동의 요리 관습에서는 올리브 오일을 주로 쓴다. 그러나 중세 바그다드의 무슬림들에게 올리브 오일은 식용유로 사용하기에는 너무 비쌌다. 그래서 완성된 요리의 마무리나 식탁 위에 뿌리는 일종의 콩디망comdiment(요리에 사용되는 여러 가지 양념을 섞은 것으로 맛을 낼 때 쓰는 재료를 말한다. 즉, 단맛, 짠맛, 신맛, 쓴맛, 매운맛, 떫은맛, 감칠맛 등 독특한 맛이 나도록 음식 전체 맛을 조절하는 작용을 한다.—역주)로 분류했다. 이와 대조적으로 『익명의 원고』에 따르면 알 안달루스(이베리아 반도)의 무슬림 요리사와 마그레브(바그다드에서 볼 때 서방의 끝에 해당하는 북아프리카 알제리, 모로코, 튀니지 지역—역주)는 무엇보다 올리브 오일을 선호했다. 당시 온화한 기후를 자랑하는 스페인의 북부에 인접한 기독교 국가들은 올리브 나무가 없었음에도 불구하고 올리브 오일을 요리에 즐겨 썼을 정도였다.

바그다드와 칼리프의 부엌에서 올리브 오일보다 더 흔하게 쓴 것은 살찐 양의 꼬리에서 녹인 기름, 알리야alya였던 것 같다. 알 바그다드의 『키탑 알 타비크』에 나오는 많은 레시피들은 뜨거운 냄비에서 양 꼬리 기름을 녹이는 설명부터 시작한다. 이 기름은 스튜용 고기를 노릇하게 굽는 데 쓰거나 쿠밥을 구울 때 쓴다. 그 외에 후대 아랍 요리 책에서는 이 기름을 정화하고, 맛을 강화하고, 빛깔을 입히고, 향을 내는 여러가지 다양한 방법에 대해 상당한 지면을 할애한다. 이 보잘것 없는 기름 하나가 가장 세련된 요리에 적합했음을 증명하는 셈이다. 참기름도 많이 보급되어 무슬림들도 쓰고, 알 바그다디도 참기름을 많이 넣어 튀길 때 사용하면 좋다고 말했지만, 그것은 유대인의 식품이었다. 많은 사람들 주장으론 거리에서 참기름 타는 냄새가 나면 이는 곧 유대인 가정이라는 것을 알 수 있을 정도였다. 별로 인기가 없던 기름 중에서 정

중세 이슬람 요리는 콩디망과 렐리시가 풍부했다. 그래서 여기 9세기 이집트 접시도 아마 식초에 절인 채소, 신 요구르트, 매운 소스, 썩은 보리로 만든 발효 소스인 무리를 담았을 것이다. 하지만 무리는 현대 무슬림 식탁에서 완전히 사라졌다.

어느 시대에나 바그다드 사람들이 가장 즐겨 먹던 음식 중의 하나가 샤부트이다. 샤부트는 육즙이 풍부한 민물 생선을 갓 잡아서 티그리스 강둑에 불을 피워 구워 먹는 게 최고였다. 여기 15세기 페르시아 세밀화에서 그런 장면을 묘사하고 있다.

화된 버터, 삼samn은 여러 상황에 등장하는데 특히 패스트리와 빵에 넣는 기본 재료로 나오며, 일종의 콩디망으로서 오래 숙성시켜 고약한 냄새가 날수록 가치가 있었다.

콩디망과 렐리시relish(달고 시게 초절이한 열매 채소를 다져서 만든 양념류 —역주), 그리고 그것의 고약한 냄새 문제는 현대 중동 요리 관습이 중세 관습에서 갖고 온 또 하나의 영역이다. 중세 이슬람에서 가장 선호했던 몇 가지 소스와 콩디망은 확실히 현대 식탁에는 빠져 있다. 그 중 썩은 보리와 밀가루로 만든 소금물 소스인 무리murrī가 대표적이다. 무리 제조 과정을 현대에 되살리고자 시도했던 극소수의 전문가 중 한사람으로, 요리 사가이자 비평가 찰스 페리 Charles Perry는 무리의 향과 질감을 '간장'과 비교한다. 물론 무리 제조 과정에 콩은 들어가지 않는다. 무리는 알 바그다디의 몇 가지 레시피에도 나오는데 항상 요리 중에 첨가하는 양념으로만 쓰였지 완성된 식탁 요리에는 쓰이지 않았다.

그러나 콩디망이었던 무리의 중요한 변형 식품으로, 부패 과정의 중간 단계에 있는 보리에 우유와 소금을 첨가하여 만든 하마크 아흐마르khamakh ahmar가 있다. 이는 치즈와 비슷한 것으로 보통 빵조각에 발라서 차려내곤 했다. 알 바그다디는 무리나 하마크 아흐마르 조리법을 설명하지는 않았다. 대신 조롱박 껍질로 만드는 치즈와 비슷한 일종의 콩디망, 하마크 리잘khamakh rijāl 조리법을 제시한다.

하마크 리잘, 하마크 아흐마르와 더불어, 그 외에 여러 렐리시와 애피타이저로 흔히 나오던 피클도 중세 무슬림 식탁에서 흔한 것들 이었다. 특히, 이런 것은 고기 구이 같은 간단한 요리를 낼 때 활용했다. 중세 무슬림 요리사들은 매우 다양한 재료로 피클을 만들었다. 오이, 가지, 순무, 박하잎, 심지어 작은 생선과 메뚜기까지도 조미한 식초에 넣어 절였다. 식탁에 오르는 또 다른 종류의 렐리시로는 비트, 응유나 신 요구르트와 향신료를 혼합한 조롱박 같은 채소로도 만들었다. 신맛의 사우어 딥dip과 소스들은 차가운 고기, 생선 조각이나 조리한 채소와 함께 나왔다. 그런 소스들은 알 바그다디의 시대에는 살스sals라고 불렸는데, 이는 로망스 어 살사salsa에서 유래한 단어이다. 또한, 중세 무슬림 요리사들은 수많은 훈연 식품을 만들었는데 고기와 생선은 물론이고 올리브까지 훈연했다. 이와 대조적으로 현대 아랍 인의 식단에는 훈연 식품이 거의 등장하지 않는다.

중세 무슬림들이 가장 좋아하는 핑거 푸드이면서 흔히 애피타이저로 제공된 것은 산부사즈sanbusāj 또는 산부사크sanbusāk였다. 이는 향긋한 맛이나 달콤한 맛이 나는 작은 파이로, 삼각형이나 반달 모양의 얇은 반죽 안에 고기에서 치즈, 과일까지 수만 가지 다양한 재료를 채워 꼭꼭 누른 다음에 참기름을 넉넉히 넣어 튀겨 냈다. 이것은 그 개념과 어원 측면에서 인도식 튀긴 파이 사모사samosa와 똑같다. 당시 무슬림 사회에는 인도 아대륙과 이라크의 여러 다른 음식과 조리 방식이 유행하고 있었기에 산부사즈는 페르시아 사산 왕조의 요리 관습과 그 발생 기원이 똑같았을 것이다. 또한, 당시 바그다드 시내 어디서든 거리의 요리사들이 이런 음식들을 팔고 있었기에 그것은 흔히 사서 먹을 수 있는 바그다드의 패스트 푸드였을 것이다.

한편, 생선은 바그다드에서 쉽게 구할 수 없는 것이어서 중세 이라크 인들의 식단에 그리 자주 오르던 음식은 아니었다. 실제로 알 바그다디도 생선 레시피는 겨우 12가지 정도만 제시하며, 그 중 다섯 가지는 생물 생선, 나머지는 염장 생선 요리였다. 이 12가지 요리 중에서 11가지는 여러 가지 생선 튀김 요리이다. 12번째는 생선 한 마리에 잘게 다진 호두, 마늘, 옻나무, 타임, 고수, 계피, 커민, 유향수 혼합물로 속을 채운 요리이다. 이 생선의 표면에는 참기름, 샤프란, 장미수를 바르고, 단단히 묶은 다음 통째로 진흙 화덕 탄누르tannour 안에 꼬챙이에 끼워 구웠다.

알 바그다디의『키탑 알 타비크』에 생선 레시피가 몇 개 안 되는 것은 바그다드의 상황을 감안하면 전혀 이상한 일이 아니다. 바그다드는 페르시아 만에서 수백 마일 떨어진 도시이기 때문이다. 알 와라크의 10세기 요리책『키탑 알 타비크』에서도 겨우 잉어, 철갑상어, 그리고 티그리스 강에서 나는 사부트sahbbūt 이렇게 세 가지 종류의 생선 이름만을 댈 뿐이다. 사부트는 메소포타미아 역사상 가장 사랑받고 가치를 인정받은 생선으로 살이 풍부하고 단맛이 나는 생선으로 유명했다. 현대 바그다드 인들도 사부크를 바로 잡아 강둑에서 불을 피워 구워 먹는 것을 최고로 친다. 심지어 다이너마이트와 수제 수류탄을 이용해 잡을 만큼 무척 좋아하는 생선이다.

그러나 중세 이슬람권에서 진정한 생선 애호가들은 이베리아 반도와 마그레브 지역, 나일강 골짜기에 살던 사람들이었다. 13세기 안달루시아의『익명의 원고』에는 수십 가지 생선 레시피가 나오며, 최소한 17가지 생선 종류가 열거되는데 그 중 대부분은 바다 생선이다. 그 책에서 생선은 구이에서 튀김, 요구르트를 넣어 뭉근히 끓이는 것까지 상상 가능한 갖가지 방법으로 요리를 한다. 작은 생선은 튀겨서 식초에 절이기도 했는데, 이것이 바로 스페인의 에스카베체 escabeche의 원조이다. 마찬가지로 이집트의 평범한 농민들도 생선을 최고로 쳤는데, 그들은 심지어 양고기 대신 민물고기 조각을 이용해 유명한 요구르트 스튜, 마디라를 만들어 먹었다.

생선은 바그다드에서 흔한 메뉴가 아니었으나, 닭고기는 아주 흔한 음식이었다. 알 바그다디도 한 장의 말미에 짧은 구절로 여러 가지 스튜 안에 넣을 닭고기를 준비하는 방법에 대해 설명을 달았다. 무엇보다 레시피엔 나오지 않지만 그들이 가장 자주 쓰던 고기 종류는 그냥 '고기'였는데 우린 그것이 양고기라는 것을 짐작할 수 있다. 그러나 알 바그다디의 책에 나오듯 닭고기나 새끼 양고기는 완벽한 대용 식품이었고 새끼 염소고기도 많이 이용했다. 그 책에서 송아지 고기는 딱 한번 언급되고 쇠고기는 어느 책에서도 일절 나오지 않는다. 바그다드에는 닭고기로만 만드는 유명한 음식이 많이 있다. 가령, 견과로 속을 채운 닭고기 구이인데 알 바그다디 식으로 하면 푸스티치야fustiqīya이다. 이것은 닭고기 가슴살을 찢은 것에다가 갈은 피스타치오와 설탕을 같은 분량으로 넣어서 익힌 음식으로, 닭고기를 주재료로 한

단 음식과 패스트리는 중세 무슬림들에게 인기가 많았는데, 현대 무슬림들도
마찬가지이다. 영어 단어 '사탕 candy, 설탕 sugar, 마르지판 marzipan, 셔벗 sherbet,
시럽 syrup'이 모두 아랍 어에 기원을 두고 있다는 사실은 별로 놀랍지 않다.

매우 달달한 고기 음식 중의 하나이다.

닭고기를 주로 쓰던 단 음식 중에 주드하바judhaba도 있다. 이것은 요크셔 사람들이 죽고 못 사는 달달한 푸딩과 비슷하다. 알 바그다디는 주드바하 레시피를 단 8가지, 알 와라크도 겨우 19가지만 제시하지만 무슬림들이 가장 좋아하는 이 음식의 변형체는 수백 가지에 이른다. 이것을 만들려면 맨 먼저 크고 얄팍한 냄비 안에 층층이 올린 빵으로 시작한다. 딱딱한 빵가루에서 발효시킨 빵조각, 굽지 않은 누룩 반죽이나 속을 채운 크레페와 비슷한 카타이프qatā'if까지 아무 빵이나 상관없다. 층층이 쌓은 빵에다 과일, 멜론, 딸기, 견과, 달걀, 꿀, 시럽 등 생각해 낼 수 있는 것은 다 얹었다. 다음에 그것을 진흙 화덕 안에 넣고 그 위에 닭고기, 새끼 양의 다리나 양고기를 걸었다. 익어가는 고기에서 나오는 뜨거운 기름과 육즙이 아래에 있는 주드하바 위로 떨어지면, 그 달콤한 혼합물에 향긋한 맛이 배어든다. 요리가 다 끝나면 냄비를 거꾸로 뒤집어 주드하바를 꺼내고 조각조각 잘라서, 같이 익혔던 고기를 얇게 잘라서 함께 먹었다. 칼리프들과 평범한 백성들이 모두 좋아했던 주드하바는 이슬람권 전역의 거리에서 팔았으며 바그다드 시내 어디든 주드하바 냄비 없이 만든 고기구이는 거의 없었다고 한다.

물론 과일, 설탕, 꿀, 달콤한 시럽의 맛을 고기를 주재료로 만든 음식에서만 맛볼 수 있는 것은 아니었다. 말 그대로 단맛을 좋아하는 사람들을 위해 수백 가지 종류의 사탕, 케이크, 쿠키, 푸딩, 디저트가 있었다. 여기서 누가nougat와 견과를 넣은 여러 가지 나티프natif, 쌀과 우유로 만든 푸딩인 다양한 아루찌야트 aruzzīyat를 다 열거하기란 불가능하다. 우리는 중세 무슬림들은 단맛이라면 무조건 즐겨 먹었다는 것만 알아 두자. 그들이 가장 즐겨 먹던 디저트로는 과일부터 견과류까지 갖가지로 속을 채운 일종의 크레페인 카타이프, 아몬드 간 것, 설탕, 장미수로 만든 마르지판marzipan과 비슷한 사탕과자 팔루드하즈faludhāj, 그리고 밀가루, 달걀, 설탕, 가끔 버터를 넣어 만든 케이크 카크ka'k가 있었다(카크를 보면, 현대 어원학자들이 영어 cake의 어원을 '어떤 것의 덩어리'라는 뜻의 고대 노르웨이 어로 파악한 것은 실수였다. 오히려 cake는 페르시아 어와 아랍어 ka'k와 완벽하게 들어맞으며, 이는 심지어 케이크를 의미하는 고대 수메르 어와도 일치한다). 바그다드와 안달루시아 지역에서 동시에 사랑받던 또 하나의 패스트리는 카나와트qanawāt였다. 이는 튜브 안에 반죽 조각을 넣어 기름을 넉넉히 넣어 튀긴 다음, 여러 가지 단맛 나는 것들을 채운 것이다. 입증된 사실은 아니지만, 일부 사람들 말로는 12세기 말 시칠리아에서 이슬람이 패배한 뒤에도 카나와트의 인기는 여전해서, 후에 칸놀리cannoli로 알려졌다고 한다.

그들은 음식에서 단맛을 최고로 쳤기 때문에, 가장 즐기던 여러 가지 패스트리와 사탕에 꿀이나 달콤한 시럽을 듬뿍 찍어먹곤 했다. 이는 오늘날 근동의 과자 바크라바baklava와 똑같다. 그런 종류이지만 특별히 달지도 않고, 아직도 유행되는 음식이 바로 선지자 무함마드가 좋아했던 하이스hais였다. 하이스는 응유, 대추 야자, 정화시킨 버터를 섞은 소박한 음식이다. 알 바그다디 식으로 하면 대추 야자, 피스타치오와 아몬드 간 것, 참기름을 조금 넣어 조금 더 세련된

도시 음식으로 바뀌는데, 빵가루를 넣어 재료들이 서로 들러붙게 한 다음 핑거 푸드 크기 정도의 완자로 완성한다.

13세기 초반 이슬람 세계의 동서 양쪽은 정치적인 혼란을 겪었다. 이베리아 반도에서 코르도바의 우마이야 칼리프 제국은 11세기 초반 몇십 년 동안에 멸망했고, 이후 처음에는 수많은 작은 왕국들이 들어섰다가 그 다음에는 두 번의 북아프리카 근본주의자 신정 체제가 등장했다. 그 중 두 번째 알모하드Almohad 왕조는 1212년 라스 나바스 데 톨로사Las Navas De Tolosa 전투에서 기독교 세력에게 패하고 말았다. 그로부터 30년 안에 포르투갈과 과달키비르Guadalquivir 계곡을 지배하던 무슬림 왕국들이 모두 패망하는 바람에 코르도바와 세빌리야의 거대한 도시들이 모두 기독교의 수중에 들어왔고, 이에 따라 무슬림 국가 조직은 그라나다Granada 주변의 산악 지대로 세력 범위가 줄어들었다. 한편, 바그다드에서는 10세기 중반 칼리프들이 비아랍계 무슬림 신흥 세력들이 세운 왕조의 꼭두각시로 전락했다. 처음에는 이란의 부와히드 왕조에게, 다음에는 투르크 셀주크 왕조에게였다. 그러나 이슬람이 맞은 최후의 일격은 1258년 훌라구 칸이 이끄는 동쪽의 몽골족 침략이었다. 그들은 치밀히 계산된 살상 잔치로 바그다드를 초토화시켰다. 그러나 이슬람 퀴진은 칼리프 제국과 신정 체제만큼 쉽게 진압되지 않았다. 돼지고기와 발효시킨 포도를 좋아하던 이베리아 반도의 기독교도들도, 이븐 바투타Ibn Battuta에 따르면 익힌 말고기와 양고기를 주식으로 삼았던 몽골족들도 무슬림 식탁이 제공하는 음식의 매력에는 저항하지 못했다. 이리하여 가장 유명한 동서양의 음식들이 공존하게 되었다.

스페인, 특히 남부 지역의 현대 식탁에 오르는 음식들은 상당 부분 페르시아, 바그다드, 북아프리카에 그 기원을 두고 있다. 대표적으로 파엘라paella부터 가스파초gazpacho, 알본디가스albondigas까지 다양하다. 특히, 알본디가스는 알 바그다디가 좋아했던 미트볼 쿠밥이 아니었다면 이 세상에 없었다. 그리고 몽골족이 중앙아시아에서 재빨리 물러나긴 했으나, 그들의 유산은 티무르 왕조에 살아남았다. 티무르 족이 세운 이 무슬림 왕조는 15세기 첫 10년간 다마스쿠스에서 델리에 이르는 영토를 정복했다. 몽골 족 선조와 달리 티무르 족의 자손들은 세련된 무슬림 신사들로 빠르게 변모하여, 그들 중 많은 사람들이 일급 미식가가 되었다. 바그다드와 페르시아의 궁정 요리 관습을 동쪽 인도와 아프가니스탄으로 확대시킨 주인공이 바로 티무르 왕조와 훗날 사파비 왕조였다. 이곳에는 아직도 당시의 음식을 확인할 수 있는 요리들이 많이 남아 있다.

당연하겠지만 무슬림 본토에서도 요리 관습은 결코 완전히 사라지지 않았다. 비록 상당히 단순화되고 그 과정에서 유명한 소스와 콩디망을 많이 잃긴 했지만 말이다. 그러나 식사 연출과 고급 요리 관습은 여전히 지배 계급의 특권으로 남아 몽골 족과 투르크 족이 차례대로 그 자리를 차지했다. 동방의 무굴 왕조와 사파비 왕조와 마찬가지로, 서부 이스탄불의 오스만 통치자들도 웅장하고 창의적인 규모로 식사를 즐겼다. 하지만 바그다드, 다마스쿠스, 히자즈 지역의 평범한 시민들에게는 그저 꿈같은 과거지사가 되고 말았다.

5 축제와 단식

중세 유럽의 음식과 미각적 취향

C. M. 울가

15세기 초반, 베리 공작 장John, duke of Berry(1416년 사망)을 위해 만든 시리 즈화 『호화로운 기도서Trés Riches Heures』 중에는 중세 유럽의 고급 식사 장면을 보여 주는 삽화가 있다. 손님 환대와 맛있는 음식을 찬미하는 '맛있는 식사Le bon repas'라는 도판圖版 중 일부로, 1월 달력 그림으로 따라 나오는데 이것은 1월에 규정된 전례 축제를 설명하는 기도서의 한 부분인 셈이다. 여기서 새해를 맞는 기쁨을 크게 찬미하는데, 새해에 공작의 저택에서 이뤄지는 손님 접대는 최고의 행사였다.

그림에서 보면 식사는 기사도 태피스트리가 걸린 대규모 알현실에서 공개적으로 이루어진다. 궁정의 알현실은 본래 식사 전용 공간은 아니지만, 그 시대에는 대부분의 방이 한 가지 용도로만 쓰인 게 아니라 다양한 기능을 수행했다. 영국을 제외한 유럽의 상류층 손님들은 '낮은 방'에서 식사하던 하급 하인들과 따로 분리되었기 때문에 굳이 예전처럼 넓은 방에서 높은 식탁에 음식을 잔뜩 쌓아 놓고 '고급 식사high table'를 벌이지는 않았던 것 같다. 공작은 윤기가 흐르는 비싼 천을 씌운 긴 의자에 앉아 있으며, 그 천은 바닥까지 흘러내린다. 공작의 머리 위로 캐노피, 즉 금실로 짠 직물이 보이는데, 이것은 등 뒤에 배치된 벽난로의 과도한 열기를 차단하는 일종의 가리개였다. 넓은 방 안에 이렇게 벽난로를 배치하는 경우가 유럽 대륙에서는 꽤 흔했지만 영국에서는 좀처럼 보기 힘든 광경이었다. 공작의 뒤로 오른편에는 공작 저택을 관리하는 집사가 있다. 왼편 긴 의자에 기댄 남자는 앞에 놓인 음식에 대해 공작에게 충고하는 주치의로 보인다. 그리고 공작의 뒤편으로 추운 1월 날씨를 맞으며 이제 막 집안으로 들어온 일단의 사람들이 보인다. 그들은 난로의 열기도 쬐고 공작의 후한 대접도 받을 겸 서로 "좀더 가까이, 가까이!"라고 말하는 것 같고 손님 중 한 사람은 벌써 탁자 위의 음료를 마시고 있다.

식탁 위에는 마름모꼴 무늬의 고운 천이 덮여 있고 황금 또는 은도금 접시가 놓여 있으나, 그 식탁은 알고 보면 간이로 꾸민 버팀 다리에 의존하는 판자일 뿐이다. 이런 식탁은 쉽게 치울 수 있었기 때문에 15세기 북부 유럽에서 자주 사용됐다. 공작의 자리는 바로 옆의 성직자와 철저하게 떨어진, 상석上席이다. 그

15세기 초반 고급 식사 베리 공작, 장(Joan)의 『호화로운 기도서』 중의 1월 전례 그림으로, 네이메헌(Nijmegen)의 랭부르(Limbourg) 형제가 공작을 위해 그린 위대한 기도서의 일부이다. 그들은 공작의 동생 부르고뉴 공작, 필리프(Philip the Bold)를 위해서도 그림을 그렸다.

둘 앞에는 손을 씻는 핑거볼이나 포타주 접시가 보인다. 식탁 위에는 대형 접시가 2개 놓여 있고, 그 위에는 가금류 요리가 있는데 담당자들이 고기를 자르고 있는 중이다. 공작 앞에는 음식의 온기를 유지하기 위해 은 뚜껑이 달린 황금 접시들이 몇 개 놓여 있다. 오른쪽에는 범선 모양을 한 거대한 황금 소금 네프nef가 있는데 이는 공작의 재산 목록 중에서 아주 유명한 것이다. 네프의 한쪽 끝에는 곰, 반대편에는 백조 모양이 장식되어 있다. 여기서 보면 천장 위의 캐노피에도 백조 문양이 있는 것으로 보아 아마 공작이 가장 선호하는 문양을 선택했던 모양이다. 소금은 웅장한 식사의 상징이었다. 네프는 소금 그릇이자 공작이 베푸는 자선 음식을 담는 그릇으로 쓰이던, 일종의 관습적 형태였다. 네프 옆에는 작은 스탠딩 컵이 놓여 있다. 공작 앞에 두 명의 하인이 서 있다. 어깨에 수건 혹은 어깨걸이를 한 남자는 식탁에서 고기를 써는 사람écuyer tranchant으로 식품 저장고 책임자로 보인다. 또 한 명의 하인은 탁자 끝에서 성직자의 음식을 준비해 주려고 서 있다. 그리고 그림의 앞 부분을 보면 한 남자가 웅크리고 앉아 개에게 줄 고기를 들고 있다. 식탁 위에 작은 강아지 두 마리가 서 있는 모습도 보인다. 그림에서 보듯, 당시 바닥에는 자주 갈 수 있는 흔한 골풀 매트를 깔았다.

금·은 도금 그릇, 목이 긴 포도주 병과 술잔이 가득한 구석의 뷔페 테이블은 주인공의 사회적 지위를 드러내는 으뜸가는 지표이다. 뷔페 테이블은 상류 계급 식사가 지닌 한 가지 특성으로서, 이탈리아 식기 진열장credenza부터 영국의 '풍요로운 찬장'까지 유럽 전체에서 찾아 볼 수 있다. 이 그림에서 물주전자를 든 하인은 큰 잔을 들고 서서, 스탠딩 컵을 쥐고 있는 또 다른 하인이 들고 있는 술잔에 포도주를 따르고 있다. 이런 고급스런 스탠딩 컵은 보통 술을 나눠줄 요량으로, 하인들이 들고서 식탁마다 돌아다녔던 것 같다. 하인들은 독이 들었는지 맛이 어떤지를 미리 알아보려고 포도주를 시음하고 있는 중인 것이다. 두 하인은 까만 주머니를 허리에 매달고 있는데, 그 안에 황금 손잡이가 달린 도구가 들어 있다. 이 것은 주머니 속에 들어 있는 '일각수 뿔'이 삐죽 튀어나온 부분일 것이다. 일각수 뿔은 독성을 제거할 목적으로 음식과 음료를 직접 만질 때 사용했다.

우리는 이 삽화 뿐 아니라 매우 다양한 자료들을 통해서 중세의 음식과 미각적 취향에 대한 정보를 얻는다. 위에서 기술했던 삽화를 비롯해 요리책, 연회에 필요한 가사 설명서와 차림표, 고고학적 유물까지 자료는 매우 다양하지만, 현존 자료는 여기저기 흩어져 있으며 그것이 다루는 범위도 천차만별이다. 증거 자료 중에서는 서기 1200년에서 1500년 사이에 주로 상류층과 성직 기관이 관련된 것이 상태가 가장 좋다. 서기 1000년 이전의 미식법에 대한 상세한 분석을 뒷받침할 수 있는 증거는 애석하게도 거의 남아 있지 않다.

로마 제국의 멸망과 더불어 고급 문화와 요리 관습을 광범위하게 이해할 수 있는 기반이 되어준 일반적인 인식들이 깡그리 사라졌다. 이후 500년이 지나서야 간신히 미식법을 대하는 사람들의 인식이 로마 제국 시절과 비슷해졌다. 유럽 대륙을 넘어온 야만족의 침략 때문에 고전 시대 로마의 요리 관습이 후세로 이어지지 못하고, 딱 끊어져 버렸던 것이다. 이탈리아와 이베리아 반도에서는 아피치우스의 영향력이 아직 남아 있는 듯했으나, 전체계적으로 그 영향력은 15세기가 되어서야 되살아났다. 아를의 카이사리우스Caesarius of Arles(약 470~542)는 신자들이 과도한 음주와 연회에 참석하지 말도록 설득하느라 무진장 애를 썼다. 이유인즉, 과도한 음주나 연회는 결국 안 좋은 결과를 초래해서 우리를 후회하게 만들 것이며 더구나 그런 것은 이교도들이나 하는 행동이라고 했다. 베오울프Beowulf 같은 서사시에서는 영웅들이 벌이는 연회가 찬미 받았다. 장례식도 특별한 관심의 대상이 되었다. 특히 6세기 전반부에 갈리아 메로빙 왕조Merovingian Gaul부터 장례 연회에 반대하는 기독교 법률이 생겨났다. 서기 4세기에서 7세기까지 갈리아와 그 너머 지방의 무덤 안에는 이런 특별한 행사에서 죽은 자들의 몫으로 챙겨 두던 음식에 대한 증거가 남아 있다. 쾰른의 성 세베리누스 교회St. Severinus 아래에 묻힌 5세기 무덤 두 곳에서 꿀로 요리한 닭고기와 달걀, 겨자와 세이지를 넣은 다른 고기들이 발굴되었다. 북부 라인 강 옆 크레펠트 겔렙Krefeld Gellep의 6세기 무덤에서는 특이하게도 쇠갈비와 쇠꼬챙이가 나왔다. 그러나 요리 관습과 미식법의 관점에서 볼 때, 이런 증거물들은 보다 자세한 분석을 해야 충분한 정보를 얻을 수 있을 것이다. 이 시대 이후로는 예전보다 훨씬 단출한 음식 봉헌물이 무덤에서 발견된다. 추모 연회는 기독교 전례에서도 승인을 받았다. 물론 죽은 자들의 참여 방식은 전혀 다른 형태로 이루어졌지만, 성인 기념일이 좋은 예에 해당한다.

영국 내 유적과 고고학 증거 자료를 통해서 우리는 인간이 소비했던 다양한 동물의 종류와 동물의 나이까지 알 수 있다. 가령, 고대 색슨 잉글랜드의 뼈 무덤에서는 생후 6개월에서 24개월 사이에 도살된 소와 양의 잔해가 나왔다. 그들이 최고급 쇠고기와 양고기를 먹었다는 뜻이다. 하지만 8세기 이후에 나오는 증거 자료에 따르면 이 때에는 더 나이든 가축들이 도살되었음을 알 수 있는데 이것은 가축들이 육류를 제공하는 것보다 농업에 더 필요한 자원이었다는 뜻이다. 이런 양상은 13세기 이후 낙농업이 특화되어 널리 확산되기 전까지 계속되었다. 7세기 이후 램즈베리 같은 영국의 상류층 유적에서는 더욱더 다양한 동물 뼈 퇴적물이 나왔는데, 돼지고기, 가금류, 생선, 사냥 동물이 뼈 무덤의 절반 이상을 차지했다. 또한, 이 유적에는 특이하게 양고기보다 쇠고기 비율이 높았는데, 이는 다른 도시나 시골 유적과는 다른 소비 패턴이었다. 다량의 쇠고기가 나왔지만 질이 낮은 나이 먹은 쇠고기였기에 어쩌면 이런 고기는 신하나 하인들에게 공급하는 양식이었을 것이다. 반면 상류층이 소비한 질이 좋은 육류가 발견된 것은 길드포트 성처럼 중세 말기의 상류층 유적지가 많이 발굴되면서 부터이다. 길드포드 성에는 13세기 상류층이 소비한 음식 잔해가 남아 있는데, 전부 태어난 지 몇 주 안 되는 어린양과 염소들의 뼈로 총 15마리 정도가 나왔다. 고고 동물학의 관점에서 볼 때 이런 명백한 차이는 중세 시대 전반적인 요리 관습을 확실히 보여 준다. 즉 , 상류층 음식은 확실히 달랐다. 물론 서기 1000년 이전의 시대를 오늘날에 정확히 기술하긴 어렵다. 하지만 상류층의 식단이 더 광범위한 주재료에 기초를 두고, 동시에 일부 식품은 더 까다롭게 품질을 선

15세기 프랑스 『도덕에 관한 책 Livre des bonnes moeurs』의 채식(彩飾)을 보면, 탐욕(Greed)을 상징하는 인물이 좋은 성 안에서 먹고 마시고 있다. 접시에 담긴 고니는 육욕이라는 악을 상징하는데, 이 그림에서, 술과 얽혀 있다. 성 바깥에는 금욕을 상징하는 인물이 수수한 옷차림으로 탐욕의 잔치에서 멀찍이 서 있다.

별했음을 알 수 있다.

고대의 특성이면서 지금까지도 유효한 식습관 양상의 결정 요인이 있다면 그것은 바로 음식물과 치료 효능 간의 관련성이다. 최소한 4세기부터, 기독교는 기독교의 영적 이로움을 위해서 금육을 장려했다. 육류와 유제품을 멀리하고, 자연히 육욕과 그것과 관련된 탐식과 색욕이라는 악을 멀리하면 영혼의 구원을 보장해 주었다. 세속 사회는 보다 자유로웠지만, 많은 독실한 신자들은 금욕을 목적으로 금욕 수도자들의 전형을 따랐다. 중세 유럽의 요리 관습에 대해 알아보려면 반드시 단식이라는 이슈를 이해해야만 한다. 단식 기간 동안 생선은 먹을 수 있었다. 하지만 14세기 프랑스의 요리책, 타이유방의 『비앙디에Viandier』에 일요일, 화요일, 목요일을 고기 먹는 날로 정했다는 내용이 있는 것으로 봐서 반드시 생선만 먹었던 것은 아닌 것 같다. 여러 보고서에 따르면, 단식 패턴은 훨씬 다양했다. 가령 13세기 말, 영국의 어느 귀족 집안에서는 한해의 거의 절반 동안 고기를 먹지 않았던 것 같다. 사순절 기간 내내, 매주 금요일과 토요일마다, 수요일마다, 복음주의자들의 축제 전날, 성모 마리아 축제날, 그 외에 개별 신앙에 따라 많은 날들을 금육의 날로 삼았다. 가장 독실한 신자들은 여기에 더 많은 금육일을 추가했다. 유럽의 다른 지역에서는 또 다른 관습을 따랐다. 마요르카 여왕(시칠리아와 왕이자 프로방스 백작이었던 샤를 2세의 딸—역주), 마리 앙주Marie d'Anjou 가문에서는 1340~1341년 사순 시기에 단식을 했고, 나머지 기간 중에는 금요일만 금육의 날로 정했다. 물론 평상시에도 가금류와 토끼고

기만 먹었다고 한다. 수요일에나 귀족 여성들이 생선만을 먹었다니, 이렇듯 비
교적 가벼운 식사는 영국의 단식과 맞먹는 식사였을 것이다. 1424~1430년에
아를 대주교는 매주 이틀씩 단식했다. 그런데 다른 지역에는 금지 식품 소비를
허락받은 일반 면제자들이 있었다. 이런 면제자 중 한 명이 사순절 기간에 버터
를 먹은 대가로 1480년경 루앙 대성당의 버터 타워를 건설했다는 설이 있다.

중세 식단은 체액설의 영향도 많이 받았다. 고전 그리스의 철학서와 의학서
에서 비롯된 체액설 개념은 앞 3장에서 봤다시피 멀리 중국에서도 그 흔적을 찾
을 수 있다. 중세 서구에서 체액설은 우주가 4개의 원소로 이루어졌다는 공통된
믿음을 창안해 냈다. 불(뜨겁고 건조한), 물(차갑고 습한), 흙(차갑고 건조한), 공
기(뜨겁고 습한) 4개의 각 원소는 각각의 특성이 있다. 인간의 몸은 몸과 관련

된 4개의 체액에 따라 그 실체가 결정된다. 만물은 황담즙(황색 쓸개즙), 점액, 흑담즙(흑색 쓸개즙), 혈액 이러한 원소와 체액을 반영했다. 중세 영양학은 최적의 특성을 갖춘 음식과 개인을 적절히 맞추어 중용의 상태, 즉 따스하고 수분기 있는 상태를 달성했다. 그들에게 있어 조리 작업은 음식물의 본래 성질을 바꾸는 일이었다. 열을 쏘여 음식물을 건조시켰고, 끓이거나 삶으면 수분기가 생기곤 했다. 일반적으로 생선은 수분기가 많고 습한 식품이었다. 그래서 생선을 적절한 중용의 상태로 만들려면 요리사는 이를 건조시키는 방법을 택했을 것이다. 소화란 또 다른 형태의 '조리'로서 음식물을 혈액이나 다른 체액으로 전환시킬 수 있도록 정확한 방식으로 실행되어야 했다. 따라서, 식사에 지나치게 빠지면 체액의 불균형을 유발할 가능성이 있었다. 중세 말기 의학 이론에 따르면, 다음의 8가지 맛이 존재했다. 단맛, 기름진 맛, 쓴맛, 짠맛, 톡 쏘는 맛, 딱딱한 맛, 바다와 식초처럼 짠맛. 이 8가지 맛은 체액 분석과 관련된 것으로 중세에 나온 일부 요리책의 기초가 되었다.

실제로 당시 유명한 가문의 의사들은 체액설에 따라서 주민의 섭생에 관여하곤 했다. 1473년, 부르고뉴 공작 가문의 집사 올리비에르 드 라 마르셰Olivier de la Marche는 그런 원칙의 적용과 실천을 상세하게 기록했다. 주치의는 공작이 식사 중일 때, 공작의 의자 뒤편에 서 있었다. 앞에서 설명한 베리 공작의 연회 그림과 똑같은 상황이다. 주치의는 공작 앞으로 나온 음식을 살펴보고, 공작에게 가장 이로운 음식이 무언지를 조언했다. 그들은 체액에 적합한 음식을 선별할 뿐 아니라, 자기 재량으로 주인의 건강에 이로운 다른 요리들을 권하기도 했다. 15세기 포반 사보아의 공작 아마데우스 1세 가문의 유명한 요리사 시쿠아르 Chiquart는 요리책 『요리 관습에 대한 이야기Du fait de cuisine』에서 레스토랑 restaurant에 필요한 레시피를 포함시켰다. 여기서 레스토랑이란 아픈 사람들을 위해 특별히 만든 회복식을 말한다. 각각의 효능을 지녔다고 알려진 보석을 작은 비단이나 아마포 주머니 속에 넣어서, 조리 중인 잘린 수탉과 함께 섞었는데, 여기에는 60~80개의 금 조각도 들어갔다.

약 1200년에서 1500년까지의 상류층 요리 취향은 유럽 전역에서 거의 유사한 모습을 보였다. 물론 고딕 건축으로 대변되는 중세 문화의 다른 양상처럼, 지역적으로 어느정도의 변형도 있었지만 공통된 특성도 확인할 수 있다. 그러나 우리가 명심해야 할 점은, 중세 시대에는 신선한 음식을 먹는다는 것이 사회적 신분의 상징이었다. 고기를 먹는 게 특별했던 그 시기의 유럽 상류층은 엄청난 양의 생고기를 소비했고, 심지어 겨울에도 먹을 수 있도록 고기를 일정하게 저장시켜 놓곤 했다. 중세 말기, 북해 연안 낮은 지대Low Countries국가 (지금의 베네룩스 3국—역주)부터 브리타니Brittany까지의 북부 유럽 연안은 특히 양고기를 많이 먹었다. 이에 반해 프랑스 중부와 독일은 돼지고기를 많이 소비했으며, 브리튼 섬에서는 북유럽의 그 어떤 지역보다 양고기의 소비가 많았다. 그러나 그어느 지역 보다도 남부 유럽, 특히 지중해 연안에서 양고기는 아주 중요한 식품이었다. 레시피를 모아 놓은 책에서도 이런 패턴은 그대로 나타났다. 프랑스레시피에는 쇠고기가 거의 없는 대신 돼지고기와 가금류가 지배적이었고, 일부 최고급 양고기를 선별적으로 이용했다. 그러나 고기를 쓸 때에는 종류와 상관없이 어린 동물을 선호하는 경향을 보였다.

상류 계급의 식탁에 오르는 사냥감을 오래 보존하기 위해서 특별 구역이 지정

양은 양모를 얻을 수 있어 잡지 않고 키웠지만 돼지는 그런 2차 생산품이 없기 때문에 식용으로 알맞은 크기가 되면 바로 도살했다. 이 그림은 13세기 말 프랑스 채색화이다. 돼지고기는 저장용으로 인기가 많아서 도토리와 너도밤나무를 먹여 살을 찌운 후, 대개 늦가을에 도살하곤 했다.

사슴 사냥 준비 영주와 사냥꾼 두 명이 수렵용 나팔을 든 사냥개 몰이꾼의 보고를 받고 논의 중이다. 그는 사냥터를 사전 정찰하면서 발견한 발향 물질(fumets)을 내려 놓았다. 가스통 페부스를 보면 『사냥에 관한 책』에서 사냥이 시작되기 전, 엄청난 양의 식사가 필요했음을 이 그림에서 보여 준다. 이 그림은 15세기에 나온 페부스의 저서 중 일부로서 영주는 식탁에 앉아 있고 나머지 사람들은 바닥 위에 깔아 놓은 식탁보 위에서 먹고 있다. 시원하게 마시려고 바로 옆 시냇물에 넣어둔 음료도 보인다.

되기도 했다. 이런 사회적 규제들이 바로 신분을 보장해 주고, 동시에 요리 관습에 특징적인 맛을 부여했다. 사냥 보호 구역을 지정함으로써 약 1000년 이후로 점차 사슴과 야생 수퇘지 사냥이 제한되었다. 남부 영국의 뉴포레스트New Forest 같은 사냥 보호 구역, 팔레르모에 있는 시칠리아 로저 2세의 공원이 그 좋은 예이다. 심지어 상류층 사이에서조차 사슴고기는 어쩌다 맛 볼 수 있는 귀한 고기였다. 프랑스에서는 작은 사냥감이 지배적이었는데, 가스통 페부스Gaston Phébus는 14세기 말 『사냥에 관한 책Livre de la chasse』에서 이런 사실을 상당히 길게 기록했다. 단순히 사냥의 재미가 아니라 먹을 것을 얻기 위해서 전문 하인 집단이 사냥을 실시했으며, 때로는 저택에서 멀리 떨어진 곳까지 가기도 했다고 했다. 사냥을 한 다음, 잡은 사냥감은 도살한 후에 소금을 쳐서 근처 사냥 창고에 보관하거나 통에 넣어 저택으로 보냈다.

이 시기에는 엄청난 수의 가금류와 야생 날짐승들이 식품으로 이용되었다. 일반적으로 소작농들이 그런 것들을 공급했으며, 식용 수탉을 생산하기 위해 투자를 하는 등 일부 지역에서는 가금류를 기르거나 사냥하는 일이 특수 산업이 되었다. 작은 조류의 소비가 늘어나자 그 수요를 맞추기 위해, 야생 날짐승과 새 사냥꾼을 전문적으로 공급하는 업체도 생겨났고, 잡은 짐승을 소비 수요가 있을 때까지 사유지에서 잡아 기르거나 키우는 경우도 있었다. 그래서 3대 버킹검 공작(1478~1521)은 블레칭리Bletchingley에서 메추라기를 길렀으며, 다른 귀족들은 해오라기와 공작을 키웠다.

북유럽에서는 바이킹 시대부터 심해 낚시에 적합한 배가 등장할 때까지, 특히 대구와 청어 같은 생선 소비가 압도적으로 많았다. 그러나 민물 생선이나 바다 생선을 먹는 것은 여전히 사회적 신분과 긴밀한 관련이 있었다. 생선은 상류층 음식 소비의 중요한 부분을 차지했다. 가령, 말을 타면 단 하루 만에 바다에 갈 수 있었던 북유럽 대부분의 지역에서는 신선한 바다 생선을 누구라도 쉽게 이용했다. 그러나 지위가 높은 상류층 가문일수록 먹는 생선의 종류도 많았다. 15세기 초, 솔즈베리 주교는 9개월 동안 약 42가지 종류의 생선, 갑각류, 조개를 식탁에 올렸다. 민물 생선도 사회적 신분의 상징이긴 마찬가지였다. 그래서 11세기부터는 양어지養魚池를 만드는 데 대규모 투자가 이루어졌다. 이 양어지에서 기른 생선 창꼬치, 농어, 유럽산 잉어, 잉어carp등은 시내와 강에서 나는 연어, 송어, 뱀장어, 칠성장어, 철갑상어와 더불어 인기가 많았다. 단, 영국에서는 15세기에 와서야 비로소 잉어를 먹기 시작했다.

14세기 초반 인구 증가가 최절정에 이르면서 1인당 이용할 수 있는 고기와 유제품의 양도 점차 줄어들었고 때문에 점점 더 곡류에 의존하게 되었다. 곡류는 중세 모든 식단 중에서 주요 구성 요소였으나 상류층 식단에서는 상대적으로 의

어느 뚱뚱한 부르주아 시민이 작은 새 구이를 먹기 전에 유리 비커로 포도주를 마시고 있다. 새가 몸에 좋다고 하여 야생 조류 중에 먹지 못하는 게 거의 없을 정도였다. 프랑스 화가 장 부르디숑(Jean Bourdichon 1457~1521)이 그렸다고 짐작되는 이 그림은 연중 기도서 중에서 1월 달력에 해당한다. 1월이면 야생 새들이 무리를 지어 날아다니는 시기이므로 많은 새를 잡을 수 있었다.

생선은 고기를 대체할 효과 만점의 식품으로서, 특히, 민물 생선의 가치를 높이 쳤다. 1343년 클레멘스 6세(Clement VI)를 위해 지은 아비뇽의 교황궁 내에, 사슴의 방(Chambre du Cerf)에 있는 프레스코 화이다. 이 그림에서 일단의 어부들이 조촐한 앙어지에서 예인망(오른편 남자가 들고 있는 것)을 이용해 물고기를 잡고 있다. 막대가 달린 작은 그물은 개별 낚시용인 것 같다.

존 비율이 낮았다. 여러 작가의 설명에 의하면 대부분의 귀족 식탁에는 전형적인 둥그런 빵 덩어리나 롤빵이 올라왔다. 고급 흰 빵, 이름하여 '수제 빵', 팡 드 멩Pain de main을 만들려면 최고급 밀을 써야 했다. 대저택에서는 매일 빵을 굽거나 갓 구운 빵을 구입했으나, 대부분의 평범한 집안에서는 최대 일주일 정도까지 빵을 오래 보관하곤 했다. 빵은 대개 나무쟁반에 담아 식사로 제공되는 게 관습이었다. 오래된 빵은 잘라 뭉개어 소스를 걸쭉하게 만드는 데 쓰거나, 식사를 차리는 사람들이 뜨거운 금속 접시에 손이 데이는 것을 막으려고 빵을 이용해 접시를 들고 나오기도 했다. 흰 빵을 먹는 상류층을 따라하려는 사람들도 종종 있었으나, 대개는 질이 떨어지는 곡물, 호밀, 보리, 심지어 귀리로 만든 빵을 주로 먹었다. 또 어떤 사람들은 곡류를 포타주로만 만들어 먹기도 했다.

1320년대 인구 증가로 인구 수가 정점을 이룬 후, 엄밀히 말해 1348~1349년에 유럽을 휩쓴 흑사병으로 재앙에 가까울 정도로 인구가 줄어든 이후로는 식단의 균형도 바뀌었다. 이 시기부터 유럽에서는 줄어든 인구에 비해 1인당 이용 가능한 동물 개체수는 상대적으로 많아 육류 소비가 엄청나게 증가했고, 이에

1491년경 미카엘 볼게무트(Michael Wolgemut)의 작품으로 짐작되는 목판이다. 솔로몬 왕과 여러 왕비들을 새겼는데, 왕은 15세기 후반 관습대로 홀로 식사하고 있다. 그 앞에는 네모난 나무 쟁반이 있고, 오른편에 고기 써는 카버 또는 팬틀러가 납작한 칼로 썬 음식을 시중든다. 식탁 왼편에는 스탠딩 소금이 있으며, 어느 하인이 음악에 맞춰 뚜껑을 덮어 층층이 쌓은 요리를 들고 온다. 차갑게 마시려고 병에 담아 놓은 음료가 탁자 앞에 놓여 있는 모습이 보인다.

따른 '육식성 유럽'이 현실로 드러난 것이다. 특히, 유럽 대륙에서는 그동안 기아와 기근이 끊이질 않았는데 오히려 흑사병 이후로는 많은 사람들이 먹을거리 면에서 마음껏 육식을 선택을 할 수 있게 된 것이다.

축산업과 긴밀하게 관련 있는 유제품이 등장하면서, 그것은 흑사병 이후로 일반 서민의 식단에 자리를 잡았다. 그러나 여전히 상류층의 요리 관습에서는 유제품이 아직 극히 제한적으로 이용되었으며, 심지어 나라 전역에서 유제품을 생산했던 영국, 북부 프랑스, 북해 연안 국가들도 그러했다. 그러나 치즈와 버터는 유럽 전역의 미식법에서 중요한 식품으로 부상했다. 최고 품질의 치즈는 높은 값에 상당히 먼 곳까지 운반되었다. 약 1170년 이후, 최소 150년 동안 글로스터셔 산 치즈가 캉Caen의 홀리 트리니티 노르만 사원Norman Abbey of the Holy Trinity으로 운송되었고, 사원의 소작농들이 사우샘프턴으로 가서 치즈를 옮겨 왔다.

정원은 상류 귀족층에게는 관심의 대상이자, 막대한 투자의 대상이었지만, 농

민과 수도자 계급에게는 이보다 실질적인 식품의 공급원으로서 훨씬 더 중요했다. 프랑스의 요리법 모음집에는 파, 양배추, 마늘, 양파가 나오며 간혹 뿌리 작물도 언급한다. 영국의 정원은 대저택에 엄청난 양의 농산물을 공급했지만 전체적으로 볼 때, 채소는 주 소비 식품이라기보다 부분적으로 맛을 내는 데 쓰였던 보조 식품이었다. 영국에서 원예업이 발달하지 못한 요인은 영불 해협 간의 교역에서 찾아볼 수 있다. 일례로 양배추는 북프랑스에서 수입했다. 북부에서는 건강을 이유로 채소 식품을 싫어한다는 편견이 있으나 실상은 전혀 그렇지 않았으며, 특히 수도원에서는 당연히 채소를 많이 소비했다.

과일은 어디서든 소비하였으나 감귤 같은 일부 종은 남부 유럽에서만 재배되었다. 프랑스에서 포도는 포도주를 만드는 데 뿐만 아니라 중요한 향신료로도 쓰였다. 13세기 영국에서도 포도를 어느 정도 재배했는데 일반적으로 감미료가 아닌, 베르 주스로 맛을 내는 데 썼다. 사과, 복숭아, 모과, 서양 모과, 체리, 다양한 종류의 견과류도 누구나 좋아하며 즐겨 찾는 식품이었다. 이런 과일들을 유럽 어디서든 만날 수 있었다. 여러 설명서에 따르면, 과일은 여러 향신료와 더불어 정식 식사가 끝난 후에 응접실에서 준비하여 먹었다고 한다. 건포도, 대추야자, 무화과는 단식 기간 중에 생선과 함께 자주 먹던 과일이었다. 과일을 먹는다는 것은 건강에 이롭다고 생각하여 특히 병약자들이 자주 먹었다.

유럽 전역에서 소비하던 음식의 종류가 이렇듯 서로 비슷했으며, 때문에 중세 미식법에는 공통된 특성도 있었다. 파리, 런던, 바르셀로나, 로마의 요리사들은 느구라도 브루에brouet(주사위 모양으로 자른 고기나 생선으로 만든 포타주—역주), 블랑망제blanc-manger(닭고기 간 것, 돼지고기나 송아지고기에 쌀을 섞어, 그 외 향료나 착색제를 넣어 만든 음식—역주), 모르트레스mortress(간 돼지고기, 닭고기, 흰살생선을 끓이고 아몬드 우유를 섞어 달걀이나 빵부스러기로 딱딱하게 만든 음식—역주), 리솔rissole(다진 고기, 생선이나 과일에 향신료와 밀가루를 섞어 완자나 케이크로 만들어 구운 음식—역주), 그린 소스(파슬리, 박하를 다져서 식초에 넣어 다른 향신료도 넣어서 빵이나 간혹 달걀로 걸쭉하게 만든 소스—역주), 그 외의 여러 가지 다양한 요리들을 다 알고 있었던 것 같다.

중세 요리의 특성은 바로 향신료와 강한 맛을 추구했다는 점이다. 단순히 향이나 소화 효능 때문이 아니라, 음식에 빛깔을 입히기 위해서 향신료를 사용했다. 요리책에 기록된 레시피의 70퍼센트 이상이 향신료를 사용했으며, 이것은 상류층 요리 관습의 특성이었다. 요리의 대가 시쿠아르는 1416년 사보아 공작을 위해 칠성장어 구이에 들어갈 소스를 만드는 일을 맡았다. 그 소스에는 흰 생강 1파운드, 계피 2파운드와 그레인 오브 파라다이스grain of paradise, 후추, 정향, 기타 향신료가 들어갔다. 그는 1420년 자신의 요리책에 이 레시피를 기록하면서 메이스mace와 넛멕nutmeg을 추가했다.

이런 향신료는 아마도 맨 처음 십자군 시절, 북유럽에 막대한 영향을 미쳤던 것 같다. 십자군은 유럽 대륙과 그 너머를 오가는 교역의 중요한 주체가 되었고, 그 중 일부는 오늘날 인도, 인도네시아, 중국에서 유래되었다. 14세기 피렌체의

왼편 14세기 이탈리아 옥수수 시장. 곡류는 빵, 포타주, 에일, 맥주와 함께 중세 시대 식단에서 가장 중요한 요소였다. 농민들은 흑사병 이후에야 비로소 상당량의 고기를 구입하여 먹을 수 있었다.

아래 15세기 이탈리아의 건강 지침서 『타쿠이눔 사니타티스 Tacuinum Sanitatis』에 나온 상추 가꾸는 모습이다. 이런 지침서는 궁극적으로 아랍의 의학 자료에 영향을 받은 것으로서 신체의 구성 요소와 그것이 건강에 미치는 영향을 점검하였다. 한편, 지침서에서는 식품 소비가 중요한 관심사였으며, 남부 유럽의 건강 지침서에는 이런 종합적인 맥락 속에서 샐러드가 우리몸에 미치는 영향에 대해 기술하였다.

프란체스코 페골로티Francesco Pegolotti는 14세기 초반 40년 동안 기록한 수첩에서 거의 300가지 식품을 '향신료' 항목에 올려 놓았다. 이 안에는 오늘날까지 향신료로 간주되는 것뿐 아니라, 아몬드(대개 으깨어 우유를 만들던), 건포도, 대추야자, 기타 의료, 향수, 화장품용 재료까지 모두 들어 있다. 중세 시대에는 과일을 재료로 만든 사탕 과자는 어떤 경우에는 식품이자 화장품으로 서로 바꿔서 사용할 수 있었던 것처럼 식품과 화장품의 구별이 거의 없었던 것 같다.

요리 관습에서 향신료의 목적은 크게 네 가지로 나뉜다. 첫째, 체액설의 견지에서 음식의 본래 성질을 바꾸기 위해 둘째, 음식의 향을 바꾸기 위해 셋째, 음식의 빛깔을 드러내기 위해 넷째, 호사스런 소비의 측면에서는 사회적 지위를 나타내기 위해서였다. 하층 계급들은 향신료를 거의 쓰지 않았으며, 대신 인근 지역에서 재배되는 겨자, 야생 능금crabapple, 샤프란을 주로 사용했다. 수입 향신료 중에서 13세기 최고의 가치를 누렸던 후추는 이후 교역량이 늘어나면서부터는 점차 흔한 식품으로 자리잡았다.

향신료 중에 특히, 설탕은 요리 관습을 완전히 바꿔 버렸다. 8~9세기에 사탕수수가 인도에서 중동으로 맨 처음 소개된 후로, 이집트와 북아프리카에서 재배했고, 중세 후반기에 지중해 여러 섬에서도 재배가 이루어졌다. 13세기 중반 키프로스에서 사탕수수를 으깰 수 있는 수력 물레방아가 개발되면서 시장에는

실론(Ceylon)산 계피는 유럽에서 소비되는 동양의 향신료 중에서 가장 비싼 편에 속했다. 맨 처음 책에서 계피를 기술한 사람은 약 서기 40~90년에 살았던 고대 그리스 의사이자 식물학자인 디오스코리데스(Dioscorides)였다. 계피 상품에 넋이 빠진 향신료 장수의 모습을 담은 이 그림은 15세기에 라틴 어로 번역된 책에 나와 있다. 계피의 달콤한 향은 특히 순결한 미덕을 연상시켜. 때로 성모 마리아의 수식어구로 사용되었는데 그 외에 여러 식품과 비싼 화장품 재료로도 쓰였다.

많은 양의 설탕이 나오게 되었다. 그래서 베네치아와 제노바의 상인들은 유럽 전역에서 설탕 덩어리 형태로 무역을 시작했으며, 때로는 향신료를 입힌 상태로 교역하기도 했다. 설탕은 사탕 과자를 만드는 재료였으므로 상자에 담거나, 설탕에 졸인candied 과일 또는 사탕가루 형태로 판매되었다. 북유럽에서 설탕은 오히려 과일 콩포트compote(설탕에 절인 과일)와 잼을 만드는 데 사용했다.

또한, 과일에서 향미료를 추출하여 중세 퀴진에서 꼭 필요했던 신맛, 시큼한 맛, 톡 쏘는 맛을 내기도 했다. 감귤류, 그 중에서 시트론citron과 세빌리아의 신 오렌지는 북아프리카, 스페인, 남부 프랑스와 이탈리아의 석류와 더불어 아랍 요리의 영향을 받았던 이 지역 요리에 중대한 영향을 끼쳤다. 이런 감귤류는 북유럽에서는 거의 찾기 힘들며, 시트리나드citrinade 같은 단 사탕 과자 정도만 남아 있다. 시큼한 향의 주요 공급원으로 보다 널리 사용된 것은 바로 포도주, 식초, 베르주스나 사우어 에일sour ale이었으며 또한 레드커런트redcurrant나 구스베리, 풋사과나 야생 능금같이 톡 쏘는 맛이 나는 부드러운 과일과 소렐sorrel같이 시큼한 허브 등도 애용했다. 이런 신맛은 요리할 때 포타주나 소스, 두 가지 주요 방식으로 상당한 양을 활용했다. 이 소스 중에 몇 가지는 상업적으로 판매되어 대량으로 구입할 수도 있었으며 전 계층을 막론하고 즐겼다. 성 토마스 칸틸루페의 기적을 목격한 사람이자 도닝톤 윌리엄의 아들 토마스Thomas의 고백에서도 그 사실을 확인할 수 있다. 토마스는 고백서에서 1305년 9월 중순 웨일즈 고향 마을에서 살사salsa 소스에 쓸 야생 능금을 주우려고 길을 나섰던 때를 회상했다. 그 소스는 지방 성분이나 오일이 안 들어가서 깔끔한 맛을 냈으나, 간혹 빵부스러기나 밀 녹말등의 다양한 재료를 넣어 소스를 걸쭉하게 만들기도 했다.

이 소스에 간혹 세이보리로 향을 첨가하거나 설탕(또는 꿀)으로 단맛을 첨가할 수도 있었다. 물론 겉으로 봐선 이런 것을 첨가했는지 알아챌 수가 없었지만 설탕이나 세이보리 향신료는 정해진 디저트뿐 아니라 고기와 생선에도 잘 쓰이는 편이었다.

이런 특성 외에도, 설탕이나 세이보리 향신료는 지금도 여전히 알아차릴 수 있는 형태로 지역마다 쓰임의 양상이 달라졌다. 이는 이용할 수 있는 상품의 범위에 따라, 음식 준비에 쓰이는 양념의 종류와 유형에 따라, 식사의 패턴에 따라 변한 것이다. 아랍 퀴진은 요리에서 이것들의 쓰임에 중대한 영향을 끼쳤는데 특히 지중해, 시칠리아, 카탈루냐, 스페인, 남부 프랑스가 그 영향을 많이 받았다. 대신 북부 이탈리아는 그 영향을 적게 받았다. 영국 사람들처럼 이탈리아와 카탈루냐 사람들도 설탕을 애용했다. 영국에서 설탕은 여러 향신료의 강한 신맛을 중화하기 위해 쓰였다. 14세기부터 점차 많이 쓰이더니 1400~1420년 사이에 널리 확산되었다. 시칠리아에서 노르망디까지 이어지는 음식과 관련된 아랍적인 요소들이 영국 음식에 새롭게 들어왔는데 설탕 사용도 이런 요소들 중의 한 가지였을 것으로 짐작된다. 대부분의 영국 요리책에는 '사라센'이라고 기술된 음식들이 나오는데, 그 중의 많은 음식들이 붉은색을 띄며, 그 나머지도

석류로 맛을 낸 것들이다. 프랑스 북부와 독일에서는 아랍의 영향을 크게 받지 않았다. 따라서, 달콤한 음식은 중세의 영국 레시피와 프랑스 레시피를 차별화시키는 주요 특성 중의 하나였다.

영국의 요리 관습은 음식을 걸쭉하게 만들 때 녹말을 사용했는데, 이는 프랑스와 전혀 다르다. 또, 영국 요리책은 즉흥적으로 변하는 신통한 아이디어에도 지면을 할애했다. 즉 모양 내는 기술, 빛깔 활용, 재료 본뜨기(재료를 마음대로 형태를 만들 수 있는 상태로 만들고 나서 이루어진), 그런 다음에 미트볼을 고슴도치 모양으로 바꾸는 등 재료를 다른 사물처럼 만드는 작업도 요리책에서 설명했다. 이와 비슷한 양상은 독일 요리책에도 나타난다. 1460년경에 나온 『마이스터 한센의 요리책 Kochbuch Meister Hannsens』에는 '달걀'을 아몬드 모양으로, '노루고기'를 생선 모양으로 만드는 내용이 나온다. 이런 창의적 개발 음식 중 몇 가지는 곧바로 'subtlties'가 되어, 대개 코스가 끝날 때나 '코스 사이에' 앙트르메 entremet로 제공되었다. 이런 창작 요리는 때로 전혀 예상치 못한 다양한 조합의 요리를 만들어 내는데, 일례로 대개 향이나 색을 내는 데 쓰이던 큰 앵초, 산사나무, 제비꽃, 작약이나 장미 등 자기의 지역에서 쉽게 구할 수 있는 재료로 이전에 없던 새로운 장르의 요리를 만들어 내곤 했다.

13~14세기 영국 레시피는 같은 시기 프랑스 레시피에 비해 향신료 사용을 훨씬 자제했다. 영국 요리 관습은 특히 생강과 계피에 많이 의존했고, 간혹 후추도 사용했는데 15세기에 들어서면서 양국에서 사용하는 향신료가 유사해지면서부터는 이런 영국의 요리 관습에도 큰 변화가 생겼다. 가령, '커리 가루'와 비슷한 블랑시파우더 blanchepowder 같은 혼합 조제 향신료가 나오면서 영국과 프랑스의 향신료 사용 패턴이 비슷해졌다. 블랑시파우더는 주로 생강, 계피에 넛멕을 조금 섞은 것이다. 때때로 하나의 레시피에 이것저것 섞인 '향신료'가 대량으로 필요할 때도 있는데 이를 위해 비슷한 향을 내는 향신료를 만들어 낸 것 같다. 쿠베브 cubeb 같은 일부 향신료의 경우 다른 지역에서는 거의 쓰이지 않았던 것 같다.

프렌치 퀴진은 크게 남과 북으로 나눌 수 있다. 브루에, 즉 브로스 broth는 북부 프랑스에서 특히나 중요했다. 이것은 오늘날 우리가 알고 있는 그런 브로스가 아니었다. 물에 고기나 생선을 갈거나 통째로 넣는데 이때, 대개는 아몬드 우유가 들어간다. 우유 음식이 아니라 간 아몬드를 페이스트 상태로 활용하는 것이 상류층 음식의 큰 특징이었다. 프랑스에서의 향신료 사용은 영국보다 좀더 세심한 편이었다. 프랑스는 생강, 계피, 후추, 그레인 오브 파라다이스 등 대표 향신료 grosse espices를 엄청나게 소비했다. 생강은 가장 핵심적인 향신료였다. 그보다 적은 양으로 쓰인 정향, 갈링게일 galingale, 넛멕, 메이스는 향신료 메뉴 menues espices라고 불렀다. 겨자는 중요하게 사용됐으나 그린 허브류는 잘 쓰지 않았다. 그레인 오브 파라다이스는 14세기 프랑스에서 매우 중요한 향신료가 되어, 프랑스 오트 퀴진에서 후추를 대신했다. 시쿠아르 시대에는 아마 레시피 3개 중 2개는 그레인 오브 파라다이스를 사용했을 것이다. 이런 패턴은 프랑스 요리

의 두드러진 특징이었다. 실제로 1400년경 영국, 카탈루냐, 이탈리아 요리책 레시피에는 10가지 중 한 가지에만 등장했을 뿐이다. 그러나 15세기에 이르러 그 사용이 점차 줄어들었고, 16세기에는 거의 찾아 볼 수 없게 되었지만 향신료 천국이라는 뜻의 파라다이스와 이름이 같았기 때문에 그처럼 성공할 수 있었던 것 같다. 실제로 당시에는 이국의 향신료가 에덴의 천국에서 나온다고 믿었다. 그래서 향신료와 그 향은 천국의 예루살렘 이야기에도 똑같이 등장했다. 상인들, 요리사들은 이런 결합 관계를 인간의 요리에 전할 수 있는 기회를 놓치지 않았던 것이다.

프랑스 가정에서 전해지던 요리 설명서에는 생과일 소비에 대해 기록한 것은 있는데 과일을 이런저런 요리 재료에 응용했던 프랑스 요리책에는 과일을 기본 재료로 하는 레시피는 거의 없었다. 패스트리 케이크나 파이 밑판 요리(영어로는 '코핀coffin')에도 과일 사용에 대해서는 관해 거의 언급하지 않았는데, 과일 사용은 별 특별한 것 없는 일상적 관습이자 매우 간단한 일이었으므로, 따로 요리책에서 다루지 않았던 것 같다. 또한, 프렌치 퀴진은 달걀을 많이 사용하는 타르트와 푸딩도 광범위하게 활용하지 않았다. 오히려 이런 음식은 이탈리아와 영국에서 인기가 많았는데 잉글리시 특선품 중에 성 삼일Rogation에 먹는 치즈 푸딩이 있었다. 아마도 당시 유럽에서는 그런 음식이 흔했을 텐데, 유독 프랑스에서는 과일을 사탕처럼 굳히는 음식에 대해서는 거의 언급이 없었다. 단, 1390년대에 상류층 주부에게 도움을 주기 위해 만든 레시피와 메뉴를 모아 놓은 편집서『파리의 집사』에만 등장한다.

북부 프랑스, 부르고뉴와 사보이는 전 세계 요리에 영향력을 행사하는 중심에 서있었다. 그래서 브루에 드 앙글레테르Bruet d'Engleterre나 브루에 드 알르마이네Bruet d'Allemaigne는 투르네, 파리, 브리, 부르보네, 푸아투, 사보이, 프로방스 방식으로 만든 것들이 요리책에 등장했다. 이탈리아도 이와 똑같은 요리책의 레시피에 원산지를 따라 이름을 붙이는 양상을 보였다. 가령, 레체 롬바르드 leche Lombard 레시피일 경우에 파르마, 볼로냐, 제노바, 피렌체, 피사, 로마식 요리가 다 나왔다. 물론 이런 요리들은 그 원산지 사람들이 예상했던 요리와는 전혀 달랐을 것이다. 그러나 그런 레시피들은 요리 세력에 있어 서로 대립하는 경향이 있었음을 보여 주는 좋은 예이다.

프랑스 남부 퀴진은 카탈루냐와 이탈리아 요리책에도 등장하는 뚜렷한 과일을 사용했다. 석류와 시트론이라는 확실한 특성이 있었다. 다른 특징 으로는 요리 매개체로 버터보다는 오일을 사용했으며, 이집트 콩을 애용했다는 것이다. 프랑스 남부 퀴진의 북부 프랑스보다 향신료를 더 많이 활용했으며, 특히 그 중에서 생강, 후추, 박하, 샤프란을 많이 썼다. 다양하고 많은 량의 음식 재료를 소비했음을 마요르카의 여왕, 마리 앙주 가문에서 확인할 수 있다. 그들은 1340~1341년에 프로방스 식품 구매에 243파운드를 썼고, 주로 빵을 만드는 밀을 구매하는 데 68파운드, 포도주 구매에 55파운드, 양고기, 돼지고기, 송아지고기, 기름과 산토끼고기 구매에 52파운드, 가금류, 비둘기와 자고 구매에 19파운드, 생선 구매에 13파운드(다랑어 이름만 나오지만 일반적으로 생물 생선과 염장 생선도 기록되어 있다), 향신료(계피, 정향, 후추, 샤프란, 겨자, 식초, 설탕, 꿀) 구매에 9파운드, 달걀 구매에 7파운드, 신선 채소와 말린 채소(양배추, 부추, 시금치, 뿌리 식물, 조롱박, 양파, 마늘, 이집트콩, 콩, 렌즈콩) 구매에 7파운드, 소금과 오일 구매에 5파운드, 신선 과일과 말린 과일(아몬드, 체리, 밤, 무화과, 복숭아, 개암, 견과, 석류) 구매에 5파운드, 치즈 구매에 4파운드, 소스와 콩디망, 소스로 쓸 오렌지 구매에 2파운드를 썼다.

비록 스페인과 카탈루냐가 아랍의 영향을 상대적으로 많이 받았고, 유대인 공동체와 관련되는 전혀 다른 요리 전통도 존재했지만 두 지역의 식품 소비 패턴은 유사했다. 남부 지중해와 북부 대서양 연안의 음식은 엄청난 대조를 보였으며, 대서양 연안은 중부 평원 지역과는 다시 큰 차이를 나타냈다. 1324년 무렵에 나온 카탈루냐의 『리브레 드 센트 소비Libre de Sent Sovi』는 특히 해산물 레시피에 강세를 보였다. 이 책의 저자가 영국 에드워드 2세의 전속 요리사라는 주장이 있었지만, 그 레시피들은 전혀 영국다운 특성이 없으며 오히려 지중해 퀴진에 기초하고 있다. 지중해 퀴진의 또 하나의 특성은 아스파라거스 등 다양한 채소를 사용한다는 것을 들 수 있었다. 1181년 3월(사순 기간) 즈음에 카탈루냐의 백작 왕, 알폰소 2세가 만레사Manresa는 사흘간 머물면서 소금, 식초, 생물 생선, 염장 생선, 오일, 꿀, 콩, 밤, 후추, 빵, 시금치, 부추, 닭고기를 구입했다. 1184년 프로방스에서도 그의 측근들은 비슷한 식품을 구입했는데 이번에는 돼지고기, 쇠고기, 토끼고기, 양고기, 염소고기, 닭, 자고 등 육류도 포함되었다.

이탈리아 퀴진에 대한 증거는 플라티나Platina, 즉 인문주의자 바르톨로메오 사키Bartolomeo Sacchi가 중세 말기 1470년에 발간한 『올바른 쾌락과 건강에 대하여』에서 찾을 수 있다. 여기에 수프, 스튜, 간편한 생선 요리 레시피가 나온다. 북유럽의 포타주는 빠져 있으며, 대신 채소와 오렌지나 대추 야자 같은 이국적인 재료들에 상당한 지면을 할애했다. 시칠리아 퀴진은 향신료를 많이 썼던 것 같다. 그리고 아랍 세계와 연결되면서 셔벗과 아이스 크림 같은 디저트나 단 과자가 발달했다.

폴란드를 지나 독일부터 실레지아Silesia 지역까지 요리의 유사한 패턴은 14세기 중반에서 16세기 초반까지 나온 여러 요리책에서 그 증거를 찾을 수 있다. 프랑스와 이탈리아 퀴진의 영향을 일부 받았으며, 이탈리아 퀴진을 이곳에 들여온 주체는 아무래도 의사들인 것 같다. 1350년경 뷔르츠부르크Würzburg에서 나온 『좋은 향신료에 관한 책Daz büch von güter spise』에 소금, 후추, 샤프란, 생강, 아니스 열매, 캐러웨이와 관상용 허브가 등장한다. 설탕을 일부 사용했지만, 오히려 포도주, 우유, 식초를 더 많이 사용했다. 일부 레시피는 여러 가지 조리법을 동시에 채택하기도 했다. 즉, 동물 가죽이나 몸통에서 발라 낸 재료로 조리하고, 도로 갖다놓았다가 다시 조리를 하는 식이었다. 얇게 썬 과일이나 고기 튀김인 프리터fritter와 플랫 케이크는 사람들이 가장 좋아하는 요리였다. 인 강

하류 지역Lower Inn Valley 바이에른 주 뮐도르프Mühldorf에서 나온 중세 말기 요리책은 특이하게도 주로 사냥과 낚시로 잡은 식품을 중점적으로 다루었는데, 이는 그 지역 환경에서는 사냥과 낚시가 지배적이었음을 암시한다. 독일 남북 지역과 오스트리아의 음식은 그 패턴에 있어 전반적으로 유사했지만, 프랑스에 비해 소스는 턱없이 적었고 파이, 구이류, 수프는 더 많았다. 그 지역의 테게른제Tegernsee 같은 큰 호수에서 엄청난 양의 어류를 공급했기 때문에, 15세기 말부터는 낚시에 관한 지침이 발행되었다.

물론 이런 지역적인 다양성이 존재했지만, 누가 뭐래도 중세 식단의 핵심적인 결정 요인은 바로 사회적 계층, 밖으로 보이는 인맥 관계, 그리고 사회적 경쟁이었다. 요리를 보이는 부분에 치중해서 연출하려는 경향은 중세 요리의 변화 무쌍한 요리의 특성에서 확실히 드러났다. 재료 다지기, 갈기, 썰기는 그냥 말랑말랑한 고기로 만드는 정도의 형태로 기능이 축소되었으며, 도리어 이런 재료들은 상상을 초월하는 형태를 갖추곤 했다. 가령, 고기 재료에 본래의 가죽과 깃털을 다시 붙이거나 패스트리 안에 본래 형태와 만들어진 형태를 꾸며 넣기도 했다. 빛깔이 특히 중요했는데, 때문에 맛과 향은 전혀 고려하지 않은 채, 호기심 어린 눈으로 사람들이 보아 주길 기대하면서 마음껏 다양한 색채의 장을 연출할 정도였다.

요리책들은 맛에 대해 보다 확실한 방향을 제시하면서도 동시에 시각적 효과를 거둘 수 있는 방법에 대해 설명했다. 『좋은 향신료에 관한 책』에 따르면 샤프

바이외 태피스트리(Bayeux Tapestry)에 나온 11세기 말 또는 12세기 초반 노르만 족의 요리 장면이다. 정복자 윌리엄이 페번지에 상륙한 것을 기념하는 잔치에 쓸 음식을 만들고 있다. 고기는 쇠꼬챙이에 끼워서 굽고, 화로 위에 걸어놓은 솥 안에다 음식을 끓이고, 수염 난 하인이 화덕에서 완성된 음식을 접시에 담아. 그 요리와 음료를 방패를 이용해 임시로 만든 식탁 위로 배달하고 있다. 그리고 나팔을 불어 손님들을 식탁으로 부르고 있다.

란, 파슬리, 제비꽃, 체리는 맛을 좋게 할 뿐 아니라, 좋은 빛깔을 얻기 위해서 음식에 첨가했다. 그린과 옐로우 이외의 빛깔을 내는 일은 프랑스보다 오히려 앵글로—노르만 퀴진이 먼저 시작했다. 14세기 앵글로—노르만의 『다양한 식품 Diversa cibaria』에는 인디고Indigo와 다중적인 색깔을 연출하는 설명이 들어 있다. 그 책에 맨 처음 나온 레시피는 닭고기 간 것, 쌀, 아몬드, 설탕이 들어가는 일종의 사라센 요리였는데 단연 그 빛깔이 돋보였다. 각각 화이트, 그린, 옐로우를 썼는데, 파슬리로 녹색을 내고 샤프란으로 노란색을 냈다. 포타주는 '따로 또 같이', 즉 같은 그릇 안에 색깔이 다른 2개의 포타주가 제공되었다. 이런 것은 젤리와 두스doucet 같은 커스터드를 넣어 만들었다. 간 아몬드에 베이스로 쌀을 얹고 백설탕, 정향, 메이스, 쿠베브, 계피로 향을 내는 요리, 15세기 '컬러드 스튜coloured stew'는 "한쪽은 화이트, 다른 쪽은 옐로우, 나머지는 파슬리로 그린 빛깔을 만들라."는 말처럼 반드시 빛깔을 내야 했다. 이런 빛깔 내기의 범위는 레드에서 인디고, 그린에서 옐로우까지 상당히 다양했다. 빛깔 내기에도 일종의 패턴이 있었는데, 가령 그린 소스에 그린 빛깔은 생선 요리에 어울린다는 식이었다.

요리사들은 반드시 음식에 어울리도록 적절한 빛깔을 만들어야만 했다. 일반적으로 파슬리로 그린 색을 만들어 냈지만 타이유방의 『비앙디에』에서는 파슬리 대신 소렐, 포도 잎이나 싹, 겨울날 풋옥수수를 이용해 그린 색을 만들어 냈다고 언급한다. 석쇠에 구운 빵은 소스에 까만 빛깔을 낼 수 있고, 닭의 간은 갈

14세기 건강 지침서 『타쿠이눔 사니타티스』에 나오는 중세 부엌이다. 양이나 곱창으로 짐작되는 내장 요리를 하고 있는 것 같다. 가난한 사람들이 흔히 먹던 음식인 소시지와 푸딩(중세 유럽에서 고기를 속으로 채워 만든 작은 소시지를 푸딩이라고 했다. 요즈음의 설탕과 달걀 등을 넣어 만든 디저트로서의 푸딩과 구분해야 한다.—역주). 일부 내장 요리들도 진미였다. 그런 음식은 대개 계절성 식품이었는데, 동물을 도살하는 때와 맞춰 주로 겨울에 만들었다.

색, 계란 노른자는 노란색을 선명하게 만들어 주었다. 노란색이나 황금빛을 낼 때에는 맛과 향은 고려하지 않은 채 어느 곳에나 샤프란을 사용했다. 요리에 색깔을 입히는 이런 생각은 아랍 요리 관습에서 영향을 받은 것 같다. 황금 나뭇잎을 이용하거나 황금빛으로 색을 입혀, 황금빛을 비롯한 유색 접시에 음식을 담아 먹는 아랍의 관습은 십자군에게 엄청난 영향을 끼쳤다. 여기에 빛깔에다 윤기를 입히는 작업도 강조했다. 에그 글레이즈egg glaze를 쓰면 음식 표면에 윤기가 자르르 흘러 보였다. 그 자체로 예방 의약과 특히 연금술에 관심 있는 사람들의 호기심을 끌었던 황금 빛깔과 은 빛깔의 나뭇잎도 비슷한 효과를 냈다.

중세 말기 유럽의 요리 방식은 나라마다 크게 차이가 없었다. 가장 흔한 방법은 끓이기, 빵 굽기, 로스트, 튀기기, 석쇠로 굽기였다. 11세기 말, 노르망디 바이외Bayeux의 태피스트리에는 정복자 윌리엄이 페번지Pevensey에 상륙한 뒤에 이루어진 대규모의 식사를 묘사하고 있다. 화로 위에 걸린 냄비 안에다 고기를 끓이고, 쇠꼬챙이 위에 고기와 닭을 구워 식탁으로 가져온다. 그리고 그 식탁 위에는 생선이 이미 놓여 있다. 끓이기는 요리의 기본 방식으로 널리 쓰였지만, 대저택에서는 반드시 거대한 가마솥을 이용해 대규모로 음식을 끓였다. 굽기, 로스트, 튀기기에는 그보다 더 많은 투자가 필요했다. 큰 가문의 저택이라고 해서 모두 다 큰 화덕을 갖춘 것은 아니기 때문에 간혹 굽는 요리를 할 때에는 따로 돈을 들여야 했다. 1337년 1월, 캐서린 드 노리치Dame Katherine de Norwich 부인이 첫 남편의 죽음을 기리면서 성대한 연회를 열었는데 화덕이 없었던 탓에 그때 암탉 24마리와 파이 157개를 굽는 데 따로 돈을 들였다고 한다. 남부 유럽은 북부에 비해 화덕에서 열로 가열시켜 고기를 요리하는 방식이 훨씬 더 흔했다. 그래서 이동이 가능한 소형 화덕을 사용했고, 다 쓰고 나면 재로 묻어 버렸다.

구이 음식을 먹는 것은 계급의 상징이었다. 구이를 하려면 품질 좋은 고기가 필요했고, 연료도 넉넉하게 준비되어야 했기 때문이다. 영국의 에드워드 2세 집안은 로스트를 먹을 수 있는 사람들을 향사鄕士 esquire 이상의 지위가 있는 관리들로 제한했다. 튀기기에는 추가로 기름이나 비싼 오일이 필요했다. 따라서, 이런 기술이 필요한 레시피는 극히 적었으며, 대개 고기 튀김과 만두류에 속하는 프리터, 리솔, 크리스프crisp, 챠웨티chawetty(속을 채운 밀가루 완자)에 이용했다.

대부분의 요리 과정은 부엌이나 제빵소에서 이루어졌는데, 현존하는 당시 부엌을 보면 거의 기업적 규모였다. 웨일스의 글래스턴베리Glastonbury와 프랑스의 퐁테브로Fontevraud의 유적처럼 흔히 부엌은 화재의 위험을 최소화하기 위해 단독 건물로 분리되었다. 가령, 사탕 과자 만들기 같은 보다 세밀한 과정은 집안 내 어디에서나 쿠킹 체이퍼chafer와 숯을 이용해 만들곤 했다. 제빵소, 양조장, 가금류를 처리하는 열탕소scalding house, 식기와 장비를 씻는 식기실도 저택의 본관과 떨어져 있었다. 저장 시설은 빵, 유제품, 식탁보를 넣어 두는 저장실, 버터 저장실buttery, 맥주와 포도주 저장실이 따로 있었다. 많은 증거에 따르면, 단기간에 마시는 음료 대신에 와인을 저장하기 시작한 것은 14세기부터였다고 한다. 고기와 생선을 저장하는 고기 저장실larder도 필요했는데, 말린 식품 저장과 생고

현재 『비앙디에』로 알려져 있는 『타이유방의 책 Livre de Taillevent』이 15세기 후반에 발행되었을 때의 표지인데, 목판 삽화로 왕실 식사를 묘사했다. 이 책은 당시 바르나바스 쇼사드(Barnabas Chaussard)가 리옹(Lyons)에서 발간했다. 식사와 요리 관습의 유행과 형식은 바뀌기 마련인데, 이 책은 1486년과 1615년 사이에 최소 25번이나 재발행되었으니, 가히 그 인기를 짐작할 수 있다.

기 처리에 이용했다. 장소만 있다면, 육류와 어류는 신선도를 유지하기 위해 최대한 산 채로 보관했다. 그래서 소와 양을 보관하기 위한 인근 목장, 민물 생선 보관용 양어지, 신선한 바다 생선 공급용 복마卜馬루트가 필요했던 것이다.

유럽의 요리 관습은 요리사들이 주도했지만, 대부분의 요리사들은 이름조차 남아 있지 않다. 그들은 최고의 월급을 받는 고용인이었으나 세상을 떠난 주인의 유언에 심심찮게 등장했다. 대가문의 하인들이 으레 그러하듯 요리사들도 남자가 대다수를 차지했다. 최고위급 고용인의 경력에 관해서라면 중요한 정보를 기술할 수도 있다. 일반적으로 그들은 현장에서 경험을 통해 생업을 익혔다. 최고의 기술자는 '마스터'로 간주했는데, 이는 정식 도제를 둘 수 있다는 뜻이거나 사회적 인정을 받았다는 뜻이었다. 타이유방이란 이름으로 알려진 기욤 티렐 Guillaume Tirel은 자신의 이름을 딴 요리책으로 유명하다. 현재 타이유방의 『비앙디에』로 통하는 그 레시피 모음집은 사실 티렐이 활동하기 전부터 유포되고 있었다. 그는 노르만 족의 후손이라는 설도 있었는데 1326년 그에 관한 최초의 기록에는 프랑스 샤를 4세의 부인, 에브뢰Evreux의 잔Joan 가문 부엌에서 일하던 하인으로 나온다. 이후 그는 여러 공작과 왕족 가문에서 일했다. 1346년에 필리프 6세의 개별 음식을 담당하는 요리사로, 1349년에 프랑스 황태자Dauphin of Viennois 에큐어écuyer이자 전속 요리사로, 1360년에 훗날 샤를 5세가 되는 노르망디 공작의 요리사로, 1368년에 샤를 5세 군대의 전속 요리사이자 궁정 특무 담당관으로, 1373년과 1377년에 샤를 5세의 수석 요리사로 일했다. 그는 샤를 6세(재위 1380~1422) 재위 기간 중에도 여전히 왕실을 떠나지 않고 1381년 왕실 부엌의 에큐어로, 1388년 샤를 6세 전속 수석 에큐어이자 식품 담당 마스터maitre des garinsons로서 대량 구매, 말 그대로 '음식 조달catering' 책임을 맡았으며, 1392년에 샤를 6세의 부엌에 음식을 조달하는 일을 맡았다. 그리고 1395년 무렵, 약 84세의 나이에 사망했다. 그의 경력을 보면 요리사의 활동이 부엌에서 요리를 책임지는 일뿐 아니라 물품의 선별과 구매까지 광범위했음을 알 수 있다. 일부 집안에서 이런 일은 사무 행정에 관한 일자리였기에, 그들은 다른 기관이나 조직의 임무를 수행하기 위해서 다른 부서로 이동하곤 했다. 그러나 티렐의 경우 그 어떤 업무에서보다 전문 요리사로서의 전문 지식이 가장 두드러졌다. 그 다음 전문 요리사로 영국 헨리 7세의 프랑스 요리사 피에르Pierrot 가 있었다. 그는 스페인 카스티야Castile 왕의 전속 요리사였다가 1505년부터 헨리 7세 옆에 있게 되었는데 연간 20마르크라는 상당히 많은 월급과 국왕 주치의와 동량의 현금 수당을 받았다. 1508년 부활절에 현금 수당 10실링을 받은 '프랑스 제빵 요리사', 즉 패스트리 요리사가 있었다고 했는데, 아무래도 피에르를 말하는 듯하다.

올리비에르 드 라 마르세에 의하면, 15세기 부르고뉴 공작의 요리사는 에큐어는 평범한 신분이나 지위가 아니라, 정교하고 비싼 직업이기 때문에 부엌의 에큐어부터 신중하게 선발했다. 이 정도 수준의 집안에서 일하는 사관들이 그러하듯, 요리사도 고용 계약이 확정되기 전에 선서를 하고 보증인을 세워야 했다. 부르고뉴 공작 전속 요리사는 세 명이서 돌아가면서 맡았다. 만일 전속 요리사가 자리를 비우면, 로스트를 담당하는 하인이 중요한 일을 처리했다. 이때 만일 포타주를 맡은 사람이 자신이 공작의 입맛을 더 잘 알고, 평소 요리사가 공작의 식욕에 맞춰 선별했던 향신료 스타일을 잘 알고 있다고 주장하면서 자기가 전속 요리사 역할을 대신 한다고 해도 소용없다. 요리사 앞에 모든 식품이 차려지면, 요리사는 이제 공작에게 가장 적합한 음식을 골랐다. 그리고 큰 국자를 들고 부엌에 앉아서 포타주와 브루에의 맛을 보고 종자들을 부엌 밖으로 쫓아냈다. 대량 구매로 들여 온 향신료를 관리하는 일도 맡았다. 관리인은 요리사에게 설탕 등의 기타 향신료도 내주었다. 그는 공작 앞에 친히 음식을 갖다 줄 수도 있었는데, 특히 연중 신선한 청어나 송로버섯 같은 음식을 처음으로 대접할 경우에 그렇게 했다.

부르고뉴 공작의 부엌 시설은 25명의 남자 고용인과 월급을 받지 않는 종자들까지 상당히 많았다. 오프르hateur는 로스트를 담당했고, 포타주르Potaigier는 콩, 완두, 밀, 보리 소금, 요리사가 내준 향신료 등 포타주 재료를 관리했다. 공작의 소서러saucerer는 신맛을 내는 데 꼭 필요한 재료들, 베르주스verjus de vin, 옥수수로 만든 식초verjus de grain 등 소스 관련 재료를 관리했다. 소서러 아래로 소스를 만들 때 도와줄 조수들과 그릇을 씻는 종자들도 있었다. 공작이 먹을 고기가 식탁에 나갈 준비가 되면, 소서러는 팬틀러pantler(식료품 책임자)에게 소스를 건네 뚜껑을 덮은 음식에 뿌리도록 했다. 소서러는 공작이 식사를 할 때, 방 안에서 대기했다. 주방의 다른 하인들은 큰 냄비를 보살폈고, 문을 닫고서 나무와 숯을 옮겨놓고 냄비와 장비를 설거지했다. 부엌 종자들은 구이용 쇠꼬챙이를 뒤집고, 가금류의 털을 뽑고, 생선을 씻어 요리할 사람들에게 건네 주었다.

약 1320년에서 134545년까지 재임했던 링컨셔, 인엄(Irnham)의 제프리 러트럴 경(Sir Geoffrey Luttrell)을 위해 마련한 위대한 시편 집에 나오는 채색 그림의 한 장면이다. 영주에게 차려 낼 식사 준비에 바쁜 부엌 모습이다. 왼편 탁자에서 요리사가 구운 새끼 돼지와 닭고기를 자르고 있고, 바로 옆 탁자에서는 특이하게 생긴 소스 병에 담긴 여러 소스를 받침 접시에 뿌려 담고 있다.

위 아이가 질그릇 안의 음식을 다 먹고 나무 스푼을 핥고 있는 모습이다. 약 1500년 핀란드, 보이리(Voyri)에 있는 교회 제단 뒤편에 새겨 채색한 장식벽 중의 세부 그림이다. 이 그림은 본래 성녀 안나(St. Anne)의 가족의 모습을 담은 그림이다.

오른편 우르비노(Urbino) 성 세례자 요한 교회의 기도실에 그려진 일주형 프레스코 중 술 마시는 장면이다. 1416년 로렌초와 야코포 살림베니(Lorenzo and Jacopo Salimbeni) 형제가 그렸다. 일부 포도주는 비싼 가격에 아주 먼 지역까지 팔리는 교역 물품이었지만, 이탈리아 지방 포도주는 이탈리아 내 모든 사람들이 구매하여 엄청난 양을 소비했다. 북유럽에서 포도주는 상류층 음료였으며, 나머지 사람들은 에일을 마셨다. 반면 중세 말기 북해 연안, 오늘날의 베네룩스 국가들에서 마신 홉(hop)을 넣은 양조 맥주는 오래도록 보관이 가능했는데 이것이 여러 지역으로 팔릴 수 있는 특성 중의 하나였다.

부엌 외에, 그 저택의 다른 곳에서도 음식을 관리했다. 프루터러fruiterer는 복숭아, 사과, 체리, 포도, 말린 자두, 케이퍼caper, 무화과, 대추 야자, 건포도, 견과, 개암 등 온갖 과일을 담당했다. 과일은 씻은 뒤에 은 접시에 담아서 프루터러가 직접 공작 앞으로 들고 갔다. 공작의 시종은 향신료 관리자, 스파이서로부터 에피스 데 샹브르épices de chambre(방 안의 향신료)를 받았다. 이는 소화를 돕기 위해 알현실에서 먹는 혼합 향신료, 사탕 과자, 당의정이었다.

음식이 준비되면, 언제 먹었을까? 런치(프란디움prandium)는 하루 식사의 중심이었다. 그리고 많은 사람들에게 이것이 하루 중 첫 식사였다. 시간대는 저마다 달랐다. 대저택에서는 가끔 점심과 저녁이 길어지면서 차례대로 두 번을 다 먹기도 했다. 이렇게 하지 않고도 호사스런 식사를 연출하려면 상당한 시간이 필요했다. 15세기 영국에서 귀족 상류층 집안에서 기계식 시계가 상용화되었을 때부터 런치는 오전 10시부터 시작됐다. 성직자 집안이나 신앙 생활을 강조하는 집안에서는 금요일에는 점심만 먹기도 했다. 이런 날은 수도자들의 관습을 따라 조금 늦은 시간에 점심을 먹었는데, 대개 땅거미가 깔리는 저녁 기도Vesper 시간까지 아무것도 먹지 않았지만 보통은 음식을 좀 일찍 먹을 수 있도록 저녁 기도 시간을 한낮으로 앞당기곤 했다. 저녁(세나cena)은 늦은 오후에 먹었는데, 시계가 보급되면서부터 오후 4시와 6시 사이에 가볍게 끝냈다.

아침은 대가문의 상류층에게만 해당됐다. 대부분 빵보다 좀 가벼운 음식으로 이루어졌지만 16세기 초부터 그 규모가 조금씩 커졌다. 5대 노섬벌랜드 백작(1478~1527)과 부인은 사순절에도 빵, 맥주, 포도주, 소금 뿌린 생선, 훈제 청어, 염장 청어, 청어 계열의 잔 생선으로 만든 요리를 요구했다. 사순절이 지나면 바다 생선 대신 버터 요리와 버터를 넣은 달걀 요리를 먹었다. 육식을 하는 날에는 양고기나 쇠고기 등심으로 바뀌었다. 백작의 자녀들은 닭고기나 삶은 양고기 뼈로 만든 브로스를 먹었다. 식사 외에 오후마다 차를 마시는 의례가 있었고, 가끔 아침에도 다과 시간을 가졌다. 영국에서의 하루는 저녁 7시나 8시 이후로 '올 나이트 all night'라고 하는 정식 의례로 마무리되었다. 이때, 저녁시간에 먹을 빵, 포도주, 맥주를 응접실에 차려 냈다.

반드시 모든 게 똑같은 방식으로 진행되진 않았으나, 유럽의 런치와 디너는 그 구조가 비슷했다. 중세 말기 영국과 프랑스에서 음식은 코스 별로 식탁에 나왔다. 영국에서 세 가지 코스를 넘는 일은 드물었으나, 프랑스 최고 상류층에서는 네 가지 이상의 코스는 흔한 일이었다. 각 코스 안에서 많은 요리들이 한꺼번에 식탁에 차려졌는데, 이는 어떤 면에서 후대의 '프랑스식 상차림service a la francaise'과 비슷하지만 각 코스가 그만의 구조를 지녔다는 점에서는 다르다.

프랑스에서 로스트는 상차림의 핵심이었다. 로스트 앞에는 보통 한두 가지 코스가 나왔다. 의학적 조언에 따라, 과일은 식사 전과 식사 후, 두 번에 걸쳐 제공되었다. 때론 적은 양의 과일, 소시지나 푸딩, 파테pate로 식사를 시작하거나 식사 전에 그것을 먼저 내놓기도 했다. 대개 첫 번째 코스로 적합한 요리는 삶은 쇠고기지만 양고기나 돼지고기, 가끔 가금류 고기로 바뀌기도 했는데 소금

에 절인 식품으로 만든 매우 짠 요리들이 이 코스에 등장했다. 그리고 프랑스에서도 샐러드와 비니그레트 소스를 넣은 요리가 나왔다. 포타주도 이 코스에 자주 나왔다.

두 번째 코스는 대개 로스트였는데, 프랑스에서는 샐러드와 소스, 블랑망제와 그레이비gravy 같은 걸쭉한 포타주가 함께 제공되었다. 그 다음 코스에는 대개 가금류와 야생 조류, 사냥한 동물, 간혹 생선도 가능하며(프랑스는 영국보다 고기와 생선을 동시에 차리는 경우가 훨씬 많았다.) 전체적으로 프리터부터 타르트까지 매우 다양한 요리들로 구성되었다. 마지막 서비스는 식탁을 치운다는 개념인 '이슈issue'이다. 식탁보와 판을 다 치우고 코스 자체를 즐기는 것인데 대개 소화를 도와주는 가장 좋은 과일이 나오며, 다음에 히포크라스hippocras처럼 향료를 넣은 와인이 향신료가 든 요리와 함께 나왔다.

영국에서는 각 코스가 다양한 음식이 한데 어우러져서 나왔다. 보통 로스트, 가금류와 야생 동물, 디저트, 그리고 포타주는 전 코스에서 다 나왔지만 샐러드와 채소는 거의 나오지 않았다. 한 가지 공통점이라면 삶은 고기를 소스와 소금 친 음식과 함께 첫 번째 코스로 냈다는 점이다. 엄격하게 구분하면 로스트와 구운 고기는 두 번째에, 튀긴 고기는 세 번째 코스로 나왔지만, 보통은 이런 요리들이 구별 없이 한데 나오곤 했다. 1465년 요크의 네빌 대주교가 취임할 때 열린 연회 주간을 보면 마지막 패턴을 알 수 있다. 첫째 날 첫 번째 코스에 겨자를 넣은 멧돼지고기, 사슴고기를 넣은 퍼먼티furmenty(우유를 넣고 끓인 밀 음식으로 향신료로 양념을 했다.—역주), 양념한 사슴소기, 삶은 고기(쇠고기, 돼지고기 또는 양고기), 꿩, 백조 구이, 식용 수탉, 왜가리 구이, 창꼬치, 프리터, 구운 사슴고기, 커스터드 등이 나왔다.

네빌 대주교의 취임식 연회 주간 음식의 또 다른 특징 두 가지 면에 대해서도 언급을 해야겠다. 앙트르메, 혹은 인테르페르쿨라interfercula는 말 그대로 코스 중간에 생기는 잠깐의 틈을 메우고, 식탁 위의 음식을 치우는 동안에 제공되던 음식이었다. 프랑스 식사에서 앙트르메에 대한 정확한 지침은 없었으나 간혹 매 코스마다 나오기도 했다. 보통 오르되브르horsdoeuvre처럼 가벼운 음식이었는데, 영국에서는 가끔 이걸 가리켜 '코스 외에 제공되는 음식'이라고 불렀으니 속뜻은 같았고 간혹 'subtleties'라고도 했다. 유럽 전역에서 앙트르메는 크게 유행했고, 무절제한 사치의 대상이 되기도 했다. 사실 그 시대 성대하게 짜인 연회에 나온 음식은 정치적 성명만큼이나 중요성을 띄었다. 1416년 사보이가 일개 주에서 공국으로 승격된 것을 기념하는 축하연에서 새 공국의 모습을 입체 모형처럼 패스트리 안에 커다란 입체 모형으로 만들어 보였는데, 그야말로 압도적인 앙트르메였다. 즉, 앙트르메는 꼭 먹는 음식이 아니라도 상관없고 분수 등 테이블 장식품이라고 생각해도 괜찮다.

중세 말기에는 '뱅퀴트banquet'에 대한 특별한 언급이 나오는데 이것은 맨 처음 중요한 축하연의 마지막 코스로서 등장한다. 15세기에 그것은 프랑스 궁정의 정규 저녁 식사인 콜드 뷔페cold buffet를 의미했고 16세기 북해 연안 국가에서의 그것은 샐러드와 잼 같은 차가운 음식을 뜻했다. 반면 영국에서는 식탁을 치우는 시간이나 꼭 하루 중 식사가 아니더라도 중요한 축하연을 마무리할 때 향신료를 넣은 와인을 제공하던 관습을 의미했다. 1501년, 웨스트민스터 홀에서 아서 왕자와 아라공의 카타리나Catherine of Aragon공주의 혼인을 축하하는 호사스런 연회가 열렸다. 여기서 뱅퀴트는 200여 명의 귀족, 기사, 향사들, 근위대 하사관들이 춤을 추는 자리에서 꿩고기와 향신료를 넣은 와인으로 마무리했는데 이로부터 많은 세월이 흐른 뒤에 비로소 '뱅퀴트'가 일반적으로 정식 축하연이라는 뜻으로 정착하게 되었다.

손님들의 접시에 올라온 음식이, 가장 호사스런 효과를 내는 방식으로 진행되었음을 나타내기 위해 정교한 의식 절차와 상당히 많은 재료들이 이용되었음을 알게 해 주는 기록이 있다. 예를 들어, 올리비에르 드 라 마르세가 부르고뉴 공작의 공개 식사를 준비하면서 기록한 정교한 설명이 남아 있는데 여기에는 거의 전례에 가까웠던 하인들의 동선, 키싱 타월kissing towel, 당시의 정확하고 정교한 의식 절차를 자세히 알 수 있었다. 식탁을 차리고 식탁보를 씌운 뒤에는 집사가 응접실로 희사용喜捨用 네프를 들고 왔다. 네프 안에는 은쟁반(보통 빵조각 위에 음식을 올려 냈는데 그 빵을 차려 낼 때 쓰는 쟁반이었다), 작은 소금, 또 하나의 작은 네프가 들어 있었다. 공작이 먹을 음식을 시험할 때 쓸 '일각수 뿔'도 네프 안에 있었다. 그 다음, 소서러가 팬틀러의 검사를 거친 베르주스와 다른 여러 가지 소스를 들고 왔다. 팬틀러는 네프 앞에 서서 공작의 시중을 들었다. 매번 12~13가지 요리가 나오는 점심때도 팬틀러는 공작의 시중을 들었는데, 저녁에는 한번으로 끝났다. 팬틀러는 칼을 들고 큰 소금덩어리

크기가 서로 다른 칼이 두 세트로 나와 있는데, 약 1460년 밀라노에서 제작된 것이다. 납작한 칼날에 둥근 앞코의 큰 칼은 보통 음식을 손님의 접시로 옮길 때 쓴다(p.173에 나오는 솔로몬 왕 목판 참고). 8개의 작은 칼은(p.190~191) 포르투갈 왕의 식탁에서 볼 수 있다. 이런 칼들은 남들에게 보이기 위한 진열용이라 손잡이의 장식이 매우 화려하다.

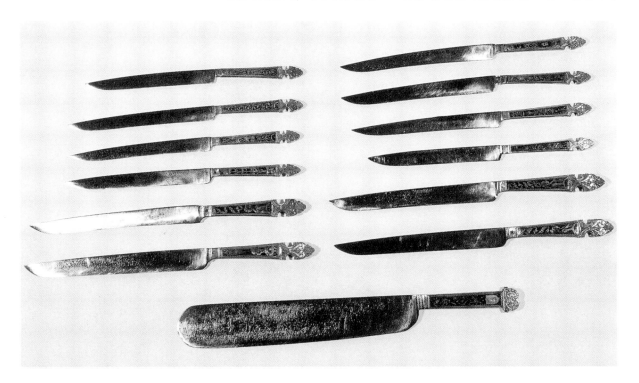

에서 소금을 잘라 공작이 바로 먹을 수 있도록 작은 조각으로 얹어놓았다. 카버(고기 써는 사람)도 공작 앞에 서 있었다. 식탁 위로 모든 음식이 나오면 카버는 요리 뚜껑을 열어서 공작 앞에 차례대로 가져다 놓았다. 카버는 요리가 나오면, 즉 메인 디시 전에 포타주를, 생선 요리 전에 달걀을 공작에게 바로 주는 결정권을 갖고 있었다. 그리고 네프 안에 삶은 고기와 구운 고기 조각들을 들어 놓았다. 이렇게 공작의 형식적인 배려가 끝나면 알모너almoner(분배하는 사람)가 그 안의 음식물을 나눠 주기 위해 네프를 들고 나가고, 그런 다음에 식탁보를 치웠다.

이때 보통 포도주가 나오며, 정교한 접시 위에 향신료를 담아서 함께 차려 냈다. 프랑스 필리프 4세의 딸이자 영국 에드워드 2세의 미망인이었던 이사벨라 여왕의 가재 도구 중에는 향신료 접시 4개, 바닥에 법랑 처리를 하고 원주에 프랑스와 영국의 문장을 장식한 은접시 큰 것 1개, 같은 장식의 작은 접시 2개가 있었다. 식탁 비품으로는 과일용 은접시 8개, 인테르페르쿨라(앙트르메)용 아주 큰 은접시 1개, 상차림용으로 짐작되는 아주 큰 접시 9개가 있었다. 접시들의 은을 다 합치면 총 4파운드인데, 2파운드짜리 접시 14개와 1파운드짜리 접시 170여 개가 있었다. 무게가 6파운드 넘게 나가는 은제 투린tureen(수프를 담는 뚜껑 달린 접시—역주), 두개 합쳐 2파운드 이상 나가는 채소용 대짜 은제 스푼과 은제 그물 국자도 있었다. 그리고 은제 납작 접시charger 대짜 2개, 소스를 담을 때 쓰는 은제 소스 접시 47개, 찻잔과 비커ekeritz, 고블릿goblet(손잡이 없는 술잔—역주) 한 벌과 잔 모양으로 만든 코코넛 2개도 있었다. 대부분 은제 식기였으나 여왕이 직접 쓰던 황금 잔과 금도금 소스 접시도 있었다.

이사벨라 여왕의 식기실과 소스실에는 엄청난 양의 스푼과 함께 심지어 사과 먹을 때 쓰는 은도금 포크 6개가 있었다. 중세 유럽에서 포크는 매우 보기 드물었으며, 찐득찐득하고 달달한 설탕 과자를 먹을 때 쓰였던 것 같다. 반면에 스푼은 일상 도구여서 부유한 농민들도 은제 스푼 정도는 갖고 있었다. 반면 나이프는 카버와 팬틀러들이 고기를 잘라 나눌 때 볼 수 있듯, 거의 전시용으로 쓰였을 가능성이 높았다.

그러나 중세 말기에 이르러서는 유럽 전역의 상류층 요리 관습에 공통된 개념이 존재하게 됐다. 여러 증거에 의하면, 그들의 요리 관습은 특히 흑사병 이후에 식품 소비의 전형으로 영향력을 갖게 된다. 가령, 부유한 농민들은 민물 고기를 양어지에 가두었고, 가난한 성직자들도 큰 축제에 쓸 향신료에 돈을 들였으며, 베네딕트 수도원의 식단은 종규宗規에 크게 벗어나지 않는 범위 내에서 전반적으로 상류층의 식단과 비슷해졌다. 그리고 도시의 식당에서도 해오라기, 왜가리, 꿩, 쇠고기 로스트, 길드guild 연회용 물품과 싼 식품을 동시에 팔았던 것 같다. 그 외에 많은 음식점들도 특별한 식품 생산과 제조에 관여하였으며, 유럽 일부 지역은 치즈 생산으로 유명해졌다. 판탈라오네 다 콘피엔자Pantaleone da Confienza는 약 1475년에 나온 저서『숨마 락티시니오룸 Summa lacticiniorum』에서 여러 유제품을 개략적으로 설명했다. 세금 기록에 의하면, 1290년 무렵 킹즈 린

King's Lynn 항구의 선술집들이 그 시골 마을 농민 전체가 소유한 햄보다 가격 면에서 무려 4배나 더 많은 햄을 보유했다고 했다. 저장 보존된 돼지고기는 이 시기의 단골 식품이었다. 그 외에 소시지와 푸딩, 플라티나의 책에 소개된 모르타델라mortadella(이탈리아의 큰 소시지—역주) 등 다른 식품의 저장 과정이 귀족층의 집안에도 등장했다. 이 특별한 식품 제조 방식이 생선까지 확대되었는데 가령, 14세기 말 랑그독languedog의 요리책에서 생선 콩피confit가 등장했다. 낙농업의 부산물인 송아지 고기는 전문가들에 의해 이탈리아와 영국의 귀족층에게 공급되었다. '고대 그리스식' 식용 수탉을 키우는 농민들, 야생 조류를 잡아 가두는 사람들, 양어지에서 민물 생선을 관리하는 사람들, 또는 강물에서 민물 생선을 잡는 전문가들이 생겨났다. 14세기 영국에서 송어 한 마리가 10펜스에 팔렸는데, 이는 미숙한 일꾼이 받는 2~3일 치 일당이었기 때문에 잡으면 먹지 않고 거의 내다 팔았다. 그런데 흑사병 이후, 질 높은 식품을 찾고 소비하는 노동자들이 많아졌기 때문에 14세기 중반을 지나면서 송어가 팔리는 시장이 매우 커졌다. 그 결과 1363년 하층 계급이 먹을 수 있는 식품의 종류와 양을 제한시킬 의도로 사치 규제법이 제정되기도 하였으니, 이는 반대로 노동자들의 음식 선택과 좋은 식품에 대한 열망의 범위가 확대되었다는 명백한 반증이었다.

중세 말기 귀족층의 소비에 대한 상세한 증거를 통해서 식단에 많은 변화가 일어났음을 알 수 있다. 무엇보다 고위 귀족층 사이에서 보다 소화가 잘 되는 가벼운 고기를 먹는 방향으로 바뀌었다. 신하와 종자들은 여전히 엄청난 양의 쇠고기와 양고기를 먹었겠지만, 귀족 주인들은 가금류, 조류, 송아지나 젖먹이 돼지 같은 어린 동물의 연하고 맛있는 고기를 더 많이 먹기 시작했다. 영국에서 귀족층의 돼지고기 소비는 확연히 줄어들었으며 15세기 중반부터 단식일에 먹는 주된 식품 생선 구매량도 하락했다. 종교 개혁으로 인해 신교 국가에서는 단식에 필요한 문화적 규정들이 점점 사라져갔다. 르네상스가 요리에 관한 고전적 개념을 되살리면서 영양학과 건강 사이의 관련성이 다시 세력을 얻었다. 플라티나의 『올바른 쾌락과 건강에 대하여』는 바로 신흥 로마 아카데미Roman Academy를 위한 책으로서 에피쿠로스적 접근, 즉 단식의 궁핍과 탐식의 위험 사이를 중재하는 방식을 옹호한 책이다. 이 책은 아피치우스의 『데 레 코퀴나리아』와 관련이 깊었다. 1489년 마르실리오 피치노Marsilio Ficino는 『생명에 관한 세 권의 책De vita Triplici』에서 생선과 유제품 소비를 반대하는 충고를 하면서 일반적인 관습을 뒤집었다. 이후 아메리카 대륙의 새로운 식품들이 요리 관습의 가능성을 바꾸었으며, 에티켓의 변화는 소비와 요리책의 입지 환경을 점차 바꿔 버렸다. 1600년이 되자, 중세 오트 퀴진의 몇 가지 양상은 확실히 구식으로 변해 버렸지만 나머지는 여전히 중세의 요리 관습은 지켜졌을 것으로 짐작된다.

GVSTVS

6 신세계가 선사한 새로운 맛

르네상스 이후 음식의 양식

브라이언 코원

16세기 이후 화약, 나침반, 인쇄술의 발명은 14세기와 15세기 유럽에서 지리상의 발견의 토대가 되면서 아메리카, 아프리카, 아시아 여러 지역의 정복으로 이어졌다. 이 세 가지 발명품은 근대 초기 유럽의 음식 문화까지 바꾸었다. 먼저 인쇄술을 통해 여러 요리책이 널리 보급되었다. 또 나침반으로 해외 무역이 가능해지고, 화약으로 강력한 군사력을 갖추게 됨으로써 해외로부터 여러 가지 새로운 음식과 기존 음식에 영향을 끼칠만한 것들이 전파되었다. 동시에 제국의 모습으로 나아가던 여러 민족 국가nation states들은 국가적 정체성에 대한 자각을 키워나갔는데, 그 정체성은 점차 차별적인 국가적 요리 관습이라는 측면으로 자리잡았다.

이런 이유 때문에 근대 초기 유럽의 음식 역사의 중심에는 일련의 역설이 존재한다. 말하자면 이 시대의 음식 문화는 혁명적 변화에 직면하여 연속성을 유지하려는 여러 가지 압력의 틈바구니에서 무너지기도 했다. 또한 유럽 대륙 전역에서 엘리트 계급이 갖고 있던 국제적 미각은 민족 국가 간의 요리 관습과 부딪히면서 분열되는 결과를 맞이했다. 한편, 인문주의에 근거한 지식인의 문화는 고전 시대의 음식과 식단 유산을 유지하고 부활시키려 했다. 다른 한편으로 변화를 역설하는 '근대'라는 압박은 새로운 음식과 지식 증가로 이어졌다. 이번 6장에서는 근대 초기 음식 문화의 이런 역설적 상황들을 탐색하고자 한다. 그 과정에서 콜럼버스 시대와 프랑스혁명 시대 사이에 음식에 대한 유럽 인의 인식에 가장 중대한 영향을 끼친 두 가지 세력을 알아볼 것이다. 그것은 바로 인문주의와 중상주의이다.

인문주의라는 지적 문화는 근대 초기 음식을 이해하는 데 상당한 영향을 끼쳤다. 15세기 이탈리아에서 시작된 인문주의는 훌륭한 미각과 건강한 식단 관습이라는 두 가지 측면에서 큰 혜택을 제공하기 위해, 고전 시대의 요리 천재들을 문서화하고 보존하는 작업에 착수했다. 이런 연구를 한 인문주의자들은 천성적으로 보수파였지만, 요리에 관한 저작물들은 어떤 음식을 먹어야 하는가, 먹지 말아야 하는가, 어떻게 먹어야 하는가, 얼마나 자주 먹어야 하고 어떤 양념이나 향신료를 넣어야 하는가에 대한 다양한 논의를 펼쳤다. 그러나 이런 논

최초의 '근대' 요리서는 15세기 말 이탈리아에서 '코모의 위대한 마에스트로 마르티노Maestro Martino of Como'가 쓴 『요리 기술에 관한 책Libro de arte

앞면 근대 초기 궁정 연회에서 즐겨 먹던 아티초크(artichoke)는 최음제로 인기를 얻었다. 프랑스 화가 아브라함 보스(Abraham Bosse)의 『오감 The Five Senses』 연작 시리즈 중 '미각'을 표현한 이 그림의 한가운데에 아티초크가 나와 있다. 아티초크의 총포는 근대 초기 라 바렌느의 『프랑스 요리사』(1651)와 같은 요리책에 사치 식품으로 등장하곤 했다.

위 15세기 멜로초 다 포를리(Melozzo da Forlì)의 프레스코 중에 교황 식스투스 4세가 바르톨로메오 사키, 일명 플라티나를 바티칸 도서관장으로 임명하는 모습을 담은 세부 그림이다. 무릎을 꿇고 있는 사람이 플라티나이며, 그가 바로 엄청난 인기를 누렸던 『올바른 쾌락과 건강에 대하여』를 쓴 주인공이다. 그것은 미식법적 쾌락과 영양학적 건전함을 세상에 알리려고 했던 선구자적인 책이었다.

의들은 제대로 해결되지는 않았다. 고대의 요리 관습이나 고전적인 취향을 되살리기에는 미미한 수준이었기 때문이다.

최초의 '근대' 요리서는 15세기 말 이탈리아에서 '코모의 위대한 마에스트로 마르티노Maestro Martino of Como'가 쓴 『요리 기술에 관한 책Libro de arte coquinara』이었다. 마르티노는 아쿠일레이아의 총대주교Patriarch of Aquileia 트레비자니 추기경Cardinal Trevisan 관저와 밀라노 공작의 궁정에서도 요리사로 일했다. 이 책의 구체적인 내용이나 요리에 대한 세계관은 중세 말기 요리사들과 궁정 미식가들과 꽤 비슷하기 때문에, 이런 점에서 후대의 것과 비교하면 근대성은 좀 부족한 편이었다. 궁정 요리사용 실용 지침서라고 해도 좋을 이 책은 당시 관습대로 인문주의 작가 바르톨로메오 사키가 라틴어 번역본 '플라티나'의 『놈 데 플루메Nom de plume』에서 거의 통째로 차용했다. 플라티나의 『올바른 쾌락과 건강에 대하여』는 마르티노의 조리법 내용을 거의 다 차용하고 거기에 아피치우스, 플리니Pliny, 고대 그리스 의학 저자 갈레노스Galen(129~200) 등 고대 권위자들의 의학적, 윤리적 비평을 추가한 것이다. 이 책의 결과는 대성공이었다. 실용적인 요리서, 건강을 위한 음식물 안내서, 식사의 철학이 필요했던 사람들의 욕구를 충족시켰기 때문이다. 비록 19세기 '가스트로노미', 즉 미식법이란 단어가 흔하게 사용되진 않았지만, 제대로 먹는 일이 매우 가치 있는 일이라는 음식에 대한 개념이 플라티나와 그를 차용한 후대 여러 인문주의 저자들을 통해 점점 열광적으로 표출되었다.

플라티나의 『올바른 쾌락과 건강에 대하여』는 원래 1465년 무렵 원고 상태로 남아 있었는데, 얼마 안 가 인쇄술의 도입으로 큰 변화를 맞이했다. 1470년에 로마를 필두로 1472년에 피렌체, 거의 같은 시기에 베네치아에서도 발간되었고, 이후로도 여러 가지 다양한 판본들이 세상에 나왔다. 1505년 프랑스 어로 번역, 각색되어『플라티나의 요리Le Platine en francoys』로 출간되었다. 또한, 마르티노의 레시피 모음집도 지오반니 드 로셀리Giovanni de Rosselli가 영어로 번역하여『이탈리아 연회Epulario, or Italian Banquet』로 발간되었다. 따라서, 다양한 형태로 세상에 나온 플라티나의 책들은 근대 초기 유럽에서 음식에 대한 가장 중요한 저작 중의 하나로 자리매김했다.

플라티나 등의 인문주의자들은 음식에 대해 무슨 말을 해야 했을까? 먼저 그들은 건강에 이로운 음식 과학인 영양학과 쾌락을 위해 잘 먹는 기술이자 문화적 교양의 지표인 미식법 간의 균형을 맞추려고 노력했다. 플라티나의 책 제목 자체가 영양학적 건강valetudo과 미식의 쾌락voluptas에 대한 찬미를 결합한 것이다. 이런 책에서 건강한 음식에 대한 지침과 맛있는 음식에 대한 미식가의 찬미를 서로 대립하는 것으로 간주하려는 시도는 무의미하다.

인문주의 문화 자체가 그러하듯, 인문주의적 요리 관습도 국제적이었다. 인문주의자의 레시피는 여러 다양한 나라의 자료를 근거로 전 세계적으로 공유되고 확대되었다. 마르티노의 레시피에는 카탈루냐, 프랑스, 로마 교황청, 사라센을 원조로 하는 요리들이 들어 있다. 가령, 마르티노의 레시피로서 플라티나가 일부 수정한 요리 중에 카탈루냐의 미라우제mirause가 있다. 이는 반만 구운 가금류 요리로서 플라티나는 매우 친절하게도 다음과 같은 비평을 추가했다. "카탈루냐 민족은 확실히 돋보이는 사람들이지만 그 재능과 신체 구조가 이탈리아의 기술수준과 크게 다르진 않다." 한편, 자고새 요리(소금, 향신료, 시트러스 즙을 넣어 재빨리 구워 낸)를 준비하는 카탈루냐의 방식에 대한 다음과 같은 플라티나의 비판은 이보다 훨씬 더 인상적이다. "내 친구 갈루스는 카탈루냐 인을 몹시 싫어하지만 이 음식은 자주 먹는 편이다. 그 민족을 싫어하는 것이지 그들의 음식마저 싫어하는 것은 아니기 때문이다."

르네상스 인문주의의 미식법적 마인드는 어떤 문화이든, 적이나 동맹이나 상관없이 그 문화의 영향에는 개방된 태도를 보였다.

이로써 초기 인문주의자들의 요리책에서 아랍의 영양학이 여전히 등장하고, 아랍 음식을 선호하는 태도를 이해할 수 있을 것이다. 플라티나는 확실히 아랍 전통에 정통했으며, 사실 고전 그리스와 라틴어 저작물에 대한 그의 지식은 대부분 아랍 철학자들이 보존하고 후대에 전달했던 텍스트에 의존했다. 이런 텍스트에 나온 레시피들은 여전히 샤프란, 후추, 정향 같은 향신료를 다량으로 사용하도록 권고하는데, 이는 아랍과 중세 유럽 요리에서 흔히 썼던 것들이다. 근대인들이 매우 짭짤하거나 달다고 간주했던 콩디망들도 대개 아랍과 이전 시대와 유사한 종류의 양념이었다. 주된 식사와는 별도로 단 음식으로서 '디저트'의 개념은 아직 나타나지 않았다. 설탕은 르네상스 요리 어디에나 쓰이는 조미료였다. 플라티나는 "설탕보다 더 향긋하고 맛있는 맛을 내는 것은 없다."고까지

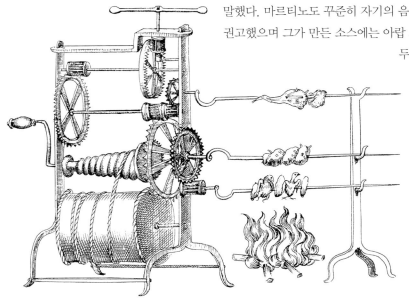

말했다. 마르티노도 꾸준히 자기의 음식에 설탕, 아몬드, 향신료로 맛을 내라고 권고했으며 그가 만든 소스에는 아랍 요리의 한 부분으로 흔히 쓰던 건포도, 자두, 포도가 반드시 들어갔다. 단것을 채운 패스트리인 마르지판marzapane 혹은 칼조네caliscione를 만드는 마르티노의 레시피는 아랍 요리법과도 비슷했다. 이들 저서에는 외래의 영향을 받은 음식에 대해 나쁘게 생각하지 않았고, 때문에 외래의 영향을 배척하려 하지도 않았다. 그런 요구들은 17세기와 18세기에 들어와 더 잦아졌다.

바르톨로메오 스카피(Bartolomeo Scappi)(베네치아, 1570)의 『오페라 델라르테 델 쿠치나레 opera dell'arte del cucinare』에 나온 고기구이용 쇠꼬챙이이다. 구운 고기는 오랫동안 유럽 요리 기술의 중심이었으나, 그것은 18세기에 들어와 특히, 영국인의 미각과 깊은 관련을 맺게 되었다. 스웨덴 여행가 페르 캄(Per Kalm)은 1748년 이렇게 기록했다. '영국인들은 어느 나라 사람들보다 뼈가 붙은 다리고기를 적절하게 굽는 기술을 잘 알고 있다.'

인문주의자들이 극찬했던 고대 저자들의 요리서에 나온 권고 내용과 근대 요리법을 조화시키려는 시도가 있기는 했다. 아피치우스, 갈레노스, 플리니 등 요리, 식단, 자연사의 고대 권위자들은 끊임없이 재인용된다. 그러나 여기서 그들은 고대의 권위를 실천하는 과정에서 상당한 융통성을 찾았다. 고대 권위자들이 지지하는 음식이나 레시피는 쉽게 수용되는 편이었다. 대체로 그런 음식이나 레시피는 소위 신고전주의 영양학 체계로 흡수·통합되었다. 그 원리가 여전히 갈레노스의 체액설과 관련된 것이었지만, 그 실행 방식은 식자들 사이에서 터놓고 토론하는 쪽으로 발전했다. 가령, 아랍을 원조로 하는 또 하나의 달콤한 요리 블랑망제cibarum album는 고전 시대에는 선례가 없는 것인데, 마르티노의 레시피에 대해 플라티나는 다음과 같이 매우 인상적인 의견을 덧붙였다. "나는 늘 아피치우스의 콩디망보다 마르티노의 레시피를 더 선호했다. 왜 우리 자신의 취향보다 우리 조상들의 취향을 더 선호하는지 묻는다면 딱히 이유가 없다. 왜냐하면, 설령 거의 모든 기술적인 면에서 그들이 우리보다 낫다하더라도, 맛과 미각적 취향만큼은 우리도 지지 않기 때문이다. 사람이 사는 온 세상에서 맛과 취향에 대한 의지와 욕망은 과거와 마찬가지로 근대 요리학파로 그대로 전해졌기 때문이다. 근대 요리 학교에서는 이 세상의 온갖 음식을 요리하는 일에 대해 가장 뜨겁게 논의를 벌이고 있다." 여기서 보면 훌륭한 맛과 취향은 오로지 고대의 권위라는 면에서만 정의되기보다, 사실상 고대의 교훈을 제대로 익힌 근대의 요리사들을 통해 고대의 맛과 취향을 앞설 수 있다고 나온다. 이런 면에서 르네상스 인문주의의 요리 관습은 당대의 '근대인moderns'과 고대인의 정립된 철학 간의 대화를 활성화시킴으로써, 사회 질서 속에서 음식의 역할에 대한 혁신적인 논쟁을 장려한 것임을 알 수 있다.

후기 르네상스의 음식 관련 저서들이 내세운 근본적인 명분은 건강한 식단이 사람의 몸에 이롭다는 점이었다. 어떻게 음식이 몸에 영양을 공급하는지 잘 이해하면, 결과적으로 보다 건강한 삶을 영위하고, 더 나아가 보다 행복하고 번

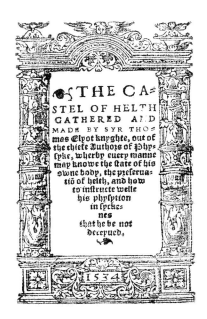

영한 사회를 건설할 수 있을 거라는 관점이었다. 이런 영양학적 정당성은 음식을 인문적 저서의 주제로 삼은 가장 큰 명분이었다. 이 장르에 속하는 영어권 영양학 안내서의 제목을 살펴보면, 그 의도를 충분히 짐작할 수 있다. 토머스 엘리엇의 『건강의 성Castel of Helth』(1534) 그리고, 앤드류 부어디의 『건강을 위한 영양학 섭생 개론서Compendyous Regyment of a dyetary of Health』(1534), 토머스 코건Thomas Cogan의 『건강의 천국Haven of Health』(1584), 토머스 모펫의 『건강 개선Health's Improvement』(1655) 등은 이 장르의 저작 스타일을 보여 주는 전형들이다.

식사에 있어 중용과 절약은 이런 책에서 꾸준히 권고하는 미덕이었다. 그러나 일부 저서에는 절약하는 태도를 지향하는 분명한 훈계를 하면서도, 동시에 특정 요리를 제대로 만드는 방법을 너무 사치스럽고 세세하게 설명하는 등 두 가지 태도 사이에 여전히 갈등이 남아 있음을 알 수 있다. 플라티나의 책 등에서 이런 점은 특히 두드러진다. 그 책은 적절한 식단에 대한 의학적 권고와 좋아하는 요리를 만드는 방법에 대한 실용적 지침을 겸하기 때문이다. 플라티나 저서의 제 8부는 음식의 향미를 높여줄 때 쓰는 다양한 콩디망 이야기가 주를 이루었지만, 동시에 이런 콩디망들을 사치를 나타내고, 색욕을 탐내며, 방종한 곳에는 쓰면 안 된다는 전형적인 경고로 글을 시작했다. 그가 생각하건대 콩디망은 특히 로마와 다른 이탈리아의 도시들에 만연된 악덕으로서 시민들이 위험 수준까지 살이 찔 수도 있고, 폭식으로 인해 음식에 싫증이 나서 나중에는 인위적인 수단을 써야만 식욕이 살아날 수도 있는 위험한 요인이었던 것이다. 그럼에도 불구하고 그는 계속해서 62가지 다양한 콩디망이 주는 즐거움을 낱낱이

위 토머스 엘리엇의 『건강의 성』(1534)은 영어로 쓴 영양학 저서로 매우 인기가 많았다. 16세기와 17세기에 총 16판까지 출간되었다. 이 책은 고대 그리스와 로마의 의학적, 영양학적 가르침을 자국어로 읽을 수 있도록 해 줌으로써 르네상스 독자들에게 갈레노스의 4 체액설 이론을 유행시켰다.

오른편 대식가가 질병에 걸린 모습으로 제임스 르 팔메르(James Le Palmer 약 1360~1375)의 그림과 글이다. 이렇듯 식탐에 반발하는 중세의 설교서는 르네상스와 근대 초기 요리 관련 저서에서도 다시 반복된다. 플라티나는 '음식의 절제로부터 얻는 쾌락'을 옹호하면서, 독자들에게 식사를함에 있어 '중용과 검소'를 권고했다.

열거하고 세세하게 설명했다. 물론 그 책의 말미에 그가 열거하는 파이와 롤은 콩디망이 아니더라도 본래 그 자체로 완벽한 요리로 간주되는 것이긴 하다.

특정 음식을 소비함으로써 얻는 이익이나 해악에 대한 의학적 권고의 배후에 깔려 있는 이론적 근거는 거의 전적으로 갈레노스의 생리학에서 끌어왔다. 이것은 고대부터 끈질기게 살아남아 르네상스 인문주의자들이 정력적으로 부활시킨 의학 모델이었다. 3장과 5장에서 논의했듯, 이 구조에서 인간의 몸은 혈액, 점액, 흑담즙, 황담즙의 네 가지 기본 체액으로 이루어지며, 각 체액은 뜨거움, 차가움, 습함, 건조함 중에 두 가지 기본 속성을 지녔다. 음식들도 이런 속성이 있기 때문에 모든 먹을거리와 마실거리는 먹는 사람의 체액 구성 조합에 영향을 끼친다. 따라서, 갈레노스의 영양학은 한 개인의 식품 소비를 조절함으로써 몸 안의 체액 균형을 맞추는 과학이었다.

이때의 영양학적 관심은 특정 음식은 위험하니 먹으면 안 되는 것으로 규제한다. 플라티나는 버섯이 차갑고 습기가 많으며 그렇기 때문에 독성이 강하다고 지적했다. 마르티노의 뱀장어 파이 레시피에 대해서는 "그 요리를 다 끝내면 적들에게나 갖다 주라. 그 안에 몸에 좋은 것은 하나도 없다." 라고 비평하면서 그는 독자들에게 그 음식은 먹어볼 생각을 아예 말라고 설득했다. 일반적으로 이런 영양학 체제에서 고기와 생선은 과일과 채소에 비해 더 영양이 풍부하고 건강에 좋은 것으로 취급되었다. 또한, 어떤 음식을 먹는가라는 문제만큼이나 어떻게 그것을 먹는가, 이 점을 통제하는 일도 중요했다. 가령, 플라티나의 충고에 따르자면 한 번에 차갑고 물기가 많은 식품을 너무 많이 먹으면 소화하기 어렵기 때문에 채소는 반드시 과일을 먹은 후에 섭취해야 했다.

갈레노스 영양학은 무한히 변용이 가능했기 때문에 오랫동안 세력을 유지할 수 있었다. 모든 사람의 몸은 자기만의 체액과 속성을 지니고 있으며, 그것은 여러 가지 다양한 영양학적 조합을 통해 균형을 유지해야만 한다. 예를 들어 멜론이나 버섯 등의 위험한 식품들은 다른 식품이나 향신료를 써서 그 자체가 갖고 있는 영양학적으로 나쁜 점들을 보완했을 것이다. 물론 이런 영양학 관련 텍스트 안에서 서로 어울려 먹기에 좋은 식품을 만들거나 개선하는 올바른 방법에 대해 하나로 통일된 모습을 찾을 수는 없으나, 갈레노스 영양학의 조직 원리와 가능성은 르네상스 시대 건강한 식습관을 둘러싼 토론의 장을 제공했다.

에티켓도 인문주의자의 요리 관습에 있어 중요한 관심사였다. 르네상스 시대 음식 관련 저서들의 상당량이 거의 궁정 상황에 맞춘 내용이었다. 즉, 저자들은 이미 궁정의 후원을 받았거나 후원을 받으려고 추진하려던 사람들이었다. 궁정은 인문주의 저자들이 찬미하는 비싸고 사치스런 요리를 감당할 수 있는 경제력이 있었다. 또한 인문주의자들은 고급 식사에 수반되는 문화적 자본도 함께 추구했기 때문에 자연히 궁정은 식탁의 혁명을 시도하는 인문주의자들에게 더 없이 좋은 중심지가 되었다.

플라티나와 후기 저자들은 적절한 연회라면 몇 가지 코스가 포함되어야 한다고 생각했다. 물론 그 코스의 구체적인 순서와 조합은 수세기동안 논란이 되었

크리스토포로 디 메이시스부고(Christoforo di Meissisbugo)의 1549년
목판으로 르네상스 부엌을 묘사하고 있다. 고기를 굽고, 준비하고,
보관하는 모습이 채소와 과일을 조리하는 인물들보다 더 두드러지게
나왔다. 가금류와 사냥 동물의 고기는 이 부엌에서 이루어지는 작업의
중심에 있고, 반면 채소는 가장자리 바구니 몇 개에 그냥 담겨 있다.

적절한 에티켓과 테이블 세팅은 근대 초기 엘리트층
식사 습관을 바꾼 르네상스 '식탁 문명'의 일부였다. 이
그림은 카스파르 반 데르 호크(Kaspar van der
Hoecke)의 『라자루스와 부자의 식탁 Lazarus and the
Rich Man's Table』(1648)의 세부 장면인데, 식탁보와
정교한 접시 차림을 눈여겨보라.

여기 네덜란드의 나이프와 포크 세트는 나이프와 포크가 유럽 식기류의 중심으로서 마침내 승리했음을 보여주는 전형이다. 바다 표범의 어금니로 만든 손잡이에는 희망, 자선, 정의(1761)를 상징하는 인물을 표현했다.

고 지역별로 변형이 이루어졌다. 플라티나에 의하면 허브와 채소는 메인 코스나 고기·생선 코스 이전에 내는 게 합당했다. 이 뒤에 나오는 최종 코스는 소화가 잘 되도록 유도할 수 있는 음식으로 구성되어야 한다. 플라티나가 보기에 이런 음식은 사과나 신 배 같은 과일 아니면 하드 치즈hard cheese 한 조각 정도였다. 당시 하드 치즈는 '위를 보호하고 우울한 기운이 머리와 뇌에 침범하지 못하게 막아 주는 기능'을 한다고 생각했다. 하지만 이 마지막 코스를 디저트라고 간주하지 않았으며, 오히려 디저트는 정식 식사의 마무리라고 여겼다.

17세기까지도 동시에 여러 가지 다양한 음식을 차려내는 것이 여전히 관습으로 남아 있었다. 그래서 많은 손님들은 '코스'가 적절하게 이어 나오는지 분간하기조차 어려웠을 것이다. 새뮤얼 퍼피즈Samuel Pepys(1633~1703)는 이런 유형의 식사가 왕정 복고 시대의 런던에서 표준이라고 생각했기 때문에 어느 날 몇 가지 확실히 구분되어 코스로 나오는 식사를 하게 되었을 때 그날의 디너를 '프랑스식'이라고 불렀다. 17세기 영국의 논평가들은 '디저트'를 위험스런 프랑스식 혁신이라고 생각했다. 흥미로운 점은, 프랑스의 요리 저자들도 여러 가지 음식을 동시에 차려 내는 것을 여전히 관습이라고 생각하면서도 그런 비판에 대항하여 새로운 관습을 보호해야 한다고 생각했다. 루이 14세 시대(1643~1715)에 이르러서는 요리 관습에 따른 국가 간의 차이점을 더욱 불쾌할 정도로 세세하게 기술하기 시작했고, 적어도 이를 논평할 만한 적절한 사안이라고 생각했던 도덕주의자들에게는 절호의 기회였다.

르네상스 저자들에게 요리 의례보다 훨씬 더 중요한 것은 바로 테이블 매너를 규제하는 일이었다. 식탁은 인문주의자 고문들이 궁정 사람들에게 사회적 훈련을 시키는 중요한 장소가 되었다. 에라스무스Desiderius Erasmus(1536년 사망)의 교육용 안내서 『남성에게 필요한 유용한 매너De civilitate morum puerilium』는 유럽 전역의 엘리트 계층에게 필요한 적절한 테이블 매너를 설명했다. 10년이 채 되지 않아 이 책은 영어, 독어, 프랑스 어, 체코 어로 번역되었다. 이런 종류의 저서들은 식탁 사교의 초점을 음식 자체에서 벗어나도록 만들었다. 남들 앞에서 배고픈 모습을 지나치게 보여 주는 것을 무례하다고 여겼기 때문이다. 대신 사교의 초점은 친교와 계몽적인 '식탁 대화'를 지향했다. 이리하여 에라스무스는 "입 안에 음식을 가득 넣고 물을 마시거나 말을 하는 것은 무례하며 불안한 일이다. 식사가 쭉 이어지면 중간에 간혹 이야기를 하면서 쉬어가야 한다."고 충고했다.

또한, 에라스무스는 독자들에게 "소스를 얹은 요리에 손을 집어넣는 것은 상스러운 것이다. 원하는 음식은 나이프나 포크로 가져와야 한다. 식도락가들이 하는 것처럼 전체 음식 중에서 골라서도 안 되며 무엇이든 자기 앞에 있는 것만 가져와야 한다."

아브라함 보스의 판화(1633~1634)로서 루이 13세를 맨 위에 모시고
여는 성령 기사단(Chevaliers of Saint-Esprit)의 연회를 묘사했다.
여기서 17세기 궁정 식사 에티켓을 엿볼 수 있다. 수많은 요리들이
동시에 손님들 앞에 제공되고, 손님들은 국왕의 식탁 양 쪽으로 나란히
늘어서 있다. 국왕의 식탁은 다이닝 홀의 맨 위이자 중심에서 시선의
초점이 된다.

며 실용적인 충고를 해 주었다.

포크는 16세기 궁정 디너에서도 매우 귀한 도구였다. 포크를 직접 봤다는 최초의 기록은 14세기 이탈리아에서 나오지만, 16, 17세기에 와서야 엘리트 계층의 식탁에서 일상적인 도구가 되었다. 17세기 후반까지도 논평가들에 의하면, 영국인들은 '손가락 외에 포크'를 사용하지 않았으며 심지어 유럽 내 최고 수준의 상류층 에티켓을 정립했다고 간주되는 베르사유 궁정에서도 그랬다고 한다. 팔라틴 공녀Princess Palatine는 루이 14세가 손자들이 포크 사용을 관습으로 택하려 하자, 왜 어떻게 그 일을 승인하지 않았는지를 기록으로 남겼다(팔라틴 공녀는 루이 14세의 동생인 오를레앙 공작의 후처로서 베르사유 궁정 생활을 많은 편지로 남겼다.—역주).

전투가 아닌 식탁용 포크와 나이프 등 적절한 식기류가 도입되면서 식탁에 그것을 적절하게 차리는 방식에 대한 개념도 따라 나왔다. 플라티나의 조언에 따르면, 식탁은 계절별로 차림이 달라야 한다. 봄이면 식탁과 식당에 꽃을 두어야 하고, 겨울이면 '실내 공기에서 좋은 향수 냄새가 나야' 했다. 냅킨과 식탁보도 테이블 세팅에 꼭 필요한 부분이었는데, 플라티나가 내세우는 이유는 만약 그런 게 제대로 놓여 있지 않다면 구토를 유발하여 식욕을 떨어뜨릴 수 있기 때문이다. 이리하여 유럽의 상류층뿐 아니라 새로운 교양 예절을 배우고 싶어 하는 모든 이들의 디너 테이블은 교양 예절에 대한 르네상스의 여러 개념들이 마음껏 회자되는 이상적인 공간이 되었다.

엘리트 계층의 식탁에서 자리 배정은 엄격히 통제되었다. 중세 말기와 르네상스 시대 영국의 상류 가문들은 다이닝 홀을 담당하는 의전 관리관과 전례관을 계속 유지했는데, 이들은 올바른 예의를 갖추어 식탁 손님들을 적절한 곳에 배치하는 책임을 맡았다. 사회 계급 순서가 떨어지는 고용인들과 손님들은 엘리트 계층 손님들과 같은 테이블에 앉지 못했다. 14세기 초반만 하더라도 귀족 상류층 가문의 식당 시설의 전체 구조는 독립 식당을 따로 마련하는 쪽으로 변했다. 이는 오래된 중세의 거대한 식당 구조와 완전히 다른 것으로, 영주와 직계 가족 만이 식사할 수 있는 전용 공간이었다.

인문주의자 저자들은 르네상스 궁정 식탁에서 훌륭한 취향과 사교의 중요성을 강조하려고 노력했지만, 당시의 군주들은 여전히 식탁의 위용과 화려한 볼거리를 중요시했다. 먹고 남을 만큼 많은 음식으로 진수성찬을 차리는 것이 호사스런 소비의 주된 요소이자, 궁정 사회의 특성이었기 때문이다.

마르티노의 요리책에는 "공작새에 깃털을 입히는 방법, 그렇게 요리를 다 끝내면 그것은 마치 살아서, 부리에서 불을 뿜어내는 듯 보인다." 라는 제목의 레시피가 있었다. 이 특선 요리에 대해 플라티나의 『올바른 쾌락과 건강에 대하여』에서 마르티노는 공작새와 같은 식용 조류들은 "어떤 것보다 더 맛이 좋으며 하층민과 재산이 없는 자들보다 왕과 군주의 식탁에 더욱 어울린다."고 덧붙였다. 영양학 전문가들은 가금류와 사냥된 날짐승이 소화하기 힘든 음식이라 자제해야 한다고 계속 걱정했지만, 르네상스 궁정에서는 엄청난 양을 소비할 정

다음 면 성경 속에서 예수가 물병을 포도주로 바꾸었다는 카나의 혼인 잔치는 르네상스 화가들이 당대의 식사 관습을 보여 주기 위한 특별한 근거로서 종종 이용하곤 했다. 이 그림은 어느 그리스 계 베네치아 인 화가가 틴토레토(Tintoretto)를 모사한 것이다.

얀 브뢰겔(Jan Brueghel)과 헨드리크 반
발렌(Hendrick van balen)이 그린 『감각의
알레고리: 청각, 촉각, 미각 The Allegory of
Senses: Hearing, Touch and Taste』의 세부
장면에서 공작의 깃털이 유난히 두드러진다.
공작은 고전부터 르네상스까지 엘리트층의 공식
연회에서 중요한 역할을 하는 요소였다. 키케로는
그것 없이 연회를 개최하는 것은 무모한 일이라고
생각했다. 1549년 카타리나 드 메디치를 위해 열린
연회에서는 공작 30마리가 나왔다. 그러나
17세기를 거치면서 신세계의 칠면조가 등장해
유럽의 식탁에서 점차 공작의 자리를 대신했다.

도로 인기가 많았다.

르네상스 시대 역시 으리으리한 식사를 강조함으로써, 맛과 음식의 모양을
바꾸는 데 향신료를 마음껏 이용하려는 열망을 부채질했다. 황금빛이나 붉은 빛
깔은 특히 높이 평가받았으며, 때문에 르네상스 레시피에서 샤프란의 인기는 식
을 줄 몰랐다. 디에고 그라나도Diego Granado의 『요리의 기술에 대한 책Libro del
arte de cocina』(1599)에서는 샤프란 이용을 특별히 권장하면서 그 이유를 '샤프
란이 황금빛깔을 내기 때문'이라고 설명했다.

식사를 준비하는 데 드는 비용도 르네상스의 연회에서 호사스러움을 과시할
수 있는 방법이었다. 플라티나는 식사에 넣을 칠성장어를 얻기까지 많은 돈을
썼다고 투덜거렸다. 자기생각만 하는 미식가들이 칠성장어 가격이 오르면 자기
네들끼리 경쟁을 하느라 그런 일이 생겼던 것 같다. 사치스런 식사는 근대 초기
궁정의 주요 지출 내역 중 한 부분을 차지했다. 16세기 초반 50년 동안 이탈리
아 페라라Ferrara의 에스테Este 가의 궁정은 밀 900톤, 콩류 100톤, 포도주 90만
리터, 쇠고기와 송아지고기 60톤, 생선 40톤, 가금류 1만 5,000마리, 염장 고기
6톤, 치즈 4톤, 버터 1,400킬로그램, 리코타 치즈ricotta cheese 1,000여 킬로그램

소(小)다비드 테니에(David Teniers the Younger)가 그린 이 그림은 부엌 내부인데 왼쪽에 정교하게 장식한 백조가 단연 돋보인다. 공작과 더불어, 백조는 연회용 날짐승으로 가치가 높았다. 1555년 프랑스 자연학자 피에르 블롱(Pierre Belon)은 백조를 가리켜 '대중들의 연회와 영주의 저택 어디서나 다 먹는 프랑스의 진미'라고 생각했다. 그러나 후세에 쉽게 기를 수 있는 신세계의 칠면조가 등장함으로써 백조의 인기도 점차 떨어졌다.

을 소비했던 것이다. 도처에 550명에서 750에 이르는 에스테 공작 가문 사람들이 이 식품을 전부 소비했다. 영국 찰스 1세의 장모인 마리 드 메디치Marie de' Medici가 1639년과 1640년에 영국 왕실을 방문했을 때, 그녀의 측근들은 매달 식품 비용으로만 1600파운드를 하사받았다.

르네상스 엘리트 사회에서 디너 테이블의 중요성이 커지면서 요리사의 사회적 역할도 그에 걸맞게 늘어나야만 했을 것이다. 요리사는 궁정 사회에서 전문가이자 최고로 가치를 인정받는 일원으로서 그렇게 주장할 만한 명분이 생겼다. 르네상스 궁정에 있던 화가와 건축가 등 다른 숙련된 고용인들과 마찬가지

로 요리사들도 육체 노동을 수행했는데, 바로 이 점이 요리사라는 직업의 권위를 떨어뜨린다고들 생각했다. 그러나 요리사들은 자신들의 육체적 작업 수행이 고도로 지적이면서도 세련된 직업 중에서 가장 최고 단계의 일이라고 주장하면서, 그들의 노동을 미화시키려고 노력했다. 이런 고상한 인식의 시험대에서 인문주의자 지식인들의 지지는 결정적인 역할을 했다. 플라티나는 요리가 지닌 세련된 문화와 지식을 동시에 강조했다. 그는 훌륭한 요리사라면 "부정하고 비열한 태도가 없어야 하며 적절한 방식으로 고기, 생선, 채소의 효능과 본질을 숙지하고서 무엇을 굽고, 삶고, 튀겨야 하는지 잘 알아야 한다. 그리고 무엇이 너무 짠지 너무 맹맹한지 맛을 분간할 정도로 눈치가 빨라야 한다."고 주장했다. 이런 이유로 플라티나는 교양 있는 요리사의 완벽한 모델로서 친구 마르티노를 선정했다.

몽테뉴Michel de Montaigne(1533~1592)가 그의 후원자 카라파 추기경Cardinal Giovanni Caraffa(1476~1559), 훗날 교황 바오로 4세를 통해 프랑스로 건너온 이탈리아 요리사와 나눈 대화 내용을 보면, 요리가 전문 직업으로 계속 발전했음을 알 수 있다. 이 요리사는 몽테뉴에게 마치 위대한 신학 이론을 이야기하듯, 근엄하고 권위 있는 태도로 요리의 지식science de gueule에 대해 대담을 나누었다. 그는 소스와 관련된 원칙과 계절에 따라 달라지는 샐러드에 대해 일일이 설명했다. 그러나 그 요리사가 요리의 지식을 찬미하는 태도에 대해 몽테뉴가 마지막에 덧붙인 "이 모든 것들이 마치 제국의 정부를 기술할 때 쓰는 말처럼, 근엄하고 대단한 어휘로 부풀려진 듯했다."라는 비딱한 비평을 보면, 결국 이 요리사가 철학자 몽테뉴를 설득하지는 못했음을 알 수 있다. '요리 지식'은 아직까지 정치나 도덕 철학에 걸맞은 근엄하고 권위 있는 어휘를 쓸 만큼 가치를 인정받지 못했던 것이다. 르네상스 요리사들은 그들이 수행하는 노동의 고상한 가치를 인정받는다는 면에서 르네상스 화가들의 성공에는 훨씬 미치지 못했다. 마르티노를 제외하고 근대 초기에 요리라는 업적으로 이름을 알리고 인문주의 지식인들이나 궁정 엘리트에게 인정을 받은 사람은 극소수에 불과했다.

17세기와 18세기에 와서도 사회적 인정을 받은 전문가로서 이름을 알린 요리사는 거의 없었으며 요리 그 자체도 교양 학문(인문학)의 지위로 격상되지 못했다. 근대 초기 국가 중에 요리사 양성 학교를 세운 나라도 없으며, 요리 기술은 근대 초기 지식인들의 적합한 연구 대상으로도 간주되지 않았다. 근대 초기 '요리학'에는 조르조 바사리Giorgio Vasari 같은 인물이 없었다. 그의 저서 『화가들의 인생Lives of the Artists』

예술가와 장인들의 모습을 담은 판화 모음집 중에서, 마르틴 엥겔브레히트(Martin Engelbrecht)가 새긴 여성과 남성 요리사 이미지(약 1735년)이다. 이를 통해 근대 초기의 요리는 육체 노동과 계속 관련되었음을 보여 준다. 요리 기술은 회화와 조각처럼 순수 예술이나 교양 학문의 지위를 획득하지 못했다.

(1550)은 르네상스 시대 중요한 시각 예술가들의 작품 목록을 정립하고, 특히 회화를 교양 학문으로 인정받는 길을 터 주는 데 큰 역할을 했다. 이런 면에서 르네상스 인문주의라는 보다 광범위한 지적 문화 안에서 플라티나의 저서는 중요하지만 궁극적으로는 매우 고독한 책으로 남게 되었다. 요리사라는 직업의 교양과 문명성에 대한 플라티나의 찬미는 이후 200년 동안 하나의 전문 직업으로서 요리에 대한 더 깊은 존경을 이끌어 내진 못했던 것이다. 앞으로 확인하겠지만, 겨우 18세기에 와서야 요리사라는 직업이 인정받는 전문가로서 등장한 것이다.

르네상스 인문주의가 남긴 요리 관련 유산은 복잡하고도 종종 모순적이지만, 근대 초기 중상주의가 남긴 요리의 유산은 훨씬 더 명백하다. 아메리카, 아프리카, 아시아로 유럽 인들이 지리상의 발견을 위한 항해를 하게됨으로써 유럽 여행자들, 상인들, 제국 관리들은 이 지역의 새로운 식품이나 요리 관습과 직접 접촉하였다. 이런 새로운 만남을 통해 필연적으로 국제 무역과 상호 문화 접촉이 늘어나면서 유럽 인들은 새로운 식품과 소비재를 많이 알게 되었고, 이렇게 늘어난 해외 무역을 통해 이득을 얻으려는 욕망은 새로운 시장 탐험을 부추겼다.

오늘날 유럽 식탁에 기본으로 올라오는 많은 식품들은 사실 근대 초기 지리상의 발견 이전까지는 유럽 인들은 전혀 모르는 것들이었다. 감자, 토마토, 아메리카 옥수수는 전부 16세기에 유럽에 소개되었다. 그러나 이런 식품들이 유럽에 처음 들어오자마자 만인의 환영을 받은 것도 아니었다. 겨우 19세기에 와서야 널리 소비되었다고 할 수 있다. 감자는 1539년 페루를 점령한 스페인 정복자들이 발견하여 16세기 후반 즈음에 스페인, 이탈리아, 브리튼, 중앙 유럽에 알려져 소비되기 시작했고, 18세기에 들어서 유럽 인 식단의 주식으로 자리 잡았다. 18세기 당시 아주 싼 값에 엄청나게 많은 사람들을 먹여 살릴 수 있는 감자의 칼로리 때문에 당시 수적으로 팽창하던 서유럽의 인구가 점차 감자를 찾게 되었다. 맨 처음 영어로 '러브 애플love apple'이라고 불렸던 토마토에 대해 존 힐John hill은 그의 정원 관리 안내서『에덴 Eden』(1756~1757)에서 "이것을 먹는 사람은 거의 없으나 수프로 해 먹으면 괜찮다. 그것을 음식으로 먹는 포르투갈과 유대인들은 그 가치를 이미 잘 알고 있다."고 말했다. 파스타나 다른 요리에 토마토가 기본으로 들어가는 소스는 1830년대에 들어와서야 유럽에서 흔히 쓰였다. 감자와 토마토는 둘 모두 독성이 강한 가지과 식물과 성질이 유사하다는 이유로 영양학자들에게서 여러 의혹을 샀다. 아메리카 옥수수는 아메리카 산으로 가장 먼저 유럽의 식단에 추가된 식품 중의 하나였다. 콜럼버스의 첫 번째 대서양 항해에서 마주쳤던 아메리카 옥수수는 16세기 초반 이베리아 반도, 남부 프랑스, 북부 이탈리아에서 재배되었다. 그러나 이런 외래 작물들이 돈을 벌어다 주는 주요 작물은 되지 못했다. 오히려 농민들은 자기들 정

위 무명의 화가가 그린 이 수채화는 감자를 묘사한 가장 오래된 그림이다(약 1588년). 감자는 1550년대에 신세계에서 유럽으로 건너와서 스페인과 이탈리아에서 맨 처음 수확했지만 성공도 못 했고 인기도 얻지 못했다. 그런데 18세기에 와서 그런 태도가 완전히 바뀌어 스웨덴과 프러시아 정부는 늘어나는 인구를 먹이기 위한 수단으로 감자 농사를 장려하기 시작했다.

오른편 투르크 인, 중국인, 아메리카 본토 토박이의 모습을 상상해서 묘사한 그림이다. 이들은 각자 그들만의 음료를 들고 있다. 이것은 필립페 실베스트레 뒤푸르(Philippe Sylvestre Dufour)의 저서 『새로운 이국의 커피, 차, 초콜릿의 특성 Traite nouveau & curieux du café, du thé, et du chocolat』(1671)의 표지 그림이다. 이런 그림은 유럽 인들이 커피, 차, 초콜릿과 그것의 외국 원산지를 둘러싸고 계속 끌어 내는 이국적인 연상 작용을 강화했다.

원이나 작은 땅에 개인적인 용도로 재배하곤 했다. 왜냐하면, 아직까지 감자는 주식인 밀 작물에 적용되는 십일조와 세금 부과 대상이 아니었기 때문이었다.

반면, 칠면조와 커피, 차, 초콜릿 등의 기타 새로운 식품들은 매우 빠른 속도로 유럽 요리의 범주에 편입되었다. 그러나 물 건너 온 신세계의 식품과 접촉한다고 해서 모든 식품들이 자동적으로 유럽 인의 식습관에 배여 완전하게 동화되진 못했다. 비유럽 문화권에서 큰 인기를 누렸던 여러 가지 해외의 이국적인 식품들은 콜럼버스 이후 수세기동안 계속된 지리상의 발견 시대에 유럽 인들을 만나게 되었지만, 구세계 유럽 인들에게 깊은 인상을 심어 주지는 못했다. 가령, 인도양 주민들이 몹시 좋아했고, 지금도 여전히 인기가 많은 빈랑나무 열매betel nut는 일부 그것에 열광한 사람들이 국내 소비를 장려하려고 여러 차례 시도했음에도 결국 유럽인들에게 거부당했다. 1660년대에 영국 상인이자 왕립 학회 회원Royal Society Fellow인 대니얼 콜월Daniel Colwall은 빈랑나무 열매가 영국에서 열광적인 인기를 얻을 거라고 생각했으나 그의 예상은 완전히 빗나갔다.

지리상의 발견 시대에 이런 새로운 식품들이 서로 다른 운명을 맞이한 사실을 어떻게 설명할 것인가? 여기에서 다시 인문주의가 요리에 끼친 영향이 일부 실마리를 제공할 것이다. 해외에서 발견한 이국의 새로운 식품들이 들어왔을 때 유럽에서 직면한 저항은 어떤 면에서 근대 초기 엘리트층과 대중 사회 양쪽 문화가 지닌 엄격한 보수주의 때문이다. 어느 쪽이든 고상함은 이 시대 모든 사회에서 가치를 인정받는 자질이었다. 따라서 혁신, 특히나 먹고 마시는 것과 같은, 사회적 관습에서의 혁신은 잠재적으로 기성 사회 질서를 위태롭게 만드는 위협으로 간주되었다. 르네상스 인문주의는 고전 시대의 여러 저서를 정립된 권위로 세움으로써, 이런 형태의 근대 초기 보수주의에 일조했다. 따라서, "어떤 면에서 적어도 초기 단계의 르네상스는 정신의 개방보다는 닫힘을 유발했다."는 엘리엇J. H. Elliot의 판단에 쉽게 공감할 수 있다. 고전 시대에 대한 숭배는 점차 비열하고 맹목적인 상태로 변해갔다. 다시 말해, 권위는 경험에 반하는 새로운 요구들을 경계 바깥으로 몰아냈다.

그러나 인문주의가 선별한 수많은 새 식품들에 문호를 개방했다는 의의도 찾을 수 있다. 의학적 세계관으로서 갈레노스의 영양학은 널리 영향을 끼쳤다. 새로운 먹을거리와 마실거리는 체액, 각각의 속성과 정도에 맞춘 갈레노스의 이론 체계에 쉽게 맞출 수 있었다. 그래서 이런 갈레노스의 체계 안에서 매우 건강에 이롭거나 의학적 효능까지 있다고 파악될 수 있는 그런 새로운 식품들은 유럽 식단에서 아주 쉽게 수용되었다. 물론 유럽 식단에 오래도록 남아 있는 요소들과 매우 비슷한 성질을 지닌 식품에게 이런 과정은 아주 쉽게 진행되었다. 따라서 16세기 초반 서아프리카에서 들여온 뿔닭과 아메리카 칠면조는 아주 빠르게, 열광적으로 르네상스 영양학자들과 연회 전문가들의 찬사를 한 몸에 받았다.

근대 초기 가장 눈에 띄는 혁신적인 새로운 소비 상품인 담배, 커피, 차, 초콜릿도 애초에는 약용 상품으로 소개되었으며, 당시 유행하던 갈레노스의 의학 이

론으로 빠르게 흡수되었다. 일단 이런 식으로 정통파 의사들의 약종藥種에 합법적으로 이름을 올리면, 이런 이국의 신상품들은 근대 초기 유럽의 일상 식단으로 쉽게 파고 들어갈 수 있었고, 소개된 후 수십 년 만에 엄청난 성공을 거두었다. 담배는 콜럼버스가 아메리카 대륙으로 첫 항해 때에 만나서 곧장 수입되었고, 이후 16세기 후반 50년 간에 걸쳐 유럽의 여러 지역에서 재배되었다. 또 하나의 아메리카 본토 상품인 초콜릿은 1544년 스페인의 눈에 들었다. 당시 마야족 귀족 사절단은 국왕 필립 2세에게 줄 선물로 초콜릿 음료를 가져왔었다. 이후 최초로 코코아 열매가 베라크루즈Veracruz에서 세르비아 항구로 들어온 1585년 무렵에 초콜릿을 위한 대서양 횡단 무역이 이루어졌다. 커피는 그 전에 콜럼버스가 카리브 제도를 발견했을 당시 이미 오스만 제국에서 소비되었고, 16세기 말에 이탈리아 베네치아 시민들에게 소개되었으며 16세기 중반에는 영국, 프랑스, 네덜란드 여러 도시에서도 커피가 유행했다. 커피와 더불어, 17세기에 터키의 셔벗도 서유럽에 처음 들어왔다.

이들 새로운 외래 상품들이 비교적 빠르게 성장하고 수용되자, 그것을 지켜보던 일부 논평가들은 그 성과에 놀라움을 감추지 못했다. 영국왕립학회의 존 빌John Beale은 영국 식단 범위의 확대가 프랜시스 베이컨의 저작으로 시작된 자연의 재정복에 필요한 새로운 과학 프로그램의 필수 구성 요소라고 생각했다. 1659년 그는 커피, 차, 담배의 놀라운 성공에 대해 "흡연은 이제 기분 전환의 양식이자 수백만 명의 사람들과 여러 식민지인의 삶을 유지시키는 수단이 되었다. 이 안에서 나는 신의 신비를, 즉 세계 곳곳에서 지식과 교역, 상호 이익을 늘리면서 신의 섭리가 편재하는 모습을 본다."고 언급하면서 경의를 표했다. 근대 초기에 흡연이나 카페인 음주와 같은 새로운 소비 습관을 가장 먼저 선택하고 가장 열광했던 지지자들 중의 일부는 자연 과학에 관심을 두었던 전 세계 지식인 공동체였다. 오늘날의 우리는 그들을 과학자라고 말하지만 17세기 당시 이런 사람들은 스스로를 '학문 애호가virtuosi'로 자처했으며, 그들의 관심사도 자연 과학부터 순수 회화까지 매우 광범위했다.

17세기 대가들의 신과학은 새로운 먹을거리와 마실 거리에 대한 관심을 장려했다. 세상에 대한 그들의 광범위한 호기심은 최근에 발견된 담배, 초콜릿, 커피, 차와 같은 상품의 본질을 알아보려는 시도로 이어졌다. 그들은 갈레노스의 의학적 이론에 정통했기 때문에, 새로운 이국의 상품이 지닌 건강 효능을 제대로 설명할 수 있는 표현 능력을 갖추고 있었다. 게다가 실험적인 과학을 최초로 실천하면서 얻은 지식은 그 대가들의 주장을 뒷받침 해주면서, 그들은 건강한 식단과 생활 방식에 중요한 발견을 새롭게 추가하였다. 특히, 커피는 수만 가지의 치유 속성과 직접 연관될 뿐만 아니라 술집에서 흥청망청 술을 마시는 대신 절제있고 교양 있는 사회를 장려하는 수단으로 큰 인기를 끌었다. 하지만 이들의 주장도 오래지 않아 점차 잊히거나 별 주목을 끌지 못했다.

새로운 '핫 드링크'인 커피, 차, 초콜릿은 빠르게 유럽의 식사 관습에 흡수되었다. 뚜껑 역할도 할 수 있는 받침대 위에 올려놓은 랄프 리크(Ralph Leake)의 은제 초콜릿 컵(약 1685년)은 새로운 음료를 마시기에 적합하게 설계한 유럽 식기제품의 초기 모델이다. 프랑수아 부셰(François Boucher)의「오후의 식사 The Afternoon Meal」(1739)에서 뜨거운 음료는 가정에서 즐기는 새로운 의례의 중심임을 알게 해 준다. 18세기 '교양 사회 polite society'에서 커피, 차, 혹은 초콜릿 매출은 여성들이 주도했다.

얀 반 크레벤브로크(Jan Van Grevenbroeck)의
18세기 후반 그림으로 카페 안 이탈리아 귀족들을
묘사했다. 이를 통해 18세기 유럽에서 커피가
광범위한 성공을 거두었음을 알 수 있다. 17세기
중반 유럽 사회에 소개된 커피 음료는 18세기 유럽
대륙 전역에 널리 퍼져 많은 사람들에게 일상의
필수품이 될 정도였다.

커피를 마시면 천연두와 홍역 치료에 효과가 있다는 아주 오래된 아랍의 신념
까지 거론하며 커피를 옹호했던 에드워드 포코크Edward Pococke의 1659년 광고
에 동의하는 사람은 점점 줄어들었다. 사실 그 즈음 커피 마시는 습관은 이미 관
례로 자리 잡아서, 굳이 따로 커피의 정통성을 주장하고 나설 필요는 없었던 것
이다. 신기한 새 상품은 너무 익숙해졌고 이국 상품은 이미 자국화 되었던 것
이다.

　새로운 산물의 도입과 더불어, 근대 초기 해외 제국의 상승세는 오래된 식품
을 요리로 활용하는 방식을 바꿔 놓았다. 아마도 이 시기의 가장 두드러진 변화
는 설탕의 역할과 관련해 발생했을 것이다. 사실 설탕은 오랫동안 유럽 요리의
한 부분이었으며 다른 향신료만큼 많이 쓰였다. 설탕이 들어가지 않은 중세 음
식은 거의 없었으며, 심지어 르네상스 요리도 설탕의 무한정 사용을 인정할 정
도였다. 플라티나는 고대인들이 설탕을 몰랐다는 점을 한탄하며 설탕을 넣으
면 절대 요리를 망치지 않는다고까지 말했었다. 1560년 프랑스 국왕 앙리 2세
의 주치의는 "설탕을 첨가하는 콩디망과 음식이 얼마나 많은지 지적할 필요도

없다."고 기록하였다. 17세기가 진행되면서 유럽 식단에서 설탕의 역할을 급격하게 변했다.

이런 변화의 주된 원인은 서인도 제도 내의 식민지 건설의 증가였다. 사탕수수는 오래전부터 동부 대서양의 이베리아 반도에서 재배되어 16세기에 스페인과 포르투갈 양국이 신대륙 식민지로 그것을 팔곤 했다. 그런데 17세기에 영국, 프랑스, 네덜란드도 식민지 노예 사회를 개발하면서 사상 유례없는 규모로 정제된 설탕을 생산하게 되었다. 영국 령 자메이카와 바베이도스, 프랑스 령 생도맹그Saint Domingue(현 아이티), 과달루페, 마르티니크Martinique는 전부 대규모 설탕 생산지가 되면서 대서양 연안의 유럽 식민지 중에서 가장 이익이 큰 곳으로 널리 인정받았다. 18세기에 들어서면서 설탕 소비는 폭발적으로 늘어났다. 영국 섬에서는 1인당 설탕 소비가 1700년경 연간 4파운드에서 19세기 초반 십년 만에 18파운드로 증가했다. 설탕은 르네상스 군주들의 식탁을 우아하게 가꿔 주던 엘리트층의 사치스런 콩디망이 아니라, 맛을 보완하는 일상의 흔한 감미료로서 점차 서민들의 주된 식료품으로 바뀌었다.

유럽 내 설탕의 성공은 카리브 해 노예 노동력의 착취에서 시작되었다. 이 사실만으로도 유럽의 음식 유산을 바꾼 여러 방식 중에서 중상주의가 가장 직접적인 예가 됨을 알게 해 준다. 플랜테이션 경제와 그에 따른 노예 사회가 막 시작될 때는 설탕의 증가세에 반대하는 일부 우려의 목소리가 있었다. 채식주의자이자 노예 제도 반대 작가인 토머스 트라이언Thomas Tryon(1634~1703)은 노예제의 기반인 설탕 플랜테이션이 아프리카 노동자들에게 안긴 고통과 상처를 생각한다면 결코 그럴 만한 가치가 없는 일이라고 생각했다. 그러나 그 시절 트라이언의 목소리는 공허한 메아리조차 울리지 못할 정도로 사람들의 주목을 받지 못했다.

17세기 중반 이후 설탕 생산과 소비가 급격히 증가함으로써 유럽 인들이 음식의 맛을 인식하면서, 새롭게 맛을 구분할 수 있게 되었다. 가령, '짭짤한 맛'과 '단맛'의 차이를 말할 수 있었다. 지금 현대인의 미각에 짠맛과 단맛은 기본이지만, 사실 중세와 르네상스 요리에서 두 가지 맛은 섞여 있었다. 그러나 17세기 후반부터 점점 더 많은 양의 설탕이 시중에 나옴으로써 두 가지 맛을 구별하는 일이 가능해졌고 당연한 일이 되었다. 따라서, 카리브 해 설탕 혁명이 몰고 온 뜻하지 않은 결과로서 단맛을 쓰는 요리가 점점 줄어들었다. 물론 원래부터 '단맛'을 내는 요리에는 전보다 훨씬 더 많은 양의 설탕을 사용했다. 단맛은 예전보다 많이 쓰였지만, 레시피와 엘리트의 요리에서는 쓰임새가 줄어들었다.

단맛과 짠맛을 구별하게 됨으로써, 수세기 동안 유럽 엘리트층 퀴진의 상징이었던 강한 맛, 향신료를 듬뿍 넣은 소스와 콩디망이라는 오랜 전통 음식이 막을 내렸다. 새로운 요리 관습은 17세기 중반에 탄생했으며, 이는 사람이 먹는 음식의 본질적인 맛에 좀더 주의하라고 주장했다. 이런 주장은 맨 처음 프랑스에서 나왔으며, 이 새로운 요리 관습이 바로 고전 프랑스 오트 퀴진의 기초가 되었다.

설탕의 증가에 따른 또 하나의 결과는, 관례적으로 메인 코스나 짠 음식 코

1577년 안 스트라다누스(Jan Stradanus)를 이어 필립 갈레(Philipp Galle)가 완성한 이 판화는 사탕수수에서 설탕을 만드는 모습을 묘사하고 있다. 중세 유럽에서 설탕은 사치 상품이었지만, 카나리아 제도와 훗날에 카리브 해까지의 서부 대서양 연안의 섬에서 사탕수수 재배가 늘어나고 노예 노동력이 추가됨으로써, 많은 양을 생산하게 되었다.

독일 화가 게오르크 플레겔(Georg Flegel 1566~1638)의 이 작품처럼 17세기 정물화들은 예술적 재능을 발휘할 수 있는 특별한 경우로서 사치스런 음식 차림을 단골 주제로 삼았다. 여기에 나온 사탕 과자와 설탕을 입힌 과일들은 17세기 디저트의 발명으로 생긴 결과였다. 이런 설탕류 제품은 유럽이 세운 신세계 대서양 식민지에서 노예 노동자들이 있었기에 가능했다.

스 뒤에 나오던 단 음식이 '디저트'로 탄생했다는 점이다. 17세기 초반 독립적인 '디저트' 코스라는 개념은 일부 회의적인 시선을 받았다. 영국 작가 윌리엄 본William Vaughan은『건강을 위한 자연물과 인공물의 사용법Naturall and Artificiall Directions for Health』(1600)에서 '디저트'는 프랑스 식 혁신이며 부자연스런 것이라고 주장했다. 그러나 17세기 후반, 영국에서 점차 설탕이 흔하게 쓰이면서 사정은 완전히 바뀌었다. 페피스는 1666년 7월, 어느 디너 자리에서 디저트를 제공받고서 아무런 비평을 하지 않은 채 낯선 경험이었다고 말했다. 따라서, 여전히 메인코스는 한꺼번에 차려 냈지만, 마무리로 디저트 코스가 나오는 게 17세기 식 발전이었다.

디저트의 발전은 새로운 요리 기술을 이끌어 냈다. 1747년 캠벨R. Campbell의『런던 상인들London Tradesman』은 다양한 런던 시민들을 위한 지침서인데, 여기서 새로운 직업으로 '제과 상인'을 언급했다.

제과 상인은 사탕 과자를 만들어 파는 사람이다. 그는 온갖 종류의 사탕 과자를 만들고, 갖가지 과일을 저장하고, 디저트를 만드는 사람이다. 그는 사탕 과자로 벽과 성, 피라미드를 만들고 사탕 추를 만든다. 그는 이 방면에서 자유자재로 변신하는 프로테우스와 같아서 많은 맛을 변신시킨다. 그는 신맛 나는 것을 단맛으로, 단맛 나는 것을 신맛으로 바꾼다. 그는 연중 가장 더운 계절, 여름에 만드는 제품도 인공 서리와 눈으로 덮어 버리니 피라미드 사탕 과자 배열을 보면 눈이 즐겁고, 촉촉하면서도 건조한 사탕 과자의 맛있는 맛을 보면 입이 즐겁다. 제과 상인이 되려면 지식이 별로 필요 없다. 그리고 나는 그를 이 사회에서 가장 유용한 구성원 중의 한 사람으로 존경하지는 않는다.

새로운 제과 기술은 18세기 후반 수십 년 동안 절정에 올랐다. 당시 과잉을 미덕으로 삼은 로코코 미학 때문에 장식이 많은 요리에 상상력을 최대로 발휘하여 설탕 페이스트를 사용하곤 했다. 계몽 시대 유럽의 상류층 식탁은 마르티노의 불 뿜는 공작새는 따라가지 못할 정도로 정교하게 장식한 디저트를 선호했다. 이탈리아 요리책 저자 프란체스코 레오나르디Francesco Leonardi(1740~1800 활약)는 1790년 첫 발행된『아피치오 모데르노 Apicio Moderno』(근대 아피치우스)에서 이탈리아 최고의 제과 기술자가 만든 옛날 방식의 걸작에 대해 "그는 가장 아름다운 장식품을 창조하는 데 엄청난 재능과 풍부한 상상력을 동원했다. 그 중에는 유명한 사람들의 위대한 행적이나 여러 나라 역사상 유명한 사건들을 표현한 것도 있었다. 그러한 노력의 근간이 될 수 있는 그림, 건축, 훌륭한 취향 중에 그 어느 것도 무시할 수 없었다. 그것을 통해 디저트는 눈을 즐겁게 해 주는 작품으로 탄생했다."라고 회상했다.

유럽 미각에 새로운 동향을 보여 주는 가장 전형적인 예는 아마도 17세기에 들어온 신기한 외국 음료에 설탕을 첨가하는 단조로운 습관일 것이다. 커피, 차, 초콜릿도 예외가 아니었다. 이런 음료들을 단독으로 마시면 꽤 쓴맛이 나지

만, 원래 그것을 즐기던 문화권에서는 설탕을 넣어 마시지 않았다. 아메리카 본토 초콜릿, 중동의 커피, 중국의 차는 맨 처음 유럽 인 들이 발견했을 때에는 감미하지 않은 상태로 마시는 음료였다. 그런데 유럽에 들어온 지 수십 년 만에 이런 음료에 카리브 해 플랜테이션에서 생산된 설탕을 타서 마시는 일이 일반화된 것이다.

해외 제국들은 유럽으로 새로운 음식과 맛을 전해 주었을 뿐 아니라, 유럽 인들과 그들의 미각적 취향을 신세계에 전해 주었다. 특히, 아메리카 대륙 내의 대농장주와 식민 사회는 새로운 환경에서 의식적으로 유럽의 요리 관습을 정립했다. 그러나 실제로 이것은 구세계의 식사 방식을 완벽하게 옮겨온 게 아니라 유럽과 아메리카 본토의 관습을 혼합한 것에 더 가까웠다. 유럽의 전통 주식인 밀은 신세계에서 잘 재배되지 않았기 때문에 이곳 식민 사회에서는 '인디언 옥수수'나 아메리카 옥수수로 대체되었는데, 그것은 예전부터 아메리카 본토 사람들이 먹던 중요한 곡물이었다. 영국령 북아메리카 식민지인들은 서코테쉬succotash(북미콩과 옥수수를 넣은 수프), 인디언Indian(옥수수 요리), 푸딩과 라이언닌전ryaninjun(호밀과 옥수수로 만든 빵) 등 아메리카 본토 요리를 먹는 일에 재빨리 적응했다. 그러나 이런 것들은 원래 인디언들이 먹던 원조 요리라는 이유로 문화적 영향력을 발휘하진 못했다.

1791년에 나온 이 판화에서 보듯, 고전 프랑스 디저트는 피라미드처럼 쌓아올린 사탕 과자가 주를 이루었다. 자주 재 간행되었던 프랑수아 마시알로의 『왕실 제과 요리사 Le Confiturier royal』는 1692년에 『사탕 과자에 필요한 새로운 설명서 Nouvelle Instruction pour les Confitures』라는 제목으로 처음 출간되었다. 그리고 제과업자의 기술을 고전 프랑스 오트 퀴진에서 상호 보완적 전문 분야로 정립시켰다.

16세기와 17세기 유럽 식민 지배자들이 아메리카에 왔을 때. 아메리카 옥수수는 이미 아메리카 본토 인디언들의 주식 곡물이었다. 이후 신세계 유럽 크레올(creole) 사회의 식단으로 점차 흡수되었다.

그 외에 다른 면에서 유럽 식민지 사회는 보다 쉽게 구식 식습관과 관습을 그대로 따라할 수 있었다. 상류층 대저택의 연회 문화는 체사피크의 남부 농장주 사회에서 특히 열정적으로 채택되었다. 18세기 초반 버지니아를 찾은 영국 신사 계급의 윌리엄 휴 그로브William Hue Grove는 버지니아 농장주의 식탁에 올라오는 풍요로운 음식을 보고 "신사 계급은 식탁에서 보통 다섯 가지 음식을 먹었다. 일반적으로 맨 먼저 돼지고기와 채소 요리, 다음 집에서 기른 가금류, 그다음 쇠고기, 양고기, 송아지고기, 양고기가 차례로 나온다. 보통 중간에 나오는 푸딩이 다섯 번째이다. 사슴고기, 야생 날짐승, 또는 생선이 네 번째로 나온다. 당밀로 만든 작은 맥주, 마데라 와인Madera wine과 영국 맥주가 음료로 나온다."라고 말할 정도로 깜짝 놀랐다.

식민지 농장 대저택과 중세와 르네상스 대저택의 식사 관습에 있어 중요한 차이는, 전자는 강제적인 노예 노동과 인종 차별에 기초한 플랜테이션 사회에 맞춰 형성되었고, 후자는 대저택의 영주와 그의 소작농을 한데 묶는 상호 호혜적인 의무와 수직적 계급 구조라는 봉건 제도에 근거한다는 점이었다. 이 시기에는 중세 장원의 사회적 구조를 유지하는 중요한 역할을 했던 '자선'이라는 유대 관계는 신세계의 노예 사회까지 이어지지는 못했다. 노예의 식단과 주인이 먹는 식탁 사이의 차이는 스미스J. F. D. Smyth가 1784년 식민지 버지니아 농장의 모습을 기술한 것을 보면 가장 명확히 알 수 있다.

노예는 멀건 옥수수 죽이나 옥수수 빵을 단 세 번 입에 넣을 만한 시간도 허락되지 않는다. 서둘러 힘든 노동의 벌판으로 내몰려, 거기서 정오까지 쉬지도 못하고 계속 일을 한다. 정오쯤 점심을 먹는 시간이지만 점심 시간은 한 시간도 채되지 않는다. 그의 식사는 옥수수죽과 소금뿐이고, 행여 인간성이 좋은 주인을 만나면 약간의 기름기, 탈지유, 썩은 베이컨, 또는 옥수수 죽이나 옥수수 빵에 맛을 더해줄 염장 청어를 먹을 수 있다. …… (담배 농장에서 일을 다 끝마치고 돌아오면) 한밤중인데, 그제야 빈약한 두 번째 식사를 한다.

유럽 인이 지배하는 신세계 노예 사회의 증가로 인해서 대서양 양측의 식습관이 바뀌게 되었다. 한쪽에서는 설탕 농장의 증가와 그들의 경이로운 커피 생산 능력 때문에 바로크와 계몽 시대의 발명품의 정수로 평가받는 커피, 차, 디저트 사탕 과자를 누구나 마음껏 먹을 수 있고 부유해졌다. 하지만 다른 한쪽에서는 지금까지 역사상 유럽 사회가 고안해 낸 가장 잔인한 인간 노동력 착취라는 방법을 통해 이런 혁신과 새로운 진미들이 세상에 등장했다.

단맛은 유럽의 식단을 보다 광범위하고 전반적으로 변화시켰다. 이와 동시에, 엘리트 계층의 요리 관습에 있어 또 하나의 혁명이 루이 14세 시대에 발생하기 시작했다. 이 혁명의 첫 번째 징후는 1651년 『프랑스 요리사 Le Cuisinier François』라는 책이 발간되면서 나타났다. 저자의 이름은 프랑수아 피에르François Pierre 약 (1618~1678)이지만, 오히려 그는 필명인 '라 바렌느La Varenne'로 더 유

라 바렌느의 『프랑스 요리사』(1651)는 유럽에서 새롭고 매우 대중적인 스타일의 요리서의 효시로 평가받는다. 초판이 나온 후 75년 동안 총 30판이 발행되었고 얼마 안 가 영어, 독일어, 이탈리아 어로 번역되었다. 후세의 많은 저자들이 라 바렌느를 따라함으로써 프랑스 어를 유럽 요리 담론의 지배 언어로 정립시켰다.

명했다. 인쇄술의 발전과 플라티나가 세운 전례에도 불구하고, 그때까지 유럽 내 어디서든 발간된 요리책은 극소수였다. 르네상스 시대 대부분의 음식 관련 저서는 의학과 영양학적 충고를 가장해서 나왔었기 때문에 음식을 만드는 방법에 대한 실용적인 조언은 거의 해 주지 못했다. 그러나 라 바렌느의 책은 달랐다. 『프랑스 요리사』는 거의 전적으로 음식에 대해 집중해서 다루었으며, 음식을 최대한 맛있게 만드는 방식과 조리법에 대한 기술에 더 많은 페이지를 할애했다.

『프랑스 요리사』는 플라티나와 그 뒤를 이은 여러 저서와 달리, 스스로 영양학적 설명서라고 합리화하려는 시도를 거의 하지 않았다. 라 바렌느의 출판업자는 서문에서 독자들에게 다음과 같이 밝히면서, 이런 방면으로 서투른 제스처를 취하긴 했다. "사람의 능력에 따라, 목숨을 부지하고 연명하기 위해서 소스와 다른 맛있는 고기 요리에다 정직하고 합리적인 지출을 하는 것이 건강을 개선하기 위해 약, 약용 허브, 물약, 그 외의 짜증나는 요법들에 엄청난 돈을 쓰는 것보다 훨씬 더 즐거운 일이다." 하지만 라 바렌느의 책은 식단을 조절함으로써 건강을 개선시키는 방법을 담지 않았다. 그것은 요리책이었으며, 아마도 독자들에게 요리하는 방법을 알려 주는 임무에 전적으로 충실했던 최초의 유럽 요리서였을 것이다.

『프랑스 요리사』는 흔히 고전 프랑스 오트 퀴진의 탄생을 밝혀 주는 책으로 간주되며, 이런 견해를 설명하는 부분도 있다. 라 바렌느의 레시피는 소스와 단순 절제를 크게 강조하면서도 요리에 버터와 크림 같은 지방 성분을 과하게 사용한다. 또한, 레시피 안에 버섯, 라드, 버터, 송로버섯, 후추, 식초를 포함시켜야 한다고 많이 권고하는 편이다. 그의 레시피는 선배들보다 향신료 사용을 매우 줄였지만, 그럼에도 몇몇 요리에서는 샤프란 같은 오래된 표준 향신료를 계속 포함시켰다. 나중에 라 바렌느는 프랑스 요리 계승자들로부터 지나치게 '아랍'의 영향을 받은 요리였다고 비판을 받게 되지만, 『프랑스 요리사』는 향신료를 마음껏 쓰는 구식 요리 전통으로부터 벗어난 확실한 전환기적 요리서이다.

라 바렌느의 레시피는 17세기 중반 단맛과 짠맛의 구별로 생긴 정교한 조리법 중에서 훌륭한 예를 보여 준다. 그러나 그는 설탕 조림에 대한 짧은 섹션을 제외하곤 디저트나 사탕 과자에 대해 전혀 언급하지 않는다. 이 책은 주로 메인 코스 중의 짜고 기름진 음식에 집중한 것이다. 디저트가 요리서의 한 부분을 차지한 것은 라 바렌느의 속편 역할을 했던, 장 갈리아르Jean Gaillard의 『프랑스 제빵업자 Le Patissier François』에서였으며, 이는 제빵 분야 최초의 책으로 평가된다.

라 바렌느 요리의 핵심은 소스이다. 그는 책에서 소스에 대한 독립 섹션을 따로 마련하지는 않았으나 전반적으로 모든 레시피 안에 소스를 포함시킨다. 이 책의 첫 번째 레시피는 묽은 수프 부이용bouillon으로, 이는 나중에 그가 만드는 60여 가지 수프의 베이스가 된다. 라 바렌느에 의하면, 프랑스 요리사는 항상 자신의 요리 안에 '오뜨 구 Haut goût'를 성취하려는 열망을 품어야 한다고 했다. 아쉽

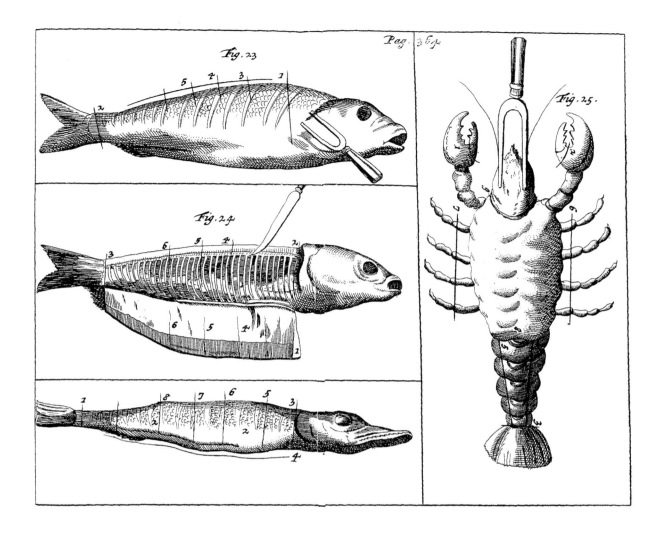

라 바렌느의 『프랑스 요리사』(1651)에 나오는
부분으로 생선과 바닷가재의 여러 부위를 보여
주고 있다. 여타 르네상스 요리 관련 저서들과
달리, 라 바렌느의 책은 음식을 준비하고 만드는
방법을 매우 자세하게 다루는 데 집중했다. 이 책을
기점으로 유럽 요리서들이 건강과 의학적 조언이
담긴 책으로 위장했던 과거의 관습에서
결정적으로 벗어났다. 라 바렌느는 근대 유럽의
미식법에 필요한 길을 열어 주었다.

게도 '최고의 맛top taste'이라는 의미로 해석되는 이 말의 뜻을 그는 정확히 밝
히진 못했다. 그러나 그의 레시피와 후대의 전통을 통해서, 그가 각 요리의 천
연의 맛을 보완할 수 있는 매우 절제되고 풍미가 살아 있는 소스를 만들려고 노
력했다는 사실을 추측할 수 있다. 그의 레시피는 국물을 얻고 요리를 준비하는
방법으로 고기를 물에 넣어 천천히 조리하기를 권장한다. 라 바렌느 이후, 소스
는 향신료를 물리치고 대부분의 유럽 오트 퀴진에서 중심 요소가 되었다. "맛있
고 세밀한 소스는 훌륭한 음식의 영혼"이라고 했던 18세기 말 레오나르디의 주
장은 고전 프랑스 퀴진의 요리 정신을 간결하게 압축했다.

아마도 라 바렌느의 책에서 가장 중요한 소스는 라구ragout일 것이다. 이것은
어떤 음식에나 들어가는 강한 양념 소스를 준비하는 방법이다. 그러나 『프랑스
요리사』에서 라구는 고기와 생선에만 들어가야 한다고 권고했다. '라구'는 1653
년 영어 번역본에서 영국 독자들을 위해 '오뜨 구, 또는 자극적이고 선명한 맛
이 살아 있도록 조리한 소스나 고기'라고 뜻을 밝혔다. 소스나 라구 같은 특정
요리에는 단맛이 들어가면 매운맛이 강화되었다. 물론 이것은 일반적인 조리 과

정에서 잘 쓰이진 않았다.

『프랑스 요리사』는 독자들에게 전혀 새로운 요리 언어를 소개했다. 영어판의 '어려운 말 목록'에서는 프리카세fricasseé를 '소스를 넣어 튀기기'로 정의했고 '파르시farce'를 '고기로 속을 채워 만든 모든 요리'로 풀어 놓았다. 또한, 라 바렌느가 "불에 올려 아주 살짝 끓여 점차 즙이나 물이 흡수되면 마지막에 포타주나 소스를 푸는 게 좋다."고 했던 말을 '물에 올려 흡수시키기'로 단순화시키기도 했다. 또한 앙두예andouilles, (돼지나 쇠고기 대창의 부드러운 살코기를 얇게 자른 것이나 양념을 한 돼지고기 소창으로 속을 채운 것—역주) 같은 낯설고 새로운 음식들, '모릴레스 moriles'와 '트뤼프troufles(송로버섯)' 같은 '탁월한 맛의 버섯' 같은 새로운 재료들도 영어판을 통해 소개되었다. 라 바렌느의 초기 버전에 나온 용어는 다소 짧고 훌륭했지만, 요리 담론이 독립적으로 발전하면서 중요하고도 새로운 조치가 마련되었다. 라 바렌느 이후 음식 관련 저자들, 특히 요리책과 요리 설명서에 관련된 저자들은 요리 기술을 설명하고 재료 이름을 붙일 때 거의 프랑스 식 발음이 나는 그들만의 전문화된 용어를 개발하는 것이 관례가 되었다.

라 바렌느의 새로운 요리 용어와 단순 절제에 기초한 조리법은 엄청나게 성공했고, 그의 저서는 후대 17세기와 18세기에 와서 계속된 논의에서도 큰 위치를 차지했다. 특히 '라구'와 '프리카세' 처럼 그가 창조한 일부 용어는 유럽 전역의 손님들과 요리사들의 공감을 얻어 , 본래 프랑스 어에서 아직 번역되지 않고 있던 조리 용어의 표준으로 자리 잡았다. 이런 유형의 용어는 문학적 기질과도 통했다. 문학가들에게 엘리트층의 새로운 요리 브랜드는 매우 공을 들인 것 같으면서도 잘난 척 하는 모양으로 보였기 때문이다. 특히 영국에서 '라구'라는 용어는 마구 기교를 부린 복잡한 스타일을 뜻하는 일종의 그럽 스트리트Grub Street(17~18세기 2류 작가, 출판업자등 문학의 보헤미안들이 살았던 런던의 무어필즈 구역. 12세기에 근처 대규모 하수시설 때문에 grub이라는 이름이 붙었고, 1830년 밀턴 스트리트로 바뀌었다.—역주)만의 코드명이 되었다. 수잔 센트리버 Susanna Centlivre는 희곡『사랑의 모략 Love's Contrivance』(1703) 프롤로그에서 런던의 상류 술집 폰탁Pontack's, 로켓Locket's, 브라운Brwon's에서 식사하는 것을 '유행을 따라하는 쓸데없는 짓(modish kick—shaws, 프랑스 어 '굉장한 감동 (quelques choses)'을 저속한 영국식으로 바꾼 말—역주)이라고 풍자했다. 그런 곳에서 프랑스 문화와 친한 미남자들은 '미각을 느끼려고 온갖 잘난 척을 다하면서' '명성이 자자한 라구'와 '새로 발명된 샐러드'를 게걸스럽게 먹는다. 조나단 스위프트의『겸손한 제안 Modest Proposal』에는 더 무시무시한 풍자가 나온다. 영국인의 미각적 쾌락을 위해 아일랜드 아이들을 프랑스나 라구 스타일로 똑같이 요리할 수 있지 않겠느냐고 제안했다(스위프트는 당시 아일랜드에 버려지는 아이들이 많은 현실에서 시작해, 남아도는 어린아이를 소나 돼지처럼 식용으로 상류층에게 팔려나가 요리로 바꾸자는 무서운 이야기로 극적인 조소와 풍자를 했다.—역주).

영국을 비롯한 다른 나라는 프랑스 요리의 헤게모니가 점점 퍼지는 것에 이런 불안감을 느꼈지만, 17세기 말과 18세기에 파리의 출판사들은 가장 중요하고 혁신적인 유럽의 요리서들을 계속 발간했다. 니콜라 드 본네퐁 Nicholas de Bonnefon)의 『시골의 진미 Les Délices de la campagne』(1654)는 라 바렌느 바로 뒤에 출간되었다. 1660년대 최초의 요리 백과 사전이『요리 전문 관리의 완벽한 학교 L'Escole parfait des officers de bouche』(1662),『라구 학교 L'Ecole des ragouts』(1668)라는 제목으로 출간되었다. 프랑수아 마시알로François Massialot(1660~1733)의 유명한 저서『왕실과 부르주아 요리사 Cuisinier royal et bourgeois』도 정교한 테이블 세팅을 자세하게 설명한 텍스트 안에 다수의 요리를 포함시켰다. 17세기 말 프랑스 요리서들의 폭발적인 출간 때문에 유럽 역사상 처음으로 요리 관습에 대한 문학 담론 분야가 탄생했다. 이 새로운 분야 안에서 적절한 요리에 대한 논의들이 책으로 쏟아졌고 여러 저자들을 거치면서 반복되었다.

L.S.R.이라는 이니셜로만 알려진 저자는 가장 오만하고 도도한 어조로『올바른 손님 대접 기술 L'Art de bien traiter』(1674)을 통해 고대풍의 소박한 요리 방식을 고수했던 이전의 음식 관련 저자들을 비난했다. 그는 라구의 과잉과 다양한 향신료의 복잡한 혼합, 산더미처럼 쌓은 고기 구이, 계속 제공되는 아스예트 볼랑assiettes volantes('날아다니는 접시'라는 뜻. 식탁에 올리지 않고 하인들이 손님들 주변을 돌아다니면서 제공하는 스몰 디시—역주)을 몹시 비판했다. 이를 모두 과거 시대 요리 관습의 특징으로 몰아 붙였던 것이다. 그 대신 '최고의 고기 선별, 최상의 고기 양념, 깔끔한 식탁 차림과 예절, 사람 수에 맞춘 절묘한 배분, 마지막으로 전체 요리의 순서'로써 훌륭하고 고상한 식사를 판단해야 한다고 주장했다. 심지어, 그 누구보다 라 바렌느가 여기서 특히 비판을 받게 되는데 L.S.R.은 라 바렌느의 많은 레시피를 비난했고, 특히 농민이나 아랍 방식과 너무 가까운 요리들을 비판했다. 여기서 '아랍풍'이라는 말은 중세와 르네상스 시대 엘리트층 요리 관습에서 과하게 향신료를 넣은 현란한 요리들 뜻하는 동의어나 같았다. 과거 전통을 깨뜨리려는 이런 열망은 18세기 내내 계속 되면서 결국 1730년대 '누벨 퀴진nouvelle cuisine'이나 '퀴진 모데른cuisine moderne' 선언으로 이어졌다. 이 '새로운' 18세기 요리의 본질은 사실 그 요리의 수사법이 선언했던 것에 비하면 새로움이나 현대성은 많이 부족했다. 그러나 이들 새로운 요리가 내세운 새로움과 요리의 우월성에 대한 주장은 음식에 대한 새로운 사고방식이 등장하는 계기로 작용했다. 이제 요리는 여러 세대의 요리사들이 서로의 레시피를 대체하기 위해서 꾸준히 시도하면서 누가 우월한지 논쟁하다가, 궁극적으로 누군가의 혁신적인 레시피가 책으로 출간되어 세상의 빛을 보는 경쟁 분야가 되었다.

2세기 전 플라티나가 실패했던 그 분야에서 라 바렌느는 17세기 말에 성공을 거두었다. 앞에서 보았다시피, 라 바렌느는 요리하는 방법과 잘 먹는 법에 대한 진지한 논의를 가장 먼저 시작한 인물이었다. 이 논의는 훗날 후대의 저자들이 계속해서 붙잡고 발전시킨 주제였다. 이제 요리 관습도 진지한 논의가 가능한

사탕 과자 기술을 다룬 조제프 길리어스(Joseph Gilliers)의『프랑스 설탕 과자 Le Cannameliste françois』(1768)에 나온 18세기 테이블 장식 도안이다. 이를 통해 웅장한 위용에 대한 르네상스의 이상향이 여전히 두드러진 양상을 보인다. 길리어스의 표현에 따르면 '서투(surtout, 방패 무늬가 서로 겹치는 문양—역주)로 불리는 정교한 중앙부 장식은 대개 설탕을 입힌 사탕 과자나 과일, 조화로 장식된다.

정통 분야가 되었다. 이로써 요리를 고귀한 직업으로, 요리 관련 저서의 발전을 확실하게 국제적으로 인정받는 문학 영역으로 크게 발전시킬 수 있었다. 19세기 초반, 제대로 먹는 일에 관한 다양한 논의들이 문학적으로 표출되면서 '가스트로노미', 즉 미식법이라는 이름으로 인정받기 시작했다.

학식의 깊이를 갖춘 인문주의자 플라티나가 실패한 분야에서 상대적으로 학문이 얕았던 라 바렌느가 성공한 것은 어쩌면 아이러닉한 일이다. 그러나 르네상스가 아니라 17세기 후반에 미식법의 담론이 성공한 이유는 —실질적인 미각은 일단 제외하고— 이 시대 요리 관습의 내용이 아니라 타이밍과 더 관련이 깊다. 플라티나는 주로 풍성한 양적 위용으로 평가되는 궁정의 연회에서 지켜야 할 미식법을 라틴 철학으로 내세웠다. 반면 라 바렌느는 인쇄와 출판업이 발전하여 르네상스보다 훨씬 더 많은 독자들을 끌어들인 시대에 자국어로 책을 출간했다. 또한, 이때는 라틴 어가 유럽의 다른 자국어와 비교했을 때 국제적인 문학적 명성을 잃어가던 시점이었기에 그가 프랑스 어로 글을 쓴 것은 큰 행운이었다. 당시 프랑스 어는 유럽 엘리트층의 공통어로서 빠르게 라틴 어의 자리를 넘보고 있었다. 따라서, 라 바렌느는 글을 쓰는 시점부터 플라티나보다 훨씬 더 많은 독자들과 호흡할 수 있었으며, 유럽 문학 분야에서 당시 여러 유럽 어 중에 최초의 전문 공용어로 빠르게 인정받기 시작했던 언어로 글을 쓰는 특권도 크게 작용했다. 역설적이긴 하나 대규모 독자들을 향한 매력과 속물성이 운 좋게 결합된 친 프랑스 요리서의 특성은 마시알로의『왕실과 부르주아 요리사』라는 제목에서 고상하게 잘 잡아낸 것 같다. 라 바렌느 이후 요리 분야에서, 속물적인 왕실과 대중적인 부르주아라는 두 가지 방식으로 나아갈 수 있는 가능성이 생긴 것이다.

요리라는 문제에서 이 새로운 관심을 충족시키는 식사를 만든 요리사들은 재산도 점점 늘어났다. 군주와 상류 귀족 가문의 전문 요리사는 여전히 고용인 상태였으며, 중산층이나 노동자 가정에서 대부분 여성이 요리를 맡는 실정과 달리 엘리트층 요리는 전부 남자의 일이었다. 엘리트층을 위한 요리가 점점 명성을 얻고 있다는 확실한 증거가 나타났는데 그건 바로 17세기 후반에 요리가 단순히 몸을 움직이는 노동 기술이나 그쪽 용어로 '기계적인 기술'이 필요한 일이 아니라, 엘리트층과 유사한 지적 능력과 '훌륭한 취향'이 필요한 일이라고 인식되기 시작했다는 것이다. 뱅상 라 샤펠Vincent la Chapelle(1733~1736 활약)은 영국의 체스터필드 백작, 몬티오 백작Count of Montijo, 오랑주 공Price of Orange 등 여러 유럽의 엘리트층의 요리사로 일했다. 그는『현대 요리사 Modern Cook』(1733)에서 좋은 요리란 요리의 '원칙'인 전문적 기술뿐 아니라 과거 관습을 혁신시키는 방법을 터득하는 능력도 필요하다고 주장했다. 재능 있는 요리사는 그가 모시는 사람들의 입맛을 즐겁게 해주는 새로운 진미들을 만들어 낼 것이다. 그런데 다른 모든 것처럼 그의 기술도 변화해야 한다는 것이다. 라 샤펠은 좀 어색하지만 자랑스럽게 자신의 저서가 완전히 독창적이며, 전부 나 자신의 실천과 경험의 산물이라고 선언했다. 사실 라 샤펠의 레시피 중 3분의 1은 마시알로

18세기 상류층 연회에는 대개 정교한 테이블 세팅과 장식품이 포함되었다. 여전히 여러 개의 코스가 한꺼번에 다 나오고, 넓은 방 안에 테이블을 놓고, 각 테이블마다 세심한 시중을 들었다. 즉 이런 유형의 상류층 식사는 여전히 많은 관객을 동원하는 운동 경기와 비슷한 모습이었다. 여기 1707년 파리에서 알바 공작(Duke of Alva)과 아스투리아스 공(Prince of Asturias)을 위해 열린 디너를 묘사한 판화 속에 등장하는 수많은 구경꾼들이 그 증거이다.

의 『왕실과 부르주아 요리사』에서 직접 도용한 것이다. 그런데도 자신의 레시피를 새롭고 독창적이라고 주장할 만큼 요리라는 일을 중요하고 고귀한 일이라고 생각했다는 점은 눈여겨볼만 하다.

전문 직업화된 요리의 발전은 보편적으로 환영을 받진 못했다. 특히, 엘리트 퀴진에 쓰는 국제적인 언어가 아주 빠르게 프랑스 어로 정립되었기 때문에, 민족주의를 배경으로 새로운 요리 관습에 대한 일부 저항이 나타났다. 캠벨의 『런던 상인들』(1747)은 '훌륭한 엘리자베스 여왕 시절, 거대한 로스트비프가 영국인의 음식이었던 시절에 우리의 요리는 우리의 예의범절만큼이나 꾸밈없고 소박했다. 그때는 학문도 특수 기술도 없었고, 우리의 위대한 권력자들의 입맛을 즐겁게 해 주기 위해 마법도 필요치 않았다. 그런데 최근 몇 년간 우리는 그런 소박한 미각에서 벗어나 스스로 복잡한 맛에 물들어 프랑스 스타일로 만든 고기와 음료에 혀를 길들였다.'고 불만을 터뜨렸다. 캠벨은 이렇게 지나치게 복잡하고 정교한 요리의 형식을 극도로 싫어했음에도, 근대 요리사라는 직업은 '확실히 구별하는 미각'과 '손아래 놓인 모든 것을 혼합해서 꾸며 내는 완벽한 특수 기술'에 대한 지식 등 차별적인 기술을 요한다고 마지못해 인정했다. 그리고 이런 요리사들이 어디서든 '모시는 주인의 계급에 따라' 연간 5파운드에서 50파운드라는 상당한 돈을 벌 수 있다고 말했다. 잠재적으로 큰돈을 벌 수 있는 직업으로서 비로소 요리사가 이름을 얻기 시작했던 것이다.

당시 18세기에 이르러 요리는 영양학을 의학적으로 실천하던 종속 분야에서 벗어나, 자체 언어와 직업 정체성을 지닌 자율적인 분야로 발전했다. 이 시대 여러 유럽 공국의 문서에서 알 수 있듯, 요리 담론의 공통어는 프랑스 어였다. 그리고 인력 측면에서도 프랑스 요리사가 유럽 전역의 엘리트 가문에 채용되곤 했다. 이는 당시 프렌치 퀴진이 훌륭한 맛의 대명사라는 의식을 깔고 있었다.

그렇다고 프렌치 퀴진이 계몽 시대에 다른 모든 형태의 요리를 절멸시킨 것은 아니다. 하지만 프랑스 요리의 웅장한 자부심은 대단했다. 그 어떤 나라의 요리 관습도 해 낼 수 없었던 새로운 방식으로, 그 시대 요리를 대하는 유럽의 사고 방식을 지배하였다. 따라서, 프랑스 요리 관습과 유럽의 오트 퀴진 간에는 특별하고도 독특한 유대 관계가 형성되었고, 이 유대 관계는 여러 가지 면에서 오늘날까지 여전히 남아 있다. 어쩌면 이 관계는 역시 프랑스 혁명 이전에 정립된 프랑스 철학·문학과 유럽 고급 문화 간의 관계보다 훨씬 더 굳건하게 유지되어 온 것 같다.

7 현대 소비자 시대의 탄생

1800년부터 시작된 푸드 혁명

한스 J. 토이테베르그

인간의 삶에 있어 기본 요소인 식食은 대단히 복잡한 활동이다. 무언가를 먹는다는 것은 생화학적인 과정을 동반하지만 동시에 하나의 문화적인 현상인 것이다. 인간은 말 그대로 하루도 빠짐없이 혼합된 음식을 먹어야 한다. 그리고 먹을것을 선택할 때 무조건 본능만을 따르는 동물과는 정반대로, 사람들은 대단히 어려운 선택과 때로는 매우 모순적인 요인들에 직면하게 되는데 그 때마다 그런 요인들을 인식할 수도 있지만 대체로 그렇지 않을 수도 있다.

이번 7장에서는 이런 여러 요인들 중에서 기술의 발전은 지난 200년 간의 요리 문화에 어떤 식으로 지속적인 영향을 끼쳤는지에 대해 살펴보고자 한다. 기술 발전은 산업화·도시화와도 복잡하게 얽혀 있는 요인이다. 기술 발전의 시기 동안 유럽에는 통합된 요리 관습이 존재하지 않았기 때문에, 여기서는 중앙 유럽의 독일어권 지역들을 예로 들 것이다. 이곳은 역사상 정치적 경계선이 자주 바뀌긴 했으나, 전통 문화는 매우 굳건한 상태로 남아 있는 지역이다. 새로운 미각적 취향은 이곳에서 유럽의 나머지 지역으로, 그리고 그 반대로도 쪽 퍼져 나갔다. 또한, 여러 가지 면에서 이들 나라에서 발생한 현상은 19세기와 20세기 동안 음식을 가공·조리·평가하는 과정에서 벌어진 전반적인 변화의 대표 격으로 볼 수 있다.

19세기 중반까지 알프스 북쪽 독일어권 지역의 상황은 유럽의 여러 다른 곳과 마찬가지로 이전 세기와 별반 다르지 않았다. 기아와 식품 가격의 상승이 일상 생활의 한 부분이 되어, 그저 하루 먹을 빵을 구하는 일이 삶의 투쟁에서 최우선 순위였다. 따라서, 사람들은 당연히 식탁에 앉아 일용할 양식을 허락한 신께 감사하고 신의 은총을 구하곤 했다. 대부분의 사람들은 곡물로 먹고 살았으며, 곡물은 대개 물이나 우유를 혼합한 걸쭉한 죽이나 멀건 수프, 팬 케이크, 빵, 롤빵, 만두, 국수로 만들어 먹었고, 가끔 축제가 있을 때에나 페스트리와 케이크를 해 먹었다. 사실 곡물은 오랫동안 보관해도 맛이 변하지 않고, 그걸로 온갖 종류의 식사거리를 만들 수 있었기 때문에 대중들에게 큰 인기를 얻었다.

온갖 다양한 종류의 곡물에는 많은 양의 탄수화물이 주로 녹말 형태로 함유되어 있어서 하루에 필요한 에너지양을 제공했지만, 적정량의 일부 필수 아미노산은 빠져

편의 식품의 역사는 1세기 이상 거슬러 올라간다. 19세기 말 스위스 제분업자 율리우스 매기는 업계에 종사하는 여성들이 이제 더 이상 가족을 위해 영양이 풍부한 식사를 준비하고 요리할 만한 시간이 없음을 인식했다. 그래서 영양이 풍부한 수프를 끓여먹을 수 있는 완두와 강낭콩 가루를 만들었다. 이는 주사위 모양으로 만든 건조 고기 수프 직후에 곧바로 나온 제품을 소스와 조미료까지 이미 감미한 것으로 주방에서 일하는 시간을 줄여 주었다. 그의 매기 컴퍼니(현재 네슬레 계열사)에서 만든 제품은 맛을 개선시키는 데 크게 기여했다.

중세부터 제2차 세계 대전 시기까지 유럽에서 식사 전에 기도를 하는 것은 모든 가정의 관습이었다. 약 1900년에 나온 메리 이블리나 킨던(Mary Evelina Kindon)의 그림 중 여기 상세 부분에 묘사된 것을 보면, 아이가 식탁에 늦게 오면 구석에 세워서 반성을 하면서 혼자 식사 기도를 하도록 시켰다. 오늘날에는 서로에게 "맛있게 드세요."라고 간단한 인사 정도만 할 뿐이다.

있었다. 필수 아미노산은 완두콩, 강낭콩, 렌즈콩 안에 충분히 들어 있었기 때문에, 곡물과 콩류 혼합식은 식물성 단백질을 제공하는 우수한 공급원이었다. 그러나 샘플 분석을 통해 확인되듯이, 이런 식단에서도 필수 비타민과 미량 원소들은 결핍되었을 가능성이 높았다. 식물성 기름과 동물성 기름은 하루 에너지 필요량으로 전환되는 양은 매우 적었으나, 기타 비타민을 함유하고 있었다. 고기, 생선, 버터와 달걀은 귀한 음식이라 주로 축제 때나 사순절에만 먹을 수 있었다. 분명한 사실은 가난한 계급은 꼭 필요한 양의 지방을 거의 얻을 수 없었을 것이며, 이는 그들이 일상적으로 먹어야 할 식사의 맛과 취향에 깊은 영향을 끼쳤을 것이라는 것이다. 동물성 식품은 언제나 너무 비쌌기 때문에, 그것의 소비는 수입과 사회적 지위와 불가분의 관계였다. 가난한 사람들 중에서는 강이나 습지, 산악 근처 무성한 초원에서 소를 기르는 농민들과 해안 지역의 어민들만이 그나마 마음껏 동물성 지방을 섭취했다. 지금 우리의 관점으로는 아주 이상하겠지만, 통계를 보더라도 19세기 말까지 시골에 사는 사람들은 도시인들보다 평균적으로 고기를 적게 먹었다. 도살된 몇 안 되는 가축들을 대개 도시의 시장에 내다 팔았기 때문이다. 즉, 고기는 사회적 지위가 높은 사람들이 먹는 요리였던 것이다.

오늘날과 정반대로 신선한 과일과 채소의 소비는 1860년대까지 미미했는데 그 까닭은 채소는 다른 음식 없이 단독으로 먹으면 맛이 없었고, 하물며 과일을 먹었을 때처럼 배가 부르지도 않았기 때문이다. 더구나 채소는 잘 씻지 않으면 종종 위장 장애를 일으키곤 했다. 당시에는 아직 그런 질환의 원인이 박테리아 균 때문이라고 밝혀지진 않았지만, 그런 이유 때문에 채소들은 대개 절임 식품으로 저장했는데, 이렇게 되면 수분이 빠지고 맛과 비타민도 파괴된다. 1920년대 이후 요리책에서 알 수 있듯, 과학자들이 채소의 영양학적 가치를 인식한 것은 이로부터 훨씬 더 세월이 많이 지나서였다. 오히려 산업화 이전의 식품에는 상당량의 맛도 없고 건강에도 좋지 못한 식료들이 들어 있었는데, 대개 소화하기도 어렵고 게다가 향신료와 양념이 빠져 있어서 맛이 없었다. 열대 사탕수수는 중세 후반 십자군 원정 이후로 유럽에 소개되었고, 시칠리아와 마데이라Madeira에서 재배되었다. 그래서 15세기부터 궁정과 부유한 귀족 명문가의 부엌에서 디저트로 먹을 사탕 과자를 만들 때 꿀과 함께 설탕을 사용했다. 그러나 설탕 값이 너무 비싼 탓에 서민의 식단까지 오를 수는 없었다. 1800년을 지나면서 독일산 사탕무당beet sugar이 나와 일반 대중들이 이용할 수 있는 여러 가지 음식의 맛에 널리 쓰이면서 값싼 칼로리 공급원이 되었다. 또한, 여기서 알아 두어야 중요한 점은, 19세기 말까지 시골 사람들의 대다수는 자급 자족한 반면, 도시인들은 인근 지역의 농민으로부터 식품을 구매했기 때문에 사실상 그들의 식사에서도 다양한 면은 부족했다는 사실이다. 즉, 식탁에 오르는 음식은 계절과 지역 산물에 따라 다를 수 밖에 없었다.

요약하자면, 산업 시대 이전의 식품은 현대의 기준으로 보면 양과 질적인 면에서 다소 부족했고, 소화하기 어려웠고, 재료를 구해서 조리하기도 힘들었고, 우연이든 고의든 품질도 불량했다. 그래서 소비자들은 죽음까지 초래할 수 있는 질병에 취약해졌다. 특히, 불충분하고 비위생적인 음식 때문에 영아 사망률이 매우 높았다. 영양

여기 19세기 독일 그림에서 보듯, 현대 이전 시대에 밀가루와 빵을 준비하는 일은 가사의 중요한 부분이었다. 도시화로 인해 집에서 빵을 굽는 전통 관습은 막을 내렸으나, 시골에서는 20세기 초반까지도 가끔 빵을 굽기도 했다. 요즈음은 독일만 해도 1,000가지 이상의 다양한 빵이 나온다.

실조로 인해, 일터에서의 개인의 생산성도 상대적으로 낮았다.

그러나 1850년 이전 소비자 습관에 대한 정확한 데이터가 존재하진 않는다. 특히, 독일 사람들과 관련해 볼 때, 그들이 생산하고 먹었던 식품은 현금 수입, 시장 가격과 무관했기 때문에 그럴 수밖에 없다. 그러나 전문가들은 1800년경 서민들은 평균적으로 수입의 70~80퍼센트를 식품비로만 썼을 거라고 생각한다. 여러 가지 증거를 보면, 대부분의 서민 가정에서 사치 식품은 거의 없었고, 혼합식이나 대용 식품으로만 그런 음식을 먹었던 것 같다. 생활 수준이 낮았기 때문에, 식품은 우선 얼마만큼 배를 채울 수 있는지, 버릴 것 없이 얼마나 많이 이용할 수 있는지, 구하고 만들기는 쉬운지(사용 가치), 값은 얼마인지(교환 가치)로만 평가되었다. 그런 다음에 사회적 평판 가치를, 마지막에 가서야 맛과 영양 가치를 따졌다.

현대 식단으로의 변화는 농업 교역과 산업의 확장을 거친 일부 지역에서 맨 먼저 일어났다. 농산물 교역과 산업 확대로 인해 일상 생활에서 돈을 쓰는 일이 많아졌다. 차와 코코아처럼 식민지의 커피도 본래는 상류층과 부유한 부르주아지들의 사치 음료였지만, 1770년부터 비록 많이 희석되거나 대용 식품이긴 했으나 커피마저 서민들이 쉽게 이용할 수 있게 되었다. 쓴맛이 나는 이 뜨거운 블랙 음료는 아침 시간을 깨우는 자극제로 이용되면서, '커피 빵'과 더불어 예전에 아침으로 먹던, 맛이 좀 떨어지는 맥주와 밀가루 수프를 대신하기 시작했다. 빵 수요가 점점 늘어나면서 대형 증기 제분소가 건설되었고 그동안 가장 선호하는 곡물이었던 기장, 귀리, 메밀은 호밀과 밀에 그 자리를 내 주어야 했다. 이런 식습관의 변화에 따른 최대 피해자가 바로 귀리였다. 귀리는 마침내 가축의 사료로 퇴락했다. 그러나 알프스 골짜기 등의 외딴 시골 지역에서는 여전히 곡물을 기본으로 하는 가벼운 전통 식사가 20세기 초반까지 계속 이어졌다.

두 번째로 감자 재배가 광범위하게 늘어났다. 원래 남미의 덩이작물인 감자는 16

세기 초반에 세비야와 스페니시 네덜란드를 거쳐 독일까지 왔다. 사실 맨 처음에 감자는 그저 식물학적 호기심의 대상으로 사소한 관심을 받았을 뿐이고, 이후에는 가축의 사료나 극빈층의 양식으로만 이용되었다. 그런데 전통적으로 곡물을 재배하는 그 지역에서 1770~1771년과 1816~1817년에 대기근이 닥치자, 일부 주정부가 감자의 영양학적 가치를 인식하면서 비로소 감자 농사가 시작되었다. 주정부가 나서 실험적인 경제학자들에게 농민들의 계몽적 취지로 감자 생산을 대규모 생산으로 전환할 수 있도록 적극 장려했다. 그리하여 오랫동안 천대받았던 감자가 독일, 오스트리아, 스위스의 여러 지방에서 서민들의 주식이 되었다. 가난한 사람들에게 감자는 다른 채소에 비해 적은 양의 기름, 크림, 소금만으로도 요리를 해 먹을 수 있다는 장점이 있었다. 여러 다양한 방법으로 신속하게 메인디시로 요리할 수 있었고, 콩류보다 소화하기가 훨씬 더 쉬웠고, 포만감도 생겼고, 원래 지닌 맹맹한 맛 때문에 다른 여러 가지 요리들과 곁들여 먹는 음식으로 그만이었다. 게다가 다른 곡물에 비해 적은 땅에서도 많은 수확이 가능했다. 1846~1847년 무렵에는, 한창 메인디시로 대중들의 인기를 누리던 감자에까지 마름병이 번지자 독일에 대기근이 발생했다. 이것이 독일에 닥친 마지막 대기근 사태였다. 1850년쯤 되자 감자는 이미 중앙 유럽의 주요 식품으로 자리 잡았다. 이후 무엇보다 맛좋은 밀가루를 주재료로 만든 식사가 독일어권에서 자리잡으면서 독일 식단에서의 감자의 승승장구는 끝이 났다. 오늘날까지도 독일 남북 사이에는 '만두 라인dumpling line'이 남아 있는데, 식당의 메뉴를 살펴보면 금방 알 수 있다(전통적으로 독일 북부에서 만두를 먹는다).

식습관에서 세 번째 중요한 변화는 독한 술spirits 소비가 늘어났다는 점이다. 사실 돌아보면 17세기에 농민들은 포도주 압착으로 남은 찌꺼기, 곡물, 다양한 과일로 증류를 하기 시작했다. 1800년경 화학자들은 감자를 원료로 해서 가장 값싼 알코올 음료를 제조할 수 있음을 알아냈다. 지역 사람들이 이런 새로운 수입원에 대한 소문을 듣자 '감자 술에 대한 흥미sprit bug'는 감자 재배만큼이나 빠르게 확산되었다. 감자는 수분 함량이 높아서 아주 오래 저장할 수는 없었지만, 비교적 간단한 장치만으로 수익성 높고, 아주 맛 좋고, 오래 보관할 수 있는 식품으로 바꿀 수 있었다. 심지어 증류하고 남은 찌꺼기는 돼지 사료로 쓸 수도 있었다. 새로운 술 '포테이토 슈납스pota-to schnaps'(독주)는 정부 세금 정책의 도움으로 이전까지 집에서 주조한 발효 흑맥주를 제압하기 시작했다. 새로운 술은 알코올 도수와 맛, 가격 등에서 흑맥주와 비할 바가 아니었다. 19세기에 들어와서야 대형 양조업자들은 신기술과 영업 방식을 찾아내, 좀더 가벼워진 '라거' 맥주를 이용해 맛의 범위를 늘리고 감자술에 빼앗겼던 시장을 재탈환할 수 있었다. 이때에도 라인, 모젤, 다뉴브 등 고대 와인 산지들은 끝까지 오랜 관습을 고집해 대규모로 생산하지는 않았는데, 이는 이런 작은 포도주 회사의 작업은 전부 손으로 이루어져 상업화될 수 없었기 때문이다.

19세기 중반까지 이런 새로운 식품들도 산업화 이전 시대의 전형이었던 영양실조를 종식시킬 수는 없었다. 불과 일부 기본적인 정치, 사회·경제, 기술적 구조의 변화들만이 현대 식습관의 시작을 이끌 수 있었다. 무엇보다 나폴레옹 전쟁 이후 자유 농업 혁명이 일어나면서 농업 생산이 신속하고 지속적인 성장세에 들어섰다. 잉글랜

19세기 중앙 유럽에서 감자는 빵 다음으로 두 번째로 중요한 주식이 되었다. 여기 1935년 포스터에 나오듯, 껍질 채 감자를 곁들인 청어 요리는 오랫동안 북부 독일의 일반 가정에서 인기가 많았다. 1960년대 소비자 사회가 도래한 이후, 감자 칩처럼 기름을 이용한 산업적 감자 제품이 감자의 맛을 개선시켰다.

드와 스코틀랜드의 '신사 계급 농부' 모델에 기초하여 국가가 주도하는 '농업 혁명 Agrarian Revolution'은 곡물의 보다 체계적인 윤작, 인공 비료, 새로운 농업 장비와 기계, 강화된 축산업을 골자로 하였다. 그 외에 농민 계급이 옛 봉건 제도에서 해방되었고, 토지는 재분배되어 사유화되었다. 미개간된 쓸모없는 황무지 개척으로 사료용 식물 재배가 쉬워졌고 결과적으로 가축을 기르기도 편해졌다. 더 이상 벌판에서 가축을 기르진 않았으며, 오히려 땅을 이용해 사료용 식물을 재배함으로써 땅은 어느새 빠르게 증가하는 고기 수요를 공급하는 수단으로 바뀌었다. 생활 수준의 향상으로 이제 동물성 식품 소비가 식물성을 앞질렀다. 가장 크게 수요가 늘어난 것은 바로 돼지고기였다. 돼지는 실제로 모든 부위를 먹을 수 있었으며, 뿐만 아니라 사료를 먹여 키우기에도 가장 비용이 적게 드는 동물이었다. 잘 보관된 햄과 온갖 종류의 소시지는 싱싱한 고기만큼 맛이 좋았다.

1830년 이후로 철도와 증기선 등 새로운 운송 수단들이 확대되면서 영양 기준을

맥주는 수세기 동안 알프스 북부 유럽에서 가장 대중적인 술이었다. 산업 혁명 기간 동안 가정에서 주조한 여러 가지 유형의 다크 에일은 거대 양조 회사에서 만든 옅은 빛깔의 새로운 맥주에게 자리를 내 줬다. 그러나 상대에게 잔을 들고 맥주 노래를 부르는 등 오랜 맥주 마시기 관습은 독일에는 그대로 남아 있으며, 아직도 펍과 비어 가든은 사람을 만나 술을 마시는 장소이다. 1890년 에드문트 하르부거(Edmund Harburger)의 이 그림은 제목이 「텅 빈 술통 The Empty Jug」이다. 술 마시는 남자가 한 방울이라도 더 건지려는 노력이 그림에서 엿보인다.

높이고, 요리 문화의 새로운 가능성을 여는 데 중요한 역할을 했다. 그래서 과잉 생산된 외딴 시골과 해외의 주요 농산물들을 점차 덩치가 커져 수요가 급격히 늘어나고 있던 여러 도시들로 운반할 수 있게 되었다. 전보와 여러 국제 무역 협정의 체결과 확대로 인해, 대중 식품과 사치 식품을 멀리까지 수송하는 일도 가능해졌다. 다양한 요인들 때문에 곡물의 가격이 하락했으며, 동시에 계절에 따른 가격 변동도 크게 줄었는데 화물 운임 하락, 국내 옥수수 거래소 도입, 무역 네트워크의 확대 등을 그 요인으로 들 수 있었다. 해묵은 곡물 보호무역 관세 grain duty의 철폐는 특히나 이런 저런 재해가 날 때마다 발생하던 터무니없는 가격 인상을 멈추는 데 중요한 역할을 했다.

끝으로 중요한 점은, 영양의 생리학 연구로 얻어진 결과들이 식품 산업과 상업적 가공에 적용되었다는 사실이다. 새로운 저장법이나, 보관 방식이 나옴으로써 소비자는 수확기 물량 변동에서 크게 자유로워졌고 역사상 처음으로 대량 생산이 시작되었으며 저질 불량 식품adulteration을 제재하는 법률 때문에 고기, 밀가루, 음료의 질이 높아졌다. 상당히 길어진 저장 기간과 여러 공급업체들 간의 자유 경쟁으로 말미암아 매우 광범위한 지역까지도 식품 유통을 할 수 있었다. 생산자와 소비자 간의 새로운 관계가 정립되면서, 광고라는 현대적 방식의 도입은 상품의 맛과 영양 가치를 더욱 크게 강조하였는데 이는 일찍이 산업화 이전 시대에는 볼 수 없던 광경이었다. 19세기, 단 1세대 만에 일어난 이 엄청난 구조적 변화는 근본적으로 유럽 내 산업화 국가들의 식습관을 확 바꾸었다. 이로써 유럽은 지긋지긋하게 반복된 자연 재해, 대기근으로부터 비로소 해방될 수 있었고 그때부터 인구는 계속 급증했다. 출생률은 사실 산업화 이전 그대로의 수준이었지만 사망률이 크게 하락한 결과였다. 동시에 도시의 성장도 가속화되어 점점 더 많은 사람들이 시골에서 도시로 몰려들었다. 사회적으로 엄청난 논의를 불러일으켰던 영국의 인구학자 토머스 맬서스Thomas Robert Malthus(1766~1834)의 비관적 이론에도 불구하고, 식량 생산은 정비례로 증가했을 뿐 아니라 품질과 특히 맛이라는 두 가지 측면 모두에서 향상되었다.

일단 일시적인 물가 상승, 그리고 사회 계급과 소득, 또는 지역별 선호도에 따른 차이를 고려하지 않는다면, 중앙 유럽의 선진 지역에서 식품의 기본적인 공급은 제1차 세계 대전 이전에 상당한 발전을 보였다. 식량이 고갈될지 모른다는 공포심은 몇십 년 내에 사라졌다. 결핍으로 가득했던 구 유럽의 세상이 현대 산업주의의 소비자 사회로 변한 결정적인 돌파구는 사실상 다음과 같은 통계학적 기준에 의해 판단할 수 있다.

1. 1인당 가장 기본적인 식품의 연간 평균 소비량은 20세기 말 내내 꾸준히 증가했다. 단, 양차 대전과 그 이후 긴축의 시대를 고려하지 않는다면 말이다.

2. 생활 수준은 향상되었으나 평균 수입 중 식품에 쓰는 비율은 꾸준히 하락했다.

3. 사회 하층 계급이 소비하는 식품은 더 많은 칼로리, 특히 단백질과 동물성 지방이 더 많이 함유된 것들이다. 이는 멀게는 19세기 말 가계 예산을 통해 확인할 수 있다.

* * *

19세기 후반 50년 동안 도시의 인구가 급증하면서 식량 공급 체계도 변화가 필요했다. 무엇보다, 이전보다 훨씬 엄청난 수량의 원거리 생산 식품을 수송하는 일은 물론이고 운송·판매·저장하는 동안 식품이 상하지 않도록 보장하는 일이 관건이었다. 따라서, 식품을 보관하고 포장하는 기술에서 엄청난 발전이 뒤따랐다. 오랜 세월 동안 인간은 말리고, 훈연하고, 염장한 식품을 먹었고, 식품의 수분과 해로운 박테리아를 제거하려고 식초, 올리브 오일, 알코올, 꿀 등에 식품을 넣어 보관하여 식용 유

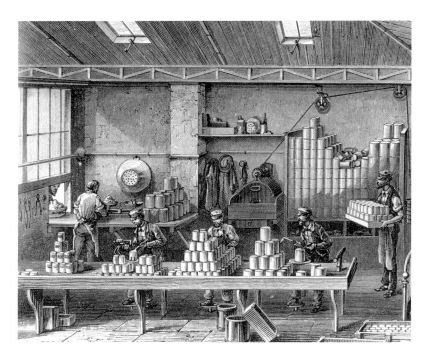

효 기간을 늘렸다. 17세기 말, 압착 증기 찜통(압력 요리 기구의 전신)이 발명되면서 식품을 보관하는 새로운 방식으로서 가열 살균과 진공 밀봉을 논의하고 테스트도 했지만 이것도 처음에는 성공하지 못했다. 그러다가 1809년 어느 독일 군주의 전용 수석 요리사였던 프랑스인 니콜라스 아페르Nicholas François Appert가 이 방식을 실제로 쓸 수 있음을 증명했다. 이후 1810년 영국인 피터 듀란드Peter Durand가 아페르의 유리병을 양철 용기로 대체하면서 식품의 보관법이 급격하게 발전했는데, 이것은 현대의 깡통으로 진화했다. 파스퇴르가 발효 과정 중에 미생물이 움직이는 방식을 증명하고 난 후, 많은 유럽 국가들에서는 과거에는 값비싼 식품이었던 과일이나 채소 절임과 크림같은 식품의 상업적 생산이 대단히 빠른 속도로 증가했다. 그러나 그런 보존 식품이 실제로 대량으로 생산된 시점은 겨우 1930년대, 전기 분해를 통해 통조림을 만드는 냉각 철판이 발명된 이후였다. 바로 여기에 밀봉된 용기 안에 계절을 붙잡는 방법, 그러니까 계절에 관계없이 식품을 용기 안에 저장하는 방법, 그리고 과거 끊임없이 시도해 봐도 맛의 변질은 없었어도 사실상 식품 보관을 어렵게 했던 최대의 장애물인 세균까지 정복한 비결이 있다.

영양학과 발전하는 산업 기술 간의 중요한 협력 관계는 육즙과 고기 엑스meat extract에서 잘 드러난다. 환자 치료에 있어 젤라틴의 효능에 대한 많은 논쟁 이후, 1800년 무렵 프랑스 화학자들은 고기 국물을 증발시켜 '부이용 바bouillon bar(막대 모양으로 건조시킨 수프)'를 만들 수 있는 퓨레purée 상태로 바꾸었다. 부이용 바는 선박용 양식이나 회복기 환자들의 원기를 북돋우는 음식으로 활용될 수 있었다. 1847년 독일 최고의 화학자 유스투스 리비히Justus Liebig는 근육 기능을 연구하던 중에 사상 최초로 육즙을 과학 이론 논문의 주제로 삼았다. 그의 제자 막스 페텐코퍼Max Pettenkofer는 다양한 실험을 한 후, 약국을 통해 쇠고기 육즙으로 만든 소량의 가루를 팔았다. 1863년 함부르크 출신으로 남미 철도 사업에 참여했던 엔지니어 게오르 크 기베르트Georg Christian Giebert와 앤트워프 출신의 벨기에 인 두 사람이 우루과 이의 프라이 벤토스에 리비히 육즙 회사Liebig's Extract of Meat Company를 차렸다. 그들은 리비히의 성명을 상표로 내세웠지만, 리비히가 직접 그 회사에 관여한 것은 아니다. 일단 고기의 기름기를 모두 제거한 후 증발시킨 갈색 가루의 음식은 장기 보관이 가능한 깡통으로 포장되었고, 광고에 힘입어 전 세계로 팔려나갔다. 리비히의 육즙 가루는 맨 처음에는 값이 꽤 비쌌으나, 이후 이것이 현대 수프 산업의 효시가 되었다.

1891년 이후 반조리식품RTC, ready-to-cook인 '수프 롤', '미트 수프 캡슐', '구스 토 Gusto' 양념 제조업자, 스위스 제분업자이자 옥수수 상인이었던 율리우스 매기가 판매한 스톡 큐브stock cube(주사위 모양으로 만든 건조 고기 수프), 독일 남부 하일 브론에서 행상인 출신의 칼 하인리히 크노르Carl Heinrich Knorr가 만든 콩류와 다른 채소류 건조 수프까지 나오면서 이 업계 최초의 경쟁 구도를 형성했다. 매기와 영국 -벨기에 리비히 회사 사이에 자기들의 육즙 첨가물 효능을 놓고 사실상 '수프 전쟁' 이 벌어지기도 했다. 그러나 스코틀랜드 인 존 로손 존스턴John Lawson Johnston이 새로운 회사를 설립함으로써 이들은 더 심한 경쟁에 직면하게 된다. 존스턴은 1871 년 프랑스 군대에 쇠고기 통조림을 공급하는 계약을 따냈지만, 당시는 프랑코-프러 시아 전쟁 직후라 소의 공급이 딸리는 상황이었다. 원래 '플루이드 비프Fluid Beef'로 알려진 그 제품은 나중에 보브릴Bovril로 이름을 바꿨는데 이것은 건조시킨 음식 이 아니라 쇠고기 즙으로 만든 액체였다. 그 제품의 타깃은 환자들이었는데 대대적 인 광고를 통해, 존스턴은 자사 제품이 리비히의 육즙 제품보다 50배나 영양이 더 풍 부하다고 주장했지만, 다른 화학자와 약사들은 이를 그대로 인정하지 않았다. 세기 가 바뀐 후, 주로 영어권 국가에서는 수많은 유사 제품들이 출시되었는데 그 중 시카 고의 아모르 쇠고기 정제 회사Amour's Extract of Beef가 대대적인 광고 덕으로 가장 유명해졌다.

이 외에도 화학이 식품 산업에 영향을 끼친 양상을 보여 주는 수많은 예들이 있는 데, 특히나 식품 향미료에 매우 이로운 결과를 가져왔다. 하노버 출신의 상인 아들이 었던 헤르만 발젠Hermann Bahlsen은 런던의 설탕 공장에서 근무하면서 선박에 공급 하는 비스킷이 어떻게 만들어지는지를 알게 되었다. 이런 비스킷은 장기 보관이 가 능했고, 소화가 쉬웠으며 맛도 좋았다. 그래서 그는 선박에 공급하는 비스킷을 이용 해 이보다 보관이 용이하고 여행자들의 간식용으로도 적당한 달콤한 비스킷을 제조 해 봐야겠다는 생각을 하게 되었다. 1891년 그는 최초로 라이프니츠-케크스Leibniz Keks를 설립했다. 케크스는 영어 '케이크즈cakes'의 변형이었다. 고대 이집트 문자 TeT(불멸을 뜻함)와 정교한 그래픽 디자인을 넣어 신비스럽게 포장을 한 덕분인지 독일 최초의 비스킷 공장은 성공할 수 있었다. 발젠의 이 회사는 오늘날까지도 건재 하다.

한편, 빵 굽는 과정에 대한 심도 있는 연구 때문에, 1898년 어느 회사는 특정한 맥아 추출물 생산에 특허를 받게 되었다. 이것은 이스트 도우yeast dough의 발효를

1863년 설립된 리비히 육즙 회사는 값은 싸지만 영양이 풍부한 고기 대체 식품을 생산한 최초의 기업이었다. 1875년, 우루과이에 있던 프라이 벤토스의 그 공장은 매년 15만 마리의 쇠고기를 가공 처리했다.

"HAS THAT RICH BEEFY FLAVOR"

Armour's Extract of BEEF

SEND SIX TWO CENT STAMPS OR METAL CAP FROM JAR OF EXTRACT OF BEEF. FOR OUR HANDSOME, 1900, FOUR SHEET DEWEY CALENDAR.
Armour & Company, Chicago.

위 20세기로 전환되던 그때, 미국 시카고의 도축 업체이자 육류 포장 업체인 아모르앤 컴퍼니에서 만든 제품이 전 세계로 나갔다. 쇠고기 육즙 수프를 선전하는 이 광고는 1899년의 것이다.

아래 버터 비스킷의 일종인 라이프니츠−케르스는 1891년 하노버 출신의 상인 헤르만 발전이 여행자들을 겨냥해 최초로 만들었다. 성공의 원인은, 비스킷이 오랫동안 신선하게 유지될 것이라고 보장해 주는 멋진 현대식 포장이었다. 비스킷 이름은 당시 하노버의 유명한 시민인, 철학자이자 수학자인 고트프라이트 빌헬름 라이프니츠(Gottfried Wilhelm Leibniz)의 이름을 땄고, 오늘날에도 초콜릿을 입힌 다른 형태를 포함해 시중에서 구할 수 있다.

오른편 애초에 존스턴의 플루이드 비프라고 불렸던 보브릴은 1889년 설립된 어느 회사 제품이었다. 20세기 초반 이 포스터가 등장했을 때, 그 제품은 멀리 남아프리카와 남미에서도 팔리고 있었다.

DER BUTTER KEKS
BAHLSEN
LEIBNIZ
HANNOVER
LEIBNIZ-KEKS
ENTHÄLT NUR FEINSTE MOLKEREIBUTTER
TET

가속화시켰고, 케이크와 패스트리에 새로운 향을 가미했다. 이 제품의 엄청난 수요로 뮌헨의 신규 자회사, 디아말트 주식회사Diamalt GmbH는 즉시 여러 곳의 회사와 제휴했다. 그보다 먼저 1891년에 빌레펠트의 화학자 아우구스트 외트커 박사August Oetker는 베이킹 파우더 '바킨Backin'을 작은 봉지에 넣어서 전문 외트커 스쿨의 사용자들에게 시범으로 써 보도록 하고 직접 쓴 1,850만권의 요리책을 통해 광고했다. 베이킹 파우더가 나옴으로써 케이크를 구울 때 더 이상 이스트를 사용할 필요가 없었으며, 도시 가정에 적합한 작은 화덕으로도 빵을 구울 수 있게 되었다. 이로써 외트커는 현대적·다각화 기업인 외트커의 초석을 다졌다.

축산업이 더욱 활발해지면서부터는 우유 생산이 늘어났고, 그에 따라 독일에서 버터와 치즈 소비가 자연히 증가했다. 수치상으로 1816년 1인당 6킬로그램에서 1910년 11,6킬로그램으로 늘었다. 드리핑dripping(고기 구울 때 나오는 육즙)과 쇠고기 기름은 여전히 요리할 때 많이 쓰였지만, 기름 생산보다 인구가 더 빠르게 증가하면서 식용 기름의 가격이 급격히 올랐다. 따라서, 식품 산업에서 좀더 값싼 대용품을 찾아보는 일이 시급해졌다. 1860년대에 프랑스에서는 나폴레옹 3세의 후원 하에 버터 대용품 개발 경연 대회에서 화학자 무리에Hippolyte Mége−Mouriés가 많은 실험을 거쳐 쇠고기 기름과 우유로 만든 물질을 선보였는데 그는 이것을 '마가린'이라고 불렀다. 1869년 무리에는 이 마가린으로 특허를 받았지만 프랑코−프러시아 전쟁이 터지는 바람에 더이상 활용할 수가 없게 되었다. 그는 플랑드르의 버터 무역상 유르겐스Anton Paul Jurgens와 베르그Simon van den Bergh에게 특허를 팔았다. 이에 특허를 사들인 유르겐스와 베르그는 벨기에 브라반트에 1871~1873년에 세계 최초의 마가린 공장을 세웠는데 불과 1년 후, 독일에서도 최초의 마가린 공장이 문을 열었고, 1885년에는 46개로 늘어났다. 마가린 생산은 경화 기름hardening oil의 제조와 처리라는 새로운 발명을 이끈 중요한 발전이었다. 이로써 코프라copra, 참깨, 야자 열매, 낙화생groundnut, 대두 같은 식물을 활용할 수 있게 되었다. 버터 소비는 1897년 20만 톤에서 1913년 47만 톤으로 늘어났지만, 같은 기간 마가린 소비는 9만 톤에서 무려 20만 톤으로 증가했다. 독일은 전 세계 마가린의 약 3분의 1을 소비했다. 따라서, 대량 소비로의 큰 변화는 이미 제1차 세계 대전 이전에 일어났다. 그러나 이 '인공 버터'의 성공은 아무래도 맛보다는 싼 가격과 막대한 광고의 영향이 더욱 컸던 것 같다.

일부 통조림 채소(완두콩, 강낭콩, 아스파라거스, 작은 오이, 버섯), 통조림 복숭아와 파인애플, 초절임 과일과 럼주에 절인 과일은 상대적으로 가격이 비쌌기 때문에 기계화로 실용적인 대량 생산이 이루어지기 전까지는 아주 소량만 구할 수 있었다. 이 중에 가장 큰 성공을 거둔 식품은 잼이었다. 상대적으로 유리한 세금 제도와 국제 설탕 협정 덕분에 사탕 무의 가격은 급격히 떨어졌고 그에 따라 설탕 생산은 증가했다. 그동안 집에서 흔히 만들었던, 다소 시큼한 전통 잼의 형태인 으깬 자두 외에 1845년 뤼벡에 설립된 독일 최초의 잼 공장에서 빵에 발라 먹는 달고 맛있는 새로운 스프레드가 나왔다. 1899년 함부르크에 설립된 과일·채소 거래소는 신선한 원재료에 대한 수요가 얼마나 빠르게 증가했는지 보여 주는 하나의 증거이다. 버섯

의 상업적 생산은 1880년경에 처음 시작되었다. 특히, 사과는 적은 양으로 스칸디나비아로 수출되었으며, 1900년 무렵부터는 다양한 절임 과일 뿐 아니라 신선한 바나나와 오렌지도 함부르크에서 경매로 팔려 때로는 냉동 트럭에 실려 중앙 유럽의 모든 대도시로 수송되었다.

사슴구이, 사냥고기, 라구, 프리카세 등 다른 식품들과 비교해 상대적으로 비싸고 호사스런 육류 종류도 산업 가공 식품으로 만들었다. 미국에서는 콘비프corned beef, 콘포크, 삶은 돼지고기 통조림이 대중들에게 쉽게 인기를 끌 정도로 싼 값에 나왔다. 그러나 1900년 7월 3일에 통과된, 독일 육류 검역법 하에 독일 식품 분석관이 면밀히 조사한 결과, 위생적인 이유를 들어 시카고산 육류 통조림의 수입이 금지되었다. 1860년대에 시작된 독일 육류 가공 산업 종사자들은 가내 도살업자들과 달리 육류를 자르기 위해 절단 기계, 잘게 써는 기계, 베이컨 슬라이서 같은 기계를 사용했다. 이들은 값싼 미국의 통조림 식품을 따라하지 않고, 오히려 통조림 소시지로써 맨 처음 성공을 거두었다. 1895년 할베르슈타트 출신의 육류 도살의 대가, 프리드리히 하이네는 소위 '삶은 소시지' 일부를 밀봉 깡통에 넣어 포장했다. 그리고 1900년까지 그 제품을 하루에 1,500개씩이나 팔았다. 머지않아 다른 육가공업자들도 이런 종류의 패스트 푸드를 생산하기 시작했고, 특히 '프랑크푸르터Frankfurther'는 전세계 시장을 정복하면서, 미국에서 '핫도그'로 유명해졌다. 새로운 산업 기술을 수용했던 육류업자와 농민들은 얼마 안 가 최고급 육류 제품에서 곧 개발되리라고 기대했던, 육류의 풍미를 더해 줄, 단맛이 도는 피클도 밀봉 용기에 넣어 제품화할 수 있음을 알게 되었다. 프러시아 군사령관들은 이런 혁신적인 제품들을 알아보고, 그들 자체 통조림 공장 두 곳을 세웠다. 그 공장은 1870년부터 육류뿐 아니라 채소와 콩류를 가공했고, 프러시아 군대는 비상 휴대 식량으로 소시지 형태로 만든 수용성 완두 수프 정제, 에르프스부르스트Erbswurst를 공급받았다.

생선 가공 산업은 유럽의 여러 국가에서 그렇게 빠르지도, 다양하지도 않게 발전했지만 그럼에도 분명 급격한 발전은 발전이었다. 수세기 동안, 내륙에 사는 사람들은 겨우 말리거나 훈연한 생선을 맛보거나 가끔 염장한 바다 생선을 맛보는 정도였다. 그러나 1880년대 이후 저인망과 선내 가공 시설을 갖춘 영국의 트롤어 선이 발명되고, 때맞춰 중앙 집중식 생선 경매가 이루어지고, 냉동 저장 화차貨車로 신속한 철도 수송이 가능해짐에 따라 도시에서도 손쉽게 바다 생선을 먹을 수 있게 되었다. 때문에 발틱 해안에는 전통의 훈연 업체들 외에, 소규모의 다양한 생선 가공 시설이 생겨났다. 그러나 이런 시설을 차렸다고 모든 문제가 해결된 것은 아니고 아직도 극복해야 할 몇 가지 장애물이 있었다. 그것은 가열 살균 실험을 해 보니, 여러 종류의 생선들이 열로 인해 경도硬度와 맛이 떨어진 것이다. 그리고 기타 통조림 생선은 예전보다 저장 기간이 그리 오래가지 못해서 '반半보존 식품'으로 소비를 해야 될 판이었다. 새로운 스페인 식 살균 처리를 한, 기름기 많은 정어리가 수입되었는데 이것이 최초의 대량 시판 식품이 되었다. 이런 '완전 가공 식품' 때문에 비로소 생선 가공 산업은 어획량이라는 계절적 특성에서 해방될 수 있었다. 이리하여 생선 가공 공장들은 정어리처럼 통조림으로 만들기에 알맞은, 잔 청어 스프래트sprat를 가공하기

고기 자르는 기계가 발명되자, 미국발 통조림 '콘비프'의 물결이 유럽에 몰려왔다. 그러나 독일인들은 여기 사진 속의 공장 같은 곳에서 만든 자국의 '삶은 소시지' 혹은 프랑크푸르터 통조림을 더 선호했다. 이 사진은 1920년대에 찍은 것이다. 공기를 충전한 통조림에 넣어서 팔린 이런 소시지는 미국에 가서, 그 유명한 '핫도그'의 선조가 되었다.

시작했다. 그러나 대량 생산을 하기에는 잔 청어의 어획량이 너무 적고 불규칙했다. 이런 이유로 결국 독일 최초의 독일 생선 가공업이라는 상표를 탄생시킨 주인공은 훈연 구이 청어가 되었다. 당시 이 산업은 뤼벡 근처 쉴루투프Schlutup 어촌에 집중되다가 훗날 함부르크 옆의 알토나Altona로 옮겨갔다.

1900년까지 독일에는 약 450개의 생선 가공 시설이 들어섰는데, 1914년에는 650개로 늘어났다. 유럽 주변국들과 비교하면 독일은 아직도 연간 1인당 생선 소비량이 상대적으로 적었다. 그러나 이후에 식품 전문가들의 권장에 힘입어 바다 생선을 날로, 훈연으로, 절임으로, 통조림으로 먹는 평균량이 1850년 2.7킬로그램, 1975년 10.9킬로그램, 좀더 최근인 2001년에 15.3킬로그램으로 상당히 늘어났다. 여러 요리책에서 증명되었듯이, 청어는 항상 사람들에게 가장 사랑받는 생선으로서 여러 가지 형태로 이용되었다.

음료에 관해서라면, 앞에서도 언급했듯이 19세기 말 소규모로 지역적으로 생산되던 술과 가내 양조를 제치고 탄생한 거대 양조업체를 금방 떠올릴 것이다. 그런데 잘 살펴보면 양조업이 이렇게 전개될 수 있었던 결정적인 요인은 다음과 같이 셀 수 없이 많았다. 첫째, 현미경의 도움으로 발효 과정을 과학적으로 연구할 수 있었고 둘째, 양조 기술이 발전했으며 셋째, 새로운 맥아 제조 과정이 발견되었고 넷째, 증기 기관이라는 새로운 동력의 사용이 시작되었다. 그리고 다섯째, 새로운 맥주병을 세척하고 채우는 자동화 시스템이 가동되었고 여섯째, 병마개가 새로 나왔으며 일곱째로는 냉각과 운송 시설이 개선되었고 여덟째, 1873년 신 자유 무역 규정이 출범되었다. 1873년에 시작된 신 자유 무역 규정은 중세 이후 특정 가문에게만 양조 특권을

새로운 트롤 어선의 등장, 배 위와 어류 경매장에서의 합리적인 가공 처리로 새롭게 태어난 생선 보관업은 내륙 도시의 해산물 판매를 촉진시켰다. 1900년까지 독일 생선 공장들은 도시 시장에 내다 팔. 인기가 높은 건조 청어나 훈연 청어를 주로 가공하고 있었다. 이보다 고급스런 잔 청어 통조림이나. 연어와 철갑상어 같은 비싼 생선은 소비자나 딜리로 직접 우편을 이용해 수송을 했다. 따라서, 이런 특수 포스터가 필요하게 되었다. 이 포스터는 1930년대의 것이다.

주던 관행을 종식시켰다. 마지막으로 가장 중요한 요인은 바로 전반적으로 바이에른식 하면 발효bottom fermented(효모의 성질에 따른 구분인데, 발효가 끝나면 효모가 바닥에 가라앉는 성질 때문에 이렇게 부른다. 5~12도의 저온에서 발효, 숙성시키므로 알코올 도수가 낮고 부드러운 맥주가 나온다. 독일, 일본, 우리나라 등에서 주로 쓴다.—역주) 양조 방식을 채택한 것이다. 점점 더 많은 자본 투자가 이루어져야 했기 때문에, 1871년 이후 소규모 양조장의 수는 급격히 줄어들었으며, 맥주 생산은 주로 슐타이스(베를린), 도르트문데르 유니온, 뢰벤브라우와 스파르텐(뮌헨), 벡(브레멘) 등 주식 합명 회사였던 거대 양조업체에의해 이루어졌다. 1913년 주류 업계를 주도하던 슐타이스는 양조장 11곳, 맥아 공장 4곳, 유통 센터 135곳을 운영했으니, 당시로선 아마도 전 세계에서 가장 큰 양조 업체였던 것 같다. 이런 거대 기업들 덕분에 독일은 선도적인 맥주 수출국으로 부상했다. 가정 내 평균 맥주 소비는 1875년 1인당 6.8리터에서 1900년 117리터로 증가했다가, 1932년 51.3리터로 잠시 줄었다가 1938년 70.1리터로 다시 증가했다. 이후 1946년 28.8리터로 최하점을 기록했다가 1976년 150.8리터로 급격히 상승했다. 그러나 과거에 그랬듯이, 오늘날에도 지역마다 큰 차이가 있다는 것을 이런 통계치는 보여 주지 못한다. 그런 차이는 각양각색의 맥주가 지닌 서로 다른 맛과 관련이 있을 것이다.

독일 국민은 맥주 마니아이면서 동시에 커피 애호가들이다. 1979년 독일 연방에서 1인당 소비하는 평균 663리터의 액체 중에서 187.8리터가 순수 커피로서 맥주의 기세를 누르기에 충분했다. '이교도, 투르크 음료' 커피에 대한 소문은 일찍이 16세기에 베네치아 상인들을 통해 유럽에 퍼졌고, 17세기 말 프랑스와 영국처럼 중앙 유럽에서도 비엔나, 함부르크, 라이프치히에 최초의 커피 하우스가 문을 열었다. 한편 '커피 모임'은 왕실과 상류 귀족 가문에서 시작해 점차 부유한 도시 부르주아지들에게로 유행처럼 번져 나갔다. 커피가 독일로 건너오기 이전에, 독일은 자체 식민지가 없었으므로 사치품으로서 커피콩을 수입해야만 했다. 그래서 중앙 유럽의 서민들, 특히 독일의 서민들은 이미 앞에서도 언급했듯이 커피 대용품을 만들어 먹어야 했는데, 그 중에서 치커리를 주로 이용했다(치커리 뿌리 분말이 커피 대용품이다.—역주). 이런 대용품 생산은 1806년 나폴레옹 콘티넨털 시스템(18세기 말부터 시작된 영·프 통상 전쟁이 나폴레옹 1세 때 최고조에 달해 양국이 해상과 대륙을 통한 교역을 봉쇄했고, 결국 유럽 주요국이 강력한 보호 무역 아래 자본주의 기반을 길렀던 체제이다.—역주) 이 강행한 봉쇄 명령 이후에 더욱 급증했고, 말츠카페Malzkaffe(보리 맥아로 만든 커피 대용품)를 제조하는 거대 기업의 수가 늘어나면서 커피 대용품의 소비가 늘어났다. 이 기업들은 커피와 같아지도록 맛을 향상시키고 보다 내추럴한 라이프 스타일을 추구한다는 명분을 내세워, 건강에 좋은 무카페인 순수 커피의 수요가 증가하는 추세에 맞섰다. 20세기 초까지도 순수 커피pure coffee는 값이 너무 비쌌기 때문에 사치품에 속했고, 제2차 세계 대전 이후에야 비로소 커피는 사람들의 일상적인 음료가 되었다. 초반에는 함부르크와 브레멘에 전문 커피 회사가 있었고 1887년에 함부르크 커피 거래소가 선물 시장을 세웠지만, 주로 브라질과 과테말라에서 수입하는 커피의 원두 대부분은 로스팅 후에 다시 수출되었다.

커피와 마찬가지로 코코아도 맨 처음에는 사치품으로서 오랫동안 평범한 소비자의 일상 식단에 끼지는 못했다. 독일 국민은 1644년 스페인 사람 안토니오 콜레네로 데 레데스마antonio colmenero de Ledesma의 번역본을 통해서 처음으로 코코아 이야기를 들었지만, 당시 코코아는 의학적 목적으로만 쓰였다. 17세기 말과 18세기에 궁정 사회에서 뜨거운 액체 '초콜릿'을 충분히 실험해 보았고, 설탕 제빵사들이 초콜릿 케이크를 만들기 시작했다. 1756년 독일 최초의 초콜릿 공장이 베스트팔렌의 리페Lippe에서 문을 열었다. 그러나 인근 프러시아와 헤센 주에서 코코아 수입은 여전히 커피나 차와 같이 세금이 많이 매겨지는 대상이거나 아예 수입이 전면 금지되는 품목이었다. 하지만 당시에 캐드베리Cadbury 같은 영국 회사처럼 여러 개척자들이 코코아 가루를 포도주, 맥주, 설탕물과 혼합하기 시작했고, 네덜란드 식물학자 C. J. 판 하우텐C.J. van Houten은 코코아 버터를 추출하여 개별적으로 활용했다. 그러나 이후 코코아에 부과됐던 높은 관세가 폐지되어 가격이 하락했고, 때마침 증기 기계가 등장하면서 결국 1830년대에 들어서자 초콜릿이 최초로 산업 생산을 시작하게 되었다.

1863년 스위스 육류 가공업체의 아들 다니엘 피터Daniel Peter와 스위스 최초의 초콜릿 공장 창립자인 프랑수아 루이 카이에François-Louis Cailler의 딸이 결혼했다. 그 후, 다니엘은 브베Vevey에 사는 이웃 사촌, 화학자 앙리 네슬레Henri Nestlé가 걸쭉한 우유와 밀가루로 낯선 아동용 과자를 만드는 것을 우연히 보게 되었다. 그때,

제1차 세계 대전 시기까지 독일의 거대 양조업체들은 어마어마한 국내 시장에도 맥주를 공급하면서 정기적으로 해외로 맥주를 수출하고 있었다. 1904년에 나온 이 아르누보 포스터는 이탈리아의 판매업자가 독일산 맥주를 광고하는 것이다.

네슬레가 만든 이 우유 제품과 초콜릿 가루를 섞어보자는 생각이 떠올랐고, 그 결과 그동안 다른 사람들이 일반 우유에 초콜릿 가루를 섞어 만든 음료들에게서 나타났던 여러 문제점들을 말끔히 해결하면서 마침내 1875년 음료용 밀크 초콜릿을 탄생시켰다. 이후 1880년대에는 마시는 초콜릿도 따라 나왔다. 1899년 보어 전쟁Boer War중에 영국군은 마시는 초콜릿을 군대 식량에 포함시켰고, 이제 초콜릿은 일부 부자들의 특별한 간식에서 일반인들의 일상식으로 완전히 변했다. 그 성공의 기반은 전 세계적으로 성공을 거둔 스위스 초콜릿 기업들(토블러, 린트, 카이에, 콜러, 피터)이었고, 이 중 대부분은 나중에 네슬레의 산하 기업들이 되었다. 아이들이 먹을 수 있는 수용성 코코아 가루를 맨 처음 출시했던 판 하우텐 기업은 네슬레와 아주 비슷하게 가족 잡지에 막대한 광고를 내 보내면서 이 달콤한 코코아 가루를 대중화시켰다. 이런 혁신적인 식품으로 이익을 올린 사람들 중에 프란츠 슈톨베르크Franz Stollwerck가 있었다. 그는 쾰른에서 목캔디, 초콜릿, 마르지판을 생산하던 기업가로서 1871년 철도역에 자동 판매기를 설치하는 아이디어를 개발했다. 이리하여 여행객들은 동전을 넣고 포장된 작은 초콜릿 바와 작은 사탕 봉지를 살 수 있었으니, 이는 최초의 셀프 서비스 형태였다. 제과 업계가 발달하면서, 계속 늘어나는 과자류는 두 가지의 주요 방향으로 흘러갔다. 먼저 어디에나 있는 간이 매점과 기타 스낵바에서 구매할 수 있는 값싼 대중 시장 제품들, 그리고 호사스런 포장으로 도심의 델리에서나 살 수 있는 보다 값비싼 미식 제품들로 구색을 맞춰나갔다.

* * *

중세 말기와 산업 시대 사이에도 끓이기, 튀기기, 굽기, 건조하기 등의 전통적인

위 20세기까지도 특히 시골의 하층 계급
가정에서는 가장, 아내, 자녀들, 하인들이 함께
식탁에 앉아 평범한 접시나 냄비에 담긴 식사를
하는 전통적인 양식을 유지했다. 반면 부유한 도시
중산층 가정에서는 일찍부터 계급 간의 사회적
분리가 이미 자리를 잡았다. 따라서 하인들은
아래층에서 식사를 했고, 종은 두 집단의 의사 소통
수단이 되었다. 1840년 무렵의 이 판화는 서로
다른 사회 계급의 식사 패턴을 비교하고 있다.

조리 방식은 거의 변화가 없었고, 조리 도구도 마찬가지였다. 수세기 동안 개방식 난로는 식사 준비용과 난방·조명용으로서 일반 가정 생활의 중심이었다. 성, 장원 저택, 수도원, 후대의 궁정에만 연기 배출용 벽돌 구조가 딸린 대규모 단독 부엌이 있었을 뿐인데 그런 곳에는 음식을 공급해야 할 사람들이 너무 많았기 때문이었다. 도시의 상류층 저택에는 르네상스 시절 이탈리아 거대 무역 도시들을 본받아 주인 가족과 하인들의 공간이 따로 나뉘어졌으며, 귀족층의 시골 저택에서도 이런 형태를 취했다. 나중에 2층짜리 도시 주택이 등장하면서 위로는 거실 난로와 연결되고 아래로는 부엌의 조리용 화덕과 연결되는 굴뚝을 지었다. 이제 사람들은 조리와 난방을 동시에 할 수 있는 아늑한 공간을 갖게 되었으며, 부엌은 음식을 준비하고 식구들이 밥을 먹을 때에만 이용하는 독립 공간이 되었다. 상류 중산층 가정에서 나타난 이런 부엌의 분리는 17세기 말과 19세기 초 사이에 발생한 현상이었다. 하지만 대부분의 하층 계급 가정, 특히 시골에서는 20세기 초반까지도 불편한 옛날식 거실이 그대로 유지되었고, 식구들이 정해진 자리에 앉아 똑같은 그릇에 밥을 담아 먹는 전통적인 시골의 식탁 차림도 여전했다. 도시화로 여러 도시에 대규모 주택 단지가 건설된 이후에야 하급 중산층과 노동자 계급 가정에도 단독 부엌이 생겼으며, 그나마도 부엌 겸 거실로서 주로 사용하였다.

음식을 만드는 단독 공간으로 주방이 등장하면서 요리와 관련된 산업의 기술 발전에 가속도가 붙었다. 나무가 아닌 석탄을 때는, 주물과 황동으로 만든 화덕은 조리와 온수를 겸하는 독창적인 구조였다. 영국과 미국의 발명품에 기초한 이 '절약용 화로'는 수세기 동안 이어온 조리 방식에 일대 혁명을 일으켰는데, 가히 당대를 대표하는 증기 기관의 발명에 버금가는 일이라 할 만 했다. 1880~1930년 사이에 점차 주방을 점령한 가스 스토브는 장기적으로 볼 때 석탄을 태우는 화로보다 세 가지 면에서 더 유리했다. 더 빠르고, 재를 남기지 않았으며, 정확한 온도 조절이 가능해서 상

당한 에너지 절약이 가능했다. 사실 처음에 전문가들은 가스가 음식 맛을 망치진 않을까 걱정하는 주부들의 두려움을 없애 줘야만 했다. 그 후에 가열 기관을 동그란 원 하나로 축소시킨 전기 쿠커는 석탄 화로와 가스 스토브에서 이어진 필연적인 결과물로서 1930년대와 그 이후로 일상적인 조리 기구로 자리 잡았다. 상층 오븐, 메인 오븐, 팬 오븐, 적외선 그릴이 분리되어 나오면서 전기 쿠커는 더욱더 진화했고, 가장 최근의 발명품으로, 세란 글라스 상판의 핫플레이트까지 나왔다.

전기 쿠커는 주방 전기화의 한 가지 면에 불과했다. 일찍이 1900년에 스위스는 '칼도르Caldor' 전기 온수기를 만들고 있었고, 1910년 슈투트가르트의 뷔르템베르크 메탈바렌파브리크Württembergische Metallwarenfabrik 회사도 이와 유사한 기계를 제작했다. 제1차 세계 대전 이후 독신 남성들은 1구 핫플레이트, 전기 프라이팬, 불투명 전선immersion coils에 열광한 반면, 주부들은 압력 쿠커(1980년대 주름 잡았던 전자레인지의 전신), 전기 주전자, 전기 보온병, 토스터기에 마음을 빼앗겼다. 제2차 세계 대전이 끝나고 1950년대 중반 경기가 회복되면서 혼합, 커피 제조, 통조림 열기, 빵 자르기, 구이에 필요한 더 많은 전기 기구들이 나왔고 이는 주방 활동을 훨씬 더 수월하게 해 주었다.

석탄을 대신한 가스와 전기 스토브에는 적절한 조리 기구가 필요했는데, 이에 따라 맨 처음 금속 업계에서 바닥이 납작한 다양한 크기의 무쇠 냄비와 방열 세라믹 도기 용품을 공급했다. 그러나 가장 인기를 모은 모델은 무쇠와 유리의 장점을 결합한 법랑 냄비였다. 그것은 내산성이면서 잘 씻기고 사실상 잘 깨지지도 않았다. 1900년 무렵 식당용 카탈로그, 광고지, 설명서를 보면 무겁고, 그을음이 잘생기는 동판 무쇠 냄비는 좀더 얇고 위생적인 양철판 그릇으로 바뀌었고, 그 후 1920년대 중반부터는 훨씬 더 가볍고 다루기 쉬운 알루미늄 그릇으로 바뀌었다. 녹슬지 않는 이 새로운 금속은 특히 컵과 접시, 절연 용기, 비틀어 여는 마개가 있는 병에 적합했다. 이런 새로운 주방 기구들 덕분에 사람들은 더운 음식과 음료를 도시락으로 만들어 집에서 직장으로 가져갈 수도 있었다. 주방 기구 업계는 다양한 조리 형태에 맞게 참으로 다양한 새로운 냄비, 주전자, 손잡이 달린 냄비뿐 아니라 케이크용 틀과 육류 소시지,

빵, 채소, 과일용 칼, 음식을 푸고 젓고 맛보는 여러 가지 국자와 스푼, 전기 분해를 이용해 녹슬지 않는 니켈 도금의 식탁용 칼붙이를 개발했다. 1900년이 되자 평범한 중산층 주방에서 사용하는 기구들은 1800년과 1850년 사이에 쓰던 것들에 비한다면 엄청난 진보를 보였다.

산업화와 도시화로인해 노동자의 임금은 많이 향상되었고 이런 임금 상승에 매료된 여성들이 점점 집 밖에서 일을 하기 시작했다. 이로써 집안일을 하는 하인들이 부족한 상황이 벌어지면서 합리적인 가사 노동이 필요해졌다. 가사 관행의 개선은 더 이상 피할 수 없는 현실이 된 것이다. 미국에서는 프리데릭 윈슬로우 테일러Frederick Winslow Taylor가 창안한 과학적 관리 개념이 주방에서 일어나는 작업 과정에 적용되었다. 가사 노동에 필요한 과정을 단순화시키고 시간을 줄이기 위한 과정에서, 선박의 조리실과 미국 철도 식당 열차는 주방 가구와 설비의 재설계를 이끄는 좋은 모델이었다. 그 아이디어는 작업 도구와 작업 현장을 체계적으로 결합하는 것이었다. 여성 잡지와 가사 관리 고문들은 다들 이 '효율적인 새로운 가사' 모델에 칭찬을 아끼지 않았다.

직접 사용가능한 최초의 전기 쿠커는 가스 스토브 이후 중대한 기술적 발전으로서 미국에서 처음 나왔다. 이는 1893년 시카고 세계 박람회에서 첫 선을 보였다. 1920년대에 대량 생산 시스템은 자동차 공장의 조립 라인 모델을 활용하기 시작했다. 독일에서는 1930년대에 전기 쿠커가 가스 스토브를 대체하기 시작했으며, 1950년대에 들어서야 일반적인 주방 용품이 되었다.

어떤 용량도 들어가도록 맞춘 최초의 맞춤 주방. 프랑크푸르트 키친은 프랑크푸르트 시 건설부에서 지은 약 1만 개의 아파트에 설치되었다. 1926~1927년에 그레테 리호츠키가 설계한 이 주방 설비는 사전에 제작된 조립식으로 최대 용량에 맞췄다. 이 그림은 크리스틴 프리드리히의 『새로운 살림: 가사 관리의 효율성 연구』라는 책에 나온 것이다. 주방은 세 가지 크기로 나왔지만, 모두 그 시절 아담하고 경제적인 선박의 조리실과 식당 열차의 주방을 모델로 삼았다.

적절한 일터로서 구성된 '뉴키친'은 얼마 안 가 전 세계에서 제작되었다. 독일에서 최초로 그 작업에 착수한 사람은 목수 프리드리히 포겐폴Friedrich Poggenpohl이었다. 그는 1892년 베스트팔렌의 헤르트포르트에 회사를 설립했는데, 당시 그곳은 이미 가구 산업 단지를 형성하고 있었다. 그의 주방 가구는 평평하게 고정된 위생적인 작업대 외에 저장, 설거지, 준비, 조리용 시설이 엄격히 분리되었다. 그는 옛날 부엌의 찬장을 두 단으로 나누고, 각각 벽 한쪽에 맞추어서 공간을 절약했다. 햇빛막이 창문 바로 밑에 널따란 주방 작업대를 놓아 환기를 좋게 했다. 오븐은 작업대와 같은 높이로 만들었다. 이전의 고급 주방은 미학적 기준에 맞춰 설계되었으나, 이제 주방의 모든 초점은 실용성에 맞춰졌다. 주부들은 이제 몸을 덜 굽히고, 덜 움직이게 되었기 때문에 식사 준비가 훨씬 수월해졌고 더 빨라졌다. 이제 더 이상 주방은 변변찮은 뒷방이 아니라, 집안의 다른 공간과 똑같이 주부에게 적절한 일터가 되었다. 제1차 세계 대전 후, 하얀색 페인트칠 위에 도료를 입힌 '맞춤형 주방'은 유럽 산업화 국가, 특히 도시 중산층 가정에서 크게 유행했다. 이런 움직임이 현대화로 나아가는 데 일조한 외부적인 추가 요인으로서 수도와 배수 연결, 가스와 전기 시스템, 쓰레기 수거 시스템의 도입을 들 수 있었다. 그러나 농촌 지역의 부엌에 이런 기술적 발전이 적용되기까지는 이후에도 오랜 시간이 더 걸렸다.

* * *

　19세기에 산업화를 거친 중앙 유럽의 전체 독일어권 국가들은 일단 명백한 지역적, 사회 계층적 차이를 고려하지 않는다면, 기본 식품 면에서는 다들 유사한 변화를 겪었다. 1850년부터 20세기 말까지 매년 1인당 돼지고기와 쇠고기의 소비는 꾸준히 증가했다. 반면 연하고 값비싼 송아지고기 수요는 변함이 없었고, 양고기와 염소고기의 수요는 상대적으로 하락했다. 장기적으로 볼 때 우유, 치즈, 버터, 달걀, 생선, 동물성 지방, 밀가루, 특히 신선한 과일과 채소는 평균적으로 점차 가격이 하락하여 대중들의 인기를 모았다. 감자와 빵의 주원료인 호밀 가루의 소비는 처음에는 상당히 증가했으나, 1900년경 감소하기 시작했다. 이 중에서도 가장 먼저 가장 빠르게 소비가 감소한 식품은 수세기 동안 주식으로 자리 잡았던 콩류였다. 반면 바나나, 오렌지 등 남반구의 열대성 과일과 가금류 소비는 급속도로 증가하여, 제2차 세계 대전 후 1인당 연간 소비 성장률은 사실상 19세기 설탕 소비 성장률을 앞섰다. 전반적으로 이런 현상은 19세기 중반부터 식단이 채소에서 동물성 영양분으로 상당히 바뀌었다는 뜻이며, 결과적으로 동물성 단백질과 지방을 더 많이 섭취함으로써 동시에 탄수화물 섭취가 줄어들었다는 것이다. 그저 허기를 채우고, 소화도 잘 안되고, 늘 반복해서 먹던 음식들은 이제 소화가 더 쉽고, 더 포만감을 안기고, 무엇보다 더 맛있고 더 다양한 음식으로 바뀌었다. 이제 기본 음식들은 단순히 배를 채우기 위해서가 아니라, 여러 감각에 쾌락을 주기 위해서 제공되었다.

　물론 가난한 사회 하층계급들은 불가피하게 여전히 하급 고기와 제일 싼 과일과 채소를 먹을 수밖에 없었다. 그들은 순전히 식품 가격 때문에 대용 식품을 이용해야만 했다. 즉, 설탕 대신 당밀 부산물을, 버터 대신 드리핑, 식용유나 마가린을 구매했으며 순수 커피 원두 대신에 쓰디쓴 치커리뿌리, 구운 곡물이나 맥아를 이용했다. 그러나 이런 대용 식품들조차 더 나은 품질의 식품으로 발전을 했으니, 그런 것들도 구식 음식 관습을 끝내고 현대의 영양학으로 향하는 문을 여는 데에는 확실히 도움이 되었다. 많은 혁신 식품들은 1880년대에 이미 확실하게 등장했으므로 우리 소비자 시대의 사회·경제적, 기술적, 정치적, 법적 뿌리는 바로 그 시대로 거슬러 올라갈 수 있겠다. 19세기 말부터 시작된 영양학의 양적·질적 혁명은 주요 지역과 사회 계층별 차이, 그리고 정치적 격변 때문에 오랫동안 뒤에 감춰져 있었다. 그런데 현대의 대량 소비주의로 이어졌던 식품 산업의 거대한 구조적 변화들은, 도시화와 산업화와 함께 일어난 수많은 현대화 과정의 원인이자 결과였다.

　주방에서 음식을 준비하는 과정에서, 또는 식탁에서 식사하는 모습에서 벌어진 여러가지 변화들은 여러 요리책들에 잘 정리되어 있다. 중세 말기부터 19세기까지의 이런 요리서들은 귀족층의 식사 에티켓만을 다루었다. 호사스럽게 요리한 음식들을 최대한 많이 보여 주는 것이 그 책의 최우선 과제였다. 도시 '부르주아 퀴진'의 맨 첫 번째 조짐은 1800년 무렵이 돼서야 눈에 띄기 시작했다. 그때에 '가스트로소피 gastrosophy(미식 철학)'이나 '식욕과 소화 과학science of the stomach'이 요리 관련 조

1889년 독일에서 여학생들과 젊은 여성을 대상으로 하는 가사 관리 수업이 자발적으로 시작되었으며, 1908년에는 초등학교 여학생들에게까지 확대되었다. 이 여성들 사진은 1900년 무렵에 찍은 것이다. 학교를 그만 두었거나, 특히나 노동자 계층의 여학생들을 위해서는 교회와 자선 단체에서 민간 요리 수업을 조직했다. 제1차 세계 대전 후 가사는 직업 학교에서도 인정하는 전공 과목으로 자리 잡았다.

언과 미각과 미식법의 발달을 논한 문학적 견해들을 결합시킨 요리책의 형태로 모습을 드러냈다. 흔히 '집사의 식사hausmammskost'로 알려진 수많은 레시피 모음집은 본래 궁정의 전문 요리사만을 대상으로 했으나, 점차 거기서 벗어나 중산층 주부와 딸들에게 필요한 가사 관련 조언을 제공하기 시작했다. 그리고 축제 행사에 필요한 레시피도 따로 있었으나, 이제 저자들은 새로운 '부르주아 퀴진'에 좀더 관심을 가짐으로써 다양하고 맛있는 식사를 합리적, 경제적으로 준비하는 내용이 주요 골자가 되었다. 반면, 프랑스의 오트 퀴진은 1871년 독일이 통일될 때까지 여전히 귀족 가문과 레스토랑을 지배했다. 소수의 상류 귀족층을 위한 일종의 호사스런 구경거리이자 미식가의 정찬으로 우뚝 서 있던 식사도 이제 소박하고 영양이 풍부한 지역별 음식, 맛을 가장 중시하면서 전통식으로 만드는 음식으로 구성된 식사로 편입되었다.

이런 중산층 요리의 엄청난 인기를 반영하는 것이 바로 『소박하고 맛있는 요리에 필요한 실용 요리서 Praktisches Kochbuch für die gewöhnliche und feinere Küche』의 성공이었다. 베스트팔렌 교구 목사의 딸이었던 헨리에테 다비디스Henriette Davidis가 쓴 책으로, 1845년 초판 발행 이후 19세기 말까지 수없이 재판을 거듭했고 이후 세대들을 거쳐 오늘날까지 여전히 이름을 날렸다. 1858년 그라츠Graz에서 발행된 카타리나 프라토Katharina Prato의 『독일 남부 요리 Süddeutsche Küche』도 부르주아 퀴진을 다룬 고전서로 70판 이상을 찍었다. 특히, 저자 카타리나 프라토가 오스트리아 귀족 출신이면서도 단 한번도 '오스트리아 요리'나 '독일 요리'라는 말을 사용하지 않은 채 다른 책들처럼 지역 요리를 상세하게 기술했다는 점이 매우 흥미롭다. 19세기 말 시골 가정에 필요한 특별한 지역 요리책들이 나왔는데, 이런 형태의 요리 문학이 독일, 오스트리아, 스위스—독일의 모든 미식 문화를 정확히 반영한다고 말할 수 있다. 최고의 레스토랑들은 평판을 생각해 항상 프랑스 요리를 메뉴에 넣고 싶어 했지만, 실제로는 대부분 지방색이 강한 부르주아 퀴진을 주 메뉴로 삼았다.

지역 요리를 즐기려는 이런 트렌드는 점점 혼란스러워진 세상에서 하나의 지향점을 필요로 하는 욕구와 부분적으로 맞물렸다. 그런 세상 속에서 국가주의, 세계주의뿐 아니라 지리적, 사회적 이동성이 사람들로 하여금 그들만의 정체성을 찾아가도록 만들었다. 먹고 마시는 것은 그와 같은 지역적 정체성을 표출하는 이상적인 수단이었다. 19세기에 5만 명이 넘는 독일인들이 경제적인 이유로 미국으로 이민을 떠났지만 오랫동안 자신들의 문화적 정체성을 이루었던 모국의 레시피를 함께 가져간 일은 결코 우연이 아니었다. 여러 세대를 지나면서 그들은 모국의 언어는 잃어 버렸을지라도 오랜 요리 메뉴는 놀랄 만큼 오랫동안 그 생명력을 유지했다. 이와 똑같은 현상을 과거 독일로 이주했던 오늘날 터키 가정에서도 찾아볼 수 있다.

＊ ＊ ＊

20세기 후반 50년 동안에도 식습관은 계속 변했다. 물론 1세기 전 산업 혁명의 정점에서 벌어지던 변화만큼 급격하지는 않았지만 말이다. 이 중 가장 중대한 기술적 진보는 바로 냉장·냉동 음식이 일상 생활로 편입되었다는 사실이었다. 사실 이런 혁신은 과거 오랜 전사前史가 있었다. 음료, 고기, 과일을 차갑게 하려고 얼음을 사용한 것은 고전 시대 이후로 유럽에서 음식을 보존하는 익숙한 방법이었다. 얼음으로 차갑게 만든 과일즙과 먹는 얼음도 17세기 말 이후로 알려졌는데, 그런 용도가 아니면 얼음은 별로 중요한 역할을 하지 못했다. 장기간의 뜨거운 여름에 비싼 고기가 썩는 것을 방지하기 위해 영국령 북미 식민지에 '아이스 하우스'를 건설했을 때가 18세기였다. 플랜테이션 농장주들은 이런 냉장 시스템에 막대한 자금을 투자할 준비를 갖추었고, 이리하여 '내추럴 아이스'라는 새로운 산업이 발생하여, 얼음 가위로 반듯하게 자른 얼음덩어리를 멀리 중미와 남미의 들판까지 운송했다. 미국의 유제품과 육류 공장들은 철도와 육로로 이동하는 '아이스 열차'를 만들기 위해 이 기술을 이용한 반면, 유럽에서 영국의 청어잡이 배들은 그 기술을 이용해 신선한 생선을 내륙이나 런던의 어시장 빌링즈게이트로 보냄으로써 더 큰 이득을 얻었다. 현대 독일의 심해 어업이 1885년 북해 해안에서 시작되었을 때는, 여러 항구에 '얼음 공장'이 막 생기던 시기였다. 당시에는 어류 경매에서 갓 나온 생선을 곧바로 도시 시장으로 운반하던 특수 '생선 냉각' 기차가 있었다. 제1차 세계 대전 후, 베를린만 해도 200개의 얼음 공장에서 400개의 냉각 기차를 운영하면서 유제품 공장, 도축장, 양조장, 식당, 정육점, 심지어 간이 매점들에 인기 최고의 얼음 덩어리를 공급했다.

독일의 거대 영지에도 '얼음 저장고'나 '얼음 구덩이'가 있었는데 그 역사는 영국과 미국만큼 오래되었으며, 주로 사냥한 고기를 보관하는 데 이용했다. 1860년과 1870년 사이에 도시의 민간 가정에서는 '휴대용 얼음 저장고'에 관심을 보이기 시작했다. 이때가 바로 지역에서 나는 식품만으로는 만족하지 못하고 식료품 가게에서 많은 것들을 사기 시작했던 무렵이었으니, 집 안에 쌓아놓을 식품이 많아졌다는 뜻이었다. 이와 동시에 사람들은 품질과 신선도를 더욱더 중요시하게 되었다. '아이스박스'와 '냉각 찬장'을 제작하려는 업계 최초의 시도는 녹아 버리는 얼음 때문에 악취가 나고 음식에서 곰팡이가 피는 바람에, 청소를 계속 해 줘야 하는 단점이 있었다. 때문에 옛날 식품 저장고를 대체하는 데 실패하고 말았다.

이에 필요한 기술적 돌파구의 마련은 인공 냉각의 발명으로 시작되었는데, 이 또한 오랜 전사前史가 있는 일이었다. 1859년 프랑스 엔지니어, 에드몽 카레Edmond Carré가 많은 실험을 거친 뒤, 얼음 기계를 만드는 데 성공했다. 그는 농축 암모니아를 냉각제로 사용했으며 1862년에 그가 만든 냉장고는 런던 세계 박람회에 전시되었다. 그러나 그 '냉동 장치'는 인공 얼음 1킬로그램을 만드는 데 두 시간이나 걸렸기 때문에, 여타 비슷한 냉각 기계를 선보였던 경우처럼 민간 소비자들의 관심을 끌지는 못했다. 그러나 전보다 조금 향상된 카레의 이 발명품은 특수 냉동선 건설에 이용되어 마침내 성공을 거두었다. 그리하여 1877년부터 냉동 육류 운송이 시작되어 아

아이스 하우스와 얼음 저장고는 산업 시대 이전에도 식품을 보존하는 데 쓰인 얼음을 저장하기 위해서 시골 영지 등에 존재했었다. 19세기 말 철도와 육상 도로를 이용한 특수 얼음 차는 얼어붙은 호수에서 나온 얼음을 당시 성장하고 있는 도시들로 운반했다. 도시에 양조업체, 도축업체, 생선 가게뿐 아니라 유제품 공장, 아이스 크림 가게, 식당들로 그것을 운반했다. 그러나 사람들은 1875년에 나온 이 그림 속의 냉장고와 아이스 하우스를 비롯해 인공 냉각 기계에 더 많은 관심을 갖고, 더 많은 실험을 했다.

1870년대 칼 폰 린데가 발명한 경제적인 얼음 기계는 궁극적으로 가정용 냉장고로 연결되었다. 가정용 냉장고는 미국에서 최초로 개발되었다. 미국산 '냉장고'는 1920년대에 유럽으로 수출되기 시작했지만, 제2차 세계 대전 후에야 비로소 본격적으로 판매되기 시작했다. 이것은 당시 미국의 깁슨 냉장고 회사를 위해 제작한 포스터이다.

르헨티나, 호주, 뉴질랜드와의 새로운 교역 루트를 열었다.

이후 더 엄청난 발전은 1870년대 뮌헨의 기계 공학 교수 카를 폰 린데Carl von Linde로부터 시작되었다. 그의 새로운 압축 원리 덕분에 얼음과 냉각 기계의 효율성이 더 높아졌고, 그리하여 그의 첫 번째 상업적 냉장 시스템은 1873년 특허를 받았다. 1896년까지 전 세계 1,659개 사업체에서 이 냉각 기계를 2,756개 사용했는데 대부분 양조장, 육류 공장, 선박과 유제품 공장이었으며 특히 미국, 독일, 영국, 오스트리아에서 많이 이용했다. 1914년이 되기 전, 도시의 델리, 아이스 크림 가게, 카페, 레스토랑들도 이 인공 냉각기를 사용하기 시작했지만 일반 가정에서는 아직 찾아볼 수 없었다. 그러나 일반 가정에 전기가 공급되고, 미국 자동차 산업에서 인수받은 대량 생산 기술 덕분에 맨 처음 고가의 제작비가 떨어지면서 일반 가정에서도 냉장고를 사용하게 되었다.

최초의 현대적 냉장고가 전부 미국에서 시작된 것은 그리 놀라운 일이 아니다. 1930년, 독일은 전체 가정의 불과 0.6퍼센트가 냉장고를 보유했으며, 당시 냉장고는 부를 상징하는 부의 최고봉으로 간주되었다. 1960년까지 그 수치는 3퍼센트까지 서서히 올라갔지만 이후 생산 기술의 향상과 더불어, 1969년 그 수치는 서독에서 86퍼센트까지 급상승했다. 이때, 서독에서 냉동 식품의 소비가 22,100톤에서 218,992톤으로 거의 10배 이상 급증한 일은 결코 우연이 아니다. 이와 동시에 슈퍼마켓과 그 안에 냉동 식품 코너가 등장했고 셀프 서비스와 즉석 요리 음식의 가정 배달도 시작되었다.

지금은 어디서나 볼 수 있는 전자레인지가 나오기 바로 직전이었다. 과거에는 쉽게 상했던 식품의 맛, 품질, 신선도를 비교적 오랫동안 보존하는 이런 냉장 유통 시스템의 확립은 인류 음식의 역사상 깡통 통조림 발명에 버금가는 전환점의 하나로 평가받아야 한다.

20세기 중반 이후로 인류 역사상 아주 오래된 기아와 식품 보관에 관한 문제들이 마침내 유럽에서 해결되었다고 말할 수 있다. 그리고 오늘날 우리 사회의 상대적 풍요와 더불어 미식 문화의 현대화가 지금까지와 전혀 다른 방향으로 변화했다. 식품 산업은 현재 식품을 씻고, 껍질을 깎고, 껍질을 벗겨내고, 씨를 꺼내고, 생선살을 발라내고, 혼합하고, 양념하고, 분쇄할 때 소요되는 불편한 작업을 예전보다 훨씬 더 많이 줄여나가고 있다. 심지어 주부들과 요리사들은 반드시 원재료를 구매하여 식사를 준비할 필요도 없다. 이런 새로운 편리 식품들은 고대부터 발달된 많은 과정과 갖가지 장비를 바탕으로 이룩한, '(주방) 합리화'에서 한 걸음 더 나간 형태이다.

요즘에는 최대한 특정 소비자, 건강 위험 집단 또는 급변하는 환경에 맞춰 정확히 맞춤 서비스 하는 식품과 식사를 점점 더 강조하는 추세이다. 19세기, 앙리 네슬레는 특별히 유아에게 맞춘 식품을 제조했고, 그 다음으로 환자들을 위한 식이요법 음식이 나왔다.

오늘날에는 노인, 임산부, 스포츠 선수를 위한 특별식 외에도 패스트 푸드와 슬로 푸드까지 특정 집단용 식품이 나온다. 또한, 이탈리아, 터키, 동양의 음식들이 점점 더 많이 시장에 나오고 있다. 기능주의functionalism로 향하는 이런 트렌드는 지난

1950년대 말 최초의 대형 슈퍼마켓이 유럽에 문을 열었다. 냉장 진열대와 냉동식품 공급은 쇼핑 습관과 미각, 두 가지 모두의 혁명이었다. 그래서 사람들은 매일 장을 보러 갈 필요가 없었으며, 그러면서도 여전히 품질 좋은 식품을 먹을 수 있었다.

수십 년간 계속 증가세에 있는데, 이는 비만과 기타 건강 관련 문제 뿐 아니라 최근의 이상적인 신체미로서 가녀린 체구를 선호하는 현대인의 선호도 때문에 음식 섭취를 줄이려는 노력과 관련이 깊다.

맛과 눈을 즐겁게 해 주는 음식의 외양에 대해서도 매우 높아진 기대치는 후기 산업사회 미식문화의 특징이다. 이를 가장 잘 드러내는 것이 바로 포장 디자인이다. 1900년 무렵, 대부분의 매장과 시장 가판대에서는 18세기와 변함없이 식품을 그냥 풀어헤쳐 놓고 팔거나 필요하다면 종이 가방이나 바구니에 넣어서 팔았다. 그러나 1960년대 초반 플라스틱이 등장하면서 거의 모든 제품이 최대한 매력적인 포장을 하게 된다. 온갖 종류의 포장 물질은 제조업체에서 시장까지 상품의 이동을 수월하게 하고, 동시에 셀프 서비스의 편리성을 높였다. 또한 신선도, 위생, 맛과 향을 유지하는 데도 크게 기여했다. 실험실에서 개발된 색과 향을 내는 조미료는 주로 소비자의 식욕(생물학적 배고픔과 혼동하지 말 것)을 자극하여 상품의 시장성을 높이기 위한 것이다.

1980년대부터는 유기농 식품을 강조하는 추세가 증가했다. 이는 식품 산업에서 더욱더 커져만 가는 기술적, 경제적 합리화에 대한 반발로 볼 수 있다. 건강과 라이프 스타일에 대한 개혁이 시작된 19세기 말부터 환경 운동Green movement의 목표는 모든 인공적, 화학적 첨가물로부터 식품을 지키고, 농업의 대안적 형태로써 자연 생산 방식을 장려하는 것이다.

유기농 식품을 선호하는 이런 트렌드는 과거 채식주의 운동과 상당히 비슷한 점이 많은데, 기타 새로운 영양학적 개념에는 차이가 있다. 즉, 유기농 트렌드는 인간이 활용할 수 있는 식품과 향신료의 종류를 늘리는 데 목표를 두지 않으며, 오히려 재생 불가능한 자원을 보존하기 위해서 기술과 산업으로부터 자연을 해방시키려고 한다.

이 말은 미식 문화의 맥락에서 볼 때, 다름 아닌 과거 라이프 스타일로의 복귀를 뜻한다. 식품 혼합 제조에 관련해 여러 가지 사실들이 폭로되면서, 이들 새로운 자연 식품들은 1999년 전체 독일 식품 시장의 2퍼센트를 차지했지만 정부의 강력한 지원에도 불구하고 이 수치는 2004년에 2.6퍼센트로 미미한 상승을 보였을 뿐이다. 독일인들에게 음식에 있어 가장 중요하게 생각하는 점이 무엇인가라는 여론 조사에서, 그들은 과거 대다수의 독일인들과 똑같은 대답을 했다. 즉, 한 마디로 "맛이 좋아야 한다."였던 것이다.

＊ ＊ ＊

18세기 말부터 미식 문화는 여러 기술 발전 아래 상당히 발전했으며, 우리는 이 발전 상황을 통해서 짤막하게 다음과 같은 결론을 내릴 수 있다. 첫째, 인류가 먹는 음식은 인간이 활용할 수 있는 천연 자원에서, 또 그런 원재료들을 기본적으로 변형시켜서 얻을 수 있는 최초의 상품이자, 가장 중요한 상품이다. 둘째, 식품은 직접 소비에 앞서 전반적으로 꼭 필요한 가공 처리 때문에 기술 생산과 경제적 유통이라는 합리적 절차를 거쳐야 한다. 마지막으로, 음식은 물질 재료에 좌우되지만, 인간 정신에 영향을 받는 문화를 간직한 하나의 주체이다.

완벽한 사회적 현상으로서의 식사는 항상 자연, 문화, 인간의 몸과 연관된다. 즉, 외부의 대상이자 내면, 정신적 개념의 결합물이다. 이런 식품 연계 시스템에서 맛(미각)은 각 연결 주체를 이어 주는 촉매의 가교이자 끊임없이 변하는 지침을 제공한다. 인류는 한때 진화 과정중의 어느 지점에서는, 하루하루 배고픔과 식욕을 채우기 위해서 이런 미각적 본능을 잃었다. 하지만 그 이후로 음식은 개별 문화를 표현하는 중요한 발현체로서 누구나 태어날 때부터 배워야 하고 아래 세대로 이어 줘야 할 문화적 자산이 되었다.

분명 지난 2세기 동안에 음식 문화의 급격한 혁신과 현대화는 이에 관련된 모든 가치를 완전히 바꿔 버렸다. 이제 음식은 더 이상 배고픔을 얼마나 채워 주느냐, 사회적 위신을 얼마만큼 상징하느냐에 따라 평가되지 않으며, 심지어 가격조차 중요한 평가 요인이 되지 못한다. 무엇보다 가장 중요한 것은 맛과 건강이다. 현대 소비 사회의 구성원들은 그 음식 안에 무엇이 들어 있는지, 어떤 새로운 맛을 실험해 볼 수 있는지, 우리 몸과 관련해서는 어떤 장점과 단점이 있는지 정확히 알고 싶어 한다. 제품의 품질은 일단 제쳐 두고, 식품 분야에서 증가하고 있는 또 하나의 관심사는 식품 생산이 환경에 끼치는 결과이다.

따라서, 여러 가지 다양한 특성들이 우리 자신의 영양과 주관적인 미각과 전혀 무관한, 보다 일반적인 맥락들과 관련을 맺는다. 이런 관점에서 볼 때, 식품은 대단히 논쟁이 심한 경제적, 사회적 개혁을 촉진하는 하나의 수단으로 볼 수 있을 것이다. 다시 말하지만 음식과 마술, 신화와 종교 사이에는 아주 유사하고 결정적인 관계가 존재했다. 하지만 이런 관계들은 서서히 무대 뒤로 희미하게 사라져, 과학적 지식과 새로운 세속적 세계관으로 자리바꿈한지 꽤 오래되었다.

8 요리사, 미식가, 그리고 소비자들

19세기와 20세기 프렌치 퀴진

알랭 드로와

맛(미각)을 한 마디로 정의하기란 불가능하다. 누구든 시도는 해 보지만 모두 다 실패한다. 그렇다면 대체 맛(미각)이란 무엇인가? 도덕, 이성, 예의, 진보, 진리, 현실, 수치심, 의식 너머에 존재할 수 있고 당당히 존재하는 것. 또 야만성과 타협하고, 잔인성에 동참하고, 수간獸姦을 용인하는 등 온갖 사악한 힘을 불러 모아 미美의 일부를 형성하는 이 이상한 것은 대체 무엇인가?

빅토르 위고 『철학 담론Proses philosophiques』(1860~1865)

19세기 초반부터 프렌치 퀴진은 상호 의존적인 세 그룹의 관계로 이루어진 하나의 시스템으로 등장했는데 그건 바로 가정과 레스토랑의 요리사, 미식가, 소비자들이다.

19세기 초반, 대부분의 요리사들은 프랑스 혁명 기간 중에 몰락한 앙시앵 레짐ancient régime의 대 가문 출신이었다. 앙투안 보빌리에르Antoine Beauvilliers(1754~1817) 등 일부 요리사들은 레스토랑으로 진출했고, 19세기 가장 유명한 요리사였던 앙토냉 카렘Antonin Caréme(1783~1833) 등은 개인 고용 요리사로 들어갔다. 그는 특히 프랑스풍 파이와 케이크 등 파티스리에 특출했으며, 그것을 건축의 한 분야라고 생각할 정도였다. 그래서 그는 요리 예술가, 발명가, 창조자로 자처했다. 그리고 탈레랑Talleyrand의 요리사로 일하다, 러시아 알렉산더 1세와 영국 조지 4세의 개인 요리사로 일했다. 러시아와 영국에서 일하기 직전, 잠시 로칠드Rothchilds 가문과도 인연을 맺었다. 무엇보다 그는 위대한 요리 이론가이자 분류가로서 『파리 왕족들의 파티스리 Le Pâtissier royal parisien』(1815), 『독창적인 파티스리 Le Pâtissier pittoresque』(1815), 『주요 프랑스 호텔 Le Maître d'hôtel français』(1822), 『파리의 요리사 Le Cuisinier parisien』(1828), 『프랑스 요리의 기술 L'Art de la cuisine français』(1833)을 비롯해 오늘날 우리에게 중요한 저서를 수없이 남겼다. 카렘은 위대한 프랑스 요리 관습이 탄생했던 18세기 신봉자로서 이 전통

앞면 폴 보퀴즈는 1926년 태생으로 전 세계에서 가장 유명한 프랑스 셰프이며, 1970~1980년 사이 누벨 퀴진을 선도하던 방 드 보퀴즈의 지도자였다. 이 사진은 리용 근처 자신의 레스토랑 주방에 있는 폴 보퀴즈의 모습이다.

위 앙토냉 카렘(1783~1833)은 처음에 파티스리부터 요리 훈련을 시작했다. 그는 파리 국립 도서관(Bibliothèque Nationale)에서 여러 책을 공부하던 중, 건축학에서 영감을 받아, 피에스 몽테(pièces montées)와 스펀 슈가 창작 과자를 파빌리온, 원형 건물, 사원, 탑 형태로 만들었다. 이것은 파티스리에 대한 그의 저서 중 하나인 『멋진 파티시에 Le Pâtissier pittoresque』의 공인 표지이다.

을 지속시키는 동시에 개혁을 창출하고자 했다. 그는 강한 향신료jus noirs를 없애고, 오늘날 우리가 사용하는 소금, 후추, 다임, 건조 월계수 잎, 파슬리 등의 콩디망을 쓰기 시작했다. 또한 육류를 뺀 고급 식사의 개념을 부활시켰는데, 이는 나폴레옹이 사순 기간을 다시 지정하면서 큰 호응을 얻었다. 개혁자로서의 열정에 불탄 카렘은 레시피들을 분류하고 기존의 일부 식품 조합을 버렸다.

샹보르 궁에서 창코치와 잉어 요리를 가운데에 놓고 송아지의 췌장을 지방층이 붙은 베이컨으로 감싼 것, 어린 비둘기와 수탉의 볏과 콩팥으로 만든 사이드 디시를 내놓는 모습을 본다면 이보다 더 어리석고 웃기는 일은 없을 것이다. 이런 낡은 관습은 얼마든지 무한히 변형 가능한 요리들로 쉽게 바꿀 수 있다. 서대기, 송어, 대구, 연어 등의 생선살을 이용해서 커틀릿escalopes, 꼬치attereaux, 콩티conty, 송로버섯 요리, 송로나 버섯 완자와 함께 차려낼 수 있다.

카렘이 볼 때는 퀴진과 가스트로노미가 밀접한 관련이 있었지만, 실제로 요리사는 '맛과 전문 직업을 이용한 미식가'였고 요리 문학(요리사의 작업)은 미식 문학과 구별되었다. 프랑스 혁명 이후, 요리 문학은 미식가들과 글을 잘 쓰는 사람들의 작업이자 영역이 되었다. 이 기준에 의해 카렘이 생각하는 요리 문학가는 의사, 변호사, 소설가, 시인, 기자, 작사가들이었다. 부르주아들, 특히 에티켓과 식탁 예절에 무지한 신흥 부자들을 겨냥하여, 그런 문학은 이들에게 미식법적 예의와 교양 중에 필수적인 원칙들을 가르치기 시작했다.

미식법, '가스트로노미'라는 용어는 1800년에 처음 등장했다. 베르슈Joseph de Berchoux(1775~1838)의 어느 시 제목에 나온 말이었다. 미식가(미식학자)라는 뜻의 명사 '가스트로놈gastronome'은 1803년, 형용사 '가스트로노믹 gastronomic'은 1807년에 나왔다. '가스트로노미'는 1835년 『프랑스 아카데미 사전』에 등재되었다. 그러나 당시에 그 용어는 고급 요리의 기술(예술)을 뜻하기보다 사회적 지위를 인정받고 그 승인을 얻는 수단이었다.

『미식가들의 연감 Almanach des gourmands』(1803), 『암피트리온 매뉴얼 Manuel des amphitryons』(1808)의 저자로 유명한 그리모 레이니에느Alexandre-Balthazar-Laurent Grimod de La Reynière(1758~1838)에 의하면, 가스트로노미는 프랑스 혁명을 통해 등장한 신흥 사회 계급 제도를 합법화하는 수단이었다. 앙시앵 레짐 시절 세금 징수원의 아들로 태어난 그리모는 신흥 지배 계급이 구 지배층의 관습과 예절을 습득할 수 있도록 돕고자 했다. 그는 프랑스 혁명의 필연적인 결과로, 부를 분배하는 과정에서 발생한 혼란 때문에 부는 새로운 사람들의 수중에 들어갔고, 오늘날 대부분의 졸부들처럼 그들도 순전히 동물적인 쾌락만을 추구하는 모습을 보였다고 했다. 그래서 그들이 애지중지하는 것을 잘 활용할 수 있도록, 가장 믿을만하고 확실한 지침을 제공하는 역할을 우리가 할 수 있을 거라 생각했다.

그리모가 볼 때, 미식법(가스트로노미)은 구 지배층(귀족)과 신흥 지배층(부르주아지)들에게 똑같은 원칙을 제시함으로써 두 집단을 융화시키는 수단이었다. '모든

위 제1제정 시대에 그리모 드 라 레니에리는 음식 맛 감정단을 조직했다. 샹젤리제에 있는 그리모의 저택에서 열린 주간 회동에서, 유명한 미식학자들은 여러 공급처에서 들어온 음식을 맛보았다. 심사숙고를 거쳐 최고라고 판명된 요리들은 『미식가들의 연감』에 공개되는 영예를 안았다. 『미식가들의 연감』은 오늘날 미식 가이드의 선조라고 볼 수 있다.

아래 화덕을 사이에 두고 남자 요리사와 여자 요리사가 서로 쳐다보고 있다. 19세기 요리 관련 직업 시장에서는 남녀 사이의 경쟁이 심했다. 남성 셰프들은 오트 퀴진 독점을 주장하면서 여자들을 가정 내 부엌에만 가두고 싶어 했다.

가정 교사maître de maison들에게 자신이 과거 시절의 사람이 아님을 증명할 때, 이런 기술(고기 자르는)을 실천하는 것이 필수였다. 또한 이런 기술은 고급 요리의 즐거움, 눈으로 느끼는 감동, 연회의 진정한 진수 성찬에서도 빠질 수 없다. 이런 요소들이 혁명의 소용돌이 속에서 사라졌지만, 우리는 그것을 다시 찾아 중심에 갖다놓을 수 있도록 노력해왔다.' 그리모는 이렇게 오늘날에도 쓰이는 미식법의 기본 지침을 마련하면서, 시식 감정단tasting panel이라는 개념을 도입하고 그 판정 결과를 『미식가들의 연감』에 담아 책으로 펴냈다.

그리모와 당대에 함께 활동했던 또 한 사람의 미식법 창설의 아버지가 있으니 바로 브리야 사바랭Jean Anthelme Brillat-Savarin이었다. 사바랭은 1755년 4월 2일 리용의 동쪽, 벨레Belley의 변호사 집안에서 태어나, 1799년 지방 치안 판사로 사회활동을 시작하여 1789년 혁명 시기에 베르사유 헌법 의회 하원 의원이 되었다. 그리고 벨리 시장과 프랑스 국민군 사령관으로 선출되었으나, 1794년 지롱드Girondins파의 실각 이후 혁명 재판을 피해 망명했다. 맨 처음에는 스위스로, 그 다음 네덜란드와 영국을 거쳐 미국으로 갔다. 2년 동안 뉴욕의 존 스트리트 시어터 오케스트라에서 바이올린 주자로 생계를 유지했다. 1796년 프랑스 혁명 집정부의 승인 하에 프랑스로 돌아와 경력을 되찾고, 최종적으로 대법원 판사가 되어 1826년 2월 2일 사망할 때까지 그 자리를 지켰다. 루이 14세의 장례 미사에 갔다가 감기에 걸렸던 게 사망의 원인이었다. 세상을 떠나기 몇 주 전, 그는 자비로 익명의 출판을 했는데, 이것이 바로 그를 유명하게 만든 역작 『미각의 생리학』이었다.

브리야 사바랭은 미식법(가스트로노미)을 통합의 과학, 인간의 영양과 음식에 관련된 모든 질서와 훈련을 아우르는 학문이라고 다음과 같이 정의한다. '가스트로노미는 인간이 먹는 것과 관련된 모든 것에 대한 분석적 지식이다. 그 목적은 가능한

Un dessert sans fromage est une belle à qui il manque un œil.
BRILLAT-SAVARIN.

최선의 음식물을 이용해 인류의 영속을 보장하려는 것이다. 가스트로노미는 음식으로 전환할 수 있는 모든 것들을 연구·제공·준비하는 사람들을 인도하는 확고한 원칙을 통해서 이런 목적을 달성한다. 그리고 이것이야말로 농부, 포도주 농장주, 어부, 사냥꾼, 많은 요리사들에게 진실로 의욕과 동기를 부여해 주는 것이다. 음식을 준비하고 만드는 그들의 작업을 기술하는 데 어떤 이름을, 어떤 자격 요건을 사용하든 관계없이 말이다.'

브리야 사바랭은 당시 크게 유행하던 생리학을 언급한다. 그는 생리학적 요인들을 개선시키기 위해서 미각 속의 생리학적 요소를 찾아낸다.

나는 진실로 후각을 동원하지 않는다면, 진정한 미각을 느낄 수 없다고 주장하는 바이며, 동시에 후각과 미각은 실제로 하나의 감각이라고 생각하는 바이다. 그 감각에 이용하는 입은 실험실이며, 코는 굴뚝이며, 아니 더 정확하게 말하자면 인간은 그 감각을 위해서 촉각으로 몸을 느끼고, 기체의 맛을 감지한다. …… 인간은 어느 정도의 인식을 갖고서, 냄새를 맡은 상태에서 모든 걸 먹게 된다. 낯선 음식이 나오면, 코는 항상 소리치는 정찰병의 기능을 담당한다. 거기 누구 있소? 후각이 막히면 미각도 마비된다. ……

브리야 사바랭에 의하면, 미식법(가스트로노미)은 쾌락과 건강을 동시에 제공해야 하며, 음식을 즐기는 일은 더 이상 죄악이 아니다. "우리는 미식을 폭식과 탐욕으로부터 분리시켰다. 즉 미식이란 흔쾌히 즐길 수 있는, 일종의 취미나 기호로 간주하게 되었으며, 이는 연회의 주인에게는 기쁨을, 손님들에게는 이익을 주고, 학문으로 볼 때는 유용하다고 간주되는 사회적 자질과 같다. 그래서 미식가들은 편파적으로 애호하는 특정 대상의 사람들과 나란히 서게 되었다."

19세기 초부터 미식가들과 요리 애호 작가들의 저작물은 그랑 퀴진, 퀴진 부르주아, 퀴진 드 프로방스Cuisine de province를 막론하고 '프랑스적인' 요리 관습, 즉 프렌치 퀴진을 정의하고 홍보하는 데 중요한 역할을 했다. 그랑 퀴진, 혹은 오트 퀴진은 파리의 일류 레스토랑의 요리 관습으로서, 모든 사람들이 찬미하는 일종의 '예술'이자 '과학'이었다. 퀴진 드 메이나즈cuisine de ménage 혹은 가정 요리로도 알려진 퀴진 부르주아는 매일 가정의 주방에서 이루어지는 여자들의 일로서 파리 그랑 퀴진의 명성을 따라가지는 못했다. 퀴진 드 프로방스는 자연에 더 가까운 요리로 간주되었지만, 대개 지방 도시의 요리 관습을 일컫는 것으로서 퀴진 페이잔 cuisine paysanne과는 달랐다.

여러 가지 견해들과 평가에는 다소 애매모호한 면이 있었다. 한편으로 비평가들은 '시골에서 요리한 음식'을 파리 퀴진의 명작들에 비해 열등한 품질이라고 생각했지만, 다른 한편으로 앞의 비평을 했던 똑같은 저자들이 지방에서 맛있다고 소문난, 소박하고 신선하고 맛있는 요리를 기꺼이 찬미하곤 했다. 이를 두고 스탕달Stendhal은 다음과 같이 말한 바 있다. "리용에서 가장 잘 하는, 내 생각에 파리보다 더 나은 것을 딱 하나 알고 있다. 특히나 채소는 아주 훌륭하게 조리된다. 런

던에 가서, 나는 영국인들이 22가지 종류의 감자를 재배한다는 사실을 알게 되었다. 그런데 리용에서, 나는 22가지 서로 다른 감자 요리 방법을 보았으며, 그중 적어도 12가지 방법은 파리에서도 모르는 것이다. 그리고 발자크Balzac는 지방 생활이 너무 지루하기 때문에 거기 사는 사람들의 유일한 즐거움은 먹는 것이라고 했다. 지방에서 살면 할 일도 없고 생활도 너무 단조로워서 요리라는 주제에만 자꾸 마음을 쓰게 된다."

미식가들과 미식 학자들은 '프렌치' 퀴진을 정의하는 과정에서, 그들의 작업을 파리의 '가스트로노미'와 지방의 '고급 요리'를 구별하는 것, 또는 다양성과 풍부함을 강조하는 것에만 국한시키지 않았다. 그들은 프랑스의 요리 관습과 요리를 구성하는 것에 관련된, 모든 요리 관련업 내부에서 커다란 혼란을 유발했던 여러 논쟁에도 참여했다. 19세기 말, 포토푀pot-au-feu가 포타주 나쇼날potage national에 적격이라는 데에 대부분이 동의했다.

그 후 얼마 안 되어, 1927년 유명한 미식가의 황제, 크로농스키Curnonsky (1872~1956)가 프렌치 퀴진을 정의하면서 "소스는 프랑스 요리 관습의 아름다움이자 명예이다. 소스는 프랑스 요리의 우수성을 달성하고 보장하는 데 일조해 왔다. 16세기 기록에서와 같이, 소스는 어느 누구도 가타부타할 수 없는 프랑스 요리의 탁월한 지존이다."라고 말한 이후, 소스의 중요한 역할에 대해 사람들의 관심을 일으켰다. 그리고 크로농스키는 프렌치 퀴진의 또 다른 기본 특성으로서 "우리 프랑스의 탁월한 와인은, 인간이 식사를 하는 동안 마실 수 있는 지구상 유일한 것이다."라며 요리와 와인의 조합을 찬미했다. 크로농스키에 의하면, 프렌치 퀴진은 단 한 가지가 아니라 다음에서 말하는 바와 같이 적어도 다섯 가지로 나뉜다.

고기와 채소 스튜인 포토푀는 중세 이후로 쭉 존재하면서 오랫동안 프랑스의 국민 요리로 인식되었다. 그 레시피는 헤아릴 수 없이 다양하다. 북부 프랑스에서는 쇠고기를 이용하며, 남부 루아르에서는 돼지고기, 송아지고기, 햄, 베이컨, 채소를 다 이용한다. 풀오포(poule-au-pot)는 닭고기를 기본으로 쓰는 변형 음식이다.

그랑 퀴진은 수세기 동안 이어져 내려온 온갖 요리 지식을 탐색할 수 있는 위대한 요리사들의 특권이다. 이것은 확실히 세련되고 풍요롭고, 그러면서도 정직하고 진실한 요리로서 모든 위대한 요리사들의 개인적 천재성 위에서 수립된 수많은 레시피들이 모여 이루어진 요리의 관습이다. 비싼 비용과 온갖 다양한 소문들이 난무하는 그랑 퀴진은 이제 가장 드물고 귀한 것이 되었다. 퀴진 부르주아, 이는 오래된 가문의 자랑이다. 세심하고, 철저하고, 정성들여 준비된 요리로서 돈을 내고 먹는 손님들이 가장 좋아한다. 뛰어난 코르동 블루cordon bleus(요리 잘 하는 주부) 퀴진. 그들은 맛있는 식사를 준비하려면 일종의 경건한 신앙심이 필요하다는 것을 알았으며, 그 시절에는 그런 마음 없이 만든 요리는 존중하지 않았으며, 그런 요리들은 '반드시 요리 본래의 맛'

을 느껴야 하며, 버터를 대신할 만한 것은 없으나, 좋은 기름이나 올리브 오일이라면 가능하다. 퀴진 레조날cuisine régionale, 우리 32개 지방의 다양성과 수세기 동안의 경험이 조화된 타의 추종을 불허하는 요리 관습이다. 이것은 5,000가지 지방 요리들을 탄생시켰으며, 그 모든 목록은 『프랑스의 미식 보물창고 Trésor gastronomique de la France』에서 찾을 수 있다. 마지막으로 퀴진 페이잔은 에프로프티impromptue라 불리는 요리 관습으로, 닭장의 가금류, 근처 강에서 나는 생선, 궤짝에서 키운 토끼, 부엌 정원에서 기른 채소, 과수원에서 기른 과일을 따다가 순식간에 즉흥적으로 요리하는 것이다.

요리사들은 지식을 쌓기 위해서 미식가들이 꼭 필요했으나, 자신들의 일을 평가하는 비평가들의 능력은 끊임없이 의심했다. 카렘은 감히 자신을 비평하거나 심지어 자신의 요리 관습을 논의의 대상으로 삼으려는 사람들에게 가장 먼저 의심의 눈길을 던졌다. 그는 포토푀를 주제로 다음과 같이 기록하였다.

이것은 프랑스 노동 계층의 일상식이다. 그러나 그들은 주식을 개선할 수 있도록 뭔가 조치를 취해야만 한다. 우리의 근대 요리 관련 저자들은 초라한 고기 국물 수프soupe grasse에 대해서도 똑같이 경멸하면서 그것을 이론적으로 분석하지 않으려고 했다. 그러나 한편으로 그랑 퀴진의 어느 누구도 맛있는 부이용 조리법을 알지 못한다고 기록하면서도 이를 전혀 창피해하지 않았다. 그것을 수정할 새로운 방법도 제시하지 않으면서 말이다. 정말로 이런 부끄러운 일이 실제로 존재하다니! 참으로 무지하다! 당신들은 몰라도 한참을 모르고 있다! 그것도 모르고 자긍심에 가득 차 있다니! 당신들의 노력은 소용없다. 대중들에게 그런 속임수가 먹힐 것 같은가. 요리사들은 19세기 미식법을 위해서 그런 사실을 대놓고 까발릴 만큼, 명예롭게 요리함으로써 미식학 자체에 복수를 할 만큼 대담한 사람들이다.

레스토랑의 급격한 증가는 미식법적 담론과 문학의 탄생과 동시에 일어났다. 본래 '레스토랑'이라는 단어는 음식을 제공하는 시설이라는 뜻이 아니었다. 앞서 5장에서 논의했듯이, 레스토랑은 18세기 말 레스토라토르restaurateur라고 불렸던 요리사가 제공한, 원기 '회복용' 수프를 뜻했다. 19세기 전반 수십 년 동안 파리에는 많은 레스토랑이 생겼다. 부르주아 계급의 고객들이 각자 테이블에 앉아서 가격이 매겨진 다양한 음식 리스트에서 먹고 싶은 음식을 골라 소비하는 레스토랑 스타일에 점차 익숙해졌기 때문이다. 프랑스 혁명 이전에 파리의 레스토랑은 100개가 채 되지 않았으나, 1804년이 되자 그 숫자는 대여섯 배나 증가했고, 1825년에는 거의 1,000개, 1834년에는 2,000개가 넘었다. 1835년 마침내 '레스토랑'이라는 단어는 식사 제공용 시설이라는 뜻으로 『프랑스 아카데미 사전』에 등재되었다. 그리고 브리야 사바랭은 레스토랑 주인restauraeur을 다음과 같이 정의했다. "항상 음식 준비를 해 놓고서 대중들에게 연회를 제공하고, 정해진 가격에 사람 수에 따라 고객의 요구에 맞춰 요리를 차려 내는 일을 하는 사람이다."

뒷면 「포토푀 조리준비 Preparations for the pot—au—Feu」라는 제목이 붙은 이 그림을 두고 한때 샤르댕(Jean B. S. Chardin)의 작품이라고 생각했다. 그림에 묘사된 재료는 파, 파스닙(parsnip, 설탕 당근) 또는 당근, 커다란 녹색 양배추, 정강이살로 추정되는 쇠고기 조각, 마늘 뿌리 등이다. 철 손잡이가 달린 구리 솥은 굴뚝 화덕 위에서 오랫동안 조리가 될 것임을 암시한다. 그림의 어두운 배경이 바로 굴뚝 화덕임을 알려 준다.

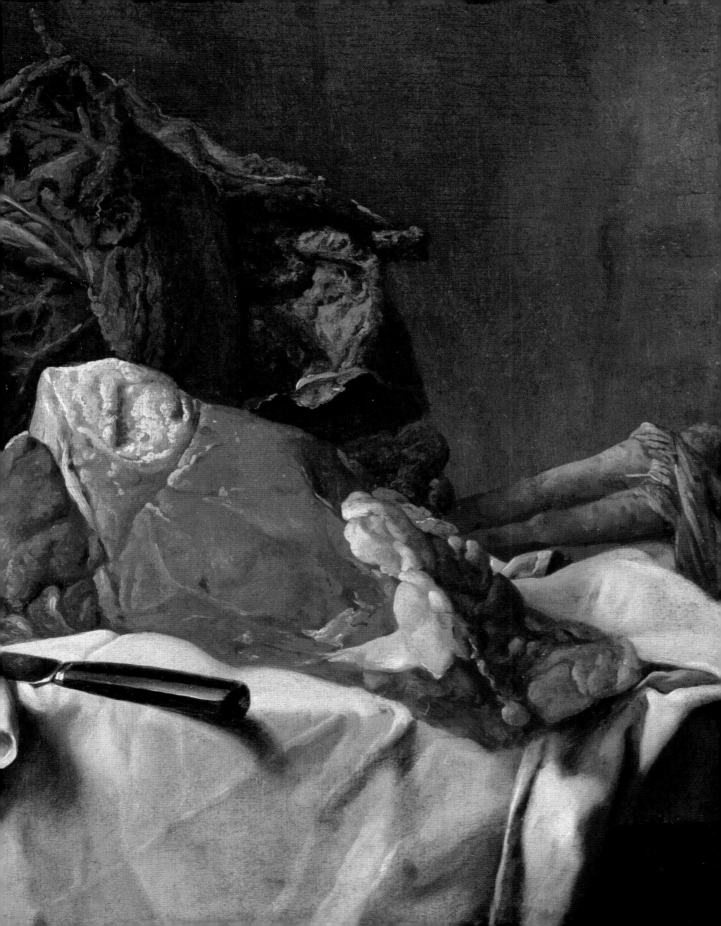

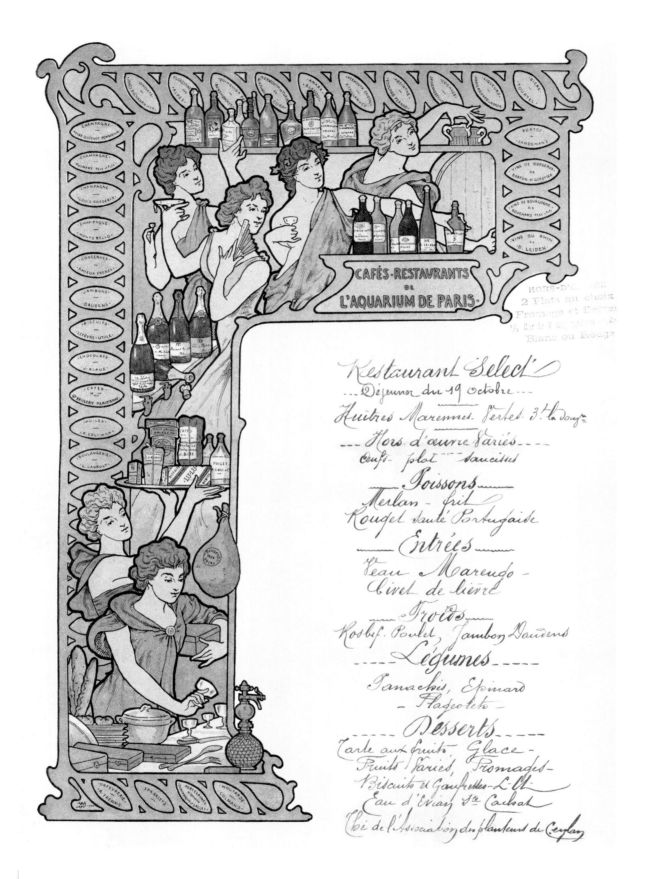

옆 19세기 초반, 팔레 루아얄의 요리 공급자와 레스토랑 주인들은 식당 문 앞에 붙여 놓고, 그날 먹을 수 있는 요리를 알려 주는 표지판을 만들어 냈다. 그리고 테이블에 앉은 손님이 볼 수 있도록 그보다 크기가 작은 표지판을 만들었다. 바로 오늘날 우리가 알고 있는 메뉴판이었다.

위 뒤랑스(Durance) 강변 출신의 프로방스 3형제는 생선 요리인 브랑다드(brandade)로 유명해졌다. 1786년 팔레 루아얄에 개업한 그들의 식당 레 트로아 프레르 프로방소에서 제공하던 요리였다. 레 트로아 프레르 프로방소는 19세기 초반 파리에서 가장 유명한 레스토랑 중 한 곳이었다. 그 시대에 나온 이 판화를 보면, 요즘의 레스토랑과 별반 차이가 없다.

레스토랑의 수가 늘어남에 따라 점차 다각화되고, 장소도 여러 곳으로 확장되었다. '레-트로아-프레르-프로방소Les Trois Frères Provençaux, 베푸Véfour, 베르Véry 등 최초의 레스토랑들은 전부 팔레 루아얄Palais Royal 주변에 집중되었다. 19세기 전반부에 가장 유명한 라 메종 도레La Maison Dorée, 르 카페 에글레즈Le Café Anglais, 르 카페 드 파리Le Café de Paris는 주로 대로변에 자리 잡았으며, 19세기 말 샹젤리제가 그 중심이 되었다. 레스토랑의 계급은 곧 사회의 계급을 반영했다. 가장 꼭대기에는 부유한 고객들에게 오트 퀴진을 제공하는 알라까르뜨 à la carte 레스토랑이 있었는데, 상대적으로 극소수에 불과했다. 그 다음에 '보통' 시민들에게 요리를 제공하는 정가定價 레스토랑이 있었다. 그 외에도 부이용bouillons 같이 부유하지 않은 사람들이 즐겨 먹던 것을 제공하는 식당도 있었다. 맥주 등 알코올 음료를 제공하는 브라세리brasserie는 제2제정(1852~1870) 시대에 처음 등장했지만, 1870~1871년 프랑코-프러시아 전쟁 이후 알자스-로렌 지방을 상실한 후에 급속히 늘어났다. 그곳에서는 맥주와 알자스 요리를 제공했다. 수많은 술집bar, '와인 상인들'과 치즈 가게들은 상대적으로 가난한 계층에게 음식을 제공했고, 한편, 가장 가난한 계급은 싸구려 식품을 제공하는 값싼 식당, 일명 가르고gargote로 몰려갔다.

외식이 일상적인 관습이 되자 레스토랑의 인기가 치솟았다. 장 마르끄 바누트Jean marc Vanhoutte에 의하면 19세기 전반부 동안 파리 인구 80만 명중에서 6만 명이 매일 레스토랑을 다녀갔다. 가르고와 선술집을 포함시킨다면, 파리 시민 10만 명이 매일 레스토랑에서 식사했다는 결과가 나온다. 1903년이 되자, 그렇게나 많은 고객의 요구에 부응하기 위해서 파리에는 레스토랑 1,500개, 호텔 2,900개, 카페와 브라세리 2,000개, 그리고 와인 상점이 무려 1만 2,000개나 생겼고, 그 중의 4분의 3은 음식도 같이 제공했다.

19세기 파리는 프랑스 미식의 중심지로서 고급 레스토랑과 최고의 음식을 자랑했다. 새로운 레시피와 요리가 맨 먼저 등장하는 곳도 바로 파리였다. 그래서 종종 파리에 없던, 지방을 원조로 하는 이상야릇한 요리 이름을 자랑하곤 했다. 브와롱 Voiron이 개발한 소스 모르네Mornay(달걀과 치즈 간 것을 넣어 만든 베샤멜 소스),

페르 라퇴유의 치킨요리chicken Père Lathuille(감자, 아티초크, 양파를 넣은 치킨), 셰 마그니Chez Magny에서 개발한 앙리 4세 캐서롤the Henri Ⅳ casserole, 앙뜨르코트 베르시entrecôte Bercy, 브와종Voison 레스토랑의 요리사가 개발한 소스 쇼롱sauce Choron(토마토를 넣은 베어네즈 소스) 등이 있다. 베어네즈Béarnaise 소스는 생제르맹앙레Saint-Germain-en-Laye에 있는 파피용 앙리 4세Pavillion Henri Ⅳ에서 유래했다고 한다. 또한, 이곳은 감자 수플레의 탄생지로도 유명하며, 그것은 1837년 파리에서 생제르맹앙레까지 철도가 개통될 때 맨 처음 소개되었다. 노르망디 풍 가자미 요리sole normande는 레스토랑 르 로쉐 드 캉칼Le Rocher de Cancale에서, 솔 마그리sole Marguery는 레스토랑 셰 마그리Chez Marguery에서 개발했다. 랍스터 알 라 메르카인Lobster à l'méricaine은 데 프랭스Des Princes 골목에 있는 레스토랑 노엘 페테Noël Peter's에서 처음 등장했다. 랍스터 테르미도르lobster Thermidor는 카페 드 파리의 요리사 레오폴드 무리에가 개발했다. 이때, 빅토리앙 사르두Victorien Sardou가 연극『테르미도르 Thermidor』(1891)를 무대에 올렸다.

요리사들이 새롭게 창안한 요리들은 19세기 손님들, 또는 적어도 고급 요리에 대해 왈가왈부하지 않고 그저 미식가인 척 하는 사람들의 입맛에 잘 맞았다. 당시의 시식 감정단 역할은『르 구르메 Le Gourmet』,『르 구르메드 Le Gorumand』,『라 살르 아 망제 La Salle à manger』,『라 가제트 가스트로노미크 La Gazette gastronomique』,『르 알마나크 드 라 타블 L'Almanach de la table』과 같은 저널과 잡지가 담당했다. 또한, 마담 사바티에Madame Sabatier와 '디너 마그니dîners Magny'가 제공하는 '문학 정찬literary dinners'도 있었다. 이 모두는 맛있는 고급 요리를 찾는 부르주아의 열정을 증명하며, 그 열정은 주로 저녁 시간에 꽃을 피웠다.

19세기 동안 식사 시간의 반복 리듬dms 완전히 바뀌었다. 디너가 저녁 시간으로 밀려나면서 다른 식사 시간도 그 영향을 받았다. 그러나 점심은 확대되었고, 저녁은 여전히 상류 계급의 중심이었다. 일찍이 1808년 그리모 드 라 레이니에는 이

이 캐리커처는 마른 사람과 뚱뚱한 사람 사이에 흐르는 전형적인 긴장감을 훨씬 넘어선다. 이는 역사상 계속된 대결로서, 19세기 미식가들과 식탁의 쾌락을 맛보려는 그들의 소비적인 열정을 조롱하려는 뜻이 담겨 있다.

미셸 바르텔레미 올리비에르(Michel Barthélémy Olivier)의 1766년 작품으로, 루이 15세의 사촌 콩티 공(Prince de Conti)이 파리 탕플(Temple)의 그의 궁전에서 개최한 음악과 함께 하는 유명한 서퍼(supper) 중의 하나를 묘사한다. 19세기 내내, 서퍼는 상류층에게 가장 유행했던 사교 행사였다.

렇게 말했다. "사람들이 저녁 5시, 6시, 7시에 식사를 하기 시작하면서, 이제 점심은 진짜 식사로 자리 잡았다. 그리고 디너는 집집마다 서로 달랐는데, 수프 없이 세 가지 코스를 1개로 압축했다. 그럼에도 불구하고 다소 애매하게도 일반적으로 커피와 음료는 따로 나왔다." 1808년 왕정 복고 이후 다시 자리를 잡은 저녁 식사는 연극이 끝난 후 늦게 제공되었다. 레스토랑이나 집에서 저녁을 먹었는데, 이 시간은 맛있는 음식을 먹는 시간이면서 동시에 의례나 사회적 행사가 열리는 시간이기도 했다.

* * *

샤를 모라제Charles Morazé의 말을 빌리자면, 프랑스 혁명 이후의 1세기는 '성공한 부르주아'의 시대였다. 이 신흥 지배 계급은 국가를 통치하는 과정에서 그들의 권력과 역할을 선전하는 데 교묘한 방법으로 요리 관습을 이용했다. 발자크가 『사촌누이 베트 La Cousine Bette』(1847)에서 썼듯이 "식탁이 파리 가정의 수입을 측정하는, 가장 확실한 지표라면" 식품 구매에 쓰는 돈은 그런 열망을 충족시키는 하나의 수단이었다. 누군가는 부르주아에게 있어 음식은 섹스보다 훨씬 더 큰 실질적인 기쁨이

Truffe noire (Tuber cibarium).

39
Comestible.

Truffe blanche (Choiromyces maeandriformis).

위 땅 밑에서 자라는 송로버섯은 종류가 매우 다양하다. 송로버섯은 풍요로운 요리의 상징으로서, 19세기 화려한 식탁에 등장했다. 브리야 사바랭은 그것을 요리의 다이아몬드, 블랙 다이아몬드라고 불렀다. 유명한 레스토랑의 셰프들은 사냥고기를 장식하는 가니쉬, 생선 요리와 파테 드 푸아그라(pâté de foie gras) 등 그들이 만드는 요리에 송로버섯을 많이 사용했다. 또한, 필레나 쇠고기에 따라 나오는 페리고(Periqueux) 등 여러 소스에도 들어갔다.

오른편 비평가 쥘 자넹(Jules Janin)이 '바다의 추기경'이라고 명명했으며, 19세기 유명한 레스토랑의 메뉴에 바로 그 이름으로 요리가 나왔던 랍스터는 장식성이 강한 그랑 퀴진에 있어서 이상적인 재료였다. 이것을 조리하는 방법은 그릴에 굽고, 마요네즈를 섞고(à la mayonnaise), 아메리칸 식으로(à l'am éricaine), 테르미도르, 뉴버그(newberg) 등등 아주 많다.

라고까지 말했다. 물론 발자크는 『사촌 퐁스 Cousin Pons』(1847)에서 이 두 가지를 서로 연관시켰다. "이런 의미에서, 파리에서 화려한 식탁은 고급 매춘부의 확실한 경쟁 상대이다. 게다가 어떤 면에서는 또 하나의 장부에 찍힌 외상 거래이다. 그 장부에서 고급 매춘부는 두드러진 지출 항목에 속한다." 또한 그는 『매춘부의 영욕 Splendeurs et misères des courtisanes』(1847)을 통해, 은행가 뉘싱겐이 포르트 생 마르텡 극장의 특등석에서 에스테르를 위해 열어준 환영회를 다음과 같이 기술한다.

극장의 이 특등석은 슈베Chevet의 맛있는 음식처럼, 파리지앵 올림푸스의 변덕에 따라 부과되는 일종의 세금이다. …… 뉘싱겐은 3인분을 준비하였는데, 접시와 식기 모든 것 중에서 단연 최고는 돈을새김을 한 은도금 식기였다. …… 리넨을 말할라치면, 작센, 잉글랜드, 플랑드르, 프랑스가 최고 품질의 꽃무늬 다마스크 천에 있어서 우열을 가리기 힘들었다. 나온 요리들에 향신료가 얼마나 많이 들었는지, 남작은 그만 소화불량에 걸리고 말았다. 이는 그가 일찍 집으로 가려는 의도였다.

요리는 돈과 동일시되며, 식욕은 색욕으로 취급된다. 『고리오 영감 Le père Goriot』(1835)에서 보트랭은 이렇게 말한다. "그런 게 삶이야. 삶은 결코 부엌보다 깨끗하지 않아. 하지만 부엌만큼 악취가 진동하지. 그리고 혹시 저녁 준비를 하고 싶다면, 미리 손이 더러워질 각오를 해야 하거든." 1880년 에밀 졸라의 소설 『나나 Nana』의 주인공 나나가 개최한 저녁 자리를 묘사한 부분에서 레스토랑 주인 브레방Brébant (그는 손님들의 집에 가서 요리하기도 한다)은 맨 먼저 아스파라거스 퓌레 콩테스 asparagus purée Comtesse와 Desclignac식 콩소메consommé à la Desclignac를 내고, 그 다음 송로버섯을 곁들인 토끼대망막 요리와 파르마 치즈를 넣은 뇨키를 올렸다. 다음 두 가지 코스는 통째로 찐 라인 강 잉어Rhine carp à la Chambord와 영국식 사슴 등심saddle of venison á l'anglaise이었다. 앙트레는 마레샬 식 치킨, 라비고트 소스를 곁들인 쇠고기 필레, 얇게 썬 푸아그라 세 가지였다. 다음, 밀감 셔벗이 나

레오폴드 부아이(Leopold Boilley)의 그림 속 미식가가 19세기 오트 퀴진 그랑 퀴진 부르주아의 상징적인 3대 요리를 앞에 두고 혼자 앉아 있다. 바로 민물 가재, 칠면조 구이, 볼로방이다. 그는 환희에 차서 이 요리를 먹으려는 찰나이다. 화가는 혼자 진미를 즐기는 이 사람에 대해 숭배와 비난이라는 두 가지 감정에 사로잡혀있다. 이 시대에 브리야 사바랭은 탐식을 두고 이렇게 기록했다. "보통 결혼을 통해 행복을 찾는다고 하지만, 결혼보다 행복에 큰 영향을 미치는 것이 바로 탐식이며 함께 맛있는 음식을 먹는 것이다."

왔다. 그 다음, 차가운 로스트와 따뜻한 로스트가 나왔고, 앙트르메는 이탈리아식 돌버섯, 파인애플 퐁파두르 크루스타드croustades of pineapple Pompadour 두 가지였다. 그리고 마지막으로 디저트가 나왔다. 원래 25인분으로 준비했으나 결국 30여 명이 먹어치웠다.

부르주아 퀴진은 19세기에 전성기를 맞았다. 그러나 중요한 점은, 부르주아 계급의 속성처럼 부르주아 퀴진도 결코 일정하지 않았다. 부르주아를 상층, 중산층, 하층 계급으로 나눌 수 있듯이, 부르주아 퀴진도 파리의 요리 관습, 퀴진 파리지앵cuisine parisienne과 지방 요리 관습, 퀴진 드 프로방스cuisine de province로 파악할 수 있다.

앙드레 기요André Guillot의 용어를 빌리자면, 이 중 맨 위에 그랑 퀴진 부르주아가 있으며, 이는 상류 귀족층의 오트 퀴진에서 영감을 받은 것으로 최고 상태일 때에는 오트 퀴진과 동일하다. 이 사치스럽고, 호화롭고 장식이 풍부한 퀴진은 먼저 19세기 초반 카렘에 의해 분류되었고, 1세기 후 에스코피에Escoffier가 『요리 안내서 Guide Culinaire』(1903)를 통해 다시 정의했다. 이 요리 관습은 아주 귀하고 가장 비싼 농산물을 복잡하고 정교한 방식으로 이용하고 조합하여 귀족, 부르주아 사업가, 자수성가한 사람, 미식가가 되길 열망하는 사람 등 부유한 특권 계층 고객의 쾌락에 부응했다.

부르주아 가정이나 대형 레스토랑과 호텔에서 요리사의 작업으로 이루어지는 이 요리 관습은 디너와 리셉션 메뉴에서 확인할 수 있으며, 그것은 고정된 순서와 매우 엄격한 원칙을 따랐다. 구스타프 갈랭Gustave Garlin이 기술한 다음 내용을 살펴보자.

디너에 임할 때에는 다음 사항을 항상 지키도록 노력하라. 정육점 두 곳에서 가져온 고기가 서로 섞여선 안 되며, 흰살 고기가 적어도 두 가지는 나와야 한다. 아무리 오르되브르라 할지라도 가니쉬가 앙트레와 비슷하면 안 된다.

다소 향신료가 강한 요리는 덜 강한 요리로 입맛을 달래야 한다.

차가운 앙트레는 적어도 더운 앙트레(아스픽이나 마요네즈)의 맛을 북돋우는 역할을 해야 한다.

생선은 뜨거운 오르되브르로 나온다 할지라도, 그에 상응할 요리를 함께 내면 안 된다. 차가운 로스트라도 마찬가지다. 단, 굴은 예외로 할 수 있는데, 굴이 나와도 생선 앙트레를 낼 수 있기 때문이다.

로스트와 앙트르메 모두 동일하게 두 가지 종류의 가금류, 두 가지 종류의 사냥고기, 두 가지 종류의 튀긴 음식이 나와야 한다.

어느 채소가 가니쉬 중에 나온다면, 그 채소는 앙트르메로 다시 나올 수 없다. 이 원칙은 국수, 마카로니, 라자냐에 똑같이 적용된다.

바바루아barvarois, 젤리, 과일 샐러드 등의 단 음식이 메뉴에 있다면, 반드시 비스킷, 스펀지 케이크, 작은 드라이 케이크와 함께 내야 한다. 일반적인 웨이퍼wafer 하나만 나올 때도 마찬가지이다.

뜨거운 디저트를 낼 때에는 곁들이지 않아도 된다.

아이스크림은 다른 디저트와 공통점이 없어야 한다. 단, 웨이퍼와 프티 푸르petits fours와 함께 내놓을 수는 있다.

쥘 그륀(Jules Grun)의 1913년 작품으로 상류 사회 저녁 식사의 끝자락을 포착한다. 이 시대까지 디너는 하루 중 가장 중요한 식사였고, 런치는 일반적으로 간소하게 먹었다. 상류층의 오랜 관습인 서퍼는 이후 화류계에만 남아 있는 쪽으로 변했다.

메뉴에 들어간 요리의 순서는 매우 오랫동안 똑같은 상태를 유지했다. 수프, 차가운 오르되브르, 뜨거운 오르되브르, 를르베relevé=remove, 앙트레, 로스트, 펀치, 샐러드, 앙트르메, 아이스크림, 디저트, 커피.

그랑 퀴진 요리의 이름은 때때로 왕실이나 귀족 계급을 직접 언급했다. 아 라 렌à la Reine, 아 라 루아얄à la Royale, 아 라 도팽à la Dauphin, 수비스Soubise, 콘데Condé, 맹트농Maintenon이 좋은 예이다. 그리고 아 라 리용, 아 라 보르드레즈à la Bordelaise, 아 라 프로방살à la Provençale, 아 라 페리그à la Perigueux, 아 라 몽펠리에à la Montpellier처럼 지역을 언급할 때도 있다. 턱없이 억지스럽지 않다면 모두 허용하는 편이었다.

최고의 퀴진 부르주아는 식탁 장식과 세팅과도 뗄 수 없는 관계였다. 이에 대해서는 19세기 전반부 탈레랑 가문의 수석 요리사이자 팔렌 백작Comte de Pahlen의 요리사였던 플루메리Armand Plumerey가 다음과 같이 아주 세세하게 설명했다.

세팅은 다이닝 룸의 가구에서 식탁 중앙부까지 아우르는 단 한 가지 원칙을 따른다. 바로 간결성, 그리고 모든 주요 요소들 간의 조화이다. 식탁 천은 반드시 하얀색으로 해야 한다. 그것이 실내 장식의 핵심이다. 요즈음 그것은 우아한 디자인으로 장식되며, 식탁 다리 3분의 2 지점까지 덮어 줘야 한다. 다이닝 룸은 넓다. 따라서, 겨울에는 난로로 난방을 해야 한다. 난방은 온화하고 일정한 수준으로 맞추되, 다이닝 룸의 중앙에 걸린 온도계로 조절해야 한다.
다이닝 룸은 가능하면 북쪽에 자리 잡아야 한다. 그래야 여름에 시원하다. 또 옆으로 폭이 넓은 것보다 전체적으로 공간이 길게 나와야 좋다. 아름다운 다이닝 룸은 대리석이나 치장 석토로 지으며, 세공이나 모자이크로 바닥을 처리하고, 겨울이면 톡톡한 카펫을 깔고 여름에는 맨 바닥을 유지한다. 카펫을 잘 보존하려면 손님들 뒤로 모켓 섬유로 만든 길쭉한 융단을 놓으면 된다. …… 천정에는 아름다운 샹들리에를 걸고 식탁 주변에는 마호가니 콘솔로 된 장식용 선반을 쭉 갖다 놓는다.
식탁은 마호가니로 하고, 나머지는 오크가 좋다. 그 폭은 중앙에 놓았을 때를 기준으로 재면 된다. 다시 말해, 은쟁반, 식탁 중심부, 가지 달린 촛대, 디저트, 서빙 접시를 기준으로 한다.
모든 식기류는 똑바로 가지런하게 놓는다. 나이프, 스푼, 포크는 오른쪽에 놓는다. 조금 떨어진 곳에 둔 스푼을 통해 문장敉후을 확인할 수 있고, 포크에 새겨진 숫자로 볼 수 있다.
각 손님마다 고급 크리스털 유리잔을 4개씩 준비한다. 아주 가벼운 것으로 준비하자. 하나는 마데이라, 하나는 샴페인, 하나는 보르도 와인용이다. 라인 포도주용 잔은 은쟁반에 올려 놓는다. 이들 유리잔이 식사를 시작할 때 식탁 위에 올라와서는 안 된다.

요리 순서는 매우 정확하다.

응접실에서 디너 시작을 발표하면, 모든 앙트레를 유리 덮개로 씌운다. 그리고 하얀 장갑을 낀 하인 전원이 각자 정해진 자리에 선다. 손에는 냅킨을 두르고 의자 뒤에 선다. 손님들이 모두 앉으면, 각 출입문 앞에 칠기로 만든 가리개를 놓는다. 음식 시중을 방해하지 않으면서 외풍을 막기 위해서이다.

메트르 도텔이 유리 덮개를 벗기고, 거기에 서 있는 하인들에게 하나씩 건네 준다. 그러면 굴과 차가운 오르되브르가 차례로 돌면서 제공된다. 그 다음에 수프와 뜨거운 오르되브르가 나온다. 이 순서는 생선을 잘라 소스로 장식하는 동안 이루어진다. 다음, 좀더 규모가 큰 음식이 나온다. 볶은 앙트레와 다른 앙트레가 나오고, 마지막으로 차가운 앙트레가 나온다. 두 번째 코스는 다이닝 룸에서 가까운 위치부터 차린다. 화덕에 올려 놓았을 때의 요리 온도를 유지하기 위해서이다.

큰 요리인 로스트와 앙트르메가 메트르 도텔에게 전달되고, 그는 요리를 이동용 손수레에 올려 놓는다. 그리고 차례대로 첫 번째 코스를 담은 접시를 식탁에서 거둔다. 그러면 두 번째 코스가 즉시 시작된다. 로스트를 자른다. 이때, 손님들에게 채소 요리를 제공한다. 로스트는 아주 뜨거운 상태에서 자르고, 그 다음에 샐러드가 나온다. 그 다음에 단맛의 앙트르메가 나온다. 앙트르메가 나오기 전에 소금 그릇과 오르되브르를 다 치운다. 치즈용 접시를 미리 준비한다.

유리잔, 디저트 접시, 찬물을 담는 유리병을 손님들 앞에 놓는다. 첫 번째 요리는 신선한 콩포트compote와 파인애플이다. 다음, 설탕 과자가 나오고 나머지 디저트는 네 가지 요리로 진행된다.

메트르 도텔은 곧바로 손님들에게 두 가지 종류의 아이스 크림을 제공한다. 이후, 손님들에게 입안을 씻는 물이 제공된다(미지근한 물을 유리잔의 3분의 2 지점까지 따른다. 그 안에 두세 방울 민트를 떨어뜨린다). 커피와 리큐어는 응접실로 내가고, 하인 한 명을 대동한 메트르 도텔이 직접 손님들에게 건넨다.

요리의 순서와 음료의 순서는 서로 조화를 이뤄야 한다.

방금 내가 설명한 정도의 디너에 제공되는 와인은 반드시 최고 빈티지의 맛있는 고급 와인이어야 한다. 순서는 다음과 같다. 수프를 먹고 나면, 드라이한 마데이라나 셰리주를 낸다. 첫 번째 앙트레와 함께 소테른이나 샹파뉴 프라페frappé를 낸다. 다음에 보르도, 샤토 마고나 샤토 라피트를 제공한다. 로스트를 먹는 동안, 라인 백포도주와 샹파뉴를 낸다. 디저트 와인은 특별히 최고의 품질이어야 한다. 말라가, 말브와지, 콘스턴스Constance, 테네리페Ténériffe를 최고로 친다.

오트 퀴진이 남자의 영역이었다면, 이런 퀴진 부르주아는 여성에게 적합했다. 오랫동안 천천히 요리하고, 지글지글 끓인 음식들로 이루어졌기 때문이다. 그것은 요리 기술을 배우지 않고도 '걸작'을 만들어낼 수 있는 여성 요리사의 작업이었다. 마르셀 프루스트는 『움트는 작은 숲속 Within a Budding Grove』(1919)에서 프랑수아즈가 개발한, 그 유명한 쇠고기 당근 요리, 뵈프 까로트boeuf carottes 조리법

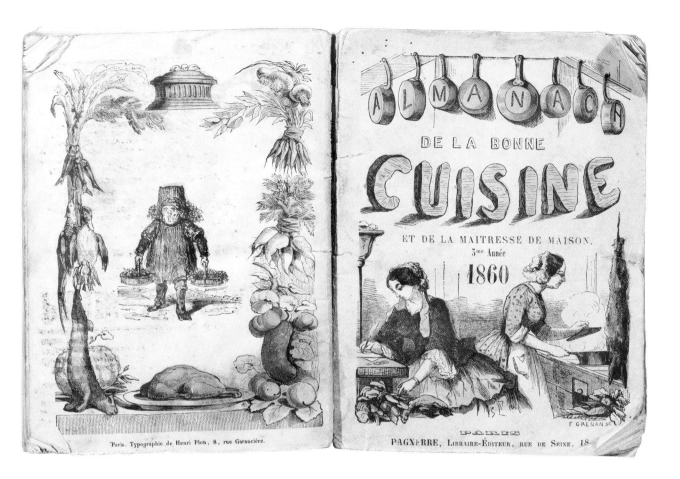

Paris. Typographie de Henri Plon, 8, rue Garancière.

19세기에 가정 요리와 퀴진 부르주아는 서로 갈등을 일으키지 않았다. 둘 사이의 레시피는 똑같았지만, 대개 주부들은 혼자서 식사 준비를 했던 반면 중산층 부인과 '귀부인'들은 요리사나 코르동 블루에게 일을 시키는 편이었다. 1860년 『가정주부들을 위한 맛있는 요리 연감 Almanach de la bonne cuisine er de la maitresse de maison』과 요리책들은 이 시대 여성들의 요리 교육에 기여했다.

을 다음과 같이 설명한다.

당근을 곁들인, 향신료가 든 차가운 쇠고기가 나왔다. 우리 주방의 미켈란젤로가, 마치 투명한 석영 조각 같은 아스픽 결정체 위에다가 그 쇠고기를 살짝 얹어 놨다.
"마담께서는 일류 요리사를 두셨군요."
노르푸아가 입을 열었다.
"그건 사소하다 말할 수 없는 일이죠. 저만 해도 외국에 나가 있을 때는, 집안 관리에 있어 일정한 스타일을 유지해야만 하기 때문에, 아주 훌륭한 요리사를 찾는 일이 얼마나 힘든지 잘 알고 있어요. 마담께서 우리 앞에 차려놓은 이 식탁은 연회나 마찬가지네요!"
디너에 온 손님이 너무 유명한 사람인지라 그 권력에 걸맞은 요리를 준비하느라 매우 힘들었다. 그러나 프랑수아는 성공하리라는 야심으로 흥분에 싸였다. 그리고 우리만 남았을 때 스스로를 드러내며 자랑하는 듯했고, 곧이어 더없이 훌륭한 콩브레 Combray식 매너를 되찾았다.
"네, 그런 것은 식당에 가셔도 드실 수 없는 겁니다. 제일 좋은 데로 가더라도 말이죠. 아스픽에 접착제 냄새가 전혀 나지 않고 쇠고기 안에 당근의 향미가 그대로 살

아 있는, 스파이스 비프네요. 아, 정말 대단합니다. 좀더 맛볼 수 있을까요?" 그는 이야기를 계속하며 아스픽을 좀더 달라는 표시를 했다. "당신의 요리사가 어떻게 이리도 색다른 요리를 만들었는지 정말 알고 싶군요. 뭐랄까, 뵈프 스트로가노프 Boeuf Stroganoff에 견줄 만한 것 같아요."

크로농스키는 요리 비법을 전혀 배운 적이 없으면서, 직관으로 요리하는 여성들에게 항상 찬사를 보내곤 했다. 미망인 마리 슈발리에 쿠탕스Marie Chevalier Coutance는 41년간 크로농스키 가의 요리사로 일했다. "나는 그녀를 덩치 좋은 프랑스 시골 아낙이자, 내가 아는 한 가장 완벽한 코르동 블루라고 기억한다. 그녀는 학교에서나 책을 통해 요리를 배운 적이 없었다. 선천적으로 타고난 요리 감각으로, 윗대의 어머니, 할머니, 증조할머니, 고조할머니가 물려준 대로, 그리고 20대를 내려온 훌륭한 주부의 손길대로 요리했다. 그리하여 자신의 뿌리를 이루는 특성을 요리에 심었다. 절제, 미각, 성실, 인내, 소박.' 이런 여성적 요리 관습은 맛에 있어선 단순하고, 간결하고, 선명하며 겉치레엔 전혀 신경 쓰지 않았다. …… 안정되면서도 제대로 준비한 요리, 바로 코르동 블루 퀴진이다."

요리의 수직 계층 구조에서 보다 낮은 단계에서 하류 중산층과 노동 계층에게 요리를 제공하는 퀴진 부르주아 에뜨 메나제cuisine bourgeoise et ménagère와 퀴진 메나제cuisine ménagère가 있었다. 퀴진 메나제는 가정 경제학의 맥락에서 배우게 되므로, 기본적으로 퀴진 부르주아와 동일하고 레시피도 많이 닮았다. 그러나 둘은 그 환경이 달랐다. 주부는 혼자 식사를 준비하지만, 부르주아나 귀부인들은 옆에서 도와 줄 요리사와 코르동 블루를 데리고 있다.

'성공한' 부르주아, 미식가, 미식 전문가들은 프랑스 인구의 극소수에 불과했다. 여러 도시들, 그 중 파리에서 가난한 계급이 더 이상 굶어죽는 일은 없었으나 배고픔은 오래도록 이어진 지방적 특색이었다. 19세기 후반부와 20세기 초반에 노동 계급의 식습관에 대해 몇 가지 설문 조사를 실시했다. 그에 따르면, 파리의 노동자들이 식품 구입에 쓰는 총지출은 대략 수입의 절반이었다. 4분의 1은 고형 식품 구입에, 또 4분의 1은 마시는 식품 구입에 들어갔다. 주식은 항상 빵이었으며 여기에 수프가 따라 나왔다. 도시 거주자들은 시골 사람들보다 육류를 더 많이 소비했다. 육류, 특히 쇠고기는 비싼 식품이었다. 1870년 이후, 노동 계급의 식탁에는 쇠고기 대신 말고기가 올라왔다. 대부분의 사람들에게 빵은 성스러운 주식이었고, 수프는 필수였으며, 감자는 채소를 대신하는 구세주였으며, 와인은 누구나 좋아하는 음료였고, 돼지고기는 미식의 보물이었고, 사지동물 식용 고기는 손에 넣기 어려운 사치품이었고, 케이크는 유일하게 먹을 수 있는 디저트였다.

빵은 항상 식탁에서도, 식품 지출 항목에서도 단연 가장 중요한 식품이었다. 다음은 클로드 투비노Claude Thouvenot가 전하는 1850년 무렵의 풍경이다.

부유한 농부는 고기보다 빵에 2배나 많은 돈을 썼으며, 이는 연간 예산의 4분의 1에 해당했다. …… 그는 벌판에서 원 재료를 가져다가 농장에서 바로 요리했다. 화덕이 있었고, 마음껏 나무 땔감도 쓸 수 있었고, 일할 사람도 있었고, 시간도 많았으므로 문제될 게 없었다. …… 빵은 매 끼니마다, 갖가지 형태로 해 먹었다. 탈곡하는 사람, 포도주 만드는 사람, 농사짓는 사람들이 아침에 일어나서 제일 먼저, 아무것도 넣지 않은 빵에, 브랜디 한잔을 마시곤 했다. 겨울과 여름에 먹을 간식거리로는 수제 치즈나 훈연 베이컨이 있었다. 노동자들은 그 위에 마늘을 문질러 넣거나 소금을 발라 먹기도 했다. 여자들은 얇게 잘라서 수프 안에 넣었다. 이가 난 아이들은 수프에 적신 빵을 우적우적 씹어 먹었다. 이가 빠진 노인들은 빵 수프를 먹거나 감자를 넣어 걸쭉한 수프를 만들어 먹었다. 아이들은 학교를 파하고 집으로 돌아오면 프로마주 프레fromage frais(단기간에 먹을 수 있도록, 숙성시키지 않은 수분기 많은 프랑스의 프레시 치즈—역주)와 곁들여 먹었고, 저녁에는 입자가 고운 캐스터 슈가caster sugar를 넣어 촉촉하게 먹었다.

시골에서 먹는 빵은 대개 갈색이거나 거의 흑색에 가까운 호밀빵, 또는 밀과 호밀을 섞은 것으로 가정용 화덕에서 구웠다. 도시에서 만든 흰 빵은 19세기 말이 되어서야 유행했다. 빵이 나오면 언제 어디서든 수프가 따라 나왔는데 지역마다 좋아하는 수프가 달랐다. 로렌 지방에서는 베이컨 수프와 포테potée(고기와 양배추를 같이 끓인 것), 베아른Béarn에서는 가르부르garbure(양배추와 거위 콩티), 플랑드르에서는 순무 수프, 리무쟁Limousin에서는 알밤 수프를 가장 좋아했다.

일상 식단의 단조로운 패턴은 거의 깨지지 않았지만, 아주 가끔 결혼식이나 마을 축제를 할 때 바뀌었다. 고기, 파티세리, 좋은 포도주, 그리고 가끔은 샹파뉴에, 커피와 지방의 음료까지 가족 잔치와 축하 행사 메뉴로 등장했다. 고기는 주로 잔치가 열리기 일주일 전에 잡은 토끼, 수탉, 돼지, 송아지였다. 이럴 때면 비싼 쇠고기도 맛 볼 수 있었다. 가정 내 포도주 저장소에 묵혀 놨던 것이나 250리터짜리 큰 통으로 구매한 포도주는 잔치를 위해 풍성하게 나왔다. 그리고 타르트와 갸또gateaux는 가정 내 화덕에서 구워 달달하게 먹었다.

19세기와 20세기 초반, 퀴진 프랑세즈cuisine française라는 표현은 수요자인 여러 사회 계층과 알자스, 로렌, 브르타뉴, 노르망디, 프로방스 등 여러 지역의 변형까지 전 범위의 쿠킹 스타일을 총 망라했다. 동시에 19세기 초 카렘부터 20세기 초 에스코피에에 이르기까지 프랑스 요리사들이 해외로 수출한 요리 관습을 명명하는 데도 그 용어를 이용했다. '왕의 요리사이자 요리사의 왕'으로 유명한 오귀스트 에스코피에Auguste Escffier(1846~1935)는 일류 호텔 세자르 리츠César Ritz에서 일했으며, 사보이Savoy 호텔과 런던의 칼튼Carlton 호텔에서 호텔 음식을 담당했다. 그는 훌륭한 주방 팀을 조직하였으며, 말년에는 전 세계 곳곳에 2,000명의 요리사를 배출한 사실에 자부심을 느꼈다. 1912년 그는 미식가 클럽Ligue des Gourmands을 시작하여, 그가 고안한 메뉴 미식가의 식사Dîners d'Epicure를 여러 유럽 도시에서 수백 명의 손님들에게 제공했다.

제1차 세계 대전이 끝나자 프렌치 퀴진은 어려움에 봉착했고, 오트 퀴진은 사실상 사라지고 없었다. 많은 요리사들이 살해당하거나 부상을 당했고, 요리를 할

1921년 파리의 어느 카페에 앉은 오귀스트 에스코피에(왼편)의 사진이다. 당시 요리 역사상 가장 오랫동안 영광스러운 지위를 누린 그가 74세의 나이로 은퇴한 직후였다. 그는 프렌치 퀴진의 대사로서, 1919년 푸앵카레(Poincaré) 대통령으로부터 레종 도뇌르 훈장을 받았다.

수 있는 직원과 도제들이 부족했다. 여러 가문에서는 고용하는 하인의 수를 점점 줄여나갔고, 그러자 가사는 더 귀찮고 부담스러운 일로 변했다. 때맞춰 가정 경제가 발달함에 따라 새로운 발명품들이 주방에 들어오기 시작했다. 가정 경제의 첫 번째 트렌드는 1923년에 시작되었다. 가장 중요한 발명품 중에서 냉장고가 부유한 가문의 집안에 들어왔고, 제2차 세계 대전 이후에는 어디에서도 흔한 물건이 되었다.

계속해서 너무나 많은 변화들이 발생하면서, 일부 비평가들은 프렌치 퀴진의 '퇴락'을 운운하며 구식 후렴구들을 꺼내기 시작했다. 요리사들은 스스로를 변호하고, 컬리노그래프culinographes라 부르던 미식 전문가들을 공격하기 위해 다 같이 힘을 모았다. 1923년 『요리 리뷰 La Revue culinaire』 4월호 어느 기사는 이렇게 선포했다. '컬리노그래프들은 요리사 주변에서 웅웅거리는 말벌들이다. 새로 나온 그들의 글을 봐도 그 주제는 전혀 변하지 않았다. "프렌치 퀴진이 죽어가고 있다! 프렌치 퀴진은 더 이상 존재하지 않는다." 이런 말 뿐이다. 이렇게 터무니없는 주제로 글을 쓰다니, 이 시원찮은 자들 같으니!'

사실 프랑스 요리의 메뉴는 좀더 간단해졌고, 가니쉬는 요리로 변했다. 다음은 1925년 『요리 리뷰』에 나온 의견이다.

양념과 재료 준비는 보다 간단해졌는데, 이는 일종의 발전이다. 요즘에는 서로 섞은 게 뻔히 보이는 콩디망을 써서 요리의 향미를 숨기려 하지 않는다. 오히려 정반대로 분별 있게 선택한 재료를 이용해 본래의 향을 존중하고, 그것을 강조하고, 향상시키려고 노력한다. 오늘날 요리사들이 복잡한 재료 준비를 포기했듯이, 호사스럽고, 화려하고, 과시하려는 연출도 거부하였다. …… 오늘날의 퀴진은 단순, 간결성을 추구한다. 그렇다고 우아함이나 훌륭한 취향을 배제하지는 않으며, 심플하다는 단어에 포함된 의미의 정수를 취하려고 노력한다.

제1차 세계 대전 전부터 이미 사클socle(보통 돼지기름 라드로 새긴 장식용 주춧돌)이 점차 사라지고 있었고, 이는 장식성이 강한 기존 요리 관습의 종말을 가속화시켰다. 그렇지만 1920년대 에스코피에가 창안한 '모던' 스타일은 퀴진 부르주아가 선보이는 일종의 호사스런 형태였다.

이 요리 관습은 파리 시내는 물론, 관광업 덕분에 여러 지방에서도 성공을 거두었다. 사실 이때가 바로 지방의 요리 관습이 프랑스 미식 유산의 통합적 일원으로 평가받던 시기였다. 1927년 도데Pampille alias Marthe Daudet는 『프랑스의 맛있는 요리, 퀴진 레조날 Les Bons de France, cuisine régionale』을 출간했다. 그 전에, 크로농스키는 미식 관광을 유행시켰으며, 이를 가스트로노마데스gastronomades라 불렀다. 이 미식 축제는 지방의 좋은 레스토랑을 발견하는 데 일조했다.

1912년에 창설된 클럽 데 상Club des Cent 이후로, 양차 세계 대전 사이에 여러 개의 미식 모임, 협회, 클럽이 생겨났다. 이는 어떤 위협에 대한 사회의 대응 방안으로서, 크로농스키는 다음과 같이 설명했다. "20세기 초반, 오랜 역사를 자랑하는 훌륭한 프렌치 퀴진은 두 가지 고난에 직면했다. 첫째, 전 세계 호화 호텔과 대형 숙박시설을 잠식한, 개성 없는 범세계적 요리 관습의 속물 근성이다. 둘째, 맛과 향을 위장하고, 마치 화학과 요술을 뒤섞은 듯 이상야릇하고 과시적인 이름을 붙이길 좋아하는 복잡하고, 지나치게 정교한 퀴진에서 비롯된 낡은 미각이다."

클럽 데 푸르 상Club des Purs Cent과 1922년 창설된 미각 심리학 아카데미Académie des Pshchologues du Goût 이후에 1923년 지역 미식학 협회Association des Gastronomes Régionalistes, 1928년 크로농스키가 '프렌치 퀴진의 전통'을 보호하기 위해 창설한 미식 아카데미Académie des Gastronomes, 1929년 미식가 클럽Cercle des Gourmettes, 1937년 쁘아종 아마추어 미식 협회Association des Gastronomes Amateurs de Poisson를 비롯해 여러 협회가 결성되었다.

알렉상드르 듀메인 Alexandre Dumaine, 페르낭 푸엥Fernand Point, 앙드레 픽 André Pic 등은 이런 퀴진 부르주아의 성공을 대표하고, 대변했던 요리사들이다. 듀메인(1895~1974)은 1935년에 세 번째 미슐랭 스타Michelin star를 받았다. 그는 부르고뉴, 솔리외Saulieu의 호텔 드 라 코트 도르Hotel de la Côte d'Or에서 에스코피에로부터영감을 받은 그랑 퀴진 도텔grande cuisine d'hotel을 창안했다. 이것의 전형적인 메뉴는 다음과 같다.

1956년은 알렉상드르 뒤메인의 명성이
절정기에 도달했을 때였다. 프랑스의 모든
미식가들이 그의 '호텔 드 라 코트 도르' 앞에 길게
줄을 섰고, 당시 신문들은 통통한 얼굴에 미소를
짓는 이 사진을 특집으로 실었다.

다양한 버터 오르되브르 Hors d'oeuvres variés, beurre

민물 가재 Feuilletté de queues d'ecrevisses

프랑스식 작은 완두콩 Petits pois à la française

브레세 암탉 구이 Poularde de Bresse rôtie

야생 고기 부스러기를 넣은 파테 Pâte de gibier en croûte

계절 샐러드 Salade de saison

프로마주

앙트르메

과일 코르베이유 corbeille de fruits

리용 남쪽, 비엔Vienne의 라 피라미드La Pyramide에 미슐랭 스타를 받은 또 한 사람의 요리사 페르낭 푸앵(1897~1955)은 그랑 퀴진 데 메종 부르주아지grande cuisine de maison bourgeoise를 제공했다. 메뉴는 브리오슈 드 푸아그라brioche de foie gras, 나폴리식 생선 필레filet de sole napolitaine, 크림을 넣은 브레스 닭고기 Poularde de Bresse à la crème, 과일 얼음 과자glaces, 한입에 먹는 파티스리나 사탕 과자friandises였다. 앙드레 픽(1893~1984)은 생 페레Saint-Peray의 오베르즈 뒤팽 Auberge du Pin에서 미슐랭 스타를 받았다. 이후 발랑스Valence로 옮긴 후 손님들에게 쇼송 송로버섯chausson aux truffes, 송로버섯을 채운 비둘기 발로틴 ballottine de pigeons farcis et truffés, 마도요 테린terrine de bécasse, 옛날 방식의 닭고기poularde à l'ancienne, 그의 전매특허품인 민물 새우 그라탱gratin de queues d'é crevisses을 선보였다.

또 한 명의 위대한 부르주아 요리사, 앙드레 기요는 일반 가정에도 똑같은 요리를 제공했다고 말했다.

점심 때 일상 메뉴는 파리나데farinade(밀가루와 달걀로 만든 요리)나 생선, 여러 가지 가니쉬를 곁들인 고기 요리, 채소, 앙트르메로 구성되었다.

저녁이면 두 가지 수프, 파리나데나 생선, 고기나 가금류 요리, 대체로 매우 가벼운 혼합 샐러드, 앙트르메를 제공했다. 일상의 주된 식사는 이 정도 가짓수에서 크게 달라지지 않았다. 성대한 저녁상에는 두 가지 수프, 생선 코스, 가니쉬를 곁들인 앙트레, 채소, 혼합 샐러드, 앙트르메, 체스터 케이크Chester cake(치즈향이 나는 케이크)가 나왔다.

대부분의 집안에서 보다 간단한 형태의 메뉴를 채택했지만, 간혹 변형된 스타일로 여전히 고전 원칙을 고수하는 가문도 있었다. 여기서는 두 가지 수프, 를르베 remove, 두 가지 앙트레, 로스트, 두 가지 채소 앙트르메와 디저트 앙트르메로 구성 했다. 이 메뉴는 카스텔란 보니 백작Comte Boni de Castellane과 로칠드 남작, 그 외에 여러 가문에서 실시되었다.

제2차 세계 대전 후 식량 배급과 식량 부족 사태를 겪은 후, 프랑스 인들은 한동안 다시 이런 퀴진 부르주아로 회귀했지만 1960년대 말, 소비자 사회가 본격적으로 시작되면서 정점에 올라갔다가 이내 1968년 5월 혁명의 소용돌이 속에서 퇴락하기 시작했다. 바로 이런 상황에서 누벨 퀴진이 등장했다.

누벨 퀴진이라는 표현은 앙리 고Henri Gault가 1973년 월간 잡지『고에미요 Gault et Millau』에 기고한 '프랑스 누벨 퀴진이여 영원하라 Vive la Nouvelle Cuisine'는 제목의 기사에서 맨 처음 등장했다. 누벨 퀴진의 옹호자로서 저널리스트였던 앙리 고와 크리스티앙 미요Christian Millau는 당시 '만연된 지독한 교조주의에 대한 반발'로써 누벨 퀴진을 제시했지만, 기회가 될 때마다 자신들이 그 창안자가 아님을 반복해서 주지시켰다. "우리는 그 공식을 제안했고, 그것은 질 좋은 마요네즈처럼 유행이 되었지만 그 뿐이다. 나머지, 즉 가장 중요한 사항은 요리사들의 몫이다. 우리는 관찰자이며, 여전히 관찰자일 뿐이다." 그렇다면 그들은 대체 무엇을 관찰했을까?

오트 퀴진은 그것의 독단적 원칙과 레시피에 박혀 꼼짝하지 않았다. 일명 라 레니에르라 불리면서『르 몽드 Le Monde』지의 푸드 섹션을 담당했던 로베르 쿠르탱Robert Courtine(1910~1998)은 이렇게 한탄했다. "세상에, 최고 요리사 명단을 아무리 뒤져 봐도 새로운 음식을 거의 찾을 수가 없다. 오히려 마음껏 상상을 펼쳐 새롭고 독창적인 요리를 '만들어 내는' 일반 가정의 주부들에게서 찾는 게 더 나은 실정이다." 위대한 레스토랑의 요리 관습과 레시피는 gratin de queues d'é crevisses, tournedos Rossini, sole Dugleré같이 한정된 레퍼토리에 의존했다. 파리에 오면 생선 브블랑poisson au beurre blanc을 먹으러 라 메르 미셸La Mère Michel로, 오리요리 카나르 오 상carnard au sang을 먹으러 라 투르 다르장La Tour d'Argent으로, 혀가자미 필레 캐솔레트cassolette de filets de sole를 먹으러 셰 라세르Chez Lasserre로 갔다.

제2차 세계 대전 이후 1960년대 동안, 많은 레스토랑의 요리 관습은 거의 변하지 않았다. 위생과 냉동 작업이 전혀 이루어지지 않았으며 식품의 신선도를 따지는 사람도 없어서, 소스를 이용해 음식의 맛을 감출 정도였다. 반조리 상태인 '레디메이드Ready-made'도 흔히 접할 수 있었다. 고객이 주문하면 곧바로 내올 수 있도록 기본 소스를 미리 조리하고, 몇몇 요리는 미리 만들어 놓기도 했다.

앞서 두 명의 저널리스트는 폴 보퀴즈Paul Bocuse(1926년 생)가 만들어주는 식사를 하는 도중에 누벨 퀴진에 대한 영감을 받았다. 그가 1965년 세 번째 미슐랭 스타를 받기 전의 일이었다. "그는 우리의 눈과 배를 즐겁게 해 주려고 했다. 민물 새우 수프, 빵 껍질을 입힌 농어 등등 많았다. 요리는 완벽했다. 하지만 우리는 아무런 충격을 받지 못했다." 그럼에도 불구하고 그날 저녁 두 사람은 리용 근처에 있는 보퀴즈의 레스토랑, 오베르주 드 콜롱주 아 몽 도르Auberge de Collonges au Mont d'Or로 갔다. "폴 보퀴즈는 토마토를 곁들인 간단한 프랑스 콩 샐러드를 내왔다. 대단했다. 마치 정원의 향기처럼 잊을 수 없는 향미였다. 그 다음, 붉은 숭어를 가볍게 조리하여 주었다. 또 다시 우리는 그간 잊고 지냈던 향미에 압도 되었다. 그때 우리는 누벨 퀴진을 발견했다. 그건 이미 존재하고 있었다. 우리는 매번 그것

1933년 태생의 미셸 게라르는 누벨 퀴진의 주요 실천자 중의 한 사람이다. 그는 『가벼운 그랑 퀴진』의 출판으로 유명해졌으며, 이 책은 전 세계적으로 성공을 거두었다. 또한 그는 최초로 거대 식품 재벌과 함께 일하는 저명한 요리사가 되었는데, 그 업체는 바로 네슬레이다.

을 마주치고 있었음에도 그 사실을 여태 깨닫지 못했던 것이다."

보퀴즈의 요리를 맛 본 이후에, 두 사람은 미처 알지 못한 채 누벨 퀴진을 제공하고 있는 다른 요리사들을 찾아 나섰다. 리용 북쪽, 로앙Roanne에서 장 트루아그르, 피에르 트루아그로Troisgros 형제가 그들에게 허브를 넣은 개구리 다리 요리를 만들어 주었다. "둘은 데굴데굴 바닥을 굴렀다. 마지막 순간, 놀랄 정도로 가볍고 신선한 허브의 맛이 감돌았다." 크리스티앙 미요는 트루아그로 형제의 주방에서 일주일을 보내면서, 그 안에서는 미리 만드는 음식이 전혀 없고 즉석에서 모든 음식을 요리한다는 사실을 확인했다. 이것이야말로 '에누리 없는 요리 방식'이었다. 그 직후, 미요는 아니에르Asnières의 미셸 게라르Michel Guérard를 시작으로, 알랭 샤펠Alian Chapel, 알랭 상드랑Alain Senderens, 장 들라베인Jean Delaveyne, 로제르 베르제Roger Vergé, 데니스Denis, 폴 마니에르Paul Manière를 차례대로 찾아갔다. 그리고 이렇게 말했다. "누벨 퀴진 요리사들은 다들 따분한 요리 관습을 배제한다는 공통점이 있었다. 가령, 늘 똑같은 구식 베이스, 밀가루와 섞은 소스, 재가열 과정을 하기 전에 미리 조리된 음식, 잘못된 형태, 맛을 파괴하는 것들, 그리고 우리 아버지, 할아버지들이 지켰던 똑같은 기준 하에서 좋은 요리를 파괴하는 백여 가지 진부한 방식들을 모두 쓰지 않았다."

'가벼움 lightness'은 누벨 퀴진의 핵심 요소 중의 하나로 추앙받았다. 1976년 미셸 게라르는 『가벼운 그랑 퀴진 La Grande cuisine minceur』을 출간했고, 그 뒤 1981년에 앙드레 기요는 『가벼운 진짜 요리 La Vraie Cuisine légère』를 출간했다. 앙드레 기요는 이와 같은 보다 가벼운 형태의 그랑 퀴진을 표방한 선구자 중의 한 사람이

맥심은 벨 에포크(Belle Epoque, 아름다운 시대라는 뜻으로 19세기 말부터 제1차 세계 대전 이전까지를 가리키며, 맥심은 1893년 4월 7일에 오픈했다. —역주) 당시 가장 유행했던 상류 식당으로, 수석 웨이터의 이름에서 그 이름을 따왔다. 1900년식 실내 장식은 건축가 루이 마르네즈(Louis Marnez)의 작품이며, 일련의 룸은 여성 누드화로, 마호가니 틀은 구리로 만든 채소 모티프로 장식되어 있다. 스테인드글라스로 된 천정 지붕은 색상과 조명 역할을 동시에 수행한다.

었다.

사실, 나는 오랜 스승이신 페르낭 주토Fernand Juteau의 사상과 기풍을 따라 1947년부터 아래 사항을 없애버림으로써 요리 혁신의 작업을 수행했다고 생각한다.

a. 루 소스roux sause(밀가루에 물을 넣지 않고, 버터와 1:1/2:1의 비율로 볶아 화이트, 브라운 소스 등을 만드는 기본 소스—역주)
b. 에스파뇰 소스에 대한 반감sauce ? l'espagnole(브라운 소스, 토마토 페이스트, 레드 와인, 밀가루, 마늘, 부이용, 파슬리 스톡 등을 넣어 만드는 기본 소스로 프랑스에서는 값싼, 저질 소스를 일컫는 말이기도 했다.—역주).
c. 1세기 동안이나 계속된 의례인 볼오방vol-au-vent과 부셰 아 라 렌느bouchées à la reine. (볼오방은 소스로 버무린 고기, 가금류, 어묵 등을 채워 만드는 가벼운 패스트리 껍질로, 보통 푀이타주 안에 내용물을 채우고 나서 이 껍질을 뚜껑으로 이용했다. 퐁파두르 부인에게 빠진 루이15세의 마음을 사로잡기 위해 왕비 마리가 아버지 폴란드 황제 렉친스키로부터 배운 방법으로, 여왕이 먹을 수 있도록 한 입 크기로 만든 것이 바로 부셰(한입) 아 라 렌느(여왕)이다.—역주) 나는 이것을 푀이레feuilletés로 바꿨다(진짜 깃털 같은 패스트리만이 가벼운 요리가 될 수 있다. 따라서 일부 사람들이 이용하는 '라이트 퍼프 패스트리light puff pastry'는 똑같은 의미의 말을 반복하는 것이다).
d. 과하게 채운 메뉴. 나의 공식은 큰 요리 하나를 내고, 그 다음에 기분 좋고, 독창적인, 작은 음식을 내고, 나중에 가벼운 디저트를 내는 것이다. 또한 메인 코스에 맞추어 와인도 하나만을 마시도록 권고했다.

맥심Maxim의 알렉스 훔베르Alex Humbert는 자신의 사슴 등심 칼라callas와 어린 채소를 이용한 요리를 통해서 이런 변화를 이미 예상했다. 그의 요리는 누벨 퀴진과 더불어 유행하였다. 새끼 양고기에 송로버섯과 다른 버섯으로 만든 쥘리엔느julienne(채소나 고기를 성냥개비 모양으로 잘게 써는 것—역주)로 속을 채워 가볍게 구운 요리였고, 여기에 소스는 스톡을 디글레이즈시켜 얻은 육즙을 썼다. 송아지 스톡과 셰리주를 함께 차려냈으며 가니쉬는 아스파라거스 스피어asparagusspear와 포테이토 파리지엔potatoes parisiennes으로 구성했다.

보르도 근처, 랑곤의 레스토랑 가문에서 태어난 레이몽 올리비에Raymond Oliver는 퀴진 드 마르쉐cuisine de marché의 대표적인 요리사 중의 하나였다. 파리 그랑 베푸Grand Véfour의 경영자이기도 한 올리비에는 루이 올리비에 달걀, 레이니에 3세 비둘기 등 메뉴에 개인의 이름을 넣은 요리를 선보였다. 또한, 그는 프랑스에서 TV에 등장한 최초의 요리사였으며, 이는 1953년부터 카트린 랑제Catherine Langeais와 함께 진행했던 '아르 에 메기 드 라 퀴진Art et Magie de la cuisine'이라는 프로그램 덕분이다. 더구나 그는 프랑스 본토의 레스토랑을 두고 외국에 진출한 최초의 프랑스 요리사로서, 특히 일본에서 성공을 거두었다. 이렇게 다양한 방식으로 꽃을 피운 그의 요리 미학도 누벨 퀴진으로 흡수되었다.

정신적인 상태? 변화? 트렌드? 태도의 변화? 누벨 퀴진에 대해 이해하고 싶은가? 그렇다면 이 시기에 개별 3자 집단 사이에 전개된 상호 의존적 관계와 개별 독립적인 관계를 살펴봐야만 알 수 있다. 먼저 셰프들과 요리사들, 그리고 이들이 출세를 하면서 생겨난 새로운 미디어와 새로운 고객들이 바로 그 개별 3자 집단이다. 제2차 세계 대전 직전부터 요리사들은 고용인과 하인이라는 신분에서 해방되기 시작했다. 그 무렵 여러 유명한 요리사들은 자비를 들여 파리와 여러 지방에서 개업했다. 탈로리스의 비즈Bises in Talloires, 발랑스의 앙드레 픽, 솔리외의 알렉상드르 뒤메인, 비엔의 페르낭 푸앵이 대표적이다. 그러나 제2차 세계 대전이 끝날 무렵, 대다수 레스토랑은 요리사가 주인을 겸하지 않았다. 1950년대에 들어와 상황은 더욱 크게 변하기 시작했고, 1960~1970년대에 그 트렌드는 가속화되었다. 과거 요리사이면서 현재 경영자로 전환한 사람들은 레스토랑 정면에 자기 이름을 걸었다. 그래서 오베르주 드 콜롱주 아 몽 도르는 세 폴 보퀴즈Chez Paul Bocuse가 되었다.

또한, 그들은 메트르 도텔의 관리에서 벗어나 플레이트 서비스Plate Service(식당 서비스 중 가장 간단하고 빠른 서비스 방법으로, 주방에서 음식을 미리 접시에 담아 놓은 것을 접객원들이 날라다가 서브하는 형식—역주)를 도입하여 스태프의 역할을 '접시를 들고 있는 자, 아름답게 장식된 요리 덮개 클로쉐를 들어 올리는 일만 하는 사람'으로 축소시켰다. 요리사의 사회적 지위가 높아지는 분위기에서 폴 보퀴즈는 자신의 역할을 다음과 같이 간결하게 설명했다. "나는 셰프를 주방 밖으로 데리고 나왔다." 방드 아 보퀴즈Bande à Bocuse는 보퀴즈를 중심으로 누벨 퀴진의 주요 대표 셰프를 모두 끌어 모았다. 이 모임은 1970년 프랑스 그랑 퀴진 협회 Association de la Grande Cuisine Française가 되었다. 피에르와 장 트루아그로 형제, 미셸 게라르, 헤버랭 형제Haeberlin brothers, 샤를 베리에Charles Barrier, 루이 오튀르Louis Outhier, 피에르 라포트Pierre Laporte, 르네 라세르René Lasserre, 로제르 베르제, 레이몽 올리비에가 다 같이 뭉쳤다. 『고미요 Gault Millau』 가이드와 월간 잡지는 프랑스의 일류 푸드 가이드『미슐랭 Michelin』을 대신하여 프렌치 퀴진의 부활에 자체 기여하고자 노력했다. 두 명의 기자가 주목할 만한 레스토랑을 찾아 온 나라를 돌아다녔다. 그들의 평가 기준은 도자기 식기의 위치나 장식, 품질과 전혀 무관하게 오로지 맛과 연출, 요리사의 상상력에 근거를 두었다. 그들은 오직 자기들만의 기준으로 레스토랑의 등급을 매겼고 다른 가이드 북에서 하는 얘기는 절대 참고하지 않았다. 그들의 독립적인 태도를 본 많은 사람들은 거기에 마음을 뺏겨, 한창 논쟁 중인 이들 새로운 식당을 찾아가려고 했다. 그 결과, 누벨 퀴진은 프랑스 전역으로 확산되었다.

새로운 미디어뿐 아니라 '누벨' 요리사들과 셰프들은 이제 새로운 고객, 즉 과거보다 더 산업화를 이루어 더 부유해지고, 프랑스에서 그 세력을 넓히던 새로운 사회 집단을 공략하였다. 그들이 바로 중간 관리직과 고위 경영진이었다(저자는 유독 누벨 퀴진 시대를 설명하면서 요리사cook와 셰프chef를 별개의 의미로 쓰고 있다. 18세기부터 요리는 오븐, 화덕, 로스트를 담당하는 세 가지 분야로 나뉘며 오 븐 담당은 파티시에, 로스트 담당자는 로티쇠르라 했고, 화덕을 담당하는 최고 기 술자를 요리사라 했다. 요리사는 앙트레 조수가 있었고, 나중에 이 조수는 오르되 브르와 콜드디시 담당자로 분화된다. 이 세 분야를 총괄하는 요리사를 chef de cuisine(주방장)이라 하며, 줄여서 셰프라고 부른다.—역주). 현대 소비자 사회의 이 집단은 색다른 가치관을 갖고서 날씬함, 가벼움, 건강함, 쾌락과 독창성이 사람의 마음을 끄는 매력이라고 생각했다.

누벨 퀴진의 기본 특성은 무엇이었을까? 1973년 취임 연설에서 앙리 고와 크 리스티앙 미요는 '십계명'을 정했다.

1. 생선, 해산물, 사냥고기, 송아지, 녹색 채소의 조리 시간을 줄인다.
2. 기존 산물을 새롭게 활용한다. 요리법이란 신선한 식품과 고품질의 재료를 써야 한다.
3. 메뉴에 올리는 아이템 수를 줄인다. 보다 짤막한 메뉴는 "스톡을 덜 쓰고, 보다 창조적인 요리 관습을 이용하여, 더욱 신선도를 높이고, 진부함에서 탈피하여, 주문이 들어온 후 모든 것을 조리한다는 뜻이다. 그리고 소스를 이중 냄비에서 뭉근한 불로 끓이는 관행을 적절히 끝내는 것이다. 이것은 전전戰前 시대의 빛바 랜 관습이다."
4. 누벨 퀴진 셰프는 "체계적으로 조직된 모더니스트"가 아니다.
5. 누벨 퀴진 셰프는 새로운 요리 기술이나 새로운 재료에 대해 반대하지 않는다. " 그들의 오븐은 깨끗한 새 것이라 온도를 쉽게 조절할 수 있다. 그들은 이제 참기 힘든 역한 냄새가 나지 않아서 예전보다 숨 쉬기가 좋아진 분위기에서 일을 한 다. 그 공간도 밝고 넓어졌다. 그들은 믹서기, 아이스 크림 제조기, 자동 회전식 고기 구이rotisserie, 감자 깎는 기구, 쓰레기 처리 장치를 사용한다. 그들은 냉동 식품에 많은 신경을 쓴다. …… 마지막으로, 그들은 여러 가지 조리 방식과 가온 加溫 방식을 실험하는데, 이를 보면 보수적인 요리사들은 벌벌 떨지도 모른다. 또 그들은 폴 보퀴즈 레스토랑으로 가서 붉은 숭어즙을 넣어 전자 레인지로 가열시 킨 폴 보퀴즈의 붉은 숭어 요리를 맛본다."
6. 누벨 퀴진은 사냥고기를 걸어두는 것에 반대하며, 결과적으로 "역겨운 발효를 위장하는 향신료는 누벨 퀴진의 레퍼토리에서 사라졌다."
7. 누벨 퀴진은 풍성한 소스, '무거운' 소스, 그 "끔찍한 브라운소스, 화이트소스, 그리고 수많은 간을 죽이고, 맛없는 고깃살을 위장했던 피낭시에financiére, 그랑 브뇌르grand veneur, 베샤멜, 모르네 소스를 지양하고자 한다." 이에 따라 "젤리 로 굳힌 고기, 송아지 고기 스톡, 레드와인, 마데이라, 생혈生血, 루, 젤라틴, 밀 가루, 치즈, 녹말은 공인 리스트에 올리지 않는다. 그러나 퓌메 소스sauce fumet, 크림, 버터, 순수 과즙, 달걀, 송로버섯, 레몬, 신선 허브, 후추열매peppercorn는 당연히 계속 사용한다. 그리고 그들은 함께 섞어서 맛이 더 향상되고, 마음을 맑 게, 위를 가볍게 해 주는 소스를 만들 줄 아는 레스토랑에 자부심을 느낀다."

미셸 게라르는 해산물 포토푀를 메뉴에 추가했다. 베이비 베지터블을 곁들인 이 랍스터 요리는 누벨 퀴진 양식이다. 누벨 퀴진은 고기에 뒤처졌던 채소를 부활시키고, 특히, 재료의 본래 특징을 되살리는 데 기여했다.

8. 누벨 퀴진은 영양을 무시하지 않는다. 그래서 찌기, 물에 넣어 삶기(반숙하기), 그릴링, 로스팅과 같은 조리 방식을 선호한다.

9. 누벨 퀴진은 접시의 디자인과 요리의 외양과 같은 미학에 관심을 두고 신경을 쓰지만, 반드시 정해진 한도 내에서만 실행한다(이런 게 존중받지 못할 때도 있다).

10. 마지막으로, 누벨 퀴진은 '창조적'이고 창의적인 요리를 추구한다. 이런 창의성은 먼저 메인디시에서 드러나는데, 항상 같은 필요는 없다. "그들은 양고기를 콩과 곁들이지 않았다고, 랍스터를 라이스와 함께 내지 않았다고, 가자미를 찐 감자와 내지 않았다고, 송아지고기를 시금치와 내지 않았다고, 스테이크와 감자 칩을 함께 내지 않았다고 요리를 모독했다고 여기지 않는다. 또한, 생선은 항상 화이트 와인과 함께, 푸아그라는 항상 송로버섯과 함께 나오지 않아도 된다." 그러나 셰프들은 좀더 멀리 바라 볼 수 있고, 그래야만 한다. 왜냐하면, 누벨 퀴진의 핵심 원리는 바로 이것이기 때문이다. 더 좋든, 더 나쁘든 "무엇이든 오케이." 이것은 "금지시키는 것 자체가 금지되어야 한다."는 슬로건을 내세운 1968년 5월 혁명의 정신과 맞닿아 있다.

누벨 퀴진은 이전에는 한번도 시도해 본 적 없는 다양한 방식으로 재료를 조합하고 결합시킨다. 미셸 게라르는 해산물 포토푀를 제안했다. 이는 육지에서 나는 고기로 만든 포토푀와 사촌간이라 할 수 있다. 알랭 샤펠은 '팔각star anise과 허브 라비올리를 넣은 산비둘기 포토푀'를 자기 메뉴에 올렸다. 자크 마니에르Jacques Manière는 파리에 있는 자신의 레스토랑 라 팍토르La Pactore에서 찌는 방식의 요리를 제공했다. 방드 아 보퀴즈의 셰프들은 얼마 안 가 프랑스에서 인정을 받았다. 1965년 폴 보퀴즈는 세 번째 미슐랭 스타를 받았고, 이어 1967년 알자스 로베루즈 드 릴L'Auberge de l'Ill의 헤버랭 형제, 1968년 로안의 트루아그로 형제, 투르Tours의 샤를 베리에도 세 번째 미슐랭 스타를 받았다. 1970년대에 방드 아 보퀴즈의 다른 셰프들도 미슐랭 스타를 받았다. 이들 신新 프랑스 요리사들은 주방 밖으로 나왔을 뿐 아니라, 국외로도 진출하여 전 세계 각지에 누벨 퀴진을 수출했다. 폴 보퀴즈는 일본과 미국으로 진출한 최초의 요리사였으며, 이후 방드 아 보퀴즈의 다른 요리사들도 곧 뒤따랐다.

그러나 이런 모든 성공 위에 불가피한 부작용이 드러났다. 엄청난 수익과 갑작스레 높아진 명예라는 유혹의 미끼에 걸린 가짜들이 선구자들의 레시피를 저질스럽게 모방하면서 스스로 창의적인 아티스트라고 주장하고 나섰다. 누벨 퀴진의 반대자들은 즉각적으로 이런 모방 요리를 호되게 비난하고 나섰다. 장 페르누아Jean Fernoit는 "레 코퀴 생 자크 아 로랑주les coquilles Saint–Jacques à l'orange …… 바닐라 스위트 브레드, 닭의 간을 넣어 조리한 청어, 꿀을 넣은 비둘기, 호박 소스를 곁들인 살구버섯 테린, 프로마주 프레와 생강을 넣은 양고기, 푸아그라와 멜론, 스위트브레드와 굴, 코퀴 생 자크를 넣은 라구, 돼지족발……"을 욕했다.

라 레니에르라는 필명으로 『르 몽드』지에 기고하면서 유명했던 쿠르탱은 1986

년에 소위 '환각의 요리L'Assiette aux leurres'를 냉혹하게 비평했다. "다른 사람들도 이런 장치, 즉 애초에는 유쾌하고 새로웠던 누벨 퀴진에 지나치게 의존한다. 1인당 돌아갈 음식량을 줄이고 당근 하나(껍질을 벗겨, 이파리가 붙은 채로 아니면 통째로!) 내놓으려고 말이다. 더구나 캐비아 가격을 냈는데, 그들은 운운한다, 음 가벼운 요리 어쩌고저쩌고, 이걸 어쩌나! 요리가 가벼워지면 질수록, 영수증은 더 무거워지니."

실제로 누벨 퀴진에 대한 칭찬과 비난은 양쪽 모두 지나칠 정도였다. 그러나 중요한 건, 누벨 퀴진이 진짜로 새로운 요리 관습이 되지 못하면서도, 여러 세대의 셰프들과 소비자들에게 심오한 영향력을 행사했다는 점이다. 우선 재료의 품질과 신선도를 강조함으로써, 새로운 형태의 미식법에 필요한 기본 원리를 정의하는 데 일조했다. 또한, 맛과 향미, '동시에 이 두 가지를 극대화시키는 조리법cross-fertilization'을 장려함으로써 오늘날 월드 퀴진과 퓨전 퀴진의 기틀을 마련했다.

프렌치 퀴진은 수세기 동안 다양하지만, 프랑스에 한정된 지역 요리 관습으로 보였다. 그러나 이 무렵 자국 요리 관습의 탁월성을 만천하에 선포하고 다른 여러 국가의 요리 관습을 발 아래에 두게 되었다. 19세기 초반 이후로, 이런 다양성은 점점 사라졌고 20세기 초반에 들어와 카렘이 정의했던 오트 퀴진이 완전히 사라졌고, 최근에는 퀴진 페이잔까지 자취를 감추었다. 설령 '프랑스 시골'의 이 요리 관습이 도처에서 자구책을 통해 회복된다하더라도, 사실상 그것을 떠받쳤던 기둥, 즉 프랑스

누벨 퀴진은 연출의 중요성과 요리의 미학을 강조했다. 그래서 채소의 색상과 형태를 각양각색으로 이용했는데, 이로 인해 간혹 손님들에게 제공할 음식량이 부족해지기도 했다.

시골 사람들은 이미 사라지고 없다. 퀴진 부르주아는 이보다 성공적으로 시간의 시련을 견뎌 냈다. 퀴진 부르주아는 19세기를 완전히 석권한 후에, 20세기 후반 30년 동안에 힘없이 무너졌다. 이때가 바로 누벨 퀴진이 득세한 시기였다. 그러나 누벨 퀴진도 당시 한 20년 간 인기를 유지하다가 이후 같은 운명을 맞이했다.

식품 생산의 산업화와 더불어 진행된 세계화, 그리고 조리·보존 기술의 진화(전자 레인지, 진공 포장, 효소 유도, 급속 냉동)로 인해서 요리 예술의 본질이 변해 버렸다. 이는 셰프와 소비자 양쪽에 다 해당한다. 날것과 신선 산물은 이제 더 이상 레스토랑 안에 준비해 두지 않는다. 단, 진짜 미식을 표방한 레스토랑은 예외이다. 이런 레스토랑의 일부 셰프들은 멀리까지 나가 자기들 기호에 맞는 과일과 채소를 재배하기도 한다. 농업과 식품 산업은 대중 시설이든, 가정이든 간에 대부분의 주방에 침투했다. 그리하여 이제 식품은 냉동 상태로, 진공 포장 상태로, 반조리 상태로, 포장되고, 조각조각 잘라서, 필요한 인원수대로 나온다.

그리고 그런 요인들이 어떻게 먹을 것인가, 무엇을 먹을 것인가에 영향을 끼쳤고 변화를 일구어 냈다. 지난 20년 간 일반 가정에서 조리하는 데 걸리는 시간은 계속 줄어들어, 현재 평균 식사 시간은 약 30분이다. 이와 동시에, 요즘의 어머니들은 더 이상 옛날 어머니들처럼 딸에게 요리 관련 지식을 전해 주지 않는다. 이미 주중에는 조리된 음식과 테이크 아웃 음식으로 대체되면서, 요리는 이제 더 이상 일상적인 가사활동이 아니라 주말과 휴일로 미뤄 둔 레저 활동 비슷하게 변해 버렸다. 그래서 요즘에는 다른 데 가서 요리를 따로 배운다. 그 증거로, 쿠킹 클래스와 요리 동호회에 참여하는 성인이 점점 늘어나고 있는 추세이다.

프랑스에서 미슐랭 스타를 가장 많이 받은 셰프인 알랭 뒤카스Alain Ducasse의 말을 믿어 본다면, 프렌치 퀴진의 현재 방향은 명품 사치 산업에서 찾아야 한다. 현대 미식법은 어떻게 살아남을 수 있을까. 이미 만들어진 모방 요리가 전혀 존재할 수 없는 오트 퀴진의 본보기를 따르면서 독창성, 창의성, 다양한 상품을 전부 수용하는 전략을 개발해야만 가능하다. 알랭 뒤카스의 창의적인 요리는 현재 브랜드화 되었다. 즉, 알랭 뒤카스 상표가 존재하게 되었다. '철저히 계산된 활동의 다각화'를 통해서 만들어진 여러 상품을 살펴보면, 도서 출판부터 요리사 교육은 물론, 신규 업체 오픈까지 매우 다양하다.

요즈음에 다수의 수상 경력을 가진 프랑스의 셰프들은 미슐랭 스타를 받은 본인의 레스토랑에서 일하는 '창조자'이자 동시에 컨설턴트들로서, 식품 업체에게 채용되기도 한다. 그런데 그들이 일반 유통용으로 진공 포장이나 냉동 요리를 고안하고 자기 이름을 빌려 준다면, 과연 그것이 그들 주장대로 진정으로 그랑 퀴진의 '민주화'에 기여하고 있는 것일까?

한 가지는 확실하다. 비록 그랑 퀴진이 대다수의 사람들이 접근할 수 없는 요리 관습이었을지라도, 프랑스 미식법의 우수성을 설명하는 말과 프랑스 인들의 일상 요리 관습 사이에 이렇게도 커다란 간극이 존재한 적은 일찍이 없었다. 현재 대부분의 프랑스 인들이 식품 업체가 공급하는 상품을 일상적으로 소비하고 있음을 기억하라.

9 외식

레스토랑의 발달

엘리엇 쇼어

서구인들은 수세기 동안 집 밖에서 밥을 먹었다. 그런데 여관, 식품 가판대 또는 기타 편의점 등과 정반대로 레스토랑의 역사는 불과 250년에 지나지 않는다. 애초에 부자들의 전용 공간으로 시작된 레스토랑은 초반 1세기 동안에는 부자들의 전용 공간으로서 런던, 파리, 뉴욕, 베를린에서 거의 별다른 변형없이 국제적이면서 다소 프랑스적인 요리를 제공했다. 이후 후반 1세기 동안에 레스토랑이 다양한 고객들을 맞이하기 시작했을 때에도, 거기서 제공하는 요리의 단조로움은 깨지지 않았다. 오늘날 레스토랑을 이만큼 성공시키고, 미각 문화를 대표하는 곳으로 자리 잡도록 해 준 것은 바로 수많은 종류의 음식들과 분위기, 서비스 스타일이다. 그런데 우리가 이러한 레스토랑의 변화에 대해 말할 수 있게 된 것도 알고 보면 250년이라는 역사 중에서 불과 근래 50년 사이에 일어난 일이다.

물론 18세기 중반 현대적 레스토랑이 탄생하기 훨씬 전부터 정찬 행사가 많았고, 여행 중이나 도시인의 평일에는 밖에서 식사할 일이 많았다. 특히 여행자들은 정해진 몇몇 장소에서 밥을 먹어야 했기 때문에 중세와 근대 초기에는 길 위를 가득 채운 순례자들, 학생들, 수도자들, 군인들은 밥을 먹을 수 있는 곳이 있었으면 하고 내심 기대했었다. 최초의 레스토랑은 중국에서 출발했다. 마르코 폴로는 1280년 항저우의 다양한 레스토랑 문화에 대해 썼는데 이 중 어떤 식당은 200년이나 된 곳도 있었으며, 현대 레스토랑과 여러 면에서 비슷한 면이 많았다. 그곳에는 웨이터, 메뉴, 연회 시설이 갖춰져 있었고, 서구 레스토랑 문화에서도 잠시 나타났던 매춘 시장과 밀회 장소의 면모도 일부 보여 주었다.

레스토랑이란 제일 큰 목적이 식사를 할 수 있는 공간 제공이다. 여관inn처럼 음식을 제공하면서 지방에서 사람들이 모이거나 여행자들이 잠시 피할 수 있는 숙식 공간이 아니다. 그리고 정해진 영업 시간에 다양한 요리를 제공하며, 그 가짓수는 전통적인 여관에 비할 바가 아니다. 따라서, 대부분의 레스토랑은 아침 식사 시간에는 영업하지 않으며, 혹시 호텔이나 오늘날의 여관 외부에서 아침을 제공하는 레스토랑들은 어느 정도 아침 식사만을 특화한 곳이다. 그러나 그들이 제공하는 식사들도 전통적인 여관보다 음식을 선택할 수 있는 범위는 훨씬 더 넓다. 보통 레스토랑에서는 매우 다양한 메뉴 중에서 원하는 음식을 선택하여 먹게 된다. 레스토랑이 생긴 이후로, 그곳에서 식사를 차려 내는 일은 웨이터의 몫이었고, 그는 그 일만 하도록 정해져 있다(그래서 웨이터가 여관 주인이나 마부, 바텐더를 겸하지 않는다). 그리고 여

어느 타블 도트(table d'hôte, 定食)에 모인 혼성 무리들이다. 이것은 페레즈(A. Perez)의 『일러스트레이트드 런던 뉴스 Illustrated London News』에 나오는 그림을 보고 새긴 판화로서, 식사 장면을 다소 로맨틱하게 그리지만 중앙에 앉은 손님은 일행보다 더 잘 먹고 있는 것 같다. 정해진 시간에, 정해진 가격에 제공되는 이런 유형의 식사는 레스토랑 탄생 이전에도 존재했고, 이후로도 존속했다.

앞면 베네치아의 '카페 플로리안'에서 손님들을 바라보아야 할, 웨이터가 산 마르코 광장을 뚫어지게 쳐다보고 있다. 아마 그 풍경은 1720년 이 카페가 처음 문을 열었을 때와 많이 달라졌을 것이다. 이런 유형의 시설은 정통 레스토랑과 달리, 메뉴가 제한적이었지만 고객에게 휴식과 사교를 할 수 있는 공간을 제공했다.

관이나 게스트 하우스에서는 다른 숙박자들과 같이 모이지만, 레스토랑 고객들은 친구들과 함께 와서 다른 손님들과 섞이지 않고 따로 앉아서 자기들이 먹은 식사 값만 치르면 된다.

현재 레스토랑 식사의 몇몇 특징들은 너무나 자연스럽고 당연한 것처럼 보인다. 이런 면에서 레스토랑이 문화적, 역사적으로 독특한 규칙들은 사람들이 기대하는 수준에 맞춰져 있다는 사실을 짚어 볼 만 하다. 일단 집에서 식사를 하지 않기로 했다면, 몇 시에 어느 레스토랑에서 먹을지 미리 계획하고 결정하게 될 것이다. 그러나 외식 결정은 대개 순간적인 기분에 좌우될 가능성이 높다. 예약을 하더라도, 마이아미 비치의 조스 스톤 크랩Joe's Stone Crabs이나 브라질의 추라세리아Churassceria 처럼 그 레스토랑만의 스페셜 요리가 없다면, 대개 무얼 먹을지 미리 정하지는 않는다. 특정 요리로 유명한 레스토랑에 가더라도, 함께 간 사람은 다른 것을 먹고 싶어 할지도 모른다(그래서 스테이크 하우스에서 생선 요리를 제공하고, 간혹 채식 메뉴도 마련해 둔다). 또 손님들 자신은 몇 분 늦게 도착했으면서도, 음식은 주문 즉시 요리 준비가 다 되어 있기를 기대하고, 일단 손님들이 자리에 앉게 되면 요리를 접시에 담고 있겠지, 라고 기대한다. 주문한 요리를 담은 접시는 각 손님들 앞에 나오거나 다른 접시에 덜어 먹을 수 있도록 식탁 위에 올려 놓는다. 손님 일행은 그 요리 가격이 얼마가 될 지 다들 짐작한다. 물론 가격은 그 레스토랑의 부류, 재료의 본질에 따라 달라지며, 와인이나 술을 식사와 함께 했는지, 몇 가지 코스를 먹었는지에 따라서도 달라진다. 식사를 마무리할 때 즈음이면 주문한 요리를 정리해 놓은 계산서가 나온다. 예상한 대로 당연히 메뉴에 적힌 요리의 가격과 똑같은 가격이 계산서에 찍혀 있다.

레스토랑하면 당연히 떠오르는 이런 장면들은 레스토랑에서 일상적으로 식사를 하는 사람들에게는 새로울 것도 없는 장면들이다. 그럼에도 1760년대 파리에서 레스토랑이 갑자기 활발하게 탄생했을 때부터, 그런 장면은 레스토랑을 정의하는 특성임이 밝혀졌다. 이 전의 서구에서는 레스토랑과 같은 시설이 없었다. 집이나 궁정을 떠나면 무엇을 먹어야 할지 막막해 하면서도, 레스토랑이라는 속성을 전혀 감안하지 못했다. 당시에는 '타블 도트table d'hôte'라고 부르던 곳에서 식사를 할 수 있었는데, 거기서는 정해진 식사 시간에 다 같이 모여 밥을 먹었다. 즉, 식탁 위에 음식을 차려 놓고 손님들이 그 음식을 가져와서 같이 먹었던 것이다. 그래서 만약 늦게 오면 한 입도 못 먹는 일이 생길 수도 있었다. 그리고 식탁에서 식사하는 즐거움을 위해 가격을 정해 놓았다. 손님이 배가 고프든, 그냥 간단히 먹고 싶어 하든 관계없이 똑같이 지불해야 했다. 여러 타블 도트에는 단골 손님이 있었지만, 그곳도 여행자들이 제 시간에 도착하기만 하면 먹을 것을 제공해 주던 시설이었다. 타블 도트 한 곳을 예를 들어 얘기하자면, 1714년 잉글랜드 은행 근처에 문을 연 심슨즈 피시 디너하우스 Simpson's Fish Dinner House가 있다. 이곳에서는 2실링을 받고 10개 정도의 굴, 수프, 자고 구이, 그 외 퍼스트 코스 세 가지, 양고기 치즈로 구성된 피시 오디너리fish ordinary라는 이름의 식사를 제공했다.

커피 하우스나 카페 역시 현대적 개념으로 볼 때는 레스토랑이 아니었다. 그곳에서는 디너용으로 조리한 다양한 음식이나 메뉴를 보고 주문할 수 있는 그런 요리가 없었기 때문이다. 베네치아의 카페 플로리안Caffè Florian은 1720년 오픈한 이후 계속 운영되면서 지금도 산 마르코 광장의 관광객들을 부지런히 유혹한다. 그러나 그 집의 메뉴는 카페인 음료에 따라 나오는 약간의 패스트리와 스낵으로 제한되어 있다. 여행자들이 이용할 수 있는 또 다른 대안은 묵고 있는 여관에서 식사를 하는 것이었다. 당시에는 먹을 수 있는 음식을 선택할 수 없는 시대였으므로, 그날 여관에서 어떤 요리를 했건 간에 나오는 대로 먹어야 했다. 때문에 여관은 저질의 유흥과 끔찍한 음식으로 악명이 높았는데, 세르반테스의 『돈키호테 Don Quixote』(1605)를 보면 자세히 나와 있다.

그들은 차가운 공기를 쐬려고 여관 문가에 자리를 잡았다. 여관 주인이 엉망으로 준비해서 더 엉망으로 요리한 대구 1인분을 갖다 주었고, 빵은 그가 입은 갑옷만큼이나 까맣게 때가 묻어 있었다. 더구나 그 갑옷 때문에 사람들은 그가 먹는 모습을 보고 크게 비웃었다. 그도 그럴 것이 그는 투구를 쓰고 두 손으로 면갑을 받치고 밥을 먹고 있었기 때문에, 도저히 입 안에 먹을 것을 넣을 수가 없었다. 누군가 입 안에다 먹을 것을 갖다 주면 모를까. 그러자 여자들 중 한 사람이 그렇게 해 주었다.

나중에 또 다른 여관에서 산초Sancho는 저녁으로 무얼 먹을 수 있는지 물어 본다. 여관 주인은 뭐든지 먹고 싶은 걸 시키라고 한다. 닭고기 구이를 청하자, 독수리가 닭을 전부 다 잡아먹었다는 불행한 이야기를 들려준다. 그래서 이번에는 어린 암탉 요리를 먹을 수 있는지 묻자, 어린 암탉들이 죄다 도시로 팔려나갔다는 말을 듣는다. 유감스럽게도 송아지, 새끼 염소, 베이컨, 달걀 등을 줄줄이 요청했지만, 먹을 수 없다는 부정적인 답변만 돌아왔다. 마침내 산초는 소리친다.

'세상에, 그냥 여기로 내려와서 당신이 진짜로 갖고 있는 게 뭔지 말해요. 이렇게 말도 안 되게 총총거리지 말고.'
여관 주인이 답했다.

크리스토발 발레로(Christobal Valero)가 그린 「어느 여관에서 술 마시는 돈키호테」이다. 의심스러운 음식과 술, 둘 다 제한적인 선택만 가능했던 시절, 파렴치한 여관 주인에게 사기당할 위험(지금도 그런 위험은 존재한다) 등 모든 요인들 때문에 길 위의 삶은 모험이 될 수밖에 없었다. 실제로는 형편없는 음식뿐이면서 아주 다양하고 풍요로운 음식을 약속하는 돈키호테식 이야기들은 전 세계 여러 지역에서 찾을 수 있다.

'내자 진짜로, 정말로 갖고 있는 재료는 송아지 발같이 생긴 소 족발, 다르게 말하면 소 족발처럼 보이는 송아지 발 두 어깨라오. 이집트 콩, 양파, 베이컨을 넣어 다 만들어 놨는데, 글쎄 걔들이 저기에 앉아서는 "날 먹어 줘! 날 먹어 줘."라고 말하고 있지 않겠수.'

하지만 대도시에서는 위의 경우처럼 궁핍한 대체 식품보다 상당히 더 좋은 식사를 할 수 있었다. 특히, 파리에서는 오늘날 테이크 아웃 식사에 버금가는 음식을 먹을 수 있었다. 당시 전형적인 저녁 거리인 소시지, 수프, 가금류를 조달하는 길드guild가 각각 따로 있었다. 이런 식품 조달 길드들은 테이크 아웃을 하거나 즉시 먹을 수 있는 식품을 공급했지만, 각자 허가받은 식품만 취급할 수 있었다. 오늘날까지도 케이크와 (빵이 아닌) 패스트리를 만드는 베이커리들은 일반적으로 일요일마다 문을 열고, 바로 그날 미사 후에 먹을거리로 치킨 불고기를 판매한다.

사학자인 레베카 스팽Rebecca L. Spang에 따르면, 최초의 레스토랑은 부이용의 일종인 '레스토라티프restoratif'라는 특정 음식의 이름을 따서 만들어진 시설이었음을 알 수 있다. 그 레스토랑은 몸을 진정시키고 회복시키는데 효과가 있다고 생각한 뜨거운 브로스(묽은 고기 수프)를 제공했다. 즉, 최초의 레스토랑은 건강을 증진시킬 수 있는 음식과 음식을 먹을 수 있는 공간을 공급했던 것이다. 마뛰랭 로즈 드 샹투아조Mathurin Roze de Chantoiseau는 1766년 파리에 레스토랑을 열었다. 그는 먼저 고기와 채소의 영양가 높은 육즙으로 만든 브로스를 제공할 것이며, 둘째, 계몽주의라는 유사 과학의 이상적 목표에 근거를 두었다는 주장을 펼쳤다. 특히, 후자는 계몽주의의 수많은 목표 중에서 지식인과 예술가들의 고질병을 치료하는 문제에 인간의 합리적 이성을 적용시키자는 움직임이었다. 파리에서 이렇듯 소박하고 건강에 좋은 식사를 찾는 움직임은 18세기 전반 프렌치 퀴진의 정교함에 대한 반발이었다. 화려한 바로크식의 혁신적인 맛과 아마도 고전 시대의 순수함으로 향하는 반작용 사이에서 일어나는 이런 식의 변동은 전혀 새로울 게 없었다.

　15세기 후반 르네상스 인문주의자였던 플라티나는 단순함의 미학, 가장 질 좋은 기본 재료와 더불어 쾌락주의자 에피쿠로스까지 끌어들여 중용의 식사로 회귀하라고, 귀족 가문의 음식처럼 그 음식의 본질을 위장하는 무거운 소스를 쓰지 말라고 주장했다. 그의 가르침은 가볍게 먹을 수 있는 매우 다양한 식사로 돌아가도록 촉구하였던 것 같다. 이 중의 많은 지침들이 오늘날 특정 풍조나 교훈과 서로 비슷하다. 즉 현대 요리에서 단순성과 진정성을 고양시키는 추세와 유사하다고 볼 수 있다. 가령, 오일과 식초를 살짝 끼얹은 샐러드, 맛있는 빵, 그리고 쇠고기나 양고기 대신에 생선구이, 새끼양고기나 송아지, 가금류 구이를 보라. 이 모두는 여러 소스를 범벅하지 않고 모두 그 재료 자체의 육즙으로 만들며, 여기에 디저트도 간단하게 나온다. 본질적으로, 음식을 먹는 것은 입을 즐겁게 해 주고, 그 음식의 근원을 곰곰이 생각하는 일이 된다. 지나치게 무겁고 복잡하다고 간주되던 음식에 대한 반발로서 식품의 본원에 더 가까운, 보다 가벼운 음식이 선택되었다. 이런 변주는 앞으로도 여러 번 계속될 것이다.

　레스토랑의 또 다른 혁신적인 변화도 즉시 뒤따랐다. 몇 년 지나지 않아, 레스토랑은 다들 건강에 좋다고 생각하는 음식을 먹는, 특권층의 장소로 변했다. 물론 여전히 최초의 회복식 브로스도 있었지만, 메뉴가 비단 그것에만 국한되진 않았다. 메뉴에서 주문하기, 주문한 요리에 대한 값만 지불하기, 친구들과 작은 식탁에 오붓하게 둘러앉기, 영업 시간 내 어느 때고 내게 맞는 식사시간 선택하기 등 레스토랑만의 특별한 관습들이 빠르게 번져갔다. 공공장소에서 지인들과 식사함으로써, 식사는 단순히 건강 문제가 아니라 미각적 취향과 전문 지식을 표출할 수 있는 개념으로 발전했다.

　'진정한' 레스토랑의 모든 특징적 관습들은 1782년 파리에서 문을 연, 라 그랑 타베른 드 롱드르La Grande Taverne de Londres에서 잘 엿볼 수 있다. 이곳은 브리야 사바랭의 말을 빌리자면, 레스토랑의 기본 4박자, 즉 우아한 실내, 똑똑한 웨이터, 고급 와인 저장고, 탁월한 요리를 다 갖춘 최초의 식당이었다. 주인 앙투안 보빌리에르는 이 레스토랑을 개업하기 전에, 프랑스 국왕의 형제를 모시던 파티스리 셰프였다. 그는 고전 시대 레스토랑 경영인의 전형적인 인물로서, 과거에 상류 귀족만이 즐기던 요리 스타일과 문화를 부르주아의 식탁으로 옮겨왔다. 그를 포함해 과거 상류 귀족층의 요리사로 일했던 수많은 요리사들이 팔레 루아얄에 레스토랑을 열었고, 이곳은 새로운 레스토랑의 중심지가 되었다. 이 새로운 레스토랑들 중에는, 특별 요리나 눈에 띄는 특성 때문에 유명해진 곳도 있었다. 발렌Balaine의 로쉐 드 캉칼Rocher de Cancale은 생선 요리로 유명했고, 카페 메카니크Café Mechanique는 주방이 손님들 아래에 위치해 있어서, 요리가 기계 장치로 식탁의 빈 받침대 위로 전달되었다. 또 에네베우스Henneveus는 4층을 프라이빗 룸으로 제공했다.

　초기 레스토랑의 마지막 특성은 프라이빗 룸에서 비롯된다. 프라이빗 룸은 종종 밀회나 부정不貞한 만남의 기회를 제공했고, 이는 레스토랑 초기 시절에는 중요한 의미를 지닌 특성이었지만, 이후로는 더 이상 레스토랑의 기능적 특성으로 통합되지

프라이빗 다이닝 룸에서 이루어지는 이와 같은 런치 자리에서 식사는 중요한 코스가 아니다. 코트와 모자가 의자 위에 내던져져 있고, 식탁에 음식의 거의 없는 이 상황을 잘 보라. 웨이터가 뭔가를 들고 다시 오기는 올까? 샴페인을 보니 뭔가 식사가 이루어진 것 같기도 하다. 19세기 동안, 많은 레스토랑들은 사적인 목적으로 쓸 수 있는 프라이빗 룸을 제공했다.

않는다. 프라이빗 룸에 해당하는 카비네 파르티클리에cabinet particuliers에서 제공하는 프로그램 중에 식사는 극히 일부분일 뿐이었다. 여러 이야기를 종합해 보면, 파리 시내 레스토랑의 프라이빗 룸은 결혼한 사이가 아닌 두 남녀가 만날 수 있는 새로운 데이트 장소였다. 공공장소이면서도 사적인 공간을 허용해 주었고, 매음굴보다 훨씬 우아하고 손가락질 덜 받는 곳이었기 때문에 연인 사이에서 인기가 높았다. 이후 프라이빗 룸은 적어도 19세기 전반부 동안 파리 시내 레스토랑에서 성행했으며, 불륜과 매춘 장소 역할 외에도 수많은 사회적 기능을 수행했다. 이보다 더 기품을 갖추고 있던 몇몇 레스토랑들도 개별 출입구를 유지했기 때문에, 커플들은 랑데부 장소로 가기 위해 공공 공간을 지나다닐 필요가 없었다. 이 프라이빗 룸은 정치 단체나, 스파이들 또는 집 밖에 회의 장소가 필요했지만 프랑스 법적으로 대중 집회가 금지된 사람들도 이용했다. 때문에 육체적 향락을 즐기는 장소와 정치 토론의 장소로도 존재했지만, 무엇보다 레스토랑의 프라이빗 룸은 단연 식도락을 위한 장소였다.

라 그랑 타베른 드 롱드르 외에도 초기 파리 레스토랑 중에, 후에 전 세계 기준으로 자리 잡은 프랑스 레스토랑의 스타일을 구현했던 세 곳이 있었다. 바로 레-트로

아-프레르-프로방소, 베르, 그랑 베푸Grand Véfour였다. 그중에 그랑 베푸는 지금도 그 자리에 있다. 전형적인 레스토랑인 이들 세 곳은 전 세계를 통틀어 프랑스 레스토랑의 참 의미가 되었으며, 서구 문화의 중심지 파리가 제공하는 미각에 호기심이 많은 관광객들이 찾는 명소가 되었다. 말하자면 그곳에서 매번 식사를 했던 사람들에게나, 그런 데서 밥 한 번 먹어본 적 없는 사람들의 상상 속에서나 똑같이 중요한 명소였다.

그 레스토랑들은 가족적인 친밀함과 세련된 이미지를 동시에 겨냥했다. 1786년에 생긴 레-트로아-프레르-프로방소를 경영하던 세 명의 주인은 본래는 서로 친척 관계가 아니었으나 세 명의 자매와 혼인했다. 마르세유 토박이였던 세 자매는 프로방소 브랑다드 드 모뤼Provençaux brandade de morue (대구 퓨레)를 만드는 멋진 레시피를 파리에 소개했다.

이 레스토랑은 19세기 세계 일주 여행을 하던 많은 외국인들, 특히 미국인들이 파리에 와서 제일 먼저 들르는 곳이었다. 그들은 그곳의 음식은 물론 가구 장식까지도 숭배했으며, 그 레스토랑 방문이 사적지나 박물관을 찾는 것보다 별다른 사전 준비 없이도 프랑스를 더 쉽게 체험할 수 있는 곳이라고 생각했던 것 같다. 이곳이 프랑스 레스토랑의 개념을 얼마나 완벽하게 구현한 시설이었느냐 하면, 1876년 미국에서 열린 최초의 세계 박람회, 필라델피아 세기 박람회Centennial Exposition에서 수입해 갈 정도였다. 거기서 프로방소의 현지 지점에서 음식 맛을 본 작가 윌리엄 호웰즈William Dean Howells는 이렇게 애석한 심정을 토로했다. "가만 생각해 보니, 트로아 프레르 프로방소Trois Fréres Provençaux의 어마어마한 식사 값이 그만한 가치가 있다고 인정할 마음이 생긴다(세 명의 주인이 각기 따로 계산서를 쓰고, 손님은 셋을 합한 돈을 냈기 때문이다). 아무래도 그만한 돈은 이런 음식을 먹은 우리 자신에 대한 적절한 앙갚음이다. 하지만 나는 나같이 그 음식을 먹고 엄청난 돈을 낸 사람들의 귀에다가 살짝 말하고 싶다. 모든 미국인들이 우리처럼 하지는 못할 거라고."

1803년 런던에서 출간된 프랜시스 블래그던Francis William Blagdon의 『파리의 과거와 현재 Paris As it Was and As It is』는 최초의 레스토랑인 라 그랑 타베른 드 롱드르를 자세히 설명한 부분이 나오는데 이는, 당대 사람들이 고전적인 프랑스 레스토랑을 어떻게 생각했는지 확실히 요약해 주고 있다.

아마 예전에 페르미에 제네랄fermier-general의 소유였던 큰 호텔의 1층에 들어서면, 아라베스크 문양장식과 커다란 거울이 달린 일련의 룸으로 들어간다. 화려하게 눈부시기보다 품격이 느껴지는 그 안에 대규모, 소규모 일행 손님용으로 식탁들이 완벽히 준비돼 있다. 겨울이면 이런 룸에 장식용 스토브로 장식을 하고 아르강 램프의 일종인 퀸케트quinquets로 불을 밝혔다. 이 룸에는 최대 200명, 250명에서 300명까지 한 번에 다 들어갈 수 있고, 해마다 이 무렵이면 매일 여기서 식사하는 평균 인원이 약 200명이다. 여름이면 시골의 유명한 레스토랑 때문에 손님이 팍 줄어들며, 결론적으로 대단한 파티들은 전부 파리 근교에서 열린다.

첫 번째 룸을 지나다 보면 왼편으로 스페인 총독의 거대한 알현실에 있는 에스트란도

여기서 프렌치 레스토랑은 사치스런 수출 상품으로 묘사된다. 19세기와 20세기 초반에 열린 세계 박람회는 수백만 명의 사람들에게 외국 땅의 산업, 문화, 사회적 특성을 처음으로 소개해 주었다. 1세대 특급 프렌치 레스토랑 중에 레 트로아 프레르 프로방스는 1876년 필라델피아에서 열린 세기 박람회에서 재현되었다.

estrando와 비슷한 으리으리한 의자가 보인다. 이 의자는 방해하는 사람들을 적절한 거리로 떨어뜨려놓는 하나의 울타리로 빙 둘러싸여 있다. 여기에 한 여성이 앉아 있다. 그녀의 당당한 태도와 위엄 있는 풍채를 보면 황후라고 해도 믿을 수 있을 정도여서 그녀의 머릿속에는 온통 광활한 영토 문제가 오락가락하는 것 같다. 이 훌륭한 여성은 마담 보블리에르이다. 그녀의 최대 관심사는 대기 중인 남자들로부터 다른 테이블에서 받은 돈을 거두는 일이다. 그녀는 이 중요한 부문에서, 그녀보다 다소 젊은 한 여성의 도움을 받는다. 그 여성은 마담 보블리에 옆에서 위엄 있는 침묵을 지키며 앉아 있는데, 어딜 봐도 딱 신부 들러리 모습을 하고 있다. 의자 가까이서 대기하는 남자의 명한 시선과 순종적인 태도로 보아, 그는 언뜻 봐도 집사인 것 같다. 하지만 그 남자의 진짜 임무는 결코 하찮은 일이 아니었다. 바로 그가 닿을 수 있는 거리 안에 유혹적인 상태로 산더미같이 쌓인 선물을 과일과 기타 제품으로 분류하는 일이었다.

우리는 이 귀퉁이에 자리를 잡을 것이다. 나이프와 포크도 아직 놓여 있지 않은 이곳에서, 우리는 들어오는 사람들의 모습을 환히 들여다볼 수 있다. 우리가 좀 일찍 왔나 보다. 시계를 보니 아직 5시밖에 되지 않았다. 그러나 6시가 되면 식탁에 남은 자리가 거의 없을 것이다.

세상에! 식사 계산서가 영국 신문만한, 이중 2절판 종이에 인쇄되어 나온다. 이 중요한 목록을 정독하려면 적어도 30분은 걸릴 것이다. 13가지 종류의 수프. ― 22가지 종류의 오르되브르 포함. ― 11가지 드레싱을 얹은 쇠고기. ―생선, 고기, 가금류를 넣은 11가지 패스트리 포함. ― 서로 다른 22가지 품목으로 늘어난 송아지고기. ―17가지로 줄인 양고기 포함. ― 23가지 다양한 생선. ―15가지 종류의 육류, 사냥고기, 가금류 포함.―41가지 품목의 앙트르메 또는 사이드디시. ―와인, 52가지 다른 종류의 리큐르 포함. 여기에 에일과 흑맥주 추가. ―12가지 종류의 리큐르와 커피, 아이스크림 등등.

몸가짐이 매우 훌륭한 그 뚱뚱한 남자를 눈여겨 보라. 그가 바로 이 레스토랑의 주인 보빌리에르이다. 그가 가장 바쁜 시간이 바로 이때이다. 그는 여기저기 테이블을 순회하면서 물어본다. 드신 음식이 마음에 드시느냐고. 그런 다음에 유능한 신사처럼 중앙에 자리를 잡을 것이다. 거기서는 그곳 손님들의 모습을 다 바라볼 수 있다.
…… 멋지게 차려입은 웨이터들을 보라. 몸에 딱 붙으면서, 앞에는 하얀 에이프런이 달린 조끼를 단정하게 입었다. 웨이터들의 빠른 몸놀림을 지켜보라. …… 참으로 제대로 운영되고 있기 때문에 탄성이 절로 나오는 레스토랑이다.

프랑스 문화의 상징이었던 레스토랑의 발전은 초기 홍보 산업이 탄생하면서 탄력을 얻었다. 광고업은 레스토랑의 고전적인 전형이 잘 유지되도록 일조했다. 이에 가이드 북, 레스토랑 명부와 리뷰들이 쏟아져 나왔다. '레스토랑'이 탄생했을 때와 마찬가지로. 이런 홍보 조직을 움직였던 사람이 있었다. 바로 파리의 변호사이자 미식가인 그리모 드 라 레니에르Alexandre-Balthazar-Laurent Gromod de La Reynière였다. 그는 1803년『미식가들의 연감』을 발간했는데 바로 앞에서, 라 그랑 타베른 드 롱드르를 자세하게 설명했던 블래그던의『파리의 과거와 현재』와 같은 해에 나왔다. 사실 20년 전, 그리모는 22명의 명사를 초대해 연극 무대와 비슷한 분위기에서 식사를 하는, 낯설고 화려한 광경을 연출한 적이 있었다. 그때 식사는 그 방의 관람석으로 몰려든 수백 명의 구경꾼들이 지켜보는 가운데 이루어졌는데, 즉 그들은 관람석 아래에서 진행되는 식사를 멍하니 쳐다보았다. 그리모의 외모는 괴상했다. 그는 외과의사의 힘을 빌려 물갈퀴 같이 생긴 두 손을 기계로 작동하는 금속 손가락으로 바꾸었는데, 그것을 가리기 위해 두 손에 장갑을 끼고 있었다. 그러나 그는 19세기 초반 십여 년 동안 진정한 미식의 광경, 요리 관습의 핵심, 현대 레스토랑 분위기의 특성을 이루는 필수 선결 조건들을 발전시켰다. 위대한 레스토랑이라면 맛은 물론이거니와 판타지와 욕망까지 충족시켜야만 했다. 그리모는 독자들의 머릿속에 레스토랑이 독특한 공간이라는 이미지를 각인시키는 데 일조했다. 즉, 레스토랑 자체의 원칙이 있으므로, 그 원칙 안에서 메뉴를 읽고 적당한 음식과 와인을 주문하는 법을 배우는 일을 헛된 시간 낭비가 아니라 정확히 수행하려고 노력해야 할, 일종의 취향에 관련된 활동으로 발전시켰다. 웨이터뿐 아니라 손님들도 어느 정도의 전문 지식을 습득해야만 했다.

얼마 안 가 프랑스 레스토랑은 파리 뿐 아니라, 전 세계 고급 문화의 대표가 되었다. 다시 말해 프랑스가 해외로 수출한 가장 중요한 상품이었다. 어떤 면에서 프랑스 레스토랑은 프랑스가 다른 나라에 수출한 상품 중에 가장 프랑스다운 것이다. 그 중에서 영국으로 진출한 레스토랑이 가장 두드러지게 진짜 프랑스다움을 풍긴다. 라 그랑 타베른 드 롱드르는 영국식 선술집에 매료된 프랑스의 열기에 경의를 표했다. 그리고 파리에서 훈련받은 셰프들이 운영하던 런던 레스토랑에서 선보인 프랑스 요리는 영불 해협을 넘나들며 탄생한 이런 열광적인 움직임을 더 빛나게 해 주었다. 1798년에 문을 연 이후로 아직까지 성업중인 룰즈 레스토랑Rules Restaurant은 런던에서 가장 오래된 레스토랑인 것 같다. 맨 처음 오이스터 바Oyster Bar로 출발한 룰

서로 다른 시대에 살았던 요리사 복장을 그린 것으로, 1세대 위대한 프렌치 셰프 앙토냉 카렘의 『프랑스의 메트르 도텔 Le Maitre d'hôtel français』(파리, 1822)에 나온 삽화이다. 카렘은 유럽 전역에서 명성과 고객을 쌓았다. 그는 러시아 알렉산더 1세를 위해서 비프 스트로가노프(Beef Stroganov)와 샤를로테 리스(Charlotte Russe) 사탕 과자를 만들었고, 1815년 루이 18세를 위해 프랑스 왕정 복고를 기념하는 연회에서 1,200명의 손님을 관리했다. 또한, 탈레랑과 런던 은행가 로칠드 남작의 요리사로 일했다.

즈 레스토랑은 200년 넘게 건재하면서 젤리처럼 굳힌 뱀장어jellied eel, 스테이크, 키드니 파이kidney pie 같은 고전 영국 음식을 제공해왔다고 자부한다. 사실 그곳은 프랑스 요리가 표준으로 인정받던 그런 환경에서 발전했기 때문이다.

고급 프랑스 정찬 레스토랑은 1820년대 런던의 호텔들에서 찾아볼 수 있다. 가장 먼저 생긴 곳은 세인트 제임스Saint James로서, 당시 파리 레스토랑 경영주 카렘의 제자가 운영했다. 호텔 레스토랑의 대대적인 발전은 1890년 이후 서구의 여러 수도에서 왕성하게 이루어졌다. 하지만 레스토랑이라는 개념을 구현시킨 레스토랑은 1865년 문을 연 카페 로열Café Royal이었다. 그러나 프랑스 레스토랑의 정의가 애초의 건강 수프 제공 시설에서, 우아하고 풍요롭고 스타일이 살아 있는 세계적 모델로 확대되었다 해도, 레스토랑을 탄생시킨 맑은 수프broth는 아직도 펄펄 끓고 있었다. 1803년 당시 파리의 레스토랑 주인 드아르므Déharme는 그의 수프 냄비는 85년간 단 한 번도 불이 꺼진 적이 없었고, 그 시간 동안 30만 마리의 수탉을 수프에 바쳤다고 자부했다.

미국 내에서 레스토랑에 들어가는 재료의 품질은 우수했으나, 레스토랑 문화의 발전은 다소 시간이 걸렸다. 브리야 사바랭은 미국에 잠시 살던 1794년에 미국 음식이 풍부하고 때때로 맛이 있음을 직접 경험했다.

> 1794년 10월 어느 날씨 좋은 날, 한 친구와 함께 미스터 불로Mr. Burlow의 농장에 가려는 들뜬 마음으로 길을 떠났다. 하트포드에서 지겹게 다섯 시간이나 걸리는 곳이었으나, 밤이 되기 전에 …… 산책에서 돌아온 우리는 제대로 갖춰진 식탁 주변에 모여 앉았다. 최상의 콘 비프, 거위찜, 훌륭한 양고기 다리, 여기에 풍부한 채소와 큰 통 두 개에 담긴 사과주(각각 하나씩 식탁 끝에 놓여 있었는데)까지 우리가 다 먹은 음식이었다. …… 유일한 로스트 요리였던 칠면조 구이는 보기에도 먹음직스러웠고, 냄새도 그만이었고, 정말 맛있었다. 마지막 칠면조 구이 조각을 먹을 때까지, 식탁 주변에서는 내내 "너무 맛있다!", "진짜 죽이는데!", "저기, 너무 멋진 요리 아닙니까?"라는 말이 끊이질 않았다.

뉴욕은 프랑스가 아닌 곳에서, 가장 프랑스다운 최초의 레스토랑 한 곳을 자랑할 만했다. 그 레스토랑의 창립자는 은퇴한 선장 지오반니 델 모니코Giovanni Del-Monico로서, 그는 1788년 스위스의 티치노Ticino 태생이었다. 그의 스쿠너 선은 쿠바에서 스페인의 카디즈Cadiz까지 담배를 운송했고, 그 다음에는 뉴욕으로 와인을 싣고 왔다가 거기서 다시 쿠바로 목재를 운반했다. 1824년 이후, 그는 뉴욕에 정착하여 와인 수입 업자이자 리보틀 업자로 입지를 다지면서, 이름을 존으로 바꾸었다. 베른Berne에서 패스트리 셰프였던 동생 피에트로Pietro도 1826년 가족과 함께 형이 사는 미국으로 와서 피터Peter로 개명했다. 당시 2만 달러 자본으로 부유했던 이들 형제는 맨 처음 카페와 패스트리 가게를 열었다. 당시 이야기를 들어 보면 간판장이가 가게 이름을 델모니코 Delmonico라고 써 주었다고 한다.

그들은 그때부터 그 이름을 계속 사용했다. 그곳이 소나무 테이블 몇 개 갖다 놓고 커피와 케이크를 팔던 작은 가게에서 출발해, 19세기 미국 내 모든 레스토랑의 모델이 되기까지 걸린 시간은 불과 4년이었다. 1830년이 되자 그들은 윌리엄 스트리트 25번지에 미국 최초의 진짜 레스토랑을 오픈했고, 다음 해 조카 로렌초Lorenzo를 사업에 합류시켰다. 이 레스토랑에서는 이전에 널리 쓰이지 않았던 미국산 재료들을 활용한 프랑스 요리를 선보이면서 그 요리를 각 손님들에게 정성을 다하여 선사했다. 가령, '쉬코레 아 쥐즈Chicorée au jus' 같은 요리에는 꽃상추endive, 가지, 아티초크가 들어갔고 '오베르진 파르시르Aubergine farcie'와 '아르알티 아 라 바리글Artichaux à la Barigoule'은 1838년 11페이지에 달하는 메뉴판에 적힌 371가지 요리 중에 몇 가지였다. 그곳은 사업가들이 품격 있는 오찬을 즐기기 위해 모이는 중요한 장소가 되었다. 거의 1세기 동안 델모니코의 다양한 요리들이 미국 내 고급 식사의 기준을 세웠다.

자체 홍보 전략은 델모니코가 뉴욕의 경제와 상류 사회에서 그 입지를 넓히고 보전하기 위해 채택한 가장 중요한 혁신 중의 하나였던 것 같다. 1837년 존 델모니코는 비버 스트리와 사우스 윌리엄 스트리트의 모퉁이에 새 건물을 오픈하면서, 뉴욕

20세기 초, 전 세계 특급 레스토랑이 규모가 커짐에 따라 노동 집약적인 생산 시설로 변해갔다. 이곳은 1902년 델모니코 주방 내부 모습이다. 전문화. 운영에 필요한 생산라인의 품질은 손님들에게 보이지 않았다. 당시 손님들은 다이닝 룸 안에서 완벽하게 연출된 요리만을 보았으므로, 그런 식사가 나올 때까지의 힘든 노동과 조리 기술의 조합에 대해서는 알지 못했다.

의 거의 모든 기자단을 프리뷰 디너에 초청했다. 당시 그는 대리석 기둥 사이에 서서, 이 신규 레스토랑의 정면을 아름답게 꾸미기 위해 폼페이로부터 수입한 것이라 자랑했다. 이 이벤트를 통해 언론은 그에게 전적으로 호의적인 반응을 보였다. 그 레스토랑 건축은 고전적인 기준에 따라 정찬 공간 3층을 마련하고 3층에는 프라이빗 다이닝룸을 설계했다. 와인 저장고에는 대략 16,000개의 와인을 갖추었다. 그 레스토랑은 당시 북미 최대 도시로 성장한 뉴욕에서도 전례 없던, 10만 달러라는 막대한 비용을 들였다. 그러나 뭐니뭐니 해도 그 성공의 핵심 비결은 바로 요리와 그 재료 준비였다.

델모니코 형제는 좋은 기본 재료를 사용하고, 미국인들에게 미각을 가르쳐 주기 위해 최신 프랑스 조리 기술과 연출 기술을 활용했다. 또한, 그들은 사상 처음으로 프랑스 어 메뉴와 영어 메뉴를 나란히 공개했다. 이는 고급 정찬 세상에 들어온 새로운 동포인 미국인들을 편안하게 해 주려는 배려였다. 미국으로 건너온 여러 이민자들과 마찬가지로, 델모니코 형제는 유럽과의 인연을 끊지 않으면서 최신 요리 서적을 탐독하고, 미국 현지 재료로 만들 수 없는 것은 직수입했다. 당시 뉴욕의 미식가 새뮤얼 워드Samuel Ward는 이렇게 전했다. "오늘 어느 새로운 요리의 구세주가 '로쉐 드 캉칼', '트로아 프레르 프로방소', 그리고 '탈레랑Talleyrand'의 훌륭한 실험실에서 나온 최신 발명품을 가져왔다. 내일은 스트라스부르Strasbourg, 툴루즈Toulouse, 앙굴렘Angoulêm의 파테를 구매한 새 청구서를 받거나, '클로 드 부조Clos de Vougeot'나 '샹베르탕 Chambertin' 와인이 말끔한 상태로 바다를 건너 미국에 도착할 것이다."

고객들이 좀더 큰 도시로 계속 이동했기 때문에, 로렌초 델모니코와 그 후손들도 가장 멀리 뻗어갈 수 있는 곳까지 레스토랑을 확대하여 맨해튼에서 네 곳을 개업했다. 그들은 1870년대 말 잠깐의 휴지기를 제외하고, 1860년대에서 1890년대까지 프랑스 태생의 노련한 셰프, 샤를 랑페르Charles Ranhofer를 고용했다. 그는 19세기 후반, 뉴욕 델모니코의 유일한 라이벌이었던 메종 도레Maison Dorée에서 미국 경력을 쌓기 시작해, 그 후로 미국 내 최고급 레스토랑을 다 거치면서 종합 요리 서적을

1836년 생 드니(St. Denis) 태생의 샤를 랑페르는 오랜 세대를 이어온 셰프 집안 출신이었다. 그의 부친과 조부도 유명했으며, 그도 12살의 나이에 파리에서 일을 시작했다. 랑페르는 미국에서 요리의 권위자이자 주방의 독재자로 이름을 날렸다. 식사의 모든 면을 절대적으로 통제하겠다고 주장했기 때문이다. 그는 끝까지 철저한 혁신가였다. 1,000여 페이지 안에 3,500개의 레시피를 수록한 『미식가 The Epicurean』에서 그는 '악어 배' 요즘 말로 '아보카도'를 언급하는데, 그가 바로 1895년 뉴요커들에게 아보카도를 제일 먼저 선보인 주인공이었다. 이때가 그의 셰프 경력이 거의 마무리되던 시점이었다.

발간했고 사상 최초로 미국 내에서 셀리브리티 셰프celebrity chef의 지위에 올랐다. 그는 당시 미국이 알래스카 땅을 획득한 것을 기념하는 요리 베이크트 알래스카Baked Alaska를 개발했고, 랍스터 아 라 뉴버그Lobster à la Newberg 개발에도 참여했으며, 미국 차세대 요리사들을 직접 가르치기도 했다. 그는 미국에서 가장 오래된 셰프, 요리사, 패스트리 셰프들의 협회 필란트로피크 요리 협회Societe Culinaire Philanthropique의 창립 회원이자 회장직을 역임했다. 이 협회는 1865년 당시 미국에서 프렌치 퀴진을 홍보하기 위해 프랑스 출신 셰프들이 만든 것으로, 지금도 건재하다. 델모니코의 진정한 라이벌은 1890년이 되어서야 등장했다. 제과업자였던 루이스 셰리Louis Sherry가 뉴욕 5번가와 37번 스트리트에 레스토랑 겸 호텔을 열었고, 8년 뒤 5번가와 44번 스트리트로 이전했다. 거기서 그는 미국이 사상 처음으로 소득

세를 부과하기 이전, 그러니까 금주법으로 인해 포도주와 기타 알코올 음료 금지가 시행되기 이전, 그 화려한 시대에 가장 호사스런 정찬 행사 몇몇을 총괄하였다.

이제 우리가 런던으로 눈을 돌린다면, 진정한 최초의 레스토랑은 틀림없이 1865년 문을 연 '카페 로열'이지만, 이미 19세기 초부터 런던의 여러 프라이빗 클럽에서는 프랑스 요리를 접대했다. 18세기 중반 프랑스 상류층이 그랬듯이, 1800년까지 영국의 상류 중산층들도 공공연하게 모일만한 장소가 거의 없었다. 퍼블릭 하우스pubs는 곳곳에 있었지만 중산층이나 상류층이 갈 만한 곳은 아니었다. 19세기가 지나면서 상업 계급이 충분한 여가와 품격을 추구하는 욕망이 생겼고, 이에 부자들은 더 이상 퍼블릭 하우스에 가지 않았다. 물론 퍼블릭 하우스는 본래부터 음식을 주로 취급했던 곳은 아니었다. 19세기 내내 클럽은 점차 중요한 역할을 했으며, 비단 런던뿐만 아니라 1886년 뉴욕만 해도 백여 개의 클럽에 회원이 총 6,000명이나 되었다. 이런 런던 클럽들이 프랑스 요리사를 고용하면서부터 이 클럽들은 매우 중요하게 자리매김했다. 이유인즉, 카페 로열이 문을 열면서, 비로소 화려한 실내에서 프랑스 전문가들이 조리하는 진짜 프랑스 요리를 찾던 엘리트층의 기대치를 충족시킬 수 있는 공공시설이 탄생했기 때문이다. 런던 귀족층의 선구적인 인물들은 그곳에서 공공연하게 기꺼이, 아니 열광적으로 함께 모여 식사를 했다.

카페 로열은 레스토랑, 그릴 룸, 아래층에는 나중에 브라세리가 되는 도미노 룸이 들어가 세 부분으로 구성되었다. 이곳의 정확한 이름은 카페 레스토랑 로열이었는데, 1865년 2월에 처음 문을 열고 그 2년 후에 '카페 레스토랑 다니엘 니콜라Café-

이곳은 1841년, 런던 개혁 클럽(Reform Club)의 주방 전체 모습이다. 당시 새 클럽 하우스를 지었는데, 이때는 상류 중산층이 식사할 수 있는 장소로서 레스토랑보다 오히려 프라이빗 클럽이 더 많이 존재했던 시절이었다. 개혁 클럽은 1836년 문을 연 후, 진보 정치가들이 모여 들었다. 최초 1,000명 회원 중에 의회 의원 250명이 포함되었을 정도였다. 그리고 그들은 이곳의 건축가 찰스 베리(Charles Barry)에게 주문하기를, 셰프 알렉시스 소이에(Alexis Soyer)의 구체적인 주문에 맞게 주방을 설계하여 요리 준비에 특히 만전을 기하라고 했다. 소이에는 주방 가스 조리 기구, 온도를 적절히 바꾸는 오븐과, 냉동수 냉각 냉장고 등 혁신을 이끈 주인공이었다. 당시 이 주방은 너무나 유명해져서 관광 명소가 되기도 했다.

Restaurant Daniel Nicols'로 바꾸었다. 다니엘 니콜라 테브노Daniel Nicols Thévenon과 아내 셀레스틴Célestine은 프랑스에서 와인 산업이 망하자 1863년 런던으로 왔다. 그는 리젠트 68번 스트리트를 끼고 글래스 하우스 스트리트에 있는 세 곳의 가게를 합쳤다. 원래 이곳에는 바닥 쪽으로 튀어나온, 아주 반짝이는 황동 창문턱에 유리판 창문이 달린 카페 로열이 자리 잡고 있었다. 그 창유리에 하얀색의 양각陽角글자로 스페셜리테 드 라 메종Spécialités de la Masion이라고 광고가 붙어 있었다. 가게 앞창에는 장식용 받침대 위에 설탕과자 음식, 각양각색의 샐러드, 제철 사냥고기를 흥미롭게 전시했다.

나중에 에드워드 8세, 조지 6세가 될 왕자들도 그곳에서 함께 점심 식사를 했다. 윈스턴 처칠도 수상의 부름을 받고 그곳에서 대기했다. 화가 제임스 휘슬러James McNeil Whistler 와 구스타프 도레Gustave Dore도 처칠보다 먼저 그곳을 다녀갔지만, 그 중에 가장 유명한 단골 손님은 바로 오스카 와일드Oscar Wilde였다. 와일드는 카페 로열 초창기부터 친구 휘슬러와 함께 그릴 룸에서 가볍게 식사하고 술을 마시곤 했는데, 주로 소박한 식사에 보르도 레드와인 클라레claret를 곁들였다. 그런데 두 사람이 다투고 소원해지면서 이후 이곳은 와일드의 점심 장소가 되었는데, 얼마나 많이 먹었던지 휘슬러의 일요일 아침 식사를 넘어설 정도였다. 와일드의 전기 작가 아서 랜섬Arthur Ransom은 이렇게 기록했다. "그는 마치 뜻하지 않게 1파운드 금화를 양 손에 들고 식당에 들어간 남학생처럼 많이 먹어댔다." 가이 디기Guy Deghy와 키

런던의 카페 로열에서 보헤미안 세상 사람들과 지체 높은 사람이 만나는 이 모습은, 윌리엄 오르펜 경(Sir William Orpen)의 1912년 그림 중 세부 장면이다. 와일드와 휘슬러 외에도, 화가 오브리 비어즐리(Aubrey Beardsley), 수필가이자 캐리커처 전문가였던 맥스 비어봄(Max Beerbohm), 오거스터스 존(Augustus John) 등이 단골 손님이었다. 이곳은 1920년대에 확장 개관하여, 결혼 연회와 사교계의 데뷰탕트 코티용(debutante Cotillion)을 주최하던 대형 연회장을 갖추었다. 이곳의 '그릴 룸'은 1951년 문을 닫았으나, 1971년 조르주 무이롱(George Mouilleron)의 인도 하에 리젠트 스트리트 68번지에 카페 로열 레스토랑(Le Relias du Café Royal)이 다시 문을 열었다.

스 워터하우스Keith Waterhouse에 따르면, 와일드는 점점 극단적인 미식가로 변해서 매 코스마다 셰프와 논의를 하곤 했으며, 와인 저장고에서 가장 비싼 와인을 골라 마셨다. 물론 그곳에서 과식을 하는 사람이 와일드만은 아니었다. 까페 레스토랑 로열의 창립자 니콜라(이제 정식으로 드 니콜라로 이름을 바꿈)의 사위도 와일드와 비슷한 부류였다.

조르주 피가세Georges Pigache는 매일 서비튼Surbiton에서 카페 로열까지 출근 도장을 찍었다. 와서는 카페 로열 주방을 그의 특별 연구실로 만들어 버렸다. 음식에 대한 이런 열광적인 관심 때문에 그의 몸통 둘레가 얼마나 늘어났던지, 어느 날 아침에 그 집 마부와 하인이 함께 나섰지만 드 니콜라의 마차에 주인을 태울 수 없었을 정도였다. 그 마차는 런던행 기차를 탈 수 있도록 서비튼 역까지 늘 그를 데려다 주었다. 심사숙고 끝에, 그는 인근 마차 대여 업자에게 폭이 아주 넓은 4륜 쌍두마차를 주문하기로 결심했다. 그리하여 이것이 리젠트하우스 근처 저택과 서비튼 역을 오가는 피가세의 정기 교통 수단이 되었다.

그러나 여전히 열차 객차 안으로 피카세의 커다란 몸통을 밀어 넣어야 하는 까다로운 문제가 남아 있었다. 조지 스티븐슨(1781~1848 영국 증기 기관차 발명가―역주) 생전에는 4륜 쌍두 마차 형태의 개방형 객차가 더 이상 사용되지 않았기 때문에 런던, 브라이튼, 챈텀 철도 회사에서는 이 문제를 해결할 방법이 없었다. 그러나 심사숙고 끝에 서비튼 역장은 3명의 육중한 포터가 한 조가 되어 매일 아침 피가세를 철도 객실 안까지 운반하고, 매일 밤 객실에서 내리도록 했다. …… 그가 사망했을 때, 시체를 끌어내리기 위해서 저택 바인 하우스의 층계에서 난간을 제거해야만 했을 정도이다.

런던과 뉴욕이 레스토랑의 세력을 마무리하고 확장하던 시절에도, 파리는 여전히 레스토랑의 중심지였다. 영국 비평가 블래그던이 파리의 초창기 레스토랑을 설명한 지 반세기가 조금 지났을 무렵, 미국 여행가 제임스 자브즈James Jackson Jarves도 안경 쓴 눈으로 블래그던과 똑같은 세 곳의 레스토랑을 확인했다. 베르, 트로아-프레르-프로방소, 베르는 여전히 탑 리스트에 올라 있었다. 이제 중산층은 레스토랑의 새로운 관중들로 부상했고, 19세기 중반 토르토니Tortoni, 카페 리쉬Café Riche, 메종 도레Maison Dorée, 카페 에글레Café Anglais 등 여러 개의 식당이 갑자기 생겨났다. 자브즈에 따르면, 파리 사람들이 외국인 관광객들이 주로 가던 거대 레스토랑을 떠나, 새로 생겨난 이곳에서 식사를 했다고 한다.

프랑스 인이 밥을 먹는 모습을 보려면, 등급과 유명세가 좀 낮은 레스토랑으로 가야한다. 특히 일요일에, 더구나 그런 날에 자기가 묵고 있는 곳에서 밥을 먹는 사람은 아무도 없어서 저녁 손님이 물밀듯 밀려오기 때문에, 식도락가들에게 그런 광경은 참으로 두렵기만 하다. 아이들이고, 강아지들이고, 유모들이고 할 것 없이 그날이면 다들 자리를 잡고 앉아 곧바로 단식을 준비해야하는 사람들처럼 엄청난 양을 먹어댄다. 한 가족이 들어온다. 아빠, 엄마, 하녀, 채 5살이 안 된 아이 둘에 강아지까지. 테이블은 다 찼다. 그들은 나가려고 몸을 돌린다. 이때 레스토랑 주인이 쏜살같이 달려와서 나가려던 그들을 붙잡고서, 'toutsuite' 테이블을 약속한다. 주인은 어느 손님 일행이 계산서를 요청하는 것을 보고, 잔돈을 건네 주더니, 그 가족을 아직도 체온이 남아있는 뜨뜻한 그 자리에 냉큼 앉힌다. 거기에는 빵 부스러기, 더러운 유리잔 등 조금 전에 식사를 했던 쓰레기들이 그대로 남아 있다. 일단 앉았으니 그 가족은 보닛과 모자를 벗어 걸어 놓고 생선 요리가 먹고 싶다고 생각한다. 특별히 재빠르고 솜씨 좋은 '급사'가 혼자서 더러워진 식탁보와 그릇을 얼른 치우고 곧장 새하얀 리넨과 도기를 갖다 놓는다. 이제 저녁 식사 '싸움'이 본격적으로 시작된다. 의자에 가만히 앉은 강아지를 빼곤, 가족들이 너무 조바심을 치면서 턱 밑에 중간 크기의 식탁보만한 냅킨을 깐다. 여자들은 양쪽 어깨에 비상 수단으로 핀을 고정시키는데, 앞에서 보면 마치 가리개를 단 모습 같다. 일단 '카르테'를 시키고, 주문을 하고 나면 만족스러움과 즐거움이 차오른다. 이런 가족 잔치에서 아이들은 어른들이 먹는 포도주와 온갖 진미들에 푹 빠져서, 말 그대로 포식을 한다. 그리고 부모들은 아이들이 먹는 엄청난 양을 보고 흐뭇해했다. 그 어

1860년경 파리. 일요일 가족 런치 광경이다. 이 레스토랑에서 강아지는 의자에 앉지 못했으나, 식탁에 자리를 배정받았다. 이 컬러 석판화는 식당 안의 아단법석과 윤택한 생활의 순수함을 재현한다. 그런데 그 안에서 정통 프렌치 레스토랑에서 이루어지는 고급 식사의 보다 형식적인 본질과 좋은 대조를 보인다. 그때나 지금이나 뜻밖의 일이 생겼을 때, 웨이터와 눈을 맞추는 일은 난감한 일이다.

The only Restaurant where French Cooking is made a specialty   Oyster and Lunch counter for prompt service.   Large Dining-Rooms for ladies and gentlemen. ¿ Private rooms for Dinner or Supper Parties.   Open daily till 12 o'clock, P.M.
Mr. OBER calls special attention to his large stock of Wines selected by himself, in France. They are recommended by Physicians as pure and wholesome, and are sold Wholesale or Retail at fair prices.

루이 오베르는 1837년 알자스 출생으로 1851년 부모와 함께 뉴욕으로 이주했다. 이후 미국 동부의 여러 도시를 오가며 열심히 무역업을 했고, 결국 보스턴에 정착했다. 1870년대 중반, 그는 레스토랑을 열었고, 1886년에 그곳을 화려한 스타일로 리모델링한 것이 성공을 가져다 주었다. 오늘날까지도 연합 레스토랑인 로크-오베르에 그 당시의 많은 부분이 그대로 남아 있다. 본래 '레스토랑 파리지앵'은 위층에 여성들도 들어갈 수 있는, 프라이빗 룸을 갖춘 정통 프렌치 레스토랑이었지만, 로크-오베르의 메인 층은 1970년대까지 남성들만의 전유물이었다.

떤 상황에서도 밥을 먹는 일은, 옆에서 보는 사람에게는 상스러운 일이다. 웨이터는 한번에 12개의 호출을 받는다. 손님이 주문한 똑같은 요리가 12개의 다른 스타일로 옷을 입고 나오는 셈이다. 그 웨이터는 각 스타일과 각각의 테이블을 다 기억해야 한다. 그래야 요청한 것을 빠뜨리지 않고 코스마다 바뀌는 요리를 가져다 줄 수 있고, 식사가 끝나면 모든 접시를 다 치워야 한다. 양과 질. 아마도 한 테이블에서 요청하는 품목이 적어도 20가지는 될 것이다. 여기에 '추가'도 생길 수 있을 테고. 그런데 주문을 혼동한 가운데 만약 웨이터가 냅킨을 자기 손수건으로 착각해 무의식적으로 이마에 흐르는 땀을 닦고, 다음 번에도 그걸로 당신 접시에 똑같은 서비스를 해 준다면, 어떻게 될까? 혹은 양손에다가 6가지 요리를 피라미드처럼 쌓아올려 오는데, 양팔 밑으로 빵 덩어리씩 하나 달고, 가장 마지막에 '추가 주문한 요리'를 입에 물고 급히 달려온다면 어떨까?

레스토랑은 19세기 초반 50년 동안에 급격하게 변화했다. 물론 이 시기에도 고전 식사 관습은 여전히 구준한 상태를 유지했다. 새로운 시민들, 새로운 음식, 서구 세계의 새로운 지역에서 레스토랑 문화를 발달시켰다. 그 문화는 두 가지 방향으로 전개된 바, 먼저 19세기 초반부 거대한 전통으로 이미 자리 잡은 유명 레스토랑의 대원칙에 충실하며 다음, 유명세가 덜한 파리의 레스토랑에서 벌어지는 앞선 일요일 식사 풍경도 동시에 연출했다. 1849년 골드러시 시절, 노르만 아즈 싱Norman As Sing이 샌프란시스코 커니 스트리트와 커머셜 스트리트에 미국 최초의 차이니즈 레스토랑 마카오Macao와 우승Woosung을 개업했다. 한편, 같은 해에 전통 프랑스 요리를 표방한 '오 풀레 도르Au Poulet d'Or', 당시 프랑스 어가 낯설었던 미국인들이 올드 푸들 도그Old poodle Dog라고 불렀던 바로 그 레스토랑을 오픈했다. 올드 푸들 도그는 3층으로 이루어진 정통 프랑스 레스토랑으로서 1층은 가족들이 식사할 수 있는 메인 룸, 2층은 프라이버시를 지켜야 할 비즈니스용, 3층은 2층보다 더 프라이버시가 요구되는 사람들을 위한 공간이었다. 마카오와 우승은 정치가들과 경찰들이 유력한 유색 정치가의 지도하에 함께 모일 수 있는 샌프란시스코의 유일한 공간이었다. 미국 내 레스토랑은 지방색, 지역 요리, 지역 전통을 띄었다. 그러나 대도시 전역에서 발달한 일부 프렌치 레스토랑은 20세기 초반에도 그 본래의 형태를 유지하면서 여전히 옛날의 기능을 담당하고 있었다. 지금도 보스턴에는 19세기 레스토랑 다섯 곳이 남아 있다. 1826년에 오픈한 유니언 오이스터 하우스The Union Oyster House, 1827년 설립한 해산물 식당 더긴 파크Durgin Park, 1854년에 오픈한 미국 디너롤의 본고장 파커 하우스 호텔Parker House Hotel(1868년에 오픈한 제이콥 워스Jacob Wirth), 그리고 독일계 미국인 식당 한 곳이 있고, 마지막으로 로크-오베르Locke-Ober가 있다. 로크-오베르는 1894년 알자스 출신의 루이 오베르Louis Ober가 경영하는 '레스토랑 파리지앵Restaurant Parisien'과 메인 출신의 은퇴한 선장 프랭크 로크Frank Locke의 '와인 룸즈'가 합병한 레스토랑이었다. 필라델피아에도 1865년에 오픈한 그 지역 가장 오래된 식당 북바인더Bookbinder's가 남아 있는데 그곳의 명성은 인근에서 나는 생선과 해산물 덕택이었다. 뉴욕에도 1869년 오픈한 스테이크 하우스 올드 풀만이 철도 객차 설계에 적용한 혁신으로 인해, 장거리 기차 여행의 본질과 기차역 승강장의 풍경이 변했다. 당시 승강장은 폭이 더 넓어진 열차가 들어올 수 있도록 다시 지었을 정도였다. 식당 열차의 이름은 더 델모니코라 하여, 뉴욕의 델모니코 레스토랑을 기념하고 동시에 그곳 요리의 본질 그대로 제공한다는 취지를 담았다. 구내 포터와 급사 자리는 흑인들이 선점했는데, 당시 흑인들의 다른 직업에 비해 월급과 근무 환경이 월등히 좋았다. 아마도 풀만은 한동안은 미국에서 흑인을 가장 많이 채용한 기업주로 남을 것 같다.

홈스테드The Old Homestead가 여전히 성업 중이다. 이곳도 과거 대부분의 레스토랑처럼 남자들이 모여 식사를 하는 곳으로 명성을 쌓은 연회성 클럽으로 오랫동안 자리를 지켰다.

철도 건설로 황금 시대에 접어들면서 미국 내 레스토랑의 설계, 목적, 고객 면에서도 큰 변화가 일어났다. 그런 사회적 변화가 교묘하게도 사치와 편리함을 동시에 발달시켰기 때문이다. 1868년과 1872년 사이에 발생한 이 두 가지 변화 덕분에 당시 완공된 길다란 북미 횡단 철도 위에서 승객들은 기본적인 음식보다 좀 나은 음식을 공급받게 되었다. 조지 풀만George Pullman은 시카고 남부의 회사에서 제작한 침대차에 화려한 식당 열차를 추가하여, 여행 도중에 만나는 지역 산물을 이용할 줄 아는 셰프와 전문 웨이터를 고용함으로써 부유한 여행자들에게 호화로운 이동 레스토랑을 제공했다. 지갑이 두둑하지 않거나 정차 중 식사를 선호했던 여행자들은 식당칸 대신 철도 회사와 제휴한 레스토랑 체인 하비 하우스Harvey House를 이용했다. 잉글랜드 출신의 프레드 하비Fred Harvey는 1870년 당시 막 영업을 시작했던 애치

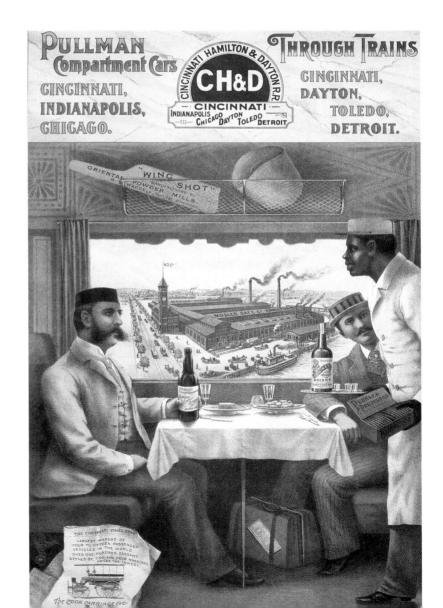

미국에서 자동 판매식 식당. 오토매트(automat)는 뉴욕 스카이라인만큼이나 유명했다. 그것이 필라델피아에 처음으로 도입된 지 정확히 10년 후에, 최초의 혼 앤 하다트 오토매트가 브로드웨이 46번가와 47번가 사이에 문을 열었다. 그리고 1920년대가 되자, 그곳은 미국 대중 문화의 고정적인 상징 건물이 되었다. 오토매트의 정면은 1932년 브로드웨이 뮤지컬 「페이스 더 뮤직 Face the Music」에서 '커피 한 잔 더 해요 (Let's Have another cup of coffee.)'를 통해 재현되었다. 이는 어빙 베를린(Irving Berlin)이 자기만의 방식으로 오토매트를 기념한 것이다.

슨, 토피카 산타페 철도 회사와 동업하면서 훗날 미국 내에서 많이 따라하는 하나의 모델을 제공했다. 즉, 깨끗하고 적당히 품격 있는 레스토랑에서 적정 가격에 좋은 음식을 신속하게 제공하는 스타일이었다. 철도를 따라 죽 이어진 하비 하우스에서는 사상 최초로 여성들이 레스토랑에서 손님들에게 음식을 차려 내는 일을 하게 되었다.

철도 이외의 다른 산업에서도 편리성과 속도가 중요해졌다. 1885년에 최초의 셀프서비스 레스토랑인 뉴욕 익스체인지 뷔페 New York Exchange Buffet가 뉴욕 증권거래소 바로 건너편에 문을 열었다. 이로 인해 사람들이 거래장에서 나오는 시간을 줄여 주었다. 1888년 역시 뉴욕에서 새뮤얼 섀넌과 윌리엄 차일즈 형제 Samuel Shannon and William Childs가 최초의 푸드 체인을 시작하여, 1920년대까지 100여 개의 레스토랑으로 키웠다. 차일즈의 사업 방식은 위생과 저가를 강조하는 하비 하우스와 비슷했다. 온통 하얀색 가구 장식에, 웨이터들도 머리에서 발끝까지 하얀색 옷을 차려 입었고 철저하게 신선한 식품을 취급했다. 존 크루거 John Kruger는 1893년 시카고 콜롬비아 세계 박람회에서 셀프서비스 레스토랑을 선보였다. 이는 스웨덴식 바이킹 요리 smorgasbord 개념에 바탕을 둔 것으로, 크루거는 이것을 카페테리아라고 불렀었다. 한편, 1902년 필라델피아의 20세기는 레스토랑의 기계화와 산업화의 전형을 보여 주는 독일 수입품으로 출발했다. 바로 혼과 하즈다르트 Horn and Hazdart의 자동 판매기였다. 이들 셀프서비스 레스토랑에서는 동전을 넣으면 음식이 나오는 구조였다. 즉, 잘 닦인 금속판 안에 유리문을 갖춘 음식 배분 기계가 5센트짜리 동전을 넣으면 열리게 되어 있었다. 바쁜 도시의 사무 근로자들이 가장 바라는 것은 속도, 청결, 기술이었다. 말하자면 사람 손길이 닿은 흔적이 전혀 없는, 음식이라는 가구였다.

따라서 19세기 말이 되자, 전통적인 레스토랑의 구성 요소들도 변하기 시작했다. 18세기 중반 레스토랑이 처음 탄생했을 때의 특성들 중에 몇 가지, 가령, 웨이터가 식사를 날라 주고 식사가 끝나면 계산서를 들고 오던 관습은 이제 셀프서비스와 계산대에서 돈을 내는 형태로 바뀌었다. 그 중에 고객이 광범위한 메뉴에서 직접 요리를 선택한다는 개념과 음식이 동나지 않았다면 몇 번이고 다시 주문 선택을 할 수 있다는 개념만은 아직 그대로 남아 있었다.

19세기 중반 레스토랑 역사의 특징이라 하면, 중산층과 노동자 계층에게 음식을 제공하는 레스토랑이 생겨났다는 점이다. 그러나 그런 레스토랑들에는 19세기 레스토랑을 정의하던 몇 가지 주요 특성이 전혀 없었다. 그곳에서는 거의 언제나 셀프서비스였고, 미리 조리 준비를 해 놓지도 않았다. 1893년의 카페테리아나 선술집, 그리고 테이크 아웃 매장의 성격이 마구 혼합된 이런 레스토랑을 훌륭하게 묘사한 글이 남아 있다. 다음은 19세기 중반 필라델피아에서 어느 익명의 독일계 미국인이 쓴 소설의 일부분이다. 소설 속의 선술집 주인은 아일랜드 인이고, 남녀 흑백 손님들에게 독일 음식을 팔고 있으며, 그곳은 필라델피아 남부 외곽의 곧 허물어질 것 같은 건물 안이다.

프론트 룸에 들어서자마자, 사실 그곳이 바로 식당이었는데 어쨌든 한 사람이 식당의 특별한 가구 뒤편에 푹 박혀 있었다. 뷔페 식탁은 여러 가지 풍부한 요리들로 가득했으며, 마치 체스트넛 스트리트에 있는 상류 레스토랑과 똑같아 보였다. 단 한 가지 차이라면, 그 음식의 종류와 음식을 담은 그릇, 음식을 내는 기술과 태도였다. 아주 크고 반짝이는 붉은 토기 냄비 20개가 앞 뒤 줄을 맞춰 나란히 놓여 있었으며, 각 냄비마다 커다란 양철 국자가 걸려 있었다. 첫 번째 냄비에는 돼지 무릎살 절임, 두 번째 냄비에는 내장 스튜, 세 번째 냄비에는 돼지고기와 사우어크라우트, 네 번째 냄비에는 흰 콩, 다섯 번째 냄비에는 노란 완두 스프, 여섯 번째 냄비에는 사과 버터, 일곱 번째 냄비에는 당근과 감자 으깬 요리, 여덟 번째 냄비에는 자두잼이 있고, 그 외 냄비 안에는 굴 마리네이드, 생선, 갖가지 고기, 튀긴 간과 껍질째 삶은 감자가 있었으며 맨 위에는 온갖 것을 조합해서 만든 파이가 놓여 있었다.

이런 요리들은 레스토랑 테이블에 앉아서 먹는 손님이나 단골 손님용이 아니었다. 그들보다 훨씬 더 많은 외부의 뜨내기손님들에게 나갈 요리였다. 그들은 깡통이나 토기를 들고 와서 1, 2, 3, 4, 5, 6센트만 내면 이 음식들을 집으로 가져갈 수 있었다. 식사 값은 점심 식사냐 저녁 식사냐에 따라 달랐다. 레스토랑 안에서 먹는 손님들도 같은 돈을 내고 양철 접시에 그 음식을 담아 저녁을 먹을 수 있었다. 보통 국자로 가득 뜨면 1센트로 인정했고 1인분 분량도 그런 식으로 계산했다. 클래프만Clapmann의 선술집에서 파는 음식에 있어 가장 특이한 점은, 술집 주인이 아일랜드 인이었지만 거의 모든 요리는 '독일식'이었고, '독일식' 맛이 났다는 것이다.

19세기 중반 미국 내 레스토랑은 확실히 독일 이민자들의 영향을 많이 받았다. 당시에 민족 특유의 스타일을 갖춘 식사 관습은 미국 각 지역에서 주류를 이루던 요리 관습과 동떨어진, 별개의 것으로 취급되기 시작했다. 미국 요리 관습에서 독일의 존재는 눈에 확 드러나진 않지만, 텍사스의 바비큐 비프와 소시지 스타일부터 펜실베이니아 아미시Amish들의 요리까지 그 관습이 아직 남아 있다(확실하게 아직 남아 있는 독일계 레스토랑들이 몇 군데 있는데, 뉴욕만 해도 네 군데 정도가 있다).

하비 하우스 모델처럼 신속하게 조리해서 내는 완벽한 식사와 정반대로 진짜 패스트 푸드라고 할 만한 것을 맨 처음 개척한 곳은 영국계 피시 앤 칩스fish and chips 식당이었다. 노동자 계층 사이에서 인기 높은 한끼 식사가 되면서도 스낵같은 느낌이 드는 이 음식은 사실 튀긴 요리 두 가지를 거리에서 함께 팔던 관습에서 출발했다. 당시에 생선을 파는 사람들은 여기저기 돌아다니면서 선술집이나 진열대에서 생선과 빵을 1페니에 팔고 다녔다. 감자칩 장사꾼은 극빈층을 상대로 대개 집집마다 다니면서 그 집 문 앞에서 장사를 했는데, 사람들은 그자리에서 먹고 가거나 생선처럼 신문에 둘둘 싸서 집에 가져갔다. 이 두 가지 음식을 언제부터 함께 팔게 되었는지는 모른다. 하지만 일반적으로 1864년 조지프 말린즈Joseph Malines가 런던에 피시 앤 칩스를 제공하는 레스토랑을 가장 먼저 열었다는 데에는 이견이 없다. 영국 노동자 계층 사이에서 이 새로운 주식이 자리를 잡기까지는 새로운 기술도 큰 역할을 했으며, 그 음식은 19세기 후반 크게 성장했다. 새로운 기술이란 바로 튀김용 기름

어디서든 그 냄새를 맡을 수 있고, 맛볼 수 있다! 북 웨일즈의 랜디드노(Llandudno) 같은 영국 해변 리조트에서 온종일 경험할 수 있는 특색이다. 피시 앤 칩스 매장은 이제 영국계 명절이면 해외 특히 스페인의 지중해 해안에서 쉽게 찾을 수 있다. 최근에 나온 다른 패스트 푸드 매장과의 경쟁에도 불구하고, 피시 앤 칩스 매장은 여전히 값싼 식사 분야에서 영국 시장의 선두 자리를 지키고 있다.

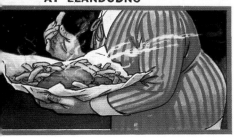

THE END OF A PERFECT DAY!
AT LLANDUDNO

베를린, 라이프지게르 슈트라세(Leipziger Strasse 라이프치히 가)에 있는 레스토랑 켐핀스키의 정경을 담은 두 장의 사진이다. 위는 1913년 당시 250명의 요리사가 일했던 주방이며, 우측은 1917년 손님들이 앉아 있는 레스토랑의 정경이다. 켐핀스키는 1889년에 문을 연 후로 베를린 최대의 레스토랑이 되었다. 그러나 이곳은 본래의 모습을 그대로 유지하지는 못했다. 대규모 켐핀스키 레스토랑 체인이 최초로 만든 식당이었기 때문이다. 두 번째는 쿠르퓌르슈텐담(Kurf rstendamm)에 있다. 현재는 호텔 브리스톨(Hotel Bristol)로 재건되었다. 그리고 하우스 바테르란트(Haus Vaterland)라고 불리던 가장 화려한 레스토랑은 포츠담 플라자(Potsdamer Platz)에 있던 것으로 제2차 세계 대전 당시 크게 손상이 되었다. 한 지붕 아래에 레스토랑 12곳, 2,500개 좌석을 갖춘 거대한 카페 한 곳, 영화관이 전부 합치면 8,000명을 한꺼번에 수용할 수 있었고, 연간 100만여 명이 찾아왔다. 12곳의 레스토랑은 각각 테마가 정해져서 여기에는 스페인식 보데가(Bodega), 저기에는 미국식 와일드 웨스트 바가 있다. 유태인이 소유했던 전 체인은 1930년대에 나치로부터 강제 몰수당했다.

의 개발을 말하는데 이 당시 북해 트롤 어선들은 엄청난 양의 생선을 잡자마자 얼음에 채워 들여왔고, 이렇게 탄생한 새로운 종류의 조리용 기름은 기존의 라드 같은 것보다 훨씬 저렴하고 태우지 않고도 고온까지 도달할 수 있었다. 그래서 바삭바삭한 질감을 느낄 수 있도록 조리가 가능했고, 이것이 피시 앤 칩스 인기의 결정적인 요인이 되었다. 독일과 이탈리아도 영·미와 유사한 패턴을 보인다. 그 나라의 레스토랑도 맨 처음 파리에서 훈련받은 셰프들이 그랑 퀴진을 소개함으로써 프랑스로부터 수입했고, 그 후 19세기 후반에 중산층과 하층 계급이 이용하는 레스토랑이 뒤를 이었다. 이는 도시 인구 증가와 기술의 영향 때문이었다. 독일은 1850년 이후로 '레스토랑'이라는 단어를 사용했고, 카페 로열과 델모니코를 전형적으로 본받은 시설을 가리킬 때 그 용어를 썼다. 과거 독일어로 여관이나 선술집을 뜻하는 단어가 있었으나, 이후 적어도 법적인 측면에서는 중산층이 이용 하는 레스토랑을 가리킬 때 가스트뷔르트샤프트Gastwirtschaft나 가스츠쉬테트Gaststätte라고 썼다. 1840년 이후 베를린, 함부르크, 프랑크푸르트, 뮌헨은 이름난 레스토랑을 자랑했으며 그 중 많은 레스토랑은 호화 호텔의 발달과 관련이 있었다. 이런 호텔로 인해서 정통 레스토랑이 전 세계적으로 친숙한 공간으로 변모하게 된 현상이었다. 그러나 애초에 독일 레스토랑 분야의 매우 놀라운 발전 양상은 호텔과 무관했다. 1872년 베를린에서 발달하기 시작한 레스토랑은 바로 켐핀스키Kempinski 가문이 운영하는 곳이었다. 그때부터 그들은 와인 저장고 테이스팅 룸에서 샌드위치와 완숙란을 팔기 시작했다. 그것은 당시 그들의 주요 영업 품목인, 헝가리 와인 판매를 위한 부수적인 일이었다. 그들의 사업은 20세기 초반 30년 동안 놀라울 정도로 급성장하여 호화스러운 대규모 레스토랑 세 곳을 키워 냈다. 1913년까지 본점에서는 하루에 일만 명의 손님들에게 호사스런 8가지 코스 요리를 선보이곤 했다(절반 가격으로 네 가지 코스를 진행했다).

전 세계 부유한 여행자들이 점차 늘어나자 그들을 대상으로 하는 호텔 요리가 발

전했고, 이에 따라 정통 레스토랑이 완벽한 형태를 갖추게 되었다. 19세기 말엽, 시대에 뒤지지 않은 일군의 레스토랑 셀러브리티 셰프들과 호텔리어들이 전 세계 레스토랑 요리의 수호자가 되었고, 이는 사회적 계급의 차이를 드러내는 중요한 요인이었다. 1893년 뉴욕에 월도프―아스토리아 호텔Waldorf―Astoria이 오픈했고, 2년 후 생 모리츠에 팔레스 호텔Palace Hotel이, 그 후 1897년 함부르크에 피어 야레스자이텐 호텔Veir Jahreszeiten, 나폴리에 그랜드 호텔 엑셀시어Grand Hotel Excelsior, 런던에 코너트 호텔Connaught이 첫 손님을 맞았다. 1898년 파리 리츠Ritz 호텔이 역사상 가장 유명한 셀러브리티 셰프인 오귀스트 에스코피에를 내세워 문을 열었다. 그러나 20세기에 들어서서 레스토랑의 국제적 기준을 정한 레스토랑을 말하라면, 바로 1889년 리처드 카트Richard D'Oyly Carte가 개관한 사보이 호텔Savoy이었다. 위대한 호텔리어 세자르 리츠Cézar Ritz가 이곳의 매니저로 가면서, 마스터 셰프(수석 주방장) 오귀스트 에스코피에와 와인 마스터, 루이 에쉬나드Louis Echenard를 매트르 도텔로서 함께 데려갔다.

사보이, 리츠, 월도프 아스토리아와 기타 수많은 특급 호텔들은 나중에 대부분 리츠 계열사로 편입되지만, 이들 모두에게 한 가지 공통점이 있다면 이 호텔들이 광범위한 상류층을 똑같은 고객으로 두었다는 사실이다. 이러한 특별한 공간을 창조하게 된 배후에는 한 가지 아이디어가 숨어 있었다. 그건 바로 19세기가 끝나기 전에, 가장 부유한 귀족들이나 상인들이 그들의 저택이나 가정에서 개최하곤 했던 행사들과 여러 면에서 유사한 파티를 열어서 식사하고, 서로 만날 수 있는 공간을 한 번 만들어보자는 것이었다. 사실, 많은 호텔리어들과 그들과 함께 했던 위대한 셰프들은 부유한 사람들에게 요리를 제공하는 사람으로 이름을 날렸으며, 그들의 레스토랑과 호텔에서 제공하는 서비스를 유명한 손님들의 집으로 가서 그들에게 직접 제공하기도 했다.

위 이 사진은 런던 리츠의 식기류 보관 선반이다. 이것을 통해 20세기에 접어든 대규모 호텔 레스토랑의 운영 규모를 조금 엿볼 수 있다. 이런 특급 호텔 식당에서 특별히 이룬 성과는 개별 손님들과 그 일행들이 식사 중에 어느 정도 독보적인 관심의 대상이 된다는 좋은 기분이었다. 그러나 수백 명의 손길이 거쳐 가는 조리 작업, 수십 개에 이르는 절차의 정확한 수행, 각 코스마다 전문가의 손길로 서브되는 요리는 여전히 무대 뒤에서 이루어진다.

왼편 1889년 런던 사보이 호텔. 이곳이 개관한 1889년은 특급 호텔 서비스의 최전성기였다. 리처드 카트는 사보이 극장(Savoy Theatre)의 성공에 힘입어, 극이 끝난 후에 그 관객을 접대하기 위해 이 호텔을 지었다. 완공하고, 전체 전기 조명 작업, 특별한 퍼블릭 스페이스(public space)를 다 갖추기까지 5년이나 걸렸다. 다이닝 룸에서는 에스코피에가 그곳에서 환영받았던 여성 손님들을 위해 만든, 긴 메뉴를 볼 수 있었다. 그들은 호주 출신의 위대한 소프라노 가수 넬리 멜바가 푸치니의 오페라 주역을 했던 것을 기념하여 '풀라 토스카(poularde Tosca)' 요리를 만들었다. 그 외에도 여성 명사의 이름을 넣어 '포타주 미스 벳지(Potage Miss Batsy)', '필레 마레이유 올가(filets mareille Olga)', '프레즈 사라 베른하르트(fraise Sarah Bernhardt)', '봄브 미스 헤일레테(bombe Miss Helyette)'를 개발했다.

특급 호텔들은 거대한 사업체로서, 20세기가 태동하던 때에 최신 산업의 기계적 능률성에 크게 의존했다. 에스코피에는 주문은 물론, 주방 안의 스토브부터 바깥 테이블에 뜨거운 상태로 나가기까지 요리의 전 과정을 통제한 세프로 유명했다. 사보이 호텔을 예로, 그 사업의 규모를 따지자면 자체 동력과 상수도를 갖추고 있었고 커피도 직접 로스팅하는 정도였다. 에스코피에는 배우 사라 베른하르트Sarah Bernhardt와 릴리 랭트리Lily Langtry, 소프라노 넬리 멜바Dame Nellie Melba, 그리고 훗날 에드워드 7세를 위해 요리를 새로 만들어 냈다. 그리하여 제1차 세계 대전 이전, 이 화려한 시대에는 예술과 정치 명사들이 요리 명사들과 서로 교류했음을 알 수 있다. 사보이 호텔은 눈부신 파티로 더욱 그 명성을 높였다. 가장 유명한 파티 중 하나로 꼽히는 곤돌라 디너는 1905년 7월 상파뉴의 백만 장자들과 월스트리트의 자본가 조지 케슬러George Kessler가 공동 주최한 것이었다. 호텔 전경에 베네치아를 재현시켜 놓았는데, 400개의 베네치아 램프로 불을 붙였다. 비단으로 가장자리를 수놓고 1만 2,000송이의 싱싱한 카네이션으로 장식한 곤돌라가 있었다. 그리고 152센티미터 높이의 생일 케이크를 준비했고 엔리코 카루소가 연신 아리아를 불러댔다. 그날 사보이 호텔에는 왕족들이 대거 참석하는 바람에, 그들의 도착을 알리는 벨 울리는 일을 그만 포기할 정도였다. 1914년까지 사보이 호텔 그릴은 유명 영화배우, 감독, 비평가들의 회합 장소로 명성을 쌓았다.

'메트르 Maître D'에 대한 열광적 숭배는 여러 면에서 셀리브리티 셰프와 그들의 국제적 명성과 관련이 있었다. 뉴욕 월도프 아스토리아 호텔의 오스카 치르키Oscar Tschirky는 손님들에게 고자세를 취하는 메트르 도텔의 원조이자, 상징적인 인물이었다. 그는 유명 단골 고객들을 함부로 대하고, 외모가 매력적이지 않은 여성 고객을 냉대했다. 그는 1893년 이후 반세기 동안, 그 유명한 치르키의 붉은 벨벳로프 선을 넘어도 되는 사람과 그렇지 않은 사람으로 구별했다. 스위스의 독일 지역 출신으로 3개 국어에 능통했던 그는 웨이터들도 영어, 불어, 독일어를 완벽하게 구사하는 사람만 뽑았다. 이는 전 세계 손님들이 호텔에 와서 자기 집처럼 편안하게 느끼고, 제대로 의사 소통을 할 수 있도록 하기 위함이었다.

특급 레스토랑의 개념을 더욱 단단하게 만든 것은 바로 호텔리어와 셰프의 파트너십이었다.

이 사실은 20세기에도 그대로 이어졌고, 현재까지 세자르 리츠와 오귀스트 에스코피에의 재능에 버금가는 가장 완벽한 조합은 찾아볼 수 없다. 그들의 공통된 목표는 고급 요리와 고급 서비스를 조화시키는 것이었다. 요리 만들기에 완벽을 기하고, 그 요리를 품격 있게 제공해야 했다. 맛있는 요리의 공식과 그것을 차려 내는 광경은 세계 전역에서 반복되었다. 로마에서 뉴욕까지, 런던에서 부다페스트까지 똑같은 요리와 격식을 차린, 똑같은 서비스가 연출되었다. 따라서, 특급 호텔 레스토랑에서의 식사는 금융, 정치, 혹은 예술 세계를 주름잡았던 권력자 세대들에게는 일종의 영적인 경험과 비슷한 것이 되었다. 세자르의 부인, 마리 루이즈 리츠Marie Louise Rits는 전통 프랑스식 디저트 크레페 수제트Crêpes Suzette를 먹는 모습을, 마치 경건한 의식을 치르는 것처럼 이렇게 설명했다.

1905년 글래스고, 찰스 레니 맥킨토시의
윌로우 티 룸즈 모습이다. 이곳은 숙녀용 프론트
티룸의 정경으로, 소치홀 스트리트에 서 있던
건물 뒤편에 런치 룸과 티 갤러리를 바라볼 수 있는
곳이다. 윌로우 티 룸즈라는 이름은 바로
소치홀이라는 거리 이름에서 따왔다.
켈트어로 소치홀은 '버드나무가 무성한 습지'라는
뜻이다. 이 찻집의 가장 큰 특색은, 천정 가까이
나무 골조 꼭대기에 올려놓은, 연철로 만든
플라워 홀더이다. 그 아래에 앉은 네 명의 손님들은
퍼블릭 스페이스에 있으면서도 안에 들어와
있는 듯한 느낌을 받을 수 있다.

웨이터들이 마치 가톨릭 미사의 복사들처럼 블루 플레임 주변에 모이면 조용히 하라
는 지시가 떨어진다. 그러면 사제와도 같은 메트르 도텔이 솜씨 좋은 몸짓으로 구리
접시 위에 감칠맛 나는 리큐르를 붓는다. 그러면 그 향기로운 연기가 갑자기 일어나
면서, 쳐다보고 있는 식사 손님들의 마음에, 마치 집전하는 사제를 쳐다보듯 아름다운
존경심을 채운다. 그리고 그는 종교적 열정과도 같은 마음으로 맨 처음으로 한 입 먹어
본다. 와인을 고르고 서비스를 할 때에도 이와 마찬가지다. 와인 잔의 형태, 크기, 품
질, 와인을 따를 때 웨이터의 태도까지 모든 것이 미각의 궁극적인 즐거움에 영향을 미
친다.

이 두 사람이 발전시킨 레스토랑은 수많은 초기 전통을 폐지하고 서구 전역에서 미각의 일대 혁명을 일으켰다. 고급 요리와 고급 서비스에서 나오는 우아한 품격은 단순함과 쓸데 없는 세부 장식의 배제라는 새로운 전통을 이루는 기본이었다. 에스코피에는 먹을 수 없는 가니쉬를 없애면서, 요리 연출에 있어 기념비적 형태인 가니쉬를 추구하던 빅토리아인의 취향과 단절을 감행했다. 그는 메뉴와 앙트레를 마치 그리스 사원처럼 보일 정도로 끼얹었던 이전의 소스를 단순화시켰다. 그래서 음식이 그 자체로 음식답게 보이도록 만들었다. 마리 루이제 리츠는 이런 변화를 사상 처음으로 여성 손님의 취향과 미각에 쏟아진 관심과 연결시켰다. 당시 레스토랑이 남성 클럽이라는 속성을 없앰으로써, 점차 여성 손님들의 영향력이 커졌기 때문이다.

여성들은 이제 레스토랑에서 손님으로 식사를 하는 데서 그치지 않고, 레스토랑을 소유하고 운영하기 시작했다. 케이트 크랜스턴Kate Cranston은 글래스고에 네 곳의 찻집을 운영하였는데, 평소 현대 인테리어와 다과를 적절히 조합하려는 뜻을 품고 있었다. 이에 그녀는 찰스 레니 맥킨토시Charles Rennie Mackintosh에게 찻집 전체의 공간을 설계, 혹은 새롭게 꾸며달라고 의뢰했다. 맥킨토시는 소치홀Sauchiehall 스트리트 217번지에 위치한 윌로우 티 룸즈Willow Tea Rooms에서 일종의 종합 예술 작품Gesamtkunstwerk을 창조했다. 그곳의 럭스 룸Room de Luxe은 은제 가구와 납으로 만든 거울 소벽小壁(기둥 상부의 장식 띠) 때문에 주요 명소가 되었다. 이와 대조적으로, 잉그램Ingram 스트리트에서는 일련의 수직, 수평의 격자 모양 스크린을 활용하여 차이니즈 룸을 만들었는데, 이는 천청의 높이를 줄이고 공간의 친밀도를 증가시키기 위한 시도였다. 그래서 이곳에는 생동감 넘치는 색상을 사용했고 플라스틱 디자인 재료도 도입했다. 19세기 말에 이르러, 식사 행위는 점차 미학적으로 변해가고 있었다.

20세기 초반, 정통 프렌치 레스토랑은 여전히 하나의 표준으로서 전 세계를 지배했다. 로쉐 드 캉칼, 트로아 프레르 프로방스, 카페 베리 등 1세대 레스토랑들은 많이 사라졌지만 브와종, 팔라드Paillard's, 투르 다르장, 뒤랑, 앙리Henri's, 리츠 등 요리 전당의 새로운 물결이 그 자리를 대신했다. 1903년 영국의 레스토랑 비평가인 뉴넘 데이비스Newnham Davis에게 어디에서 식사를 하겠느냐고 물었더니, "아침은 가이용Gaillon의 셰 앙리Chez Henri에서, 정찬은 리츠에서, 저녁은 뒤랑에서."라고 답했다. 1890년부터 지금까지 질식사시킨 오리의 요리로 명성을 계속 이어온 투르 다르장에서 그 테마 요리를 먹는 행위는 장엄한 고급 식사의 역사 위에 손님으로서 이름을 올리는 것과 같다. 그런데 또 하나의 새로운 개념이 확실하게 자리 잡았다. 그것은 요리가 셀리브리티들과 상류 사회 문화에 비해 별로 중요하지 않았다는 점이다. 유명 소프라노, 테너들, 발레리나, 그 외 많은 연예계 인사들이 레스토랑을 찾긴 했지만, 언제나 자정을 지난 시간에 부유한 후원자들과 함께 찾아왔다. 물론 이것은 레스토랑이 지닌 주요 매력으로 볼 수도 있었다.

정통 레스토랑은 20세기 내내 힘들게 견뎌냈고, 명성을 이으려고 노력했다. 하지만 21세기 초반 서구의 많은 지역에서, 집에서 밥을 먹는 것보다 외식을 하는 것이 보다 널리 유행할 때까지, 레스토랑 세상은 새로운 음식, 대중, 그리고 모든 면에서

1890년 투르 다르장에서 사장, 프리데릭 드레어(Frédéric Delair)의 모습이다. 그는 이곳의 특선 오리 요리에 순번을 다는 관습을 도입했다. 그는 오리 요리 레시피를 어느 옛날 요리책에서 발견하고 현대식으로 바꾸었다. 칸통 투르 다르장(Caneton Tour d'Argent)은 두 가지 코스로 이루어진다. 첫 번째 코스, 포트 와인과 코냑으로 요리한 가슴살과 질식시킨 오리 몸통의 진수가 나간다. 두 번째로 풍부한 소스를 부린 다릿살이 나온다. 손님들이 이곳을 방문한 기념으로 가져가는 그림 엽서에는 아직도 그의 모습이 들어 있다. 오리마다 고유 번호가 매겨져 있고 누가, 언제 그것을 먹었는지 기록도 보관되어 있다. 1976년 50만 번째 오리가 나갔고, 2003년에 100만 번째 오리가 나갔다(흥미로운 기록에 의하면, 최초의 오리는 1890년 영국 에드워드7세에게 나갔다. 1921년 일본의 히로히토 천황이 53만 3,211번째, 1929년 미국 루스벨트 대통령이 11만 2,151번째, 2001년 러시아 고르바초프 대통령이 93만 8,451번째, 2002년 줄리아니 전 뉴욕 시장이 97만 1,612번째 오리를 먹었다.―역주).

확장된 요리 연출 기술을 수용하곤 했다. 10장에서 나오겠지만 요리의 민족적 다양성, 그리고 그런 요리의 문화적 전통에 속하지 않는 사람들이 느끼는 쾌락의 기원은 바로 20세기 초였다. 뉴넘 데이비스의 『런던의 미식 가이드 Gourmet Guide to London』 (1914)에는 심슨즈 인 더 스트랜드와 리츠, 카페 로열을 다녀온 후기 외에도, 좀더 폭넓은, 아니 적어도 쉽게 어느 범주에 넣을 수 없는 로마노Romano's와 같은 레스토랑에 대해서도 호의적인 비평을 한다. 데이비스에 따르면, 로마노의 셰프는 프렌치 퀴진의 대가이면서 동시에 다른 나라의 요리에 대해서 열린 마음을 갖고 있었다. 그는 로마노에 대해서도 "그의 주방에서 만든 무자카mouzakkas는 루마니아의 부쿠레슈티가 아닌 곳에서 먹어 본 최고의 요리였다. 그는 나이지리아의 땅콩 수프도 만든다. …… 매우 존경스럽게도, 그리고 로마노는 내가 아는 한, 말레이 반도에서와 똑같이 요리하는 말레이 커리를 먹을 수 있는 유럽 내 유일한 레스토랑이다."라고 말했다. 데이비스는 골드스타인Goldstein's에 가서는 그곳의 쿠겔kugel, 피클, 콘비프, 아몬드 푸딩 등을 칭찬하면서, 어떻게 하면 누구라도 이 정결한 레스토랑에 와서 성대한 요리의 향연을 맛볼 수 있을까 생각한다. 그는, "아몬드 푸딩은 프랑스 인들만이 요리 비결을 갖고 있다고 생각한, 촉촉한 디저트 중의 하나였는데 바로 이곳에서도 그 맛있는 아몬드 푸딩을 만들 줄 알았다."라고 말했다. 그리고 차이니즈 레스토랑 한 곳과 '거리거리의 프렌치 레스토랑들과 경합하는' 소호Soho의 여러 이탈리아 레스토랑들도 칭찬했다.

에스닉 레스토랑이 다양성과 어느 정도의 모험을 대표한다면, 그들과 동시에 확장하고 있는 체인 레스토랑은 오히려 그 반대에 속한다. 즉, 체인화된 레스토랑은 모두 똑같이 지은 건물에서 똑같은 메뉴를 제공한다. 앞에서 말했듯이, 이런 유형은 이미 1870년대에 뉴욕의 하비 하우스와 차일즈 레스토랑을 통해 미국에서 발달하고 있었다. 런던에서도 체인 레스토랑 이용은 1887년 샐먼Salmon과 글루크스타인 Gluckstein 가家에서 운영하는 요리 조달 업체로부터 출발하여, 이후 찻집과 중급 레

스토랑으로 다각화했다. 식량 배급이 완전히 종결된 후에, 전후 영국은 패스트 푸드에 의존했고, 그리하여 1950년대에 리용과 그들의 윔피Wimpy 햄버거 체인은 유럽 최대 식품 업체가 되었다.

19세기 후반에 시작된 레스토랑 체인은 중산층과 노동자 계급이 찾는 레스토랑에만 한정된 것은 아니었다. 리츠 칼튼 제국은 전성기 때 런던, 파리, 뉴욕은 물론이고 부다페스트, 로마, 나폴리, 부에노스아이레스, 에비앙, 루체른, 라팔로, 필라델피아, 아틀랜틱 시티에도 특급 호텔을 두었다. 하지만 리츠 칼튼 체인이 20세기 세계 전역에 퍼질 수 있었던 요인은, 대중들이 볼 때에는 바로 음식 때문이었다. 18세기 파리의 레스토랑 초창기 시절, 즉 특정 요리를 준비해 놓고 한정 메뉴로 제공하고, 일급 호텔 요리사가 출장을 나갈 수 있었던 그 시절에 대한 향수 때문이었다. 20세기 말에 이르러, 여러 면에서 볼 때 레스토랑은 우리가 이번 장을 시작할 때 설명했던 레스토랑의 정의에서 많이 벗어났다. 손님들이 언제나 웨이터의 서비스를 받지도 않으며, 식사가 끝날 때 계산서가 나오는 것도 아니며, 오로지 특정 고객을 위해서만 요리를 할 필요도 없어졌다. 심지어 혼자 오든 일행이 있든, 앉지 않고 서서 먹기도 한다. 그리하여 레스토랑은 외식에 관련된 모든 포괄적 개념을 합쳐 놓은 하나의 구조가 되었다.

20세기 체인 레스토랑의 중심으로 떠오른 많은 음식들 중에는 애초에 '에스닉' 음식으로 시작한 경우가 많았다. 이는 유럽과 미국의 식품 생산과 소비를 남유럽, 동유럽, 아시아, 아프리카, 남미의 이민자들과 관련시켜 보자는 생각이었다. 이 경우, 보통 피자나 타코스, 그리스식 샌드위치 지로gyro가 떠올라야 한다. 혹은 미국 햄버거의 경우처럼, 독일계 미국 요리의 발전을 들 수 있다. 햄버거는 1836년 델모니코가 최초로 발간한 메뉴에 등장하면서 가장 비싼 요리 중의 하나인 '햄버거 스테이크'로 미국에서 첫 출발했다. 그런데 어느 회계사가 1884년 위스콘신의 한 카운티 박람회에서 바로 그 이름으로 샌드위치를 새로 만들었는데 이것이 햄버거의 시작이었다고 한다. 또 다른 주장으로는 1891년 오하이오의 어느 카운티의 박람회에서 맨 처음 나왔다고도 한다. 세 번째 햄버거 창조 신화는 바야흐로 1900년 코네티컷, 뉴헤이븐의 이스트 코스트 지역으로 바뀐다. 당시 루이스 라센Louis Lassen은 루이스 런치Louis Lunch에서 두 장의 토스트 빵 사이에 쇠고기를 갈아 그릴에 구운 것을 끼워 넣어 손님들에게 제공했다. 이곳은 좌석 3개로 아직도 영업하고 있다. 햄버거 체인 레스토랑은 1921년 캔자스, 위치타에서 5개의 스툴 의자를 갖춘 매장 한 곳에서 시작했다. 그러던 것이 1964년이 되자, 미국 11개 대도시에서 요즘 말로 100개의 '아울렛 매장'을 갖춘 화이트 캐슬 시스템White Castle System으로 성장했다. 그러나 이보다 더 중대한 변화는 1950년대에 이루어졌다. 바로 그 시절 맥도날드와 버거킹이 식품 산업의 판도를 바꾸기 시작했다. 당시 그들은 산업 생산 라인을 갖추었고, 그로 인해 각각 전 세계 1, 2위를 다투는 최대 푸드 서비스 기업으로 성장했다.

레스토랑이 여기저기에 생겨나면서, 이런 시설에서 식사를 하고 노동을 하는 일이 정부 규제, 노동 조합 조직, 점점 증가하는 전문화 현상의 이슈로 떠올랐다. 레스토랑 산업이 급부상했고, 이와 함께 미국 요리 학교Culinary Institute of America(1946), 맥도날드 트레이닝 센터와 같은 교육 기관도 등장했다. 두 기관에서 교육을 담당했던 셰프들은 군대에서 음식을 할 때 적용하는 정확도에 버금가는 정확도를 겸비했는데, 이는 오늘날 점점 표준화되어 버린 레스토랑 조리의 엄격히 분할되고 조직화된 기술에 적합했다. 레스토랑은 스포츠 스타디움부터 컨벤션 센터, 해변, 고속도로 휴게소까지 상상할 수 있는 모든 환경에서 생겨났다. 따라서, 레스토랑은 광대한 상업

미국에서 일반 식당들은 19세기 런치 왜건(lunch wagon)으로부터 발전했다. 런치 왜건은 보통 분주한 시내 교차로에 포진되었다. 19세기 말, 버려진 마차 트롤리들이 아주 싼 가격에 런치 왜건으로 탈바꿈했다. 제1차 세계대전 직후, 최초의 식당들이 조립·제작되었다. 1920년대. 식당들은 주로 공장 정문이나 정류장에 생겼다. 1930년대에 들어서서 미국은 고속도로를 이용하기 시작했다. 이 사진은 뉴욕, 포킵시(Poughkeepsie) 근처에 있는 런치 왜건이다.

기업의 실타래 속에 들어 있는 하나의 단위가 되었다. 외식의 민주화 바람으로 인해 테마가 있는 레스토랑에서 일인당 분량을 정확히 나누고, 똑같은 메뉴를 제공하는 거대 체인이 발생했다. 이런 레스토랑에서 가장 큰 비용은 광고에 들어갔다. 한편, 외식의 민주화는 예측할 수 없는 요리에 대한 인정, 지방 요리법과 요리의 재발견, 작은 레스토랑을 찾는 즐거움을 발달시키는 정반대의 결과도 낳았다. 사실 작은 레스토랑의 서비스가 리츠의 방식에 버금 갈 만큼 좋을 수는 없겠지만, 집 밖에서 음식의 맛을 본다는 외식 자체의 중요한 본질로 돌아갈 수는 있었다. 미국에서는 도로가 식당, 패스트 푸드점이나 소다 파운틴soda fountain, 값싼 크랩 식당crab Shack, 시골 여관은 가장 오래된 레스토랑 전통을 존중하는, 새롭게 재발견된 태도를 심으려고 노력했다. 그리하여 그들은 쾌적한 환경에서 깨끗하고, 건강에 좋은, 맛있는 음식을 먹을 수 있는 곳으로 변화를 꾀했다. 영국과 유럽에서는 카페, 비스트로, 작은 시골 지방의 외딴 레스토랑들이 다시금 영혼을 충족시키는 공간으로 발전했다.

어떤 면에서 볼 때, 표준화와 지방의 진정성을 추구하는 이런 두 가지 변화는 상호 보완적인 관계를 이루었다. 레스토랑 산업 발전 과정에서 20세기 말, 자크 페펭 Jacques Pépin은 장인의 요리 솜씨를 지지한 요리사이다. 그런 그가 미국 내 커리어를 쌓을 때 제일 먼저 한 일은, 한때 거대 레스토랑 업체였던 하워드 존슨Howard Johnson이 메뉴를 개발하고, 그것을 통해 건강에 좋은 값싼 음식으로 명성을 쌓도록 도와주는 작업이었다. 그럼에도 불구하고, 계절과 무관하게 언제든지 식품을 이용할 수 있는 점, 냉동 식품, 장거리 식품 운송, 산업화된 농업, 고밀도 인공 축산업과 같은 현대적 혁신은 기술의 승리를 안겨 주었다. 하지만 동시에 그런 것들로 인해서 일련의 생태계 문제가 사실상 위급한 상태에 이르렀고, 미각적 취향이 퇴화했다. 게다가 음식, 요리, 식품이 정말 무엇인지, 어떻게 그것을 직접 몸으로 느낄 수 있는지에 대한 문제는 아예 안중에도 없다. 동시에 동질성, 인공성, 표준화되고 계절과 무관한 다양성으로 나아가는 트렌드에 대해 점점 문화적 저항이 커지고 있다. 슬로 푸드 운동, 지방 요리의 재발견, 진짜 음식을 찾는 욕망, 덧붙여 아직 남아 있는 우아한 전통들은 레스토랑의 진화와 맛의 미래에 희망을 걸 수 있는 토대이다.

10 새로운 것과 전통

미식법을 이루는 새로운 풍경

피터 스콜리에

2000년도 북서부 런던. 화려한 에티오피아 레스토랑의 멋지게 세팅된 식탁 주변에 일군의 부유한 서양인들이 모여 있는 장면을 머릿속에 그려보라. 그것은 그들이 맛보는 최초의 동아프리카 식사이다. 그들이 이 레스토랑을 찾아가겠노라 결정하기까지는 꽤 시간이 걸렸겠지만, 레스토랑을 권하는 여러 평가와 합리적인 가격이 그들의 마음을 움직였을 것이다. 도로doro와 키트포kitfo가 나오고, 손님들은 즉시 그 요리의 모양, 빛깔, 향에 대해 의견을 나눈다. 그 중 한 사람이 그 요리에 대해 잘 알고 있어서, 몇 가지 설명을 해 주고 마그렙 지역과 유럽의 요리가 어떻게 다른지도 비교해 말한다. 나머지 일행들은 가이드가 되어 버린 그 친구의 말을 귀담아 들으면서 한 입 먹어 본다. 그 중 몇 명은 요리 가까이에 코를 대고 킁킁거리면서 마지못해 소스 맛을 본다. 그들은 함께 이 요리를 먹는 사람들과 서로 낄낄거리면서 의견을 말하고 질문도 던진다. 그런 뒤에, 마음을 다잡고서 다들 먹기 시작한다. 물론 계속해서 이 새로운 요리에 대한 이야기를 하고, 친숙하게 먹는 여타 음식들과 비교한다. 그러나 한 사람은 향이 강하고 매운, 날로 저민 쇠고기(키프토)를 삼킬 수가 없다. 아프리카의 날고기가 안전하지 못하다느니, 그 지역의 기아 문제가 어떻다느니 하면서 대해 중얼중얼 불평을 해 댄다. 그들은 아주 진한 커피를 마신 후, 새로운 요리와의 만남에 매우 흡족해하며 그곳을 나온다. 다음 날, 그들은 친구와 동료들에게 독특한 에티오피아 음식을 먹어 본 경험을 얘기해 준다. 어떤 이는 매우 들뜬 기분으로, 또 어떤 이는 아주 무심하게 말이다. 그들 중 한 사람은 인터넷에 호의적인 비평을 올린다.

이 소소한 장면에서 보다시피, 유럽에는 유럽인 고객을 상대하는 에티오피아 레스토랑이 존재한다. 하지만 이를 통해 꽤 부유한 동시대인들이 새로운 음식에 관심은 가지지만 정작 그 음식 앞에 서면 주저하고, 그것을 친숙한 음식 범주로 분류하려 애쓰고, 그들이 먹는 음식에 대해 안심할 수 있을 때까지 설명과 정보를 반복해서 받길 원하고, 그 음식에 대해 곰곰이 생각한 후에야 비로소 삼킬 수(혹은 그렇지 않을 수) 있다는 사실을 알 수 있다. 어찌되었든, 이국 레스토랑을 찾는다는 것은 기분 좋은 일이며, 이로 인해 음식에 대해 이야기를 나누고, 요리 정보를 퍼뜨리고, 감정과 의견을 표현할 수 있는 기회가 된다.

사실, 위 장면은 새로운 음식에 대한 기본적인 두 가지 태도를 드러낸다. 바

2001년 워싱턴 D.C. 어느 에티오피아 레스토랑에 들어온 일군의 손님들은 새로운 것에 대한 호기심과 두려움 속에서, 인제라(injera, 고기와 채소를 그러모으는데 사용되는 스폰지 형태의 신맛 나는 납작한 빵)를 먹고 있다. 아마 그 중에 그 레스토랑으로 가는 길과 새로운 식사 경험을 접하는 방법을 알려 주는 눈치 빠른 손님이 있었을 것이다.

로 매료와 불신이다. 사회학자 클로드 피슐러Claude Fischler와 심리학자 폴 로진Paul Rozin은 그것을 가리켜 '잡식 동물의 패러독스omnivore paradox'라고 부른다. 신체적으로 볼 때, 인간은 다양한 음식을 필요로 한다. 그래서 그들은 새로운 음식에 대해서는 생물학적으로 끌리는 성향을 갖고 있다. 더구나 그들은 사회적·문화적 이유를 들어 새로운 음식과 맛을 평가할 수 있다. 그러나 이와 동시에 낯선 음식에 대해서는 신중하고, 보수적이며 두려워하기도 한다. 왜냐하면, 그 새로운 음식은 지금까지 자기들이 접해 온 음식과 관련된 관습상의 범주, 체계, 감정을 위협하기 때문이다. 이번 10장에서 나는 1945년 이후 새로운 음식과 맛, 푸드웨이foodway에 대한 수용과 거부 사이에 드러나는 긴장 상태를 추적할 것이다. 나는 유럽 인의 관점에서 이 작업을 하게 되지만, 다른 지역의 전개 상황도 불가피하게 그 논의의 일부가 될 것이다.

제2차 세계 대전 후, 경제·사회·문화·정치적 상황의 변화는 식품의 양, 가격, 선택, 지위까지 모두 바꿔 버렸다. 그러나 사람들은 이런 영향을 단순히 경험하는 것은 아니다. 다시 말해, 그들은 그들의 예상하는 바, 언어, 소비 지출을 통해 공동으로 그런 영향력을 만들어간다. 드넓은 세계 속의 변화와 작은 가정 내의 변화 사이에는 밀접한 상호 영향력이 엄연히 존재한다. 인류학자 시드니 민츠Sydney Mintz는 이것을 각각 '거대한grand(혹은 외적인) 세상'과 '일상(혹은 내적인) 생활'의 변화라고 구분했다. 그는 거대한 변화를 우선 강조하고, 일상 생활이 이런 변화를 뒤따른다고 주장한다. 그러나 나는 이 둘 사이의 상호 작용을 더 크게 강조하고 싶다.

사회학자들과 생명 과학자들은 사회가 음식과 요리의 혁신에 대해 어떻게 대응하는지 오랫동안 연구했다. 그리하여 음식은 순수하게 생물학적 목적 외에도 많은 다양한 목적을 수행한다고 결론 내렸다. 새로운 음식과 맛에 대한 관심 혹은 거부는 사회적 구조, 정체성의 형성, 승화, 좌절, 사회적 열망, 문화적 속물 근성, 또는 불안 등의 결과일 것이다. 따라서, 사람들이 먹고, 조금씩 입에 갖다 대거나 마시는 경우마다, 단순히 식욕을 충족시키는 것 말고도 여러 가지 충동이 일어날 것이다. 물론 르네상스나 빅토리아 시대에 사람들이 음식을 먹고, 마셨을 때, 그들은 순전히 신체적인 목적 외에 여러 가지 다른 이유로 그렇게 행동했다. 그런데 중요한 점은, 20세기에 와서 식사의 이런 '부차적인 의미'가 더욱더 두드러졌다는 사실이다. 따라서, 이런 이유로 인해 전반적으로 새로운 음식과 맛에 대해 열광적으로 매료하는 경우도 늘어났고, 대신 불신은 줄어들었다. 사회 심리학자들은 불신이 줄어든 상태를 가리켜 "새것을 싫어하는 공포증이 줄어들었다."고 말하면서, 이를 새로운 음식을 대하는 선입관의 변화와 관련시킨다. 선입관에는 정보와 시식과 시음, 기억이 결정적인 역할을 하기 때문이다.

이런 변화는 경제·사회적 변화와 관련시켜 순전히 유물론적인 방식으로 해석될 수 있다. 1945년 이후 세계 곳곳에서 인구가 점점 증가함에 따라 인간 신체의 필요성은 더 이상 예전만큼 중요하지 않았다. 더구나 서비스 산업에 있어서 고용이 확대되던 시기인 1975년에는 특히 그런 경향이 심화되었다. 사회 심리학자 레온 라포포르트Leon Rappoport는 마르크스주의 용어를 활용하여 이런 변화를 가리켜 신체의 '교환 가치'를 선호함으로써 '사용 가치'가 상실된 것으로 설명한다. 즉, 인간의 몸이 신체적 힘으로 판단되기보다, 몸의 미학적 기능으로 상징적 의미를 획득하고 평가되기 때문이다. 이와 더불어, 사회, 경제, 문화, 정치 상황의 변화로 사람들은 1945년 이전과 비교해 사회, 문화, 심리학적 방식으로 더 많이 활용할 수 있는 새로운 음식과 맛을 제공받았다. 이 점은, 특히나 사람들이 보다 광범위한 음식 선택을 통해 자신의 사회적 열망을 표출하고, 좌절과 근심으로부터 벗어나고, 때로는 즐거움을 표출할 수 있게 되었음을 시사한다. 따라서, 음식의 중요성에 일어난 변화에는 순전히 유물론적 원인 외에도 사회 문화적, 심리적 원인도 있었다. 선택, 다양성, 혁신은 많은 사람들에게 중요해졌다. 이런 개념이 언제, 누구에게 적용되었는가를 연구하는 것은 역사가들의 일이다. 존 어리John Urry 같은 일부 학자들은 포스트 모던이나 포스트 포드주의post Fordist, 소비자와 레스토랑 고객이 도래한 1980년대를 큰 변화로 지칭한다. 포스트 모던 고객은 개인적인 기분, 시간, 환경, 선호도, 동료 집단과의 친교 목적에 따라 식사를 하는 사람들이다. 포스트 모던 소비자들은 새로운 것을 친숙한 것, 이미 예상했던 것, 심지어 평소 바라던 것으로 여기고 이를 당연히 받아들인다. 이런 유형의 소비자는 1980년 이전, 식품 생산업체와 음식을 만드는 사람의 의지에 보다 순종적이었던 모던 시대 소비자와 정반대이다.

물론 인류 역사에 새로운 음식과 풍미는 항상 존재했다. 가령, 16세기에 스페인에서 감자가 처음 들어왔다. 이후 감자는 너무나 느린 속도로, 사실 거의 강제적으로 18세기 유럽 전역에 보급되었다. 그러자 감자를 이용한 새로운 요리와 맛이 발명되었고, 앞 7장에서 봤듯이, 이로써 굶주린 유럽 민중들에게 필수 칼로리를 공급할 수 있었다. 그리고 여러 향신료, 커피, 토마토, 코코아가 유럽으로 처음 들어왔을 때, 동남 아시아의 바나나가 아프리카와 남미로 보급되었을 때, 유럽의 비트 슈가와 필젠 맥주가 전 세계로 확산되었을 때를 생각해 보라. 여러 지역과 서로 다른 시대에 나온, 그 이유도 가지가지인 이런 모든 혁신 식품들이 식단과 미각에 상당한 변화를 일으켰다. 하지만 각각의 경우마다 그 식품의 도입, 수용, 보급 과정은 전혀 달랐다. 흔히 대체로 부유하고 유행에 민감한 상류 소그룹 도시 거주자들이 선도적인 입장이었고, 그 뒤로 그보다 늦게 신제품을 쓰는 사람들이 있었고, 마지막으로 가장 늦된 그룹이 있었다. 당연한 말이지만, 반대자들은 새로운 맛을 거부했을 것이다. 역사가 베르너 좀바르트Werner Sombart는 1912년 글을 통해서 사치나 호사스런 소비는 자본주의의 장기적인 성장을 일구는 동력 중의 하나라고 했다. 그는 이 과정에서 18세기 말의 무도장, 호텔, 레스토랑, 패스트리 매장, 비싸게 먹고 마시는 모든 시설을 언급했다. 20세기 후반, 아래에서 보게 될 혁신 식품들은 엘리트층의 독점적인 상품이 아니었으며, 전 계층을 아우르면서 음식을 이용해 희망, 야심, 좌절, 기쁨을 표현하는 정도까지 확대되었다. 대중들의 혁신적인 소비는 1945년 이후 자

식품 광고에는 기호와 약호가 참으로 많이 나온다. 광고는 제품 판매뿐
아니라, 소비자를 모델링하는 목적을 갖고 있다. 존 모렐(John Morrell)
이 선보인 1950년대 육류와 소시지 광고는 시선을 확 사로잡고, 공격적
인 붉은 색깔 일색이다. 1827년 잉글랜드에서 창립한 이 회사는 이후 미
국 내 최대 가공 육류 업체 중 한 곳이 되었다.

본주의 성장의 동력이었다기보다, 오히려 그 선결 조건이었다. 이는 이를 테면, 광고와 또래 집단 압력을 통해서 소비자를 훈련시키거나 운영한다는 것을 암시한다. 그렇다고 이것이 일부 비평가들의 생각처럼, 자동적으로 소비자를 조종하거나 고의로 속인다는 뜻은 아니다. 소비자들은 그들만의 목적을 위해 식품 소비를 활용한다.

언제, 왜, 어느 집단이 전후 시대에 나온 다양한 식품 혁신을 환영했는지, 혹은 거부했는지 알아보는 일은 꽤 힘든 연구 프로그램이어서 아직까지 이 분야에서 실질적인 연구는 이루어지지 못했다. 예컨대 1960년대 스웨덴의 과도한 설탕 소비, 혹은 1970년대 영국 레스토랑들이 누벨 퀴진 레스토랑에 쏟은 지대한 관심 등의 구체적인 데이터는 선택과 애호와 관련하여 많은 점을 암시한다. 사람들이 그런 변화를 인식하고, 설명하고, 대응하고, 결국 유행시킨 방식을 보면 매우 흥미롭다. 이 사실은 다음의 여러 예들이 증명하듯, 복잡하며 사회·심리학적 요인에 강조점을 둔다. 역사가 미하엘 빌트Michael Wildt는 전쟁이 끝나자마자 곧바로 국가의 정치, 사회, 경제 등을 '정상normality'으로 회복시키고자 했던, 서독인들의 욕망을 강조했다. 음식은 이런 열망 속에서 중심적인 역할을 했으며, 이는 바로 독일이 전 세계와 다시 연결되고싶어 한다는 것을 뜻했다. 따라서, 서독일들은 세계 곳곳의 음식과 미각적 취향에 매료된다. 가령, 1950년대 위스키는 파인애플, 치즈 크래커, 캔디 바와 더불어 최고의 인기를 누렸다. 여성 잡지들은 중국, 프랑스, 이탈리아, 헝가리 음식에 대한 많은 기사를 내 보냈다. 1950년대 이후 서독일인들에게 정상 상태란 풍족하고 혁신적인 먹을거리를 의미했다.

이런 독일의 사례는 같은 시기에 엄청난 성장률을 기록하며 경제 기적을 일구고 있던 이탈리아의 식단과 대조를 이룬다. 독일과 반대로, 많은 이탈리아인들은 풍족한 식품을 불신했고 심지어 불안감마저 나타냈다. 거의 미국화Americanization와 관련된 새로운 맛과 재료, 푸드웨이는 요리 전통의 창조 작업과 정면으로 맞섰다. 급격히 늘어난 구매력도 1920년대 이후 파시스트 정권이 주도해왔던 수십 년 간의 식품 긴축 경제를 깨뜨릴 수 없었다. 그 결과, 1990년대까지 이탈리아 인들은 익숙한 음식들을 먹었으며 음식에 있어 실험적인 시도는 거의 하지 않았다.

프랑스 주부들이 어머니 세대의 요리 기술을 바라보는 방식도 식품 혁신에 대한 태도를 잘 드러낸다. 어머니 세대의 요리 방법을 여전히 따라하느냐고 물었을 때, 1960년대에는 65퍼센트가 "아니다."라고 대답하면서 요리 관습을 바꾸려는 의지를 확실히 보여 주었다. 하지만 1990년대 말에 똑같은 질문을 던지자, 이번에는 불과 45퍼센트만이 "아니다."라고 대답했는데, 이는 전통으로 회귀하려는 경향을 드러낸다. 사회학자 장–피에르 폴랭Jean–Pierre Poulain은 이 사실을 1960년대 가정 주부 모델에 대한 반발이자 1990년대 식품 산업화에 대한 반발이라고 설명한다. 이로써 우리는 '거대한' 변화를 맞게 된다.

물론 식품 피라미드 내에서 벌어진 최근의 모든 거대한 변화들을 논하기는 불가능하지만, 그 중 몇 가지 핵심 요인들은 언급해야 할 것 같다. 첫째, 생산성, 그리고 이것과 붙어 다니는 경쟁력을 들 수 있다. 농업, 산업, 서비스업, 무역과 유통 분야에서 진행 중인 기계화와 그로인한 높은 효율성 때문에 20세기에 근로자 1인당, 시간당 생산은 엄청나게 증가했다. 네덜란드의 밀 수확량이 그 좋은 예이다. 밀 생산은 1900년 무렵 1헥타르당 2톤에서 오늘날은 8.5톤으로 증가했으며, 특히, 1960년대에 크게 증가했다. 오늘날 유럽은 하루에 1인당 약 3,300킬로칼로리를 소비하는데, 이는 수입품을 제외한 모든 식품을 포함한 수치이다. 노령화 되어가는 유럽 인구 1인당 필요량은 하루에 약 2,100킬로칼로리로 추정된다. 그 결과 유럽은 식품을 수출하고, 유럽 정부들은 농업에 대규모 보조금을 제공한다. 값싼 서구 식품 수출로 인해 아프리카와 남미에서는 농업 확장이 지체되고 있다.

농업 발전은 전 세계 여러 나라에서 일어났으며, 이로 인해 생태계 불균형이 초래되어 한편으론 자연 풍경을 바꾸고, 이에 수입이 감소함에 따라 극심한 경쟁을 유발했다. 그러나 전반적으로 식품 섭취가 늘어나고, 새로운 곡물을 재배하면서 다른 나라로의 교역이 증가하는 긍정적인 면도 있었다. 특히 가장 광범위하게 영향을 끼친 결과는 바로 다양성과 수량 측면에서 식품의 이용 가능성이 증가했다는 사실이다. 유엔 식량 농업기구(FAO)는 하루 1인당 이용 가능한 열량의 증가 추이를 추정하는데, 가령, 1970년과 2000년 사이에 알제리에서는 60퍼센트, 중국에서는 48퍼센트 성장했다고 한다. 물론 그렇다고 일부 국가, 특히 아프리카에서 벌어진 중대한 상황 악화를 잊어선 안 된다. 중앙 아프리카에서 영양 실조에 걸린 사람들의 비율은 1970년 30퍼센트에서 1985년 36퍼센트, 오늘날 55퍼센트까지 늘어났다.

옛것이 새것을 만나는 곳이다. 2005년 프랑스. 랭스에 있는 어느 제과 업체에서 전통 바게트를 만드는 모습이다. 1990년대에 전 세계 제과 업체는 좀더 다양하고 맛있는 제품을 생산하기 시작했다.

'냉동 조절' 기술 덕분에 냉동·냉장식품을 다른 대륙에까지 운송할 수 있게 되었고, 세상의 많은 부엌에 냉장고와 냉동고를 설치하게 되었다. 1950년대에 생선과 채소는 냉동 상태로 슈퍼마켓에서 판매되었다. 1990년대에는 이 그림의 조립 라인에서 보듯, 하루 식사거리가 전부 조리되어 나왔고, 손님들은 냉동 상태의 그 요리를 사다가 전자 레인지로 가열시키기만 하면 되었다.

생산성 증가는 가격 하락으로 이어졌고, 결국 식품의 수직 체계 내에서 근본적인 변동을 일으켰다. 1960년대까지만 해도 생산성 증가는 주로 전통 식품에 이득을 주어, 주식들이 표준화되고 값은 하락했고, 결국 시장 침체로 이어졌다. 가령, 담백한 가정용 빵의 가격이 과거에 비해 훨씬 저렴해지는 바람에, 본래 그것이 갖고 있던 전통적인 고급 이미지를 잃고 말았다. 이후, 1970년대에 들어와 바게트, 크로와상, 전곡빵 등 다른 제빵류도 대규모 현대 공장에서 제조되었다. 1990년대에는 좀더 작은 규모의 제조 시설에서 보다 다각화된 제빵류 생산을 시작하면서 대량 생산되어 맛은 없어졌지만, 여전히 가격은 상대적으로 낮았다. 그러나 생산성 증가의 결과가 빵에만 국한되진 않았다. 곡물 수확용 땅을 경작하는 것보다, 고기나 우유, 고급 과일을 생산하자 더 큰 수익이 났다. 이제 그 시스템의 경쟁 논리가 더 큰 효율성과 생산성을 요구해 왔다. 예컨대, 과거 서구의 부유한 식탁에 올랐던 그 비싼 닭이 1950년대엔 대중들의 축제나 이례적인 디너에 등장하더니, 1960년대에는 일요일에 먹는 음식이 되었고, 급기야 1980년대에는 일상 음식으로 자리 잡았다. 사실 처음에 소비자들은 값이 내린 닭고기의 밋밋한 맛 때문에 그런 닭을 거부했다. 그러나 1960년 무렵 전통적인 양계 기술이 다시 도입된 이후로 마케팅과 홍보 전략에 힘입어 공장에서 생산한 닭을 식탁에 받아들였다. 일반적으로 생산성의 증가는 사실상 모든 식품의 가격과 지위에 영향을 미쳤다. 요즈음에도 여전히 식품 가격은 중요하지만, 과거보다 그 정도가 약해졌다. 이는 오늘날 서유럽 평균 가정의 식품비가 총 지출의 15퍼센트에 불과하다는 사실로써 증명된다. 1940년 이전에 그 비율은 50퍼센트 이상이었다.

그 외에 기업 농업의 투자 이외에 발생한 생산성 증가도 식품 피라미드에 영향을 끼쳤다. 그것은 수송 혁명(항공 보급 등), 인스턴트 식사(전자 레인지로 데워 먹는 기성 조리 식품 등), 냉동 혁명(냉장고 등)이라고 부를 수 있다. 게다가 생산성의 증가는 노동 시장, 산업 관계, 국가 간섭 면에서의 변화와 더불어 임금과 이윤 면에서의 상승을 유발했다. 일반적으로 임금 구매력은 1950년과 2000년 사이에 사상 유례가 없을 정도로 상승했다. 가장 결정적인 사실을 말하자면, 20세기 막바지에 그 성장세가 점점 줄어들었음에도, 임금 구매력은 오랜 기간 동안 하락하지도 정체되지도 않았다. 대략 1950년에서 1985년까지 구매력은 지속적이고도 고무적인 증가를 보여 주었다. 서유럽의 1인당 실질 국내 총생산GDP은 1950년과 1973년 사이에 연간 4.1퍼센트 상승했으며, 1973년과 2000년 사이에는 1.8퍼센트 상승했다(동유럽은 같은 기간에 각각 3.8퍼센트와 0.4퍼센트를 기록했다). 물론 이런 글로벌 데이터가 국지적인 경제 기적과 국지적인 재앙을 다 드러내지는 못한다. 가령, 프랑스 경제학자들은 1946~1973년 사이의 경제 붐을 언급할 때, '영광의 30년'이라고 하지만, 반대로 러시아의 국내 총생산은 1988~1998년 사이에 연간 거의 6퍼센트씩 줄어들었다.

클로드 피슐러의 주장에 의하면, 식품 피라미드는 계속 증가하는 생산성, 하락하는 가격, 상품들 사이의 변동, 신상품 출시를 통한 이윤 추구 때문에 품질과 가격(상대적인 측면에서)이 영구적으로 업그레이드되는 구조이다. 그 결과 정교한 제품이 보다 단순한 제품을 대체하는 경향이 있다. 이로써 사치성 소비는 매우 점진적으로 대량 소비로 전환된다. 1945년 이후, 이전에 비해 훨씬 더 많은 유럽 인구가 식품과 맛의 혁신에 동참할 기회가 생겼다. 과거에는 사치성 식품이었던 것들에 보다 쉽게 접근할 수 있게 되자, 일부 역사가들은 1945년 이후 시기를 민주화democratization 시대라고 명명하기에 이르렀다. 나는 그 용어를 소비자들이 식품을 얻기 위해 점차 시장 관계에 의존했다는 의미로서 '상업화commercialization'라고 부르기를 더 선호하는 쪽이다. 이 점이 바로 우리가 다루어야 할, 두 번째 거대한 변화이다.

분명 시장에 필요한 식품 생산은 어제 오늘의 일이 아니다. 전 세계 산업화와 도시화의 확산으로 인해, 점점 더 많은 사람들이 필요한 물건을 얻기위해 자급 자족의 생산이나 물물 교환이 아니라 시장과 매장을 찾았지만, 이런 소비 현상은 근본적으로 국지적인 현상에 머물렀다. 생산자와 소비자 간의 긴밀한 접촉으로 인해서, 머나먼 해안에서 가져오는 일부 비싼 식품을 제외하면 지역에서 생산하는 식품들을 정기적으로 공급, 비치할 수 있게 되었다. 이는 광고도, 마케팅도 거의 이루어지지 않았으며 국가적 통제도, 과학자와 영양학자 혹은 압력 집단의 간섭도 거의 없었다는 의미였다. 하지만 19세기 후반 25년 동안에 이 상황도 변하기 시작했다. 즉, 중개상과 선先 지역 관계자들이 많아지면서 생산자와 소비자 간의 간극이 커졌지만, 이에 반대 급부로 식품의 선택 범위는 더욱 늘어났다. 20세기에 들어와 거대 식품 기업들이 등장했다. 이런 기업들은 이전과 전혀 다른 방법으로 생산과 유통을 조직화했고, 혁신적인 이미지를 그들의 트레이드마크로 활용했다.

다농Danone은 이런 상업화의 좋은 예이다. 1919년 바르셀로나에서 설립된 이 기업은 신제품을 생산하여 지역 약국을 통해 판매했다. 그것은 바로 요구르트였다. 당시 요구르트는 건강 장수를 보장하는 전통 불가리아식 제조법으로 만든 식품으로 홍보되었다. 다농은 1923년에 현대식 공장을 열고, 스페인 전역의 판매량을 맞추려고 하루에 1,000병을 생산했다. 1928년에는 파리로 이전하여 그곳에 현대식 공장을 오픈했다. 요구르트 제품에 과일과 감미료를 첨가하였는데, 이로써 그 건강 식품에 즐거움과 기쁨이라는 부가적 이미지까지 발생했다. 이것은 현명한 조치였다. 부유한 파리 소비자들 사이에서 요구르트 판매는 증가했다. 전후, 그 공장은 현대화 공정으로 1960년에는 하루에 최대 20만 병을 생산했고, 점차 요구르트 제품을 다각화하면서 1960년대 진한 '벨루테veloute'에서 1980년대 가벼운 '라이트light'와 '바이오bio'까지 종류가 다양해졌다. 이로써 요구르트는 하루 종일 언제고 먹을 수 있는 대량 소비 식품으로 변했다. 확실히 '요구르트 피라미드'는 점점 길어지고 복잡해졌다. 소비자가 요구르트를 구매하기까지, 먼저 그것에 대한 계획을 세우고, 생산하고, 통제하고, 포장하고, 광고하고, 배송하고, 유통하고, 분석하고, 시음하고, 권장하고 비평하는 여러 단계를 거쳤다.

1993년 다농은 불가리아의 전前 국영 유제품 업체, 세르디카Serdica를 인수하여 매우 현대적인 시설로 전환한 후에 마침내 요구르트의 발상지, 불가리아 시장에 다농 제품을 공급했다. 이것은 바로 1945년~이후 시대에 일어난 세 번째 거대한 변화인 국제화internalization, 즉 일부 사람들의 주장대로 세계화globalization를 보여 주는 좋은 예이다. 국제 교역, 투자와 이민은 1940년 이전에도 오랫동안 발전해 왔었지만, 20세기 후반에 계속 증가하는 수많은 이주자들과 여행객들 뿐 아니라 교역에도 가속적인 증가세를 보였다. 전 세계 교역의 연간 성장률은 제1차 세계 대전 이전에 3.4퍼센트에 이르렀고, 1950~1973년 사이에 7.9퍼센트로 증가했다가 1973~1990년 사이에 4.3퍼센트로 약간 주춤했다가 1990년대에 다시 6.9퍼센트까지 상승했다. 국외 상품들이 세계 곳곳의 시장에 등장했다.

현재 세계 최대 기업 중인 하나인 코카콜라Coca-Cola는 국제화의 전형이다. 제2차 세계 대전 기간과 종전 직후에 코카콜라는 미국 군인들을 늘 함께 따라다녔다. 이를 통해 코카콜라 음료는 미국 내에서 애국적 이미지를 얻었고, 미국 외에서는 자유주의자와 영웅을 일컫는 동의의가 되었다. 중국과 구소련을 제외한, 세계 각지에 공장이 설립되었다. 판매는 활발하게 이루어졌다. 광고, 마케팅, 판촉 가격전을 통해 코카콜라 음료는 새로운 시장에 진입했지만, 대부분의 국가에서 모든 사람들, 특히 젊은이들이 코카콜라를 기꺼이 사서 마시고 싶어

1998년, 요구르트를 만들 과일을 조리 중이다. 이것은 최신 식품 가공 처리로서 그 기준 원칙은 위생, 효율성, 대량 생산, 저비용, 혁신이다. 1930년대에 요구르트에 과일을 첨가한 것은 천재적 솜씨로 판명되면서, 의약품이었던 요구르트의 지위를 기쁨과 즐거움을 주는 식품으로 바꾸었다.

했다. 그러나 반대도 만만치 않았고, 그 형태도 다양하게 나타났다. 1950년대에 서구 공산당은 코카콜라를 자본주의의 아이콘으로 간주했고, 신문에서는 유럽 음료 문화의 상실을 지적하는 당황스런 기사들을 게재했다. 그리고 많은 도시에서는 성기능 장애나 치아가 빠지는 현상이 문제화되기 시작했고, 이에 보건부 장관들은 코카콜라의 과잉 소비로 인한 건강상의 결과에 대해 경고했다. 그럼에도 불구하고 그 '금지된 음료'는 여러 나라에서 청년 문화, 혹은 대안 문화의 일부가 되었다. 1960년대와 1970년대에 펩시콜라Pepsi-Cola, 주스, 기타 소프트 드링크와의 경쟁은 더욱 격렬해졌고, 이에 다이어트 코크, 체리 코크 같은 새로운 유형의 음료를, 그리고 1985년에는 뉴코크New Coke를 출시했다(그러나 뉴코크는 현재 20세기 최대의 마케팅의 대실책으로 간주된다). 1989년 베를린 장벽이 무너진 뒤에, 코카콜라는 의기양양하게 중앙 유럽, 동유럽, 구 소비에트 공화국과 중국에까지 진출했다. 그럼에도 불구하고 코카콜라를 전세계에서 아주 흔하게 사서 마실 수 있게 된 것은 아주 최근의 일이다. 가령, 영국을 예로 들어보자. 1970년 영국 전체 음료 중에 소프트 드링크는 겨우 6.4퍼센트를 차지했지만, 1995년에 20퍼센트까지 점유율이 상승했다. 이 20퍼센트라는 수치는 연간 1인당 145리터의 소프트 드링크를 소비한다는 의미였다. 2004년에 이 소비량은 230리터까지 상승했는데, 이는 1995년과 비교해서 거의 60퍼센트 증가했다는 뜻이다.

그러나 식품 피라미드와 맛의 국제화가 비단 다농과 코카콜라 (또는 네슬레, 맥도날드, 유니레버)와 같은 거대 국제 기업의 문제만은 아니었다. 아시아와 유럽 출신의 아메리카 이민자들, 혹은 아프리카와 아시아 출신의 유럽 이민자들은 그들의 레시피, 전통, 재료들을 함께 가지고 왔다. 하비 레벤슈타인Harvey Lebenstein의 지적대로라면, 애초에 미국으로 온 대부분의 이민자들은 미국 음식 문화에 적응하기를 열망했고, 때로는 그들의 고향 음식을 외면하기도 했다 (이탈리아 이민자들은 예외인 경우가 많았다). 반면 유럽에 온 이민자들은 오히려 그들의 전통 음식 문화를 소중히 간직하면서 미국 이민자들과 다르게 행동했다. 이건 아마도 유럽 이민자들 스스로 보다 동질적인 사회에 속했다고 생각했기 때문인 것 같다. 1960년대 대규모 이민으로 인해, 현지 이민 사회를 겨냥한 저렴한 레스토랑에 뒤이어 '에스닉' 매장과 시장이 등장했다. 얼마 지나지 않아 유럽 태생의 손님들이 이런 수수한 레스토랑을 찾기 시작했고, 그런 레스토랑들은 가령, 마늘이나 강한 향신료를 적게 쓰는 등 현지 입맛에 맞추어 음식을 만들어 냈다. 1960년 무렵 네덜란드에서 차이니즈-인도네시아 레스토랑의 수가 급격히 증가했다. 그런 레스토랑들은 저렴한 가격, 단순함, 포장 설비, 여기에 새로운 것에 대한 신기함이 더해져 성공을 거두었다.

세계 각지의 '에스닉' 푸드와 레스토랑의 인기는 1950년대에 시작된 국제 관광업의 성장과 1970년 무렵 대량 관광업의 약진과 관련 있다. 북미인들은 1950년대 유럽 관광 중에 달팽이 요리와 같은 프랑스 요리를 발견했다. 물론 항상 그 요리에 열광한 것은 아니었지만, 서유럽 관광객들은 1960년대 프랑스, 이탈리아, 그리스나 스페인을 찾아다니면서 프로방살 소스를 얹은 스테이크, 생감자 튀김 프리트와 같이 이국적인 특성이 살짝 가미된 친숙한 요리를 찾고 싶어 했다. '진짜' 에스닉 요리가 제대로 평가받고, 여행 가이드와 잡지, 요리책에 들어가기 시작한 것은 불과 1970년대였다. 1930년과 1990년대 사이에 프랑스와 서독의 여성 잡지에서 나온 외국 음식 레시피를 조사해 보면, 그 기간 동안 독일이 프랑스보다 외국 요리에 더욱 개방적이었음을 알 수 있다(독일은 전체 레시피의 30퍼센트, 프랑스는 14퍼센트를 차지했다). 특히 그 연구에 의하면, 독일에서는 1970년 무렵에, 반면 프랑스에는 1980년 무렵이 되어서야 외국 음식에 대한 관심이 급성장했다.

생산성, 상업화, 국제화 방면의 성장으로 인해 수많은 새로운 맛이 세계 각지를 돌아 특히 부유한 서구에 안착했다. 오늘날 키위, 망고, 라임, 구아바, 리치, 파파야, 패션 프룻passion fruit, 석류, 딜, 아보카도, 고수, 테라곤terragon, 카르다몸cardamom, 생강, 시나몬, 커민, 샤프란, 데킬라, 사케, 기타 수많은 향신료, 음료, 과일과 채소는 유럽의 매장에서 늘 구할 수 있다. 물론 이 중의 대부

슈퍼마켓이 처음 선보였을 때, 그들은 셀프 서비스, 손수레, 계산대, 배경 음악, 대량 구매 기회를 특징으로 하는 전혀 새로운 방식의 쇼핑 방식을 제공했다. 현재 프랑스의 코르베유 에손에 위치한, 이런 까르푸 매장과 같은 슈퍼마켓들이 변화하는 미각과 보다 총명해진 대중들에게 다가와, 전통 어시장처럼 꾸민 매장에서 신선 생선을 제공하고 있다.

분은 유럽에 알려진 지 오래되었지만, 사실상 1960년대 대다수의 요리책에서 외국 요리 파트에 소개되었다. 게다가 에스닉 매장이나 비싼 델리카트슨에서만 구할 수 있었다. 하지만 오늘날에는 외국 과일과 채소들은 연중 상시로 구입이 가능하며 크리스마스 시즌에도 신선한 딸기와 파파야를 합당한 가격에 살 수 있을 정도이다.

새로운 식품에 대한 관점을 형성시킨, 거대한 변화들이 또 있는데, 지금부터 살펴볼 수 있을 것 같다. 예컨대 유급 노동력의 여성들의 참여 증가, 기대 수명의 연장, 평균 가족 크기의 축소, 공산권의 붕괴, 교육 기준의 상승을 들 수 있다. 무엇보다 생산성, 상업화, 국제화의 영향이 일반 사람들의 일상 생활로 이어졌다고 말할 수 있다. 가계 지출의 분포도를 살펴보면 그 사실을 좀더 명확히 알 수 있다.

1890년 무렵, 독일 통계학자 에른스트 엥겔Ernst Engle은 한 가지 사회적 '법칙'을 주장했다. 즉, '가계 수입이 더 높아질수록, 식품 비율은 더 낮아진다.'는 것이다. 가령, 1950년 프랑스는 전체 평균 가계 지출 중에 식품 비율이 42퍼센트였는데, 20세기 전반에는 보통 수치보다 더 낮은 5~10퍼센트를 차지했다. 그와 같은 평균 비율은 1950년대 대부분의 서유럽 국가들에서 공통된 수준이었다. 50년 후에 프랑스에서 이 수치는 14퍼센트까지 하락했다. 그 추이를 살펴보면 1950~1975년 사이에 급격히 하락(-19)했고, 1975~1990년 사이에 보다 점진적인 하락세(-4), 그리고 1990년과 최대 2005년 사이에 조금 더 큰 하락(-5)을 보였다. 전반적으로, 50년 만에 거의 30퍼센트 포인트까지 감소하면서 본래 식품에 들어갔던 지출은 가전 제품, 교통이나 레저 등 다른 소비 지출로 향했다. 미국도 1988년 가계 수입 중 식품에 드는 비율은 15퍼센트였는데, 서서히 줄어들어 현재는 13퍼센트가 되었다. 효과적으로 말하자면, 미국 내 최고 수입 계층은 지출 중 식품 비율이 11퍼센트이며, 반대로 최저 수입 계층은 거의 18퍼센트를 식품 구입에 지출한다. 이는 1990년대와 비교했을 때 1.5퍼센트 상승한 것으로, 미국 내 계층간 평균 간극이 점점 커지고 있음을 나타낸다. 이와 유사한 현상이 1990년대 유럽에서도 일어났다. 이 기간 중 서유럽에서도 총 지출 중 식품이 차지하는 비율이 점차 줄어들었다. 그러나 동유럽에서는 변동이 심한 가운데, 대체로 상승하는 경향을 보였다. 가령, 루마니아에서 총 지출 중 식품비는 1990년 49퍼센트, 1993년 52퍼센트, 1996년 58퍼센트로 상승했다.

이에 필적할 만한 큰 변화는 특정 식품에 대한 지출에서 드러났다. 가령, 벨기에의 경우 육류는 1920년대 말 평균 노동자 계층 가정의 식품 예산 중에 22퍼센트였는데, 1940년대 말에 26퍼센트, 1960년 무렵에 31퍼센트, 1970년대 초에 36퍼센트로 상승했다. 오늘날 식품비 중 육류 비율은 30퍼센트 미만을 나타낸다. 이는 육류의 지위가 줄어들었고, 또한 노동자 계층 가계에 최근 생선 소비가 늘었음을 반증한다. 밀로 만든 가정용 빵은 1920년대 노동자 계층 예산의 12퍼센트였는데, 1940년대 말에 불과 10퍼센트를 차지했다. 반면에 1920년대 단 1퍼센트를 차지했던 기타 제빵류는 20년 후에 4퍼센트까지 증가했다. 오늘날 가정용 빵은 노동자 계층의 식품비 중에 3퍼센트도 되지 않으며 크로와상과 패스트리 같은 기타 곡물 제품도 비슷한 비율을 보인다. 이런 변화들은 '마진이 더 높은' 식품들이 기존의 일부 표준 식품을 대신하는 대체 과정을 드러낸다. 이미 1950년대 초반, 벨기에 어느 연구자는 제2차 세계 대전 이전에 부르주아 계층만이 구매할 수 있었던 패스트리, 크로와상, 건포도 빵을 그때부터 노동자 계층들이 구입하기 시작했다고 지적한 바 있다. 지위가 올라간 다른 제품들 중에는 전유全乳 대신 요구르트와 치즈가 일부 자리를 잡았고, 감자 대신에 포테이토칩crisp과 다른 감자 제품(보통 냉동된 식품)이, 수도에서 받은 맹물 대신에 병에 넣은 생수가 완전히 자리를 잡았다.

　수세기 동안 전 세계 인류는 식량을 얻기 위해 땅을 일구고 가축을 길러왔다. 그리고 아직도 많은 사람들이 이렇게 한다. 일부 아시아 국가에서는 자급자족 식량이 전체 식량 소비의 최대 30퍼센트를 차지하며, 이 비율은 소득 감소와 시장 가격 인상이 휘몰아친 아프리카와 남미에서 조금씩 늘어나고 있다. 그러나 소위 수많은 개발 도상국에서 진행된 급격한 도시화 때문에 이미 조리된 빵과 파스타 같은 '레디메이드' 식품에 대한 의존도가 커졌다. 그리하여 시장 교환을 더 크게 강조하는 반면에 자체 생산한 전통 식품은 그 중요도가 더 하락했다. 그럼에도 불구하고, 심지어 프랑스와 같은 일부 선진 시장 경제 국가에서 일부 품목의 자체 생산 비율은 여전히 높다.

현대 푸드 아이콘의 몰락 1990년대 말. 프랑스 모처에서 사과 공격을 받은 로널드 맥도날드(Ronald McDonald)가 넘어졌다. 많은 프랑스 인들과(유럽 인들에게), '맥도날드'는 잘못된 식사의 상징(너무 기름지고, 너무 달고, 너무 빨리 만드는 식품)이므로 슬로 푸드 운동, 떼루아와 진정성의 입장에서는 반드시 반대해야 하는 것이다. 하지만 실제로 맥도날드의 모든 시스템은 장기 보관해야 할 스낵 식품 생산을 보다 효율적으로 바꾼 것이었다.

제2차 세계 대전 이전, 그리고 1960년대 이전만 해도 시장에 나가야 신선 식품을 살 수 있었다. 빵은 빵집에서, 우유와 유제품은 낙농장酪農場에서, 건조 식품은 식료품 가게에서 구입했다. 일반적으로 고객들은 평소에 늘 믿고 가는 소매 유통 매장을 꾸준히 찾으면서 외상 거래를 할 수도 있었다. 일부 국가에서 소비자 협동 조합과 소매 체인점은 1880년대부터 발달했으며, 매장 한 곳에서 다양한 식품을 공급했다. 체인 스토어chain store는 매우 성공을 거두었다. 특정 브랜드는 간단한 문구를 넣은 광고를 통해서 식품 판촉을 실시했다.

1960년대에 접어들면서 쇼핑은 혁명을 이루었다. 매장의 형태와 조직 체계는 물론이고, 전반적인 구매 행위와 식품의 개념, 연출, 판촉 방식까지도 가히 대대적인 혁명이었다. 전국 브랜드, 국제적인 브랜드의 등장은 광고의 범위가 전 세계적으로 확대되었고, 광고 문구는 보다 복합적으로 변했다. 이 시절 광고 업자들은 제품 소개뿐 아니라, 그 제품의 이미지와 의미, 더 나아가 구매자의 이미지와 의미까지도 창조하고자 했다. 식품 광고의 변화는 바뀌어가는 식품의 의미와 개념을 반영한다. 순전히 영양 공급이라는 입장에서 쾌락주의, 식이 조절, 사회적 지위의 문제로 변동한 것이다.

일부 주장에 따르면, 이러한 의미를 담은 신호들이 과잉 폭발하면서 생물 문화적, 사회적 위기를 유발했다고 본다. 1960년대 사회 비평가들은 광고 분석을 통해서 급속한 혁신, 표준화, 대량 상품의 증식을 이룬 소비 사회를 비난했다.

1950년대 말부터 현재까지도 이들 비평가들은 대량 소비에 태생적인 반감을 지닌 학생 운동과 관련되며, 그 운동에 영향을 끼쳤다. 비트 족, 히피 족, 펑크 족, 반세계주의자들은 사회적, 생태적, 미학적 명분을 들어 풍요로운 소비 사회를 거부하며, 흔히 날것, 유기농, 채식 식단 등의 대체 식량을 지지한다. 그들은 유전자 변형 식품에 반대하는 시위를 벌이고, 이미 만들어진 '레디메이드' 음식을 '플라스틱 푸드'라고 부르면서 강도 높게 비판했다. 1980년대부터는 일부 국가에서 맥도날드 패스트 푸드 매장을 공격하는 수준까지 이르렀다.

1970년대 식품 산업의 발달에 대한 정치적 비평은 1986년 이탈리아에서 일어난 슬로 푸드 운동의 결집으로 직접 연결된다. 오늘날 슬로 푸드는 40여 개국에 수천 명의 회원을 거느리고 있다. 그 운동의 목적은 다양성, 진정성, 생태학적 미식법을 장려함으로써 '전 세계 식품의 글로벌 표준화'에 반대하는 것이다. 애초에는 좌익 청년 집단이 이데올로기적 근거를 제공했으나, 이후 더 많은 집단이 참여했다. 현대 식품 산업의 효율성, 세계화, 상업화에 반대하는 이 운동이 보수가 아닌 혁신으로 간주되면서 지역의 조리법, 상품, 향신료, 기술에 대한 관심을 촉발시키고 있음이 흥미롭다. 그럼에도 불구하고, 슬로 푸드 운동은 전통과 진정성을 만들어 냈다고 평가받았다. 역사가 레이첼 라우든Rachel Laudan은 이 운동을 '문화적 러디즘cultural Luddism'으로 본다(러디즘은 산업 혁명으로 자동 방직 기계가 도입되고, 수공업자들이 생계를 위협받게 되자, 그들이 방직 기계를 파괴하면서 시작된 운동과 그 정신을 가리킨다. 1811년 노팅엄셔에서 시작된 이런 게릴라 운동 때문에 의회는 '기계 파괴 방지 법안'까지 만들었고, 시인 바이런은 이에 반대하는 연설과 러디즘에 찬성하는 시를 쓰기도 했다. 당시 이 운동을 시작한 사람이 노동자 네드 러드라고 하여, 러디즘이라는 이름이 붙었다.— 역주). 라우든은 과거 어느 때보다 훨씬 더 안전한 음식물을 공급하는 패스트 푸드와 가공 식품을 환영한다. 현재 패스트 푸드 매장들은 품질과 안정성을 강조하고 있다.

슬로 푸드는 소비 사회에 대한 입장을 드러내는, 가장 최근에 나온 비평 중의 하나이다. 제2차 세계 대전 후 소비자들로 이루어진 조직 기관이 결성되었지만 그들은 식품 소비와 관련된 혁신을 거부하지 않았고, 대신 대량 식품 생산과 유통 전개 상황을 감시하고 관리하고자 했다. 이런 기관들은 규범적이고 윤리적인 근거를 갖고 있었다.

1970년, 미국의 극사실주의 조각가 듀언 한센Duan Hansen이 소비 사회에 대한 하나의 비평으로서, 슈퍼마켓 쇼퍼Supermarket Shopper라는 작품을 내 놓았다. 1950년대 이후 슈퍼마켓의 성장으로 식품을 가득 실은 손수레가 전 세계로 퍼졌다. 사회 비평가였던 다른 예술가들도 슈퍼마켓 손수레를 대량 소비의 아이콘으로 간주했다. 분명, 슈퍼마켓은 식품 구매의 역사상 가장 급진적인 변화를 나타낸다. 슈퍼마켓의 가장 결정적인 특징은 대량 판매와 셀프 서비스이다. 이렇게 하는 목적은 매장 종업원의 수를 줄여 단가를 낮추고, 주로 값싼 제품을 무더기로 제공하여 판매를 늘리기 위함이다. 그 결과, 슈퍼마켓 조직과 그 내부 풍경이 완전히 바뀌었다. 다양한 유형의 식품들이 팔리게 되었고, 식품은 표준량과 형태로 포장되었고, 브랜드가 우선시되었고, 중앙에 계산대가 설치되었으며, 정기 세일이 실시되었고, 형광등 조명이 등장했고, 쇼핑객들은 음악을 듣고 무료 시식을 하면서 즐거움을 얻었다. 슈퍼마켓은 망고, 키위 등 새로운 과일, 피자 등 냉동 식품, 파스타와 커리 등 대량 생산된 조리 식품을 선보였다. 이 모든 것이 식품 구매의 의미를 바꾸었다. 즉, 식품 구입 행위는 즐거운 오락거리가 되었고, 종종 그 목적을 위해 실행되기도 했다.

1950년대 말, 벨기에 1위를 달리던 슈퍼마켓 사장은 자신의 매장이 모든 사람들에게 모든 구매 가능한 제품을 손에 넣을 수 있게 해줌으로써 민주주의에 기여한다고 믿었다(따라서 공산주의의 장점에 맞설 수 있었다). 그러나 사실 처음에 쇼핑객들은 새 슈퍼마켓으로 가는 길을 찾아야 했고, 그 안에서도 적절한 길을 찾아야 했다. 이렇게 되기까지 약 10년이 걸렸다. 대대적인 홍보 전략과 쇼핑객을 대상으로 벌인 교육의 결과였다. 가령, 1950년대 말, 벨기에 소비자들은 광고를 통해서 손수레 사용법을 터득했다. 1965년까지도 벨기에 내에 모든 소매 유통 매장의 판매 수치를 살펴보면, 슈퍼마켓은 그저 조금 성공을 거두었다 말할 정도였으나 1965년과 1970년 사이에 판매가 활기를 띠어 다른 소매 유통 업체의 성장률은 완전히 뒤처지고 말았다. 1973년이 되자 슈퍼마켓은 유럽의 식품 소매 유통업 분야에서 지배적인 위치를 차지하면서 시골과 도시 거주자 모두에게 동일한 식품을 공급했다.

편의 식품(냉동·조리 식품), 건강 식품('바이오', '라이트'), 외국 식품 등 가장

슈퍼마켓은 1980년대를 지나면서 하이퍼마켓으로 바뀌었다. 즉 다국적 기업이 소유한 거대 매장으로, 계속 늘어나는 식품 공급을 할인가에 제공하는 형태로 변했다. 1999년 세계 최대의 유통업체인 월마트(Wal-Mart)는 1965년 영국에서 창립된 ASDA를 인수했다. 이 사진은 2004년 잉글랜드, 요크에 위치한 ASDA의 수없이 많은 계산대 행렬이다.

최근에 나온 새로운 식품들도 슈퍼마켓에 가면 구할 수 있었다. 물론 이런 제품들은 다른 곳에서도 팔았지만, 슈퍼마켓을 통한 구매가 가장 일반적이었다. 게다가 이런 매장들은 카운터에서 스캐닝 하는 기술 등 전혀 새로운 기술을 도입했다. 이를 통해 매장에서는 하루 중 특정 시간대에 특정 식품을 제공함으로써 쇼핑객들의 습관을 예상한다. 맨 처음에 슈퍼마켓은 각 매장 안에 똑같은 식품을 공급했지만, 1980년대 이후로 지점마다 '고객맞춤 서비스'가 등장하면서 지점 인근 지역의 특정 소비 성향을 감안하게 되었다. 이것은 매시피케이션massification(TV나 대형 매장 등이 시청자나 소비자들에게 직접 도달하기 위해, 프로그램이나 제품의 다양성을 무시하는 경향—역주) 안에서 차별화되는 특징이다.

슈퍼마켓은 소위 편의 식품을 대규모로 도입했다. 미리 조리된 이런 식사류나 일부 재료들은 주방에서 따로 조리 준비를 할 필요가 없으며 전자 레인지만 있으면 된다. 그리고 이런 식품 덕분에 슈퍼마켓은 개별 재료들을 따로 판매했을 때보다 더 큰 수익을 올릴 수 있었다. 편의 식품은 선풍적인 인기를 끌며 성장했다. 가령, 1969년과 1971년 사이에 프랑스에서 냉동 생선 판매는 53퍼센트 정도까지 늘어났다. 이는 빌트인 냉동고를 갖춘 냉장고의 확산과 갓 잡은 생선을 처리하는 새로운 기술 때문이다. 양쪽 다 가격까지 즉시 내려갔다. 편의 식품을 찾는 이런 발전 상황은 그 자체로 전혀 새로운 일이 아니었다. 7장에서 봤듯, 통조림 가공과 건조 식품은 훨씬 이전부터 시작되었기 때문이다. 그러나 냉동 식품의 경우, 이미 조리된 식품을 선택하는 경향이 늘었고, 그 맛도 좋아졌다. 게다가 새로운 조리 기술과 포장 기술 덕분에 조리 식품은 더 오랫동안 신선하게 보관할 수 있었다. 일부 셰프들이 슈퍼마켓을 통해 그들이 만든 조리 식품을 판매하면서 본인의 이름과 평판을 빌려 줄 때, 이런 요리에 대한 의심은 완전히 사라졌고 오히려 눈부신 성공을 거두었다. 예컨대, 2000년도에 브뤼셀의 셰프, 피에르 와이넌츠Pierre Wynants는 슈퍼마켓 체인, 델하이즈Delhaize에 공급할 요리를 만들기 시작했다. 그는 1980년대 이후 미슐랭 스타를 3개나 받은 셰프였다. 델하이즈는 1991년에 5,000개의 조리 식품을 팔았는데, 2004년에는 800만 개를 팔았고, 이 중 2만여 개는 와이넌츠의 요리였다. 이보다 더 먼저 1975년에 폴 보퀴즈와 가스통 르노트르Gaston Lenôtre가 베를린의 카데베KaDeWe 백화점과 연계하기도 했다.

슈퍼마켓의 조리 식품은 결과적으로 음식 준비 작업을 없애버림으로써, 식품 피라미드의 총체적인 상업화에서 거의 최종 단계에 해당한다. 식품 피라미드 단계 중에 조리 준비를 삭제함으로써, 이제 가열하기, 차려내기, 씻어내기만 남았다. 1인용 반조리 식품은 식사의 개인화로 이어지면서, 일부 사회학자들의 주장처럼 하루 식사의 체계, 시간, 의미에 영향을 미치는 가족 식사를 종식시켜버렸다. 이 과정의 최종 단계는 직접 먹는 행위만 남기고, 먹는 사람이 관여하는 모든 식사 관련 행위가 없어지는 것이다. 이는 곧 음식을 얻기 위해 시장에 절대적으로 의존해야 한다는 뜻이다. 이 안에는 전 세계적인 외식 문화도 포함된다. 외식 문화는 1945년 이후 시대의 거대한 변화 중 하나로서, 식품 피라미드 단계의 총체적인 상업화를 반영한다.

　대부분의 통계학자들은 외식에 투입되는 가계 지출에 대해서, 전 세계적으로 상당히 증가했다고 지적한다. 가령, 벨기에의 경우를 살펴보자. 1950년대 월급으로 살아가는 벨기에 평균 가정에서 외식비는 총 지출의 1퍼센트도 되지 않았지만, 1960년에 3퍼센트까지 올랐고 이후 1970년대 말에 4퍼센트, 1990년대에 5퍼센트까지 늘어났다. 그러나 벨기에는 경제 수준이 유럽 내에서 중간 정도 가는 나라이다. 2003년 유럽 연합 25개국에서 외식비 평균은 9퍼센트였다. 스페인은 거의 20퍼센트로 선두를 달렸고, 그리고 1990년대에 외식 붐이 일어난 그리스와 아일랜드가 그 뒤를 바짝 좇았다. 이들 나라에서 외식 비율의 증가하면서 전체 지출 비율 중에 식품에 드는 비용이 점차 줄어들게 되고, 두 항목은 좋은 대조를 이룬다. 이렇게 외식 비용의 상승은 한편으론 엄청나게 늘어난 자본과 일자리를 반영하지만, 그 배후에는 여러 산업이 대대적으로 재편성되는 과정이 숨어 있다. 그런데 미국과 영국에서는 총 가계 지출 중에서 외식이 차지하는 비율이 1960년부터 현재까지 안정된 상태를 유지했다. 그럼에도 불구하고, 양국에서도 1960년대와 1990년대 사이에 전체 식품 소비 중 외식 비율은 2배로 증가했다. 요컨대, 제2차 세계 대전 후에 인류는 음식을 얻기 위해서 총체적인 상업화에 훨씬 더 많이 의존하게 되었다.

　그렇지만 외식은 새로운 현상이 아니다. 더구나 외식에는 여러 가지 양상이 들어 있다. 가령, 빅토리아 시대 런던에서는 공인된 여관, 카페, 레스토랑 외에도 외식을 할 수 있는 특별한 형태의 공간이 열 군데 이상 있었다. 그 중에는 수프, 생선 튀김, 케이크, 감자 구이를 팔러 다니는 행상인도 포함된다. 19세기 중반, 파리에서 일부 목수들은 한낮 식사에 총 예산의 최대 30퍼센트를 썼다. 물론 이 경우는 예외적인 현상으로서, 사업상 지출로 볼 수 있을 것이다. 20세기, 특히 1945년 이후로는 외식의 형태가 더 많아지고 다양해졌다. 스낵바, 판매대, 델리카트슨, 작은 호텔, 선술집, 카페, 레스토랑은 이미 존재하는 시설이었지만 점차 여러 곳으로 늘어나고, 전문화되고 확장되었다. 패스트 푸드 체인점이 이런 현상을 보여 주는 가장 좋은 예일 것이다. 맥도날드는 1970년대부터 전 세계적으로 발전해 나갔는데, 이는 식품 피라미드의 총체적인 상업화, 국제화, 늘어난 생산성과 효율성을 나타내는 좋은 예이다. 게다가 1950년과 1990년 사이에 여러 나라에서 학생들 급식과 직장 내 카페테리아도 크게 증가했다. 1995년 영국에서 외식에 쓰는 비용은 다음과 같이 나뉘었다. 50퍼센트는 레스토랑에서, 15퍼센트는 테이크 아웃 레스토랑에서, 22퍼센트는 스낵바와 패스트 푸드 매장에서, 13퍼센트는 학교와 기업체에서 쓴 것이었다.

　집 밖에서 식사하는 일은, 앞에서 파리의 목수들 경우에서 증명되듯 전통적으로 직업과 관련된 매우 오래된 역사를 품고 있다. 그러나 과거와의 결정적인 차이점은, 바로 1945년 이후로 외식은 일반 대중, 언론, 셰프들에 의해 새로운 의미를 갖게 되었다는 사실이다. 즉, 외식은 쾌락을 동반하는 사회적 활동이 되었다. 외식을 하나의 즐거운 모임이자 특별한 행사로 생각하는 사람들이 과거 어느 때보다 더 많아졌다. 이는 맥도날드로 가는 십대들이나 폴 보퀴즈의 세련된 레스토랑으로 향하는 미식가들에게 공통으로 적용된다. 물론 두 집단이 외식을 하는 데에는 무수히 많은 이유들이 있었을 것이다. 전반적으로 보아, 1990년대 말 영국인들에게 가장 최근에 했던 외식에 대해서 기분이 어땠느냐고 물어봤을 때, 응답자 80퍼센트가 "참 좋았다."고 답했다. 몇몇 국가의 통계치를 살펴보면, 레스토랑의 무서운 성장세는 1970년대에 시작되었고, 1990년대에 들어와 결정적으로 큰 발전을 했다. 1970년대에는 미혼의 젊은 도시 전문가 집단이 레스토랑의 즐거움과 의미를 발견했지만, 1990년대에는 노동자 계층을 비롯해 다른 집단들도 그 뒤를 이었다. 요리 강습은 요리에 이런 일반적인 관심을 증명하며, 이는 수많은 요리책 발간, 유명 셰프를 동원한 대중적인 TV 요리 프로그램 제작, 최근에 인터넷상에 폭발적으로 늘어난 푸드 페이지를 통해서도 짐작할 수 있다. 그러나 소득별, 연령별, 지역별, 또는 조직별로 줄어든 가계 지출의 상세한 면을 살펴보면 커다란 차이점을 보인다. 가령, 2003년 미국에서 최고 소득 계층의 미혼 남녀는 연간 외식비로 3,680달러를 썼지만, 동일 계층에서 4인 가족 가정은 4,353달러(1인당 1,140달러)를 지출했다. 이는 각각 전체 식품 지출 경비의 62퍼센트, 50퍼센트를 나타낸다.

1970년대에 전 세계 수백만 명의 사람들이 열광적으로 레스토랑을 찾기 시작한 사실은 사회학자들을 당황스럽게 만들었다. 1989년, 조안 핀켈슈타인 Joanne Finkelstein은 외식이 갖고 있는 인위적인 분위기를 이유로 들면서, 외식의 '비문명화된 사회성'을 비난했다. 즉, 레스토랑을 찾는 사람들이 개성과 제 스타일에 맞는 동일시를 탐색하지만, 실제로는 잘못된 관습에 고착될 뿐이라고 주장한다. 이 주장을 필두로, 핀켈슈타인은 아직도 사회학자들 사이에서 논쟁 중인 포스트 모던 외식의 본질에 대한 화두를 꺼내들었다. 레스토랑의 엄청난 성공을 설명하는 한 가지 사실로서, 이른바 음식 신뢰도에 대한 탐색을 들 수 있다. 푸드 가이드, 여행 가이드, 신문, 잡지, 인터넷에서 많은 레스토랑을 평가한다. 이런 결과는 신뢰와 전문가를 형성한다. 신뢰란, 음식에 관련된 악성 소문과 유전자 변형 식품이 판을 치는 세상에서 새로운 음식을 경험하고 싶어 할 경우에 사람들이 가장 원하는 것이다. 1970년대 이후로, 대부분의 사람들은 그 신뢰를 바탕으로 새로운 경험을 기꺼이 수용했다.

이미 확인했듯이, 1945년 이후로 농업 생산성과 서비스업의 증가는 식단의 향상으로 연결되었다. 반면 상업화와 국제화는 식품과 여러 가지 맛을 전 세계적으로 이용할 수 있게 되었음을 뜻했다. 총 지출 예산 중에 식품비 비율이 줄어들면서, 점차 사람들은 슈퍼마켓에서 쇼핑을 하고 외식과 편의 식품에 의존하게 된다. 그런데 일상 메뉴, 사람들의 식습관 취향과 점점 바뀌고 있는 음식 미학의 측면에서 본다면, 이 변화는 어떤 의미일까?

식품 섭취에 관련된 거시 경제 데이터를 통해 이 질문에 대한 몇 가지 해답을 얻을 수 있다. 크리스토퍼 리츠슨Christopher Ritson과 리처드 허친스Richard Huchins 는 가계 식품 소비에 관한 영국 설문 조사에 근거하여 전후 시대를 전체적으로 분류하였다. 그 분류 항목으로 먼저 전시 긴축 경제와 1940년대 식량 배급, 1950년대 전쟁 전의 식단으로의 회귀, 1960년대 소득 증가로 인한 급속한 변화, 1970년대 물가 불안으로 인한 변화, 그리고 마지막으로 1980년대와 1990년대 소비 혁명을 제시했다. 물론, 이런 연대기는 서구에 기준을 둔 것처럼 보이지만, 점차 전 세계 다른 국가들의 경우를 넣어 봐도 잘 맞아떨어진다. 그러나 나는 오히려 1970년대를 혁명의 시대로 놓고 싶다. 왜냐하면, 그 10년 간의 급격한 변화는 이전에도, 이후에도 유례를 찾기 힘든 거대한 변화였기 때문이다.

영국 내에서 1인당 특정 식품의 섭취는 다음과 같은 사실을 드러낸다. 가령, 쇠고기 소비는 1950년대에 점차 늘어나서 전쟁 전의 수준을 웃돌더니 1960년대 중반 정점에 올랐다. 1970년대에는 급격한 변동을 보였지만, 1979년 이후로 확실히 하락세가 자리 잡았고, 급기야 1990년대 평균 소비량은 1960년의 절반 수준에 머물렀다. 양고기도 이와 비슷한 양상을 보인다. 이와 반대로 돼지고기와 베이컨은 1950년대 중반과 1980년까지 점진적인 상승을 보였지만, 그 이후로 다른 육류와 마찬가지로 하락세를 면치 못했다. 이 사실은 매서운 변화의 모습을 나타낸다. 육류는 오랫동안 매우 귀한 식품이었고, 사회 계층 간의 경계를 나누는 확실한 지표로 기능해 왔다. 1970년대까지도 육류의 이런 지위는 유지되었으나, 1980년 이후로 급격히 하락했다. 이 급격한 변화는 1980년대와 1990년대 가금류와 햄버거와 미트볼에 들어가는 간 고기의 성장세로도 보충하기 힘들 정도이며, 날 생선의 소비증가로도 상쇄할 수 없다. 육류 소비는 1960년부터 2000년까지 지속적으로 하락하고 있기 때문이다. 육류와 소량의 생선이 영국 전통 식단의 핵심을 이루었다는 사실을 감안할 때, 이제 전통 식단이 그 매력을 잃고 있는 것처럼 보인다.

계층별, 연령별, 지역별로 쇠고기 소비 데이터를 분석해 보면, 위 사실과 적절히 관련되는 변화들이 나타난다. 프랑스 통계에 따르면, 1960년과 1990년 사이에 모든 사회 계층은 쇠고기 소비를 줄였는데 이 과정에서 도시 근로자들과 화이트컬러 계층이 앞장을 섰고, 농민들과 블루 컬러 노동자들이 뒤늦게 이 대열에 합류했다. 많은 변화들은 '핵심 연도'인 1980년 무렵에 일어났다. 젊은 세대와 대도시 거주자들은 노인 세대와 시골 거주자들보다 쇠고기 소비를 더 크게 줄였다. 분명히 이 점은 익숙한 요리와 적절한 식사 시간대, 질 좋은 재료를 선호하는 노인 세대보다 젊은 세대들이 새로운 음식에 더 많은 관심을 갖는 성향 때문이다.

영국 내 밀가루 빵, 감자, 달걀, 전지 우유, 오렌지, 설탕, 버터의 평균 소비도 줄어들었다. 여기 언급한 대부분의 식품들이 1970년대에 소비가 늘었다가 이후 몇 년 만에 변화의 기류를 타고 급격한 하락세를 보였다. 가령, 버터는 1975년과 1979년 사이에 30퍼센트나 감소했다. 이와 대조적으로, 1970년대는 주스, 가공채소(감자 포함), 냉동 생선, 조리된 가금류, 일부 과일과 전곡 빵의 소비는 갑자기 증가했다. 생과일의 경우, 명백한 사실을 드러낸다. 1945년 이후 소비가 증가하여, 1960년에 한 사람이 일주일에 먹는 과일량이 약 550그램으로 늘었

1990년대에 들어와 비만은 세계적인 문제로 부상했다. 과학자들은 경고하고, 정부는 캠페인을 시작하고, 학교에서는 음식 자동 판매기를 금지했다. 그럼에도 비만 문제는 여전히 제자리이다. 일부 사람들은 원하는 만큼 먹을 권리를 주장한다. 그래서 이 사진에서 보듯 "뚱뚱한 사람이 더 유쾌하다"는 문구가 새겨진 티셔츠를 입는 것이다. 2004년 8월 뉴욕에서 열린 '전미 비만인 받아들이기에 앞장서는 협회(National Association to Advance Fat Acceptance)'의 집회 중 모습이다.

다. 이 추세는 1978년까지도 계속 유지되다가, 이후 급격한 증가세가 자리 잡아 약 790그램까지 늘었으며, 이는 45퍼센트 이상 증가한 것이다. 바나나, 핵과일(복숭아 등), 포도는 특히 인기가 많아졌고, 반면 사과 소비는 하락했다.

확실히 1970년대는 영국 식단 역사상 중요한 시점이었다. 모든 것이 변화의 움직임을 보였기 때문이다. 대체적으로 1980년대부터 가정 내 식품과 음료를 통한 에너지 섭취는 점차 줄어들어 2003년에 1인당 2,090킬로칼로리에 이르렀다. 같은 시기에 외식을 통한 에너지 섭취는 약간 증가하여 2003년에 1인당 약 210킬로칼로리가 되었다. 이는 1990년 이후로 계속 줄어든 총 에너지 섭취로 인한 결과였다.

2004년 5월 『데일리 메일 Daily Mail』은 '비만 영국: 비만과의 전쟁'을 선포하면서, 영국 내 남녀 노소의 비만 통계가 걱정스러울 정도로 증가한 현실을 강조했다. 이와 유사한 경고성 발언은 대부분의 유럽 신문에서도 볼 수 있었다. 1998년 영국의 여성 21퍼센트, 남성 17퍼센트가 임상적으로 비만 판정을 받았는데, 그 원인은 크게 부적절한 유형의 음식을 지나치게 소비하면서 운동을 충분히 하지 않는 것이었다. 여러 정부에서 캠페인을 시작하고, 의사들은 건강 질환을 경고하고, 경제학자들은 높아진 일일 비용에 한숨짓고, 사회학자들은 이 상황에서 문화적 맥락을 파악하려고 애를 쓴다. "뚱뚱한 사람은 더 유쾌한 사람들이다."라고 적힌 티셔츠를 입은 과체중의 여성은 확실히 몸에 아무런 문제가 없는 사람이다. 그녀는 미국 여성이다. 사실 비만은 특히 미국인의 문제로 간주되곤 했다. 그러나 이젠 그렇지 않다. 비만 인구가 전 세계적으로 증가하고 있기 때문이다. 일례로, 2004년 남아프리카, 홍콩, 모로코 성인의 약 3분의 1이 과체중으로 분류되었다.

위에 나온 것은 대부분 영국의 데이터인데, 영국이 유럽 전체를 대표하지는 않는다. 가령, 영국과 비교했을 때, 이탈리아는 많은 차이를 보인다. 양국은 전후 긴축 경제에 직면했다. 이탈리아는 1950년대 말 경제 기적에도 불구하고, 이탈리아 식단은 과거 전통 음식과 위에서 본 새로운 식품들을 적절히 조합한 상태를 유지했다. 이 상태는 1990년대에도 마찬가지였다. 가령, 1950년과 1990년 사이에 쇠고기와 돼지고기 소비가 꾸준히 늘어났는데. 특히 1960년대 초반에는 쇠고기가, 1970년대 말에는 돼지고기가 부쩍 증가했다. 긴축 경제의 흔적은 1970년까지도 이탈리아의 음식에 드러났다. 그럼에도 불구하고 영국에서 발생했던 변화가 곧이어 이탈리아에서도 드러났으며, 정도만 다를 뿐 유럽 다른 나라에서도 사정은 같았다. 1950년대부터 코카콜라, 누벨 퀴진, 패스트 푸드 매장, 슈퍼마켓이 점차 유럽의 곳곳에 침투하기 시작했다.

사회학자들은 다양한 유형의 식품 선호도를 발견하기 위해, 전반적인 소비 추세를 점검한다. 클라우스 그루네르트Klaus Grunert는 그런 선호도에 대한 국제적인 설문 조사에 근거하여, 덴마크, 프랑스, 독일, 영국 내 식품 소비자들의 유형을 다음의 8가지로 분류했다. 무관심한 집단, 보수 집단, 부주의한 집단, 합리적 집단, 모험 집단, 쾌락 집단, 온건 집단, 자연—건강 집단. 각 유형은 서로 다른 관심과 목적, 사고를 갖고 있다. 가령, 무관심한 집단은 식품의 품질, 신선도, 조리 과정에 신경을 쓰지 않지만 편의 식품을 몹시 좋아한다. 보수 집단의 소비자들은 새로운 식품을 신뢰하지 않으면서 품질에 신경을 쓰고 지역에서 나는 재료, 옛날식 조리법을 좋아한다. 자연—건강 집단은 미식법이나 전통에는 무관심하지만, 건강 식품과 유기농 식품에 크게 관심을 가진다. 합리적 집단은 가격, 영양학적 정보, 조리 방식을 고려하지만 모험적인 면은 없다. 이런 정보는 마케팅에 종사하는 사람들에게 중요하겠지만, 이와 별개로 나는 이 체계 속의 모든 소비자 유형이 어떤 식으로든 식품 혁신에 민감하다는 점을 강조하고 싶다. 더불어 내게 있어 이런 유형들이 중요한 의미가 있긴 하지만 고정된 것일 뿐이다. 이를 테면, 보수적인 소비자도 특별한 일이 있을 경우, 부주의하거나 모험적인 유형으로 바뀔 수 있다(쉽게 새로운 유형으로 옮아갈 확률이 높다). 게다가 모든 유형의 소비자들이 특정 식품 혁신에 대해서 어느 정도의 불신을 드러낸다. 가령, 보수 집단의 소비자는 편의 식품을, 자연—건강 집단은 패스트 푸드를 불신한다. 더구나 이런 분류를 보면, 각 유형의 기원과 규모를 생각하지 않을 수 없다. 사실 미식가들은 1920년대에도 존재했고, 건강을 우선시하는 집단이나 합리적 소비자도 마찬가지다. 그러나 이런 유형의 중요성에 일어난 변화를 평가하기란 어렵다. 하지만 적어도 그 유형 분석을 통해서, 식품 소비자들이 여전히 새로운 식품과 전통 사이에서 갈팡질팡하는 잡식 동물성 패러독스에 갇혀 있음을 알 수 있다.

사회학자 앨런 와르드Alan Warde가 실시한 연구는 전통을 강조했다. 그는 오늘날 식품 트렌드에 대한 연구에 역사적 차원을 도입한 사람이다. 그는 1960년대 말과 1990년대 초반의 영국 여성 잡지에 나온 식품 권장 사항과 레시피에 근거하여, '미각의 네 가지 이율 배반'을 찾아냈다. 건강과 탐닉, 절약과 사치, 편의와 정성, 새로운 것과 전통. 그는 이런 이율 배반들이 "우리 시대의 구조적 불안을 구성한다. 즉, 그것들이 불확실성의 매개 변수이며, 죄책감과 불쾌감을 일으키기 쉽다."고 주장하면서 피슐러, 울리히 벡Ulrich Beck, 그 외에 다른 학자들과 맥락을 같이 한다. 새로운 것과 전통이라는 이율 배반은 특히나 흥미롭다. 와르드 자신도 놀랐을 텐데, 그가 발견한 바에 의하면 1960년대 말과 1990년대 초반 사이에 새로운 식품에 대한 매력이 하락했다(인용 자료에 의하면, 43퍼센트에서 불과 22퍼센트로 줄었다). 반대로 전통의 매력은 같은 기간 14퍼센트에서 25퍼센트로 증가했다. '전통'이란 친숙함, 장수長壽, 가장 중요한 진정성이 깃든 다양한 형태를 일컫는다. 결정적으로 '전통이 무엇인가'라는 그 진의는 바뀌었다. 가령, 진정한 이탈리아 퀴진은 과거보다 1990년대 현재에 그 존재감을 크게 드러냈고 그 레시피에서도 진정성이니, 전통이니, 진짜니 하는 말들을 언급했다. 이것은 바로 '만들어진 전통'의 좋은 예이다. 즉, 이것은 과거 전통을 새로운 것으로 변화시킨다. 바로 (재-창조된) 옛것이 새것이 되는 순간이다. (여성 잡지에 나온 사항을 종합한) 와르드의 결론에 의하면, 1990년대보다 1960년대에 낯선 식품에 대해 더 큰 호기심을 보였다. 그는 이 연구 결과에 대해 크게 논평하지 않지만, 나는 1960년대 말 새로운 것에 보인 이 호기심을 강조하고 싶다. 그것이 바로 1970년대 영국 식품 소비의 커다란 변화를 주도했기 때문이다.

와르드는 최근의 전개 상황에 더 큰 관심을 둔다. 그는 전통에 관련된 문제 외에도, 옛것의 형태를 띠긴 했지만 새롭게 재창조된 것에 대한 호기심을 강조한다. 요약하자면, 옛것과 새것에 대한 메시지는 서로 섞여 있어서 소비자, 요리사, 외식 손님들에게 애매모호함과 불안이 깃든 기준을 던진다. 그러나 역사적 관점에서 보면, 1960년대 말 유럽 인들이 과연 그 시대의 많은 변화 앞에서 그렇게 편안할 수 있었는지는 의문이다. 1960년대 말은 1980년 이후의 변화만큼이나, 아니 그 보다 더 중요했기 때문이다. 1970년 이전까지 지속적이고도 급속한 식품 변화의 축적물은 실제로 커다란 불안을 일으켰고, 사회 비평가들과 비판적 소비자들이 이 사실을 상당히 입증해 주었다.

나는 일반적으로 1945년 이후 식품과 미각의 발전은 두 가지 시대로 나눌 수 있다고 말했는데, 이때 1970년대가 그 분기점이다. 1970년대까지도 식품 소비는 1940년 이전의 규범과 목적에 의거해서 크게 발전했으며, 기존의 제품 소비는 급격한 증가를 보였다. 1945~1975년 시기는 유럽 전역에서 육류 소비가 가장 높은 수준까지 올라갔다는 점에서 '육류의 시대'라고 부를 만하다. 그러나 기존의 익숙한 식품을 대량 소비함으로써 새로운 식품, 낯선 재료, 새로운 향신료, 처음 접하는 요리, 요리의 모험에 대한 명백한 욕구도 따랐다. 누벨 퀴진에 대한 과도한 관심, 요리책에 나오는 이국적 향신료, 1960년대와 1970년대 에스닉 레스토랑의 수용은 모두 이 사실을 증명한다.

1980년대에 들어와 새로운 식품 체제는 과거 체제의 반발처럼 보였다. 새로운 식품과 맛은 어디서든 맛 볼 수 있었다. 슈퍼마켓은 새로운 식품의 중심지로서 세계 곳곳에서, 일년내내 식품과 음료를 공급했다. 사실상 거의 모든 유럽 도시에 매우 다양한 레스토랑들이 생겼다. 다양한 레스토랑 현장에서나 여러 채널의 담화를 통해서 새로운 식품이 과잉 공급되면서 1980년대와 1990년대에 불안감이 조성되었던 것 같다. 이 때문에 오히려 전통 식품에 대한 새로운 관심이 일어났다. 슬로 푸드 운동, 원산지와 향토 요리(떼루아)의 진정성에 대한 관심, 시대를 초월한 오트 퀴진의 지속은 바로 이 사실을 입증한다.

지금까지 불가피하게 매우 대략적인 개요만을 살펴보았다. 그러나 분명, 1950년대에 새로운 것에 대한 혐오증이 있었지만, 동시에 애정도 있었고 그런 애정과 호기심은 지금도 여전하다. 그 두 가지 태도는 항상 존재하는 것이다. 일부 사람들은 나의 연구 조사 내용을 보면서, 회의적인 태도로 자신을 인식하게 될 것이다. 물론 1970년대를 분기점으로 하는 나의 두 가지 식품 체제는 전적으로 만들어 낸 개념이다. 그러나 우리의 식품 역사에서 1945년 이후에 일어난 급격한 변화를 부인하는 것은 어리석은 일이다. 이 과정에서 1970년대는 급격히 늘어난 구매력, 세계 무역의 급격한 성장, 슈퍼마켓의 급속한 발전, 외국 식품과 지역에 대한 광범위한 관심과 더불어 전개된 결정적인 시기였다. 1970년대는 식품이 어떻게 만들어져 소비되는가에 대한 비평이 급격히 발전하고, 큰 영향을 끼치고, 효과적인 힘을 발휘했던 시기였다. 분명 새로운 식품은 피할 수 없지만(식당과 매장에서), 그렇다고 불가피한 존재도 아니다(가정에서). 따라서 소비자들은 선택할 수 있다.

식품 유통업은 현재 전 세계적으로 운영되고 있다. 서구의 하이퍼마켓은 거대한 중국 시장으로 이전했다. 까르푸와 월마트에 이어, 영국 최대의 유통업체 테스코(Tesco)가 2004년 중국 하이몰(Hymall) 체인 스토어의 지분을 인수했다. 사진에 나온 텐진(인구가 1,000만 명이 넘는 중국 4대 도시)의 해피 쇼퍼 스토어는 산 개구리, 굼벵이, 거북이를 팔고 있다.

더 알아보기

introduction
A New History of Cuisine

Adrià, Ferran, *Los secretos de El Bulli: recetas, técnicas y reflexiones* (Madrid, 1997)

Albala, Ken, *Eating Right in the Renaissance* (Berkeley and London, 2002)

Belasco, Warren, 'Food matters: perspectives on an emerging field' in Warren Belasco and Philip Scranton (eds), *Food Nations: Selling Taste in Consumer Societies* (New York and London, 2002), pp. 2–23

Bourdain, Anthony, *Kitchen Confidential: Adventures in the Culinary Underbelly* (New York and London, 2000)

Chen, Patrizia, *Rosemary and Bitter Oranges: Growing Up in a Tuscan Kitchen* (New York and London, 2003)

Classic Russian Cooking: Elena Molokhovets' A Gift to Young Housewives, trans. Joyce Toomre (Bloomington, 1992). Reviewed by Tatyana Tolstaya in *New York Review of Books,* 21 October 1993, pp. 24–26

Davis, Mitchell, 'Power meal: Craig Claiborne's Last Supper for the *New York Times', Gastronomica,* 4:3 (2004), pp. 60–72

Franey, Pierre, *60-Minute Gourmet* (New York, 1979)

—, *More 60-Minute Gourmet* (New York, 1981)

Greico, Allen J., 'Food and social classes in Medieval and Renaissance Italy' in Jean-Louis Flandrin and Massimo Montanari (eds), *Food: A Culinary History from Antiquity to the Present* (New York, 1999), pp. 302–12

Hess, John L., and Karen Hess, *The Taste of America* (New York, 1977)

Kuh, Patric, *The Last Days of Haute Cuisine: The Coming of Age of American Restaurants* (New York, 2001)

The Jackson Cookbook (Jackson, Mississippi, 1971) with an introduction by Eudora Welty

Laurioux, Bruno, *Une histoire culinaire du Moyen Âge* (Paris, 2005)

Lubow, Arthur, 'The nueva nouvelle cuisine: how Spain became the new France', *New York Times,* 10 August 2003 (section 6), pp. 38–45, 55–57

Macfarlane, Alan, and Iris Macfarlane, *Green Gold: The Empire of Tea* (London, 2003)

Metcalfe, Gayden, and Charlotte Hays, *Being Dead is No Excuse: The Official Southern Ladies Guide to Hosting the Perfect Funeral* (New York, 2005)

Mintz, Sidney W., *Tasting Food, Tasting Freedom: Excursions into Eating, Culture, and the Past* (Boston, 1996)

Morton, Timothy, *The Poetics of Spice: Romantic Consumerism and the Exotic* (Cambridge, 2000)

Nestle, Marion, *Food Politics: How the Food Industry Influences Nutrition and Health* (Berkeley and London, 2002)

Pomés, Leopoldo, *Teoria i practica del pa amb tomàquet* (Barcelona, 1985)

Reichl, Ruth, *Comfort Me with Apples* (New York, 2001 and London, 2002)

Revel, Jean-François, *Culture and Cuisine: A Journey through the History of Food,* trans. Helen R. Lane (Garden City, New York, 1982)

Strong, Roy, *Feast: A History of Grand Eating* (London, 2002 and New York, 2003)

Trillin, Calvin, *American Fried: Adventures of a Happy Eater* (New York, 1979)

Zubok, Vladislav, and Constantine Pleshakov, *Inside the Kremlin's Cold War, from Stalin to Khrushchev* (Cambridge, Mass., 1996)

1 hunter-gatherers and the first farmers
The Evolution of Taste in Prehistory

A thorough introduction to world prehistory can be found in:
Scarre, Christopher (ed.), *The Human Past: World Prehistory & the Development of Human Societies* (London, 2005)
An equally thorough introduction to archaeological method can be found in:
Renfrew, Colin, and Paul Bahn, *Archaeology: Theories, Methods and Practice,* 4th edn (London, 2004)
The following works provide a more detailed insight into some of the techniques used in reconstructing past diets:
David, Nicholas, and Carol Kramer, Ethnoarchaeology in Action (Cambridge, 2001)
Davis, Simon J. M., *The Archaeology of Animals* (London, 1987)
Dincauze, Dena F., *Environmental Archaeology: Principles and Practice* (Cambridge, 2000)
Wilkinson, Keith, and Christopher Stevens, *Environmental Archaeology: Approaches, Techniques and Applications* (Stroud, 2003)
About hunter-gatherer lifestyles:
Kelly, Robert L., *The Foraging Spectrum: Diversity in Hunter-Gatherer Lifeways* (Washington, DC, 1995)
Panter-Brick, Catherine, Robert H. Layton and Peter Rowley-Conwy (eds), *Hunter-Gatherers: An Interdisciplinary Perspective* (Cambridge, 2001)
An overview of the origins of farming:
Smith, Bruce D., *The Emergence of Agriculture* (New York, 1995)
Good collections of archaeological papers on food consumption:
Miracle, Preston, and Nicky Milner (eds), *Consuming Passions and Patterns of Consumption* (Cambridge, 2002)
Pearson, Michael Parker (ed.), *Food, Culture and Identity in the Neolithic and Early Bronze Age* (Oxford, 2003)
Works referred to in the text:
Atkins, Robert C., *Dr Atkins' New Diet Revolution* (New York, 1992)
Brain, C. K., *The Hunters or the Hunted* (Chicago, 1981)
Lewis, Meriwether, and William Clark, *The Journals of Lewis and Clark,* abridged with an introduction by Anthony Brandt and an afterword by Herman J. Viola (Washington, DC, 2002)
Marcy, Randolph B., *The Prairie Traveler* (Bedford, Mass., 1993; originally published 1859)

2 the good things that lay at hand
Tastes of Ancient Greece and Rome

Bober, Phyllis Pray, *Art, Culture, and Cuisine: Ancient and Medieval Gastronomy* (Chicago, 1999)

Brothwell, Don, and Patricia Brothwell, *Food in Antiquity: A Survey of the Diet of Early Peoples* (Baltimore, 1998)

Curtis, Robert I., *Ancient Food Technology* (Leiden, 2001)

—, *Garum and Salsamenta: Production and Commerce in Materia Medica* (Leiden, 1991)

Dalby, Andrew, *Siren Feasts: A History of Food and Gastronomy in Greece* (London, 1996)

Dalby, Andrew, and Sally Grainger, *The Classical Cookbook* (London, 1996)

D'Arms, J., 'Control, companionship and clientela: some social functions of the Roman communal meal', *Echos du Monde Classique/Classical Views,* 3 (1984), pp. 327–48

Davies, R. W., 'The Roman military diet', *Britannia,* 2 (1971), pp. 122–42

Flandrin, Jean-Louis, and Massimo Montanari (eds), *Food: A Culinary History* (New York, 1999)

Frayn, Joan, 'Home-baking in Roman Italy', *Antiquity,* 52 (1978), pp. 28–33

—, 'Wild and Cultivated Plants: A Note on the Peasant Economy of Roman Italy', *Journal of Roman Studies,* 65 (1975), pp. 32–39

Frost, Frank, 'Sausage and meat preservation in Antiquity', *Greek, Roman and Byzantine Studies,* 40 (1999), pp. 241–52

Garnsey, Peter, *Famine and Food Supply in the Graeco-Roman World* (Cambridge, 1988)

—, *Food and Society in Classical Antiquity* (Cambridge, 1999)

Gowers, Emily, *The Loaded Table: Representations of Food in Roman Literature* (Oxford, 1993)

Grimm, Veronika E., *From Feasting to Fasting: The Evolution of a Sin* (London, 1996)

Harcum, C. G., 'Roman cooking utensils in the Royal Ontario Museum of Archaeology', *American Journal of Archaeology,* 25 (1921), pp. 37–54

Katz, S. H., and M. M. Voigt, 'Bread and beer: the early use of cereals in the human diet', *Expedition,* 28 (1986), pp. 23–34

King, Anthony, 'Diet in the Roman World: a regional inter-site comparison of the mammal-bones', *Journal of Roman Archaelology,* 12 (1999), pp. 168–202

Meggitt, J. J., 'Meat consumption and social conflict in Corinth', *Journal of Theological Studies,* 45 (1994), pp. 137–41

Murray, Oswyn (ed.), *Sympotica* (Oxford, 1990)

Purcell, N., 'Wine and Wealth in Ancient Italy', *Journal of Roman Studies,* 75 (1985), pp. 1–19

Serjeantson, D. and T. Waldron, 'Diet and crafts in towns: the evidence of animal remains from the Roman to the post-Medieval periods', *British Archaeological Reports,* British Series, 199 (1989)

Sirks, Boudewijn, *Food for Rome* (Amsterdam, 1991)

Whitehouse, D., G. Barker, R. Reece and D. Reese, 'The Schola Praeconum I: the coins, pottery, lamps and fauna', *Papers of the British School at Rome,* 50 (1982), pp. 53–101

Wilkins, John, David Harvey and Mike Dobson (eds), *Food in Antiquity* (Exeter, 1995)

Younger, William A., *Gods, Men and Wine* (London, 1966)

Primary sources:
Apicius, *The Roman Cookery Book,* trans.

Barbara Flower and Elisabeth Rosenbaum (London, 1958)
Athenaeus, *Deipnosophistae*, trans C. B. Gullick, Loeb Classical Library, 7 vols (Cambridge, Mass., 1927–41, 1971)
Galen, *On Food and Diet*, trans. and notes by Mark Grant (London and New York, 2001)
Homer, *The Iliad*, trans. Robert Fagles (New York 1990)
—, *The Odyssey*, trans. Robert Fagles (New York 1996)
Oribasius, *Dieting for an Emperor*, a translation of Books 1 and 4 of Oribasius' *Medical Compilations* with an introduction and commentary by Mark Grant
The Poughman's Lunch (Moretum), a poem ascribed to Virgil, trans. and edited by E. J. Kenney (Bristol, 1984)

3 the quest for perfect balance
Taste and Gastronomy in Imperial China

Anderson, E. N., *The Food of China* (New Haven and London, 1988)
Blanchon, Flora (ed.), *Asie III: Savourer, Goûter* (Paris, 1995), pp. 9–26
Buell, Paul D., and Eugene N. Anderson, *A Soup for the Qan: Chinese Dietary Medicine of the Mongol Era as Seen in Hu Szu-hui's Yin-shan Cheng-yao* (London and New York, 2000)
Chang, K. C. (ed.), *Food in Chinese Culture: Anthropological and Historical Perspectives* (New Haven and London, 1977)
Clunas, Craig, *Superfluous Things: Material Culture and Social Status in Early Modern China* (Cambridge, 1991)
Gao Lian, *Yin Zhuan Fu Shi Jian* (Discourse on Food and Drink), 1591; reprint edited by Tao Wentai (Beijing, 1985)
Gernet, Jacques, *Daily Life in China on the Eve of the Mongol Invasion 1250–1276* (Stanford and London, 1962; originally published Paris, 1959)
Ho Chui-mei, 'Food for an 18th-century Emperor: Qianlong and his entourage', *Life in the Imperial Court of Qing Dynasty China. Proceedings of the Denver Museum of Natural History*, Series 3, no. 15 (1 November 1998), pp. 75–83
Lai, T. C., *Chinese Food for Thought* (Hong Kong, 1978)
Li Dou, *Yangzhou Huafang Lu* (Record of the Painted Pleasure-Boats of Yangzhou) 1795 (reprint, Jiangsu Guangling Guji, 1984)
Newman, Jacqueline M., *Food Culture in China* (Westport, CT, and London, 2004)
Ryor, Kathleen M., 'Fleshly desires and bodily deprivations: the somatic dimensions of Xu Wei's flower paintings' in Wu Hung and Katherine R. Tsiang (eds) *Body and Face in Chinese Visual Culture* (Cambridge, Mass., 2005), pp. 121–45
So, Yan-kit, *Classic Food of China* (London, 1992)
Sterckx, Roel (ed.), *Of Tripod and Palate: Food Politics, and Religion in Traditional China* (Basingstoke and New York, 2005)
Waley, Arthur, *Yuan Mei, Eighteenth Century Chinese Poet* (London, 1956)
Wilkinson, Endymion, *Chinese History: A Manual* (Cambridge, Mass., 2000)
Xu Wei, *Xu Wei Ji* (Works of Xu Wei), 4 vols (Beijing, 1983)
Yuan Mei, *Suiyuan Shidan* (Beijing, 1984)

Zhang Dai, 'Tao'an Meng Yi', n.d., in *Zhongguo Wenxue Zhenben Congshu*, 23 (Taibei, 1936)

4 the pleasures of consumption
The Birth of Medieval Islamic Cuisine

An Anonymous Andalusian Cookbook of the Thirteenth Century trans. Charles Perry at website http://www.daviddfriedman.com/Medieval/Cookbooks/Andalusian
Al-Baghdadi, Ibn al-Khatib, *Wasf al-At'ima al-Mu'tada*, 'Description of the familiar foods', trans. Charles Perry in *Medieval Arab Cookery: Essays and Translations* (Totnes, 2001)
Arberry, A. J., 'A Baghdad cookery book', *Islamic Culture*, 13:1 (January 1939), pp. 21–47
—, 'A Baghdad cookery book', *Islamic Culture*, 13:2 (April 1939), pp. 189–214
Eigeland, Tor, 'The Cuisine of al-Andalus', *Aramco World*, 40 (September–October 1989), pp. 28–35
Gelder, G. J. H. van, *God's Banquet: Food in Classical Arabic Literature* (New York, 2000)
Marin, Manuela, 'Beyond taste: the compliments of color and smell in the Medieval arab culinary tradition', in Sami Zubaida and Richard Tapper (eds), *Culinary Cultures of the Middle East* (London, 1994)
Miranda, Ambrosio Huici, *Traduccion española de un manuscrito anónimo del siglo XIII sobre la cocina hispano-magribi* (Madrid, 1966)
Nasrallah, Nawal, *Delights from the Garden of Eden: A Cookbook and History of Iraqi Cuisine* (Bloomington, 2003)
Perry, Charles, 'Elements of Arab feasting' in *Medieval Arab Cookery*, op. cit.
—, 'Medieval Arab fish: fresh, dried, and dyed' in *Medieval Arab Cookery*, op. cit.
—, 'The *Sals* of the Infidels' in *Medieval Arab Cookery*, op. cit.
—, 'What to order in ninth century Baghdad' in *Medieval Arab Cookery*, op. cit.
Roden, Claudia, 'Middle Eastern cooking: the legacy', *Aramco World*, 39:2 (March–April 1988), pp. 2–3
Rodinson, Maxime, 'Studies in Arabic manuscripts related to cooking', trans. Barbara Inskip in *Medieval Arab Cookery*, op. cit.
—, 'Venice, the spice trade and eastern influences in European cooking', trans. Paul James in *Medieval Arab Cookery*, op. cit.
Rosenberger, Bernard, 'Arab cuisine and its contribution to European culture' in Flandrin and Montanari (eds), *Food: A Culinary History from Antiquity to the Present* (New York, 1999)
Waines, David, I*n a Caliph's Kitchen* (London, 1989)
Wright, Clifford, *A Mediterranean Feast* (New York, 1999)

5 feasting and fasting
Food and Taste in Europe in the Middle Ages

Adamson, Melitta Weiss (ed.), *Regional Cuisines of Medieval Europe: A Book of Essays* (New York and London, 2002)

Aebischer, P., 'Un manuscrit valaisan de Viandier attribué a Taillevent', *Vallesia*, 8 (1953), pp. 73–100
Albala, Ken, *Eating Right in the Renaissance* (Berkeley and London, 2002)
Beaune, H., and J. d'Arbaumont, *Mémoires d'Olivier de la Marche*, 4 vols (Paris, 1883–88)
Carlin, Martha, and Joel T. Rosenthal (eds), *Food and Eating in Medieval Europe* (London, 1998)
Cavaciocchi, S. (ed.), *Alimentazione e nutrizione secc. XIII–XVIII: atti della 'Ventottesima settimana di studi' 22–27 aprile 1996* (Prato, 1997)
Effros, Bonnie, *Creating Community with Food and Drink in Merovingian Gaul* (Basingstoke and New York, 2002)
Henisch, Bridget Ann, *Fast and Feast: Food in Medieval Society* (University Park, PA, and London, 1976)
Hieatt, C. B., and S. Butler (eds), *Curye on Inglysch: English Culinary Manuscripts of the Fourteenth Century (Including the Forme of Cury)*, Early English Text Society, Supplementary Series, 8 (1985)
Lambert, C. (ed.), *Du Manuscrit à la table: essais sur la cuisine au Moyen Âge et répertoire des manuscrits médiévaux contenant des recettes culinaires* (Montreal, 1992)
Laurioux, Bruno, *Le Règne de Taillevent: livres et pratiques culinaires à la fin du Moyen Âge* (Paris, 1997)
—, *Manger au Moyen Âge: pratiques et discours alimentaires en Europe aux XIVe et XVe siècles* (Paris, 2002)
Menjot, D. (ed.), *Manger et boire au Moyen Âge*, 2 vols (Nice, 1984)
Mennell, Stephen, *All Manners of Food: Eating and Taste in England and France from the Middle Ages to the Present* (Oxford, 1985)
[Rey-Delqué, M. (ed.)], *Plaisirs et manières de table aux XIVe et XVe siècles* (Toulouse, 1992)
Scully, Terence, *The Art of Cookery in the Middle Ages* (Woodbridge, 1995)
—, 'Du fait de cuisine par Maistre Chiquart 1420', *Vallesia*, 40 (1985), pp. 101–231
Stouff, L., *Ravitaillement et alimentation en Provence aux XIVe et XVe siècles* (Paris, 1970)
Woolgar, C. M., D. Serjeantson, and T. Waldron (eds), *Food in Medieval England: Diet and Nutrition* (Oxford and New York, 2006)

6 new worlds, new tastes
Food Fashions after the Renaissance

Albala, Ken, *Eating Right in the Renaissance* (Berkeley and London, 2002)
Bryson, Anna, *From Courtesy to Civility: Changing Codes of Conduct in Early Modern England* (Oxford, 1998)
Camporesi, Piero, *Bread of Dreams: Food and Fantasy in Early Modern Europe*, trans. David Gentilcore (Cambridge and Chicago, 1989; originally published 1980)
—, *Exotic Brew: The Art of Living in the Age of Enlightenment* (Cambridge, 1994; originally published 1990)
Coe, Sophie D., and Michael D. Coe, *The True History of Chocolate* (London, 1996)

Cowan, Brian, *The Social Life of Coffee: The Emergence of the British Coffeehouse* (New Haven and London, 2005)

Elias, Norbert, *The Civilizing Process, vol. 1, The History of Manners,* trans. Edmund Jephcott (Oxford and New York, 1978; originally published 1939)

Elliott, J. H., *The Old World and the New* (Cambridge, 1970)

Ferguson, Priscilla Parkhurst, *Accounting for Taste: The Triumph of French Cuisine* (Chicago, 2004)

Flandrin, Jean-Louis, 'La Diversité des goûts et des pratiques alimentaires en Europe du XVIe au XVIIIe siècle', *Revue d'Histoire Moderne et Contemporaine,* 30 (1983), pp. 66–83

Flandrin, Jean-Louis, and Massimo Montanari (eds), *Food: A Culinary History from Antiquity to the Present* (New York, 1999)

Girard, Alain, 'Le Triomphe de "La Cuisinière bourgeoise": livres culinaires, cuisine et société en France aux XVIIe et XVIIIe siècle', *Revue d'Histoire Moderne et Contemporaine,* 24 (1977), pp. 497–522

Guerzoni, Guido, 'The courts of Este in the first half of the XVIth century', *La Cour Comme Institution Economique* (Paris, 1998)

Heal, Felicity, *Hospitality in Early Modern England* (Oxford, 1990)

Isaac, Rhys, *The Transformation of Virginia: 1740–1790* (New York, 1988; originally published 1982)

Martino, Maestro, *The Art of Cooking: The First Modern Cookery Book,* edited with an introduction by Luigi Ballerini, trans. Jeremy Parzen (Berkeley and London, 2004)

Mennell, Stephen, *All Manners of Food: Eating and Taste in England and France from the Middle Ages to the Present,* 2nd edn (Urbana, Ill., 1995)

Mintz, Sidney W., *Sweetness and Power: The Place of Sugar in Modern History* (New York and London, 1985)

Montanari, Massimo, *The Culture of Food,* trans. Carl Ipsen (Oxford, 1994; originally published 1988)

Norton, Marcy, 'A New World of Goods: A History of Tobacco and Chocolate in the Spanish Empire, 1492–1700< (Ph.D. dissertation, University of California at Berkeley, 2000)

Peterson, T. Sarah, *Acquired Taste: The French Origins of Modern Cooking* (Ithaca, NY and London, 1994)

Platina, *On Right Pleasure and Good Health,* trans. and edited by Mary Milham (Tempe, AZ, 1998)

Smuts, R. Malcolm (ed.), *The Stuart Court and Europe* (Cambridge, 1996)

Stavely, Keith, and Kathleen Fitzgerald, *America's Founding Food: The Story of New England Cooking* (Chapel Hill, NC, 2004)

Wheaton, Barbara Ketcham, *Savoring the Past: The French Kitchen and Table from 1300 to 1789* (New York, 1996; originally published 1983)

7 the birth of the modern consumer age
Food Innovations from 1800

Alimentarium Vevey, Musée de l'alimentation, une fondation Nestlé (ed.), *Objektgesschichten – Histoires d'Objects* (Vevey, 1995)

Andritzky, M. (ed.), *Oikos. Von der Feuerstelle zur Mikrowelle. Haushalt und Wohnen im Wandel, Katalogbuch zu einer Gemeinschaftsausstellung des Deutschen Werkbundes Baden-Württemberg des Design Center Stuttgart und des Museums für Gestaltung Zürich* (Gießen, 1992)

Andritzky, M., and T. Hauer (eds), *Das Geheimnis des Geschmacks. Aspekte der Ess- und Lebenskunst* (Frankfurt, 2005)

Barlösius, E., *Soziologie des Essens* (Munich, 1999)

Ellerbrock, K.-P., *Geschichte der deutschen Nahrungs- und Genußmittelindustrie, 1750–1914* (Stuttgart, 1993)

Fenton, A. (ed.), *Order and Disorder: The Health Implications of Eating and Drinking in the Nineteenth and Twentieth Centuries* (East Linton, Scotland, 2000)

Fenton, A., and Eszter Kisbán (eds), *Food in Change: Eating Habits from the Middle Ages to the Present Day* (Edinburgh, 1986)

Gollmer, R. (ed.), *Die vornehme Gastlichkeit der Neuzeit. Ein Handbuch der modernen Geselligkeit, Tafeldekoration und Kücheneinrichtung* (Leipzig, 1909)

Hartog, A. P. den (ed.), *Food Technology, Science and Marketing: European Diet in the Twentieth Century* (East Linton, Scotland, 1995)

Heckmann, H., *Die Freud des Essens. Ein kulturgeschichtliches Lesebuch vom Genuß der Speisen – aber auch vom Leid des Hungers* (Munich, 1979)

Heischkel-Artelt, E. (ed.), *Ernährung und Ernährungslehre des 19 Jahrhunderts* (Göttingen, 1979)

Hengartner, T., and C. M. Merki (eds), *Genußmittel. Ein kulturgeschichtliches Handbuch* (Frankfurt and New York, 1999)

Hietala, M., and T. Vahtikari (eds), *The Landscape of Food: The Food Relationship of Town and Country in Modern Times* (Helsinki, 2003)

Jacobs, Marc, and Peter Scholliers (eds), *Eating Out in Europe: Picnics, Gourmet Dining and Snacks since the Late Eighteenth Century* (Oxford, 2003)

Lesniczak, P., *Alte Landschaftsküchen im Sog der Modernisierung. Studien zu einer Ernährungsgeographie Deutschlands zwischen 1860 und 1930* (Stuttgart, 2003)

Oddy, Derek J., and Lydia Petránová (eds), *The Diffusion of Food Culture in Europe from the Late Eighteenth Century to the Present Day* (Prague, 2005)

Sandgruber, R., *Konsumverbrauch, Lebensstandard und Alltagskultur in Österreich im 18 und 19 Jahrhundert* (Munich, 1982)

Schärer, M., and A. Fenton (eds), *Food and Material Culture* (East Linton, Scotland, 1998)

Schlegel-Matthies, K., 'Im Haus und am Herd'. *Der Wandel des Hausfrauenbildes und der Hausarbeit, 1880–1930* (Stuttgart, 1995)

Teuteberg, H. J., 'The General Relationship between Diet and Industrialization' in E. and R. Forster (eds), *European Diet from Pre-industrial to Modern Times* (New York and London, 1975), pp. 60–109

—, 'The Beginnings of the Modern Milk Age in Germany' in A. Fenton and T. Owen (eds), *Food in Perspective* (Edinburgh, 1981), pp. 283–311

—, 'From famine to nouvelle cuisine: change of diet as result of industrialization and urbanization' in W. Blockmans and P. Clark (eds), *The Roots of Western Civilization* (Danbury, CT, 1994), vol. 1, pp. 81–92

—, 'Old Festive Meals of German Country Folk: The Intensification of Urban Influences, c.1880–1930' in P. Lysaght (ed.), *Food and Celebration: From Fasting to Feasting* (Ljubljana, 2002), pp. 169–177

— (ed.), *European Food History: A Research Review* (Leicester and New York, 1992)

— (ed.), *Die Revolution am Esstisch. Neue Studien zur Nahrungskultur im 19/20 Jahrhundert* (Stuttgart, 2004)

Teuteberg, H. J., and G. Wiegelmann, *Unsere tägliche Kost. Geschichte und regionale Prägung* (Stuttgart, 1986)

—, *Der Wandel der Nahrungsgewohnheiten unter dem Einfluß der Industrialisierung* (Göttingen, 1972; 2nd edn, Münster, 2005)

Wiegelmann, G., *Alltags- und Festtagsspeisen. Wandel und gegenwärtige Stellung* (Marburg, 1967)

Zischka, U., H. Ottomeyer and S. Bäumler (eds), *Die anständige Lust. Von Eßkultur und Tafelsitten* (Munich, 1993)

8 chefs, gourmets and gourmands
French Cuisine in the 19th and 20th Centuries

Aron, Jean-Paul, *The Art of Eating in France: Manners and Menus in the Nineteenth Century,* trans. Nina Rootes (London and New York, 1975; originally published 1973)

Beaugé, Bénédict, *Aventures de la cuisine française. Cinquante ans d'histoire du goût* (Paris, 1999)

Berchoux, Joseph de, *La Gastronomie ou l'homme des champs à table* (Paris, 1803; originally published 1800)

Brillat-Savarin, Jean Anthelme, *La Physiologie du goût* (Paris, 1826)

Carême, Marie-Antonin, *L'Art de la cuisine française au XIXe siècle* (Paris, 1833)

—, *French Cookery* (London, 1836)

Chatillon-Plessis, *La Vie à table à la fin du XIXe siècle. Théorie pratique et historique de gastronomie moderne* (Paris, 1894)

Courtine, Robert J., *Le Mouveau savoir-manger* (Paris, 1960)

—, *La gastronomie* (Paris, 1970)

Curnonsky, *Souvenirs littéraires et gastronomiques* (Paris, 1958)

Curnonsky and Pierre Andrieu, *Les Fines gueules de France: Gastronomes, gourmets, grands chefs, grands Cordons-bleus, grands relais* (Paris, 1935)

Curnonsky and Marcel Rouff, *La France gastronomique. Guide des merveilles culinaires et des bonnes auberges françaises* (Paris, 1921–28)

Dubois, Urbain, *La Nouvelle Cuisine bourgeoise* (Paris, 1888)

Escoffier, Auguste, *A Guide to Modern Cookery* (London, 1907; originally published as *Guide culinaire,* Paris, 1902–7)

Grimod de La Reynière, A.-B.-L., *Almanach des gourmands servant de guide dans les moyens de faire excellente chère,* 8 vols (Paris, 1803–12)

—, *Manuel des amphitryons* (Paris, 1808)

Guérard, Michel, *La Grande Cuisine minceur* (Paris, 1976)

Guillot, André, *La Grande Cuisine bourgeoise* (Paris, 1976)

Mesplède, Jean-François, *Trois étoiles au Michelin* (Paris, 1998)

Nignon, Edouard, *Eloges de la cuisine française* (Paris, 1992)

Pitte, Jean-Robert, *French Gastronomy: The History and Geography of a Passion*, trans. Jody Gladding (New York, 2002; originally published 1991)

9 dining out
The Development of the Restaurant

Aron, Jean-Paul, *The Art of Eating in France: Manners and Menus in the Nineteenth Century*, trans. Nina Rootes (London and New York, 1975; originally published 1973)

Bercovici, Konrad, *Around the World in New York* (New York and London, 1924)

[Blagdon, F. W.], *Paris As It Was and As It Is* (London, 1803)

Bradford, Ned, and Pam Bradford, *Boston's Locke-Ober Café: An Illustrated Social History with Miscellaneous Recipes* (New York, 1978)

Brillat-Savarin, Jean Anthelme, *The Physiology of Taste: or, Meditations on Transcendental Gastronomy*, trans. M. F. K. Fisher (New York, 1949)

Courtine, Robert J., *La Vie parisienne* (Paris, 1984–)

Frischauer, Willi, *The Grand Hotels of Europe* (New York and London, 1965)

Deghy, Guy, and Keith Waterhouse, *Café Royal: Ninety Years of Bohemia* (London, 1955)

Grimod de La Reynière, A.-B.-L., *Almanach des gourmands, servant de guide dans les moyens de faire excellente chère*, 8 vols (Paris, 1803–1812)

Hogan, David Gerard, *Selling 'em by the Sack: White Castle and the Creation of American Food* (New York, 1997)

Hungerford, Edward, *The Story of Louis Sherry and the Business he Built* (New York, 1929)

Jacobs, Marc, and Peter Scholliers (eds), *Eating Out in Europe: Picnics, Gourmet Dining and Snacks since the Late Eighteenth Century* (Oxford, 2003)

[Jarves, James Jackson] *Parisian Sights and French Principles Seen through American Spectacles* (New York, 1852)

Kuh, Patric, *The Last Days of Haute Cuisine: The Coming of Age of American Restaurants* (New York, 2001)

Mennell, Stephen, *All Manners of Food: Eating and Taste in England and France from the Middle Ages to the Present* (Oxford and New York, 1985)

Newnham-Davis, Lieutenant Colonel Nathaniel, *The Gourmet's Guide to London* (London and New York, 1914)

Newnham-Davis, Lieutenant Colonel Nathaniel (ed.) and Algernon Bastard, *The Gourmet's Guide to Europe* (London, 1903)

Pitte, Jean-Robert, *French Gastronomy: The History and Geography of a Passion*, trans. Jody Gladding (New York, 2002; originally published 1991)

Ranhofer, Charles, *The Epicurean: a complete treatise of analytical and practical studies on the culinary art, including table and wine service, how to prepare and cook dishes... etc., and a selection of interesting bills of fare of Delmonico's from 1862 to 1894. Making a Franco-American culinary encyclopedia* (New York, 1894)

Revel, Jean-François, *Culture and Cuisine: A Journey through the History of Food*, trans. Helen R. Lane (Garden City, New York, 1982)

Ritz, Marie Louise, *César Ritz: Host to the World* (Philadelphia, New York and London, 1938)

Schriftgiesser, Karl, *Oscar of the Waldorf* (New York, 1943)

Seitz, Erwin (ed.), *Cotta's Culinarischer Almanach*, no. 12 (Stuttgart, 2004)

Spang, Rebecca L., *The Invention of the Restaurant: Paris and Modern Gastronomic Culture* (Cambridge, Mass., 2000)

Spencer, Colin, *British Food: An Extraordinary Thousand Years of History* (London, 2002)

Street, Julian, *Where Paris Dines: with information about restaurants of all kinds, costly and cheap, dignified and gay, known and little known; and how to enjoy them together with a discussion of French wines, and a table of vintages, by a distinguished amateur* (London and Garden City, New York, 1929)

Strong, Roy, *Feast: A History of Grand Eating* (London, 2002 and New York, 2003)

Symons, Michael, *A History of Cooks and Cooking* (Urbana, Ill., 2000 and Totnes, 2001)

Thomas, Lately, *Delmonico's: A Century of Splendor* (Boston, 1967)

Trager, James, *The Food Chronology: A Food Lover's Compendium of Events and Anecdotes, from Prehistory to the Present* (New York, 1995 and London, 1996)

Trubek, Amy B, *Haute Cuisine: How the French Invented the Culinary Profession* (Philadelphia, 2000)

Wheaton, Barbara Ketcham, *Savoring the Past: The French Kitchen and Table from 1300 to 1789* (Philadelphia, 1983)

10 novelty and tradition
The New Landscape for Gastronomy

Beck, Ulrich, *Risk Society: Towards a New Modernity*, trans. M. Ritter (London, 1992)

'Family food in 2002/2003', Report by the Department for Environment, Food & Rural Affairs, http://statistics.defra.gov.uk/esg/publicati ons/efs/2003 (3 July 2005)

Food and Agriculture Organization (FAO) of the United Nations, Statistics Division, web site: http://www.fao.org/es/ess/

Fiddes, Nick, 'The omnivore's paradox', in David W. Marshall (ed.), *Food Choice and the Consumer* (London, 1995), pp. 131–51

Fischler, Claude, *L'Homnivore: le goût, la cuisine et le corps*, 3rd edn (Paris, 2001)

Frewer, Lynn, Einar Risvik and Hendrik Schifferstein (eds), *Food, People, and Society: A European Perspective of Consumers' Food Choices* (Berlin and London, 2001)

Goldstein, Darra, and Kathrin Merkle (eds), *Culinary Cultures of Europe: Identity, Diversity and Dialogue* (Strasbourg, 2005)

Grignon, Claude, and Christiane Grignon, 'Long-term trends in food consumption: a French portrait', *Food & Foodways*, 8:3 (1999), pp. 151–74

Grunert, Klaus, et al., 'Food-related lifestyle: a segmentation approach to European food consumers' in L. Frewer, et al., *Food, People and Society*, op. cit., pp. 211–30

Helstosky, Carol, *Garlic and Oil: Politics and Food in Italy* (Oxford, 2004)

Jacobs, Marc, and Peter Scholliers (eds), *Eating Out in Europe: Picnics, Gourmet Dining and Snacks since the Late Eighteenth Century* (Oxford, 2003)

Laudan, Rachel, 'A plea for culinary modernism: why we should love new, fast, processed food', *Gastronomica*, 1:1 (2001), pp. 36–44

Levenstein, Harvey, *Paradox of Plenty: A Social History of Eating in Modern America* (New York and Oxford, 1993)

Maddison, Angus, *The World Economy: A Millennial Perspective* (Paris, 2001)

Macbeth, Helen (ed.), *Food Preferences and Taste: Continuity and Change* (Oxford and Providence, RI, 1997)

Marshall, David W. (ed.), *Food Choice and the Consumer* (London, 1995)

Mennell, Stephen, *All Manners of Food: Eating and Taste in England and France from the Middle Ages to the Present* (Oxford, 1985)

Mintz, Sidney W., *Tasting Food, Tasting Freedom: Excursions into Eating, Culture, and the Past* (Boston, 1996)

Murcott, Anne (ed.), *The Nation's Diet. The Social Science of Food Choice* (London and New York, 1998)

Pendergrast, Mark, *For God, Country, and Coca-Cola: The Definitive History of the Great American Soft Drink and the Company That Makes It* (New York, 2000)

Petrini, Carlo, *Slow Food: The Case for Taste*, trans. William McCuaig (New York, 2003)

Poulain, Jean-Pierre, *Sociologie de l'alimentation. Les mangeurs et l'espace social alimentaire* (Paris, 2003)

Rappoport, Leon, *How We Eat: Appetite, Culture, and the Psychology of Food* (Toronto, 2003)

Régnier, Faustine, 'Spicing up the imagination: culinary exoticism in France and Germany, 1930–1990', *Food & Foodways*, 11:4 (2003), pp. 189–214

Ritson, Christopher, and Richard Hutchins, 'The consumption revolution', in J. M. Slater (ed.), *Fifty Years of the National Food Survey, 1940–1990* (London, 1991), pp. 35–46

Sarasùa, Carmen, Peter Scholliers and Leen van Molle (eds), *Land, Shops and Kitchens: Technology and the Food Chain in Twentieth-Century Europe* (Turnhout, 2005)

Schot, Johan, et al. (eds), *Techniek in Nederland in de Twintigste Eeuw. III. Landbouw. Voeding* (Zutphen, 2000)

Sloan, Donald (ed.), *Culinary Taste: Consumer Behaviour in the International Restaurant Sector* (Oxford and Amsterdam, 2004)

Sombart, Werner, *Luxus und Kapitalismus* (Munich, 1922)

Urry, John, *The Tourist Gaze: Leisure and Travel in Contemporary Societies* (London, 1990)

Warde, Alan, *Consumption, Food and Taste: Culinary Antinomies and Commodity Culture* (London, 1997)

필자

폴 프리드먼 Paul Freedman

예일 대학교 역사학부 체스터 D. 트립 교수이다. 특히 관심을 둔 분야는 중세 시대이며 스페인(특히 카탈루냐), 중세 교회의 권력, 중세 소작농 제도의 사회적 조건에 대해 저술했다. 저서로『중세 소작농의 이미지Images of the Medieval Peasant』가 있고, 중세 시대 향신료의 수요에 대한 책이 곧 나올 예정이다.

앨런 K. 아우트램 Alan K. Outram

액세터 대학교 고고학부 전임 강사이다. 그는 환경론적 고고학자이자, 과거 인간의 동물 이용을 연구하는 동물 고고학을 전공한 고경제학자이다. 선사 시대 식단에서의 지방의 중요성과 말의 가축화가 특별 연구 주제이기도 하다. 그는 여러 논문을 저술하고 있으며, 학술지『세계 고고학World Archaeology』의 편집자이기도 하다.

베로니카 그림 Veronica Grimm

예일 대학교 고전 고대 역사학부 강사이다. 저서로『연회에서 단식까지, 죄의 진화From Feasting to Fasting, the Evolution of a Sin』가 있고, 관심 연구 분야는 로마 제국의 사회사와 지식인 역사, 종교, 고대 세상의 음식과 식단 등이다.

조애너 월리 코헨 Joanna Waley–Cohen

뉴욕 대학교 교수로서 1992년부터 중국 역사를 가르치고 있다. 관심 연구 분야는 중화 제국과 군사 문화, 중국 사회와 문화사, 중국이 전 세계 다른 지역과 맺은 오랜 상호 교류의 역사이다. 여러 저서 가운데『중국의 전쟁 문화: 청나라 제국과 군대 The Culture of War in China: Empire and the Military under the Qing Dynasty』, 그리고『베이징의 육분의: 중국 역사 속의 세계 동향the Sextants of Beijing: Global currents in Chinese History』이 있다. 현재 근대 초기 중국 내 요리와 소비의 역사를 준비 중이다.

H. D. 밀러 H. D. Miller

아이오와, 마운트 버논의 코넬 칼리지 역사학부 조교수이다. 현재 중세 이베리아 반도에서 아랍화된 기독교도, 모사라베 족의 역사에 관한 책을 마무리하는 중이다. 그리고 이븐 하짐Ibn Hazm의『타위크 알 하마맙Tawq al-Hamamab』을 새롭게 번역할 준비를 하고 있다.

C. M. 울가 C. M. Woolgar

영국 사우샘프턴 대학교 도서관 특별 소장품 강사이자 소장이다. 그의 관심 연구 분야는 음식 역사를 아우른 중세 잉글랜드의 일상 생활이다. 최근 저서 중에 데일 세르젠스턴과 토니 월드론과 함께 편집한『중세 잉글랜드의 음식: 식단과 영양Food in Medieval England: Diet and Nutrition』이 있으며,『중세 말기 잉글랜드에서의 감각The Senses in Late Medieval England』도 있다.

브라이언 코원 Brian Cowan

몬트리올 맥길 대학교 근대 영국 사학부에서 캐나다 연구좌를 맡고 있다. 저서로『커피의 사회적 삶: 영국 커피 하우스의 출현 The Social Life of Coffee: The Emergence of the British Coffeehouse』이 있다. 이 책은 2006년 캐나다 역사 협회에서 수여하는 월레스 K. 퍼거슨상Wallace K. Ferguson Prize을 수상했다. 그리고 그는 '캐나다 사회·인문학 연구 위원회'에서 하는 '대중화: 근대 초기 1500~1700년 시대 유럽의 언론, 시장, 협회'에 대한 '주요 협동 연구 과제'의 공동 연구자이다.

한스 J. 토이테베르그 Hans J. Teuteberg

베스트팔리아, 뮌스터 대학교 현대 사회 경제 역사학부 명예 교수이다. 1989년부터 1996년까지 유럽 음식 역사 연구 국제 위원회ICRFH의 초대 회장을 역임했다. 그는 음식 역사에 대해 광범위하게 강의하고 저술하면서 영국, 미국, 일본, 중국, 호주에서 초빙 교수를 지냈다.

많은 저서 가운데『유럽의 음식 역사: 연구 보고서European Food History: A Research Review』가 있고,『식탁의 혁명: 19세기와 20세기 음식 문화에 대한 새로운 연구Revolution am Esstisch: Neue Studien zur Nahrungskultur im 19/20 Jahrhundert』의 편집자였다.

알랭 드로와 Alain Drouard

파리에 있는 과학 연구소 국립 센터, 연구 소장이다. 그는 역사, 교육 사회학, 사회학을 전공했으며 현재 연구 분야는 프랑스와 유럽의 음식 역사이다. 저서로『19세기와 20세기 프랑스 요리의 역사Historie des cuisiniers en France』와『식탁의 프랑스 인들: 중세부터 당대까지 식품, 요리, 그리고 미식법Les Français et la table: Alimentation, cuisine et gastronomie du Moyen Age à nos jours』이 있다.

엘리엇 쇼어 Elliot Shore

펜실베이니아, 브린 마워Bryn Mawr 칼리지 역사학부 교수이자 도서관장이며 최고 정보 관리자이다. 그는 출판, 광고, 민족성의 역사에 관심을 둔 사회 역사학자이다. 최근 공동 편집한 두 권의 저서『광고와 유럽 도시: 역사적 관점 Advertising and the European City: Historical Perspective』과『독일과 미국의 만남: 1800~2000년까지 두 문화권 사이의 갈등과 협력The German—American Encounter: Conflict and Cooperation Between Two Cultures, 1800~2000』이 있다.

피터 스콜리에 Peter Scholliers

브뤼셀, 프라이 대학교 역사학부에서 19세기와 20세기 사회·문화·경제사를 가르치고 있다. 연구 중점 대상은 유럽의 생활 표준(직업, 임금, 생활비, 식품, 물질 문화)과 산업 고고학이다. 그는 최근 (C. 사라우와 L. 판 몰레와 공동으로)『땅, 매장, 부엌: 20세기 유럽의 기술과 푸드 체인Land, Shops, Kitchens: Technology and the Food Chain』을 편집했다.

찾아보기